기독교
신앙
시리즈
❺

현대
기독교
신앙과 삶

교회의 삶과
영생

독일루터교회연합회
정일웅 역

Evangelischer
Erwachsenenkatechismus

유나이티드
역사문화연구원
United Institode of History & Culture

본 저서는 유나이티드 역사문화연구원의
후원으로 제작되었습니다.

한국코메니우스연구소

Evangelischer Erwachsenenkatechismus

suchen – glauben – leben

9., neu bearbeitete und ergänzte Auflage 2013

Im Auftrag der Kirchenleitung der VELKD

herausgegeben von

Andreas Brummer
Manfred Kießig
Martin Rothgangel

unter Mitarbeit von

Wiebke Bähnk
Norbert Dennerlein
Heiko Franke
Peter Hirschberg
Jutta Krämer
Michael Kuch
Ralf Tyra
Ingrid Wiedenroth-Gabler

Gütersloher Verlagshaus

독일개신교
성인신앙교육서

찾으며 - 믿으며 - 사는 것

새롭게 수정하고 보완된 제 9판 2013

독일루터교회연합회 교회지도부의 위임으로

안드레아스 브룸머
만프레드 키씨히
마르틴 로트앙겔 등이 출판하였다.

그리고

뷔프케 뵈헨케
노르베르트 덴너라인
하이코 프랑케
페터 히르쉬베르그
유타 크렘머
미하엘 쿠흐
랄프 티라
잉그리드 뷔덴로트-가블러 등이 협동하였다

귀터스로흐 출판사

Original title: Evangelischer Erwachsenen Katechismus 8., neu
beartbeitete und ergämzte Auflage 2010
edited by Andreas Brummer, Manfred Kießig, Martin Rothgangel
© Vereinigte Evangefech-Lutherische Kirche Deutschkands,
Hannover 1975

All rights reserved. No part of this book may be used or
reproduced in any manner whatever without written permission
except in the case of brief quotations embodied in critical articles
or reviews.
Korean Translation Copyright © 2018 by Beomjihye Publishers
Korean edition is published by arrangement with Verlagsgruppe
Random House GmbH through BC Agency, Seoul

이 책의 한국어판 저작권은 BC에이전시를 통해 저작권사와의 독점 계약을
맺은 '범지혜 출판사'에 있습니다. 저작권법에 의해 국내에서 보호를 받는
저작물이므로 무단 전제와 복제를 금합니다.

목차

머리말
역자 인사말 — 07
제8판 수정출판에 대한 인사말 — 11
머리말 — 13

6. 교회 안에서의 삶

6.2 말씀과 성례
6.2.1 예배 — 20
6.2.2 말씀과 설교 — 37
6.2.3 세례 — 48
6.2.4 성찬 — 73
6.2.5 성례 — 97

6.3 교회의 예적인 행위들
6.3.1 입교 — 105
6.3.2 참회 — 123
6.3.3 축복 — 139

6.4 교회의 과제
6.4.1 영혼 돌봄 — 160
6.4.2 섬김 — 176
6.4.3 선교 — 195

6.5 신앙의 실천
6.5.1 영성의 토대 — 218
6.5.2 기도 — 239
6.5.3 명상 — 256
6.5.4 공동체에서의 영적인 삶 — 262
6.5.5 음악 — 268

목차

    6.5.6 조형 예술 ———————————————— 280

7. 모든 길의 목표 : 영생
    7.1 죽음과 사망 ———————————————— 290
    7.2 희망 - 영원에서의 삶 ————————————— 351

역자 인사말

　이 책을 처음 대한 때는 독일 유학에서였다. 독일교회가 평신도들에게 가르치는 기독교 신앙의 진리가 어떤 것인지를 지도교수님께 물었을 때, 그는 새로이 출판된 "개신교 성인요리문답서"(Evangelischer Erwachsenenkatechismus, 1975)를 소개해 주었다. 역자는 그 책을 구입해 읽은 후, 분량의 방대함(1370쪽)과 현대적 언어표현의 신선함에 놀랐으며, 이렇게 많은 내용을 가르치고 배우게 해야 하는지 의구심도 들었지만 우선 많은 것들을 배울 수 있어서 좋았다.

　역시 이 책(EEK)은 "독일루터교연합회"(VELKD)가 독일의 새 시대변화(2차 세계대전 후 산업화)를 겪으면서 '기독교 복음의 재선교'의 필요성을 절감하여, 5년간 전문가들의 심도 있는 연구를 거쳐, 약 200여 명의 신학 교수님들에게 집필을 의뢰하여 가장 현대적인 성인들을 위한 새요리문답서를 만들게 된 것이다. 이 책은 거듭 출판되어 오늘날 제9판(2013)에 이르고 있으며(약 30만 권 판매), 그 사이에 통일을 이룬 독일 사회의 시대변화를 다시 반영하여 3차례 수정작업을 거치기도 하였다. 그야말로 이 책은 종교개혁의 역사적인 요리문답서(Katechismus)의 형태를 완전히 바꾸어 놓은 것이며, 문서와 교육을 통한 복음 선교의 새로운 지평을 열어준 독일개신교회의 새 요리문답서요, 새로운 기독교 신앙 지침서가 분명하였다.

　이 책의 특징은 먼저 독일 산업화사회와 산업 후기사회를 사는 현대인들이 이 시대의 하나님과 그리스도와 교회와 기독교 신앙의 진리를 향하여 던지는 수많은 독일 기독인들의 물음에 성서의 현대적 연구와 해석에 근거하여 가장 표준적인 신학적 대답을 제시한 점이다. 그래서 이 책은 "신앙백과사전"으로 불리기도 한다. 그리고 이 책은 독일교회 평신도들의 신앙 정체성 회복에 큰 도움이 되었던 것으로 평가되고 있으며, 특히 독일 신학생들이 즐겨 읽는 신학 개론서로 베스트셀러에 오른 책이기도 하였다. 또 다른 특징은 독일루터교연합회(VELKD)가 이 책(EEK)을 출판할때, 단지 역사적인 루터교회의 신앙 교리를 반복 전하는 데 목표를 두지 않고, 독일 개신교회 전체가 지향하는 교회의 연합정신을 전제하여 만든 점이다. 그래서 독일개신교의 가장 표준적인 신앙을 제시해 놓은 것으로, 이것은 "독일개신교 성인 요리문답서"(EEK)란 책 명칭이 잘 확인시켜 주고 있다.

역자는 이 책이 지닌 이러한 특징들을 알고 난 후, 한국교회에 알리고 싶은 마음이 생겼고, 한국교회 평신도들의 신앙재정립과 신앙성숙에 도움이 되기를 바라는 마음으로 번역하게 되었다. 그런 뜻에서 이 번역서가 한국교회 평신도들의 신앙증진에 큰 도움이 있기를 바란다. 그리고 역자는 이 번역서 전체의 제목은 "현대 기독교 신앙과 삶"으로 명명하여, 그 전체를 5권의 시리즈 형식으로 출판하게 된다.

전체 각권의 명칭은 1권: "살아계신 하나님", 2권: "인간과 예수 그리스도", 3권: "세상에서의 삶:윤리", 4권: "성령 하나님과 교회", 5권: "교회의 삶과 영생"으로 명시하였다. 그리고 특히 5권에서 다루어진 내용은 먼저 교회론에 속한 주제들로 예배와 말씀과 설교, 세례와 성찬, 성례 등이 자세히 다루어졌으며, 교회의 예전 적인 행위로서 입교예식, 참회, 축복 등이 다루어졌다. 이것들은 모두 교회 공동체를 통하여 하나님의 함께하심을 경험하게 하는 중요한 은혜의 수단들로 말씀과 성례 행위가 중심을 이룬다. 그리고 교회의 과제로서 영혼 돌봄, 섬김, 선교 등이 소개되었으며, 개별적인 신앙 실천과 관계하여 영성의 토대, 기도, 명상, 공동체의 영적인 생활, 음악, 조형예술 등에 관한 주제들도 다루어졌다. 끝으로 종말론과 영생에 관한 주제에서, 죽음과 사망에 관하여, 희망으로서 영원에서의 삶이 다루어졌다.

이 책을 배우는 방법은 역시 관심 있는 주제를 선택하여 개인 각자가 독서 할 수 있게 만들어져 있다. 다만 독서에서 주의할 점은 독일인들의 특이한 신앙적 사고이며, 특히 역사적 관점의 성서 이해와 여러 학자의 신학적인 사상들이 간략하게 소개된 부분에서 자칫하면 독서의 흥미를 놓칠 위험이 따를 수도 있다. 흔히 독일교회의 신앙과 신학은 자유주의적인 것이란 선입관이 작용할 수 있다. 그러나 기본적으로 독일인들의 사고를 전제하여 접근해야 할 것이며, 다만 성령의 도움과 함께 숙고하는 마음과 인내심으로 접근하면 아마도 미처 생각지 못한 기독교 신앙(복음)이해의 긍정적인 새로운 도전을 받게 되리라 기대한다. 이 책은 원래 개인 독서용이지만, 교회 안팎에서 자유로이 평신도 그룹이나, 청년 대학생의 소그룹에서 세미나 형식으로 발표와 토론을 곁들인 신앙 진리의 심화학습이 가능하리라 기대한다. 매 장의 참고도서목록은 관련 주제에 관한 풍성한 정보를 제공해 준다. 그러나 유감스럽게도 그 책들이 우리말로 모두 번역되어 있지 않아 독자들의 양해를 구할 뿐이다.

역자의 희망은 앞으로 한국교회도 하나로 연대하여 통일된 표준적인 기독교신앙진리를 밝히는 "현대적인 성인 요리 문답서"가 탄생되었으면 한다. 이러한 노력은 심각한 교파 분열로 지금 신앙 진리의 통일성을 상실한 한국교회가 회복되는 일에 기여할 것이며, 동시에 한국교회 안팎에서 신앙의 진리를 혼란케 하는 여러 이단 종파의 유혹을 막아내는 일에도 크게 기여하리라 생각한다. 그리고 독일교회가 의도한 것처럼, 이 책은 오늘날 여러 이유로 신앙생활을 중단하여 가나안 성도로 머물러 있거나, 또는 아직 기독교 신앙에 접근하지 못했지만 관심을 가진 분들에게도 기독교 신앙 입문에 큰 도움이 되리라 기대한다. 그 이유는 이 책이 "인간은 어디서 와서, 어디로 향하고 있으며", "땅에서 인간답게 사는 참된 삶의 가치와 그 방법이 무엇인지를 묻는" 모든 분에게도 많은 도움을 제공하게 되리라

확신하기 때문이다. 먼저 부분적으로 기초 번역의 부분적 작업에 도움을 준 오민수 박사(현 대신대 구약 교수)에게 깊이 감사하며, 그러나 한국 독자들의 이해를 위해 수차례 반복된 원본과의 확인 번역 작업은 산고를 치르는 경험이었기에, 다만 미흡한 부분에는 독자들의 이해를 바랄 뿐이다.

특별히 먼저 제5권의 출판에 재정후원을 기꺼이 맡아주신 한국 유나이티드 문화재단 대표이신 강덕영 장로님(창신교회 원로)께 깊은 감사를 드린다. 그리고 이 책의 한국어 출판을 성원해 준 영국의 랜덤하우스(Randomhause)와 그 일의 중재를 맡아준 한국에이전트 홍순철 대표와 원고 수정작업에 수고를 아끼지 아니한 김석주 목사(한국코메니우스연구소 총무)님과 편집디자이너 변윤주 실장님, 그리고 항상 기도로 교정작업에까지 동행한 아내 강영희(룻)에게도 깊은 감사를 드린다. 이 책을 대하는 독자들에게 우리 하나님의 풍성한 지혜가 함께 하기를...

2022년 6월
연구실에서
역자 드림

제8판 수정출판에 대한 인사말

이 책 초판이 나 온지 35년 전, '개신교성인요리문답서'(Evagelischer Erwach- senenkatechismus)는 8번째 출판하게 되었다. 이 책은 표지의 새로운 단장 뿐 아니라, 내면에서도 달라진 모습을 보여주고 있다. 이것은 본질적으로 목표와 신앙과 현실적인 삶에 항상 다시 새로운 관계를 갖는 것에 부응한 모습이다. 기독교신앙은 공간의 확장에 있는 것이 아니라, - 그 시대의 언어와 사고에서 발전하며, 근본토대가 되기를 원한다. 이러한 성인요리문답서(EEK)의 새 출판은 오늘날 개신교의 기독인으로서 이해하는 것처럼, 우리가 어디서 희망을 가져오며, 어디로 지향하고 있는 지에 대한 진지한 정보를 제공한다. 그것은 우리사회와 개개인이 현재에 직면한 질문들을 전제하여 제시된다. 이러한 근본사상은 책의 설계에 반영되며, 각 장(章)은 의식적으로 '인지부분'을 삽입해 두었다. 이는 우리 시대의 물음과 사람들이 앞서 발견하는 상황에 대한 주의 깊은 열린 판단을 뜻한다. 이 책은 인간의 실재(實在)에서 제기되고 감지하는 교회를 위한 것이다. 어쨌든 이러한 인지(認知)를 바탕으로 신앙의 근본토대가 핵심적이면서도 이해가 가능하도록 설명되어, 현재의 삶에 가깝게 관계된 지향점으로 연결된다. 개신교 성인요리문답서는 그들의 출발점으로 고백하며, 시대의 질문과 함께 복음적인 자유와 책임 안에서 논쟁하며, 이해적인 방식으로 방향을 제공하기를 원하는 교회를 전적으로 가리킨다.

마침내 모든 장은 어떻게 믿음이 삶의 모습에서 수용되고 실천될 수 있는지에 대한 하나의 판단과 함께 끝난다. 즉 믿음은 말하자면, 자체로 머물러 있는 것이 아니다. '개신교성인요리문답서'는 살아 있기를 원하며, 믿음의 실천에 대한 길들이 열려지는 하나의 교회를 증언한다. 독일루터교회연합회(VELKD)는 이 책을 복음적인 관점에서 신앙(信仰)의 교양(敎養)

에 기여하기 위하여 제시하였다. 이러한 의미에서 이 책은 신학적인 기초 지식을 이해적으로 만들며, 동시에 신앙과 현실적인 삶에 대한 성찰을 자극하며, 궁극적으로 기도와 종교적인 텍스트에서의 도움제공뿐만 아니라 일상에서 복음적인 영성이 살아 있게 되도록 남녀독자들을 위하여 "현대적인 신앙의 코스북"이 될 수 있을 것이다.

독일루터교회연합회 지도부를 대신하여 수정작업에 참여한 모든 분들과 신앙교육위원회의 위원들과, 특히 초안 작업에 함께한 저자들에게 감사를 드리며, 마지막으로 모든 성인 독자들에게 도전적인 삶과 신앙을 풍성하게 하는 강연들이 이루어지기를 축복한다.

요한 프리드리히 박사
독일루터교회연합회 감독

머리말

1. 본 수정판이 어떻게 생겨났는가?

1975년에 처음 출판된 개신교성인요리문답서(EEK)는 - 독일루터교회 연합회의 위임으로 이루어짐 - 개신교 신앙의 표준서로 확정하였다. 35년 전, 첫 출판 이래 이 책은 25만권 이상이 판매되었다. 성인신앙교육서는 전면 수정된 6판이 지난 2000년에 출판된 바 있다. 역시 1989년 독일통일 이후 변화된 상황에 따라 내용을 약간 줄이면서 본질의 내용을 현실화한 제7판이 2016년에 출판되었다.

이처럼 꾸준한 개정작업에도 불구하고 교회와 사회의 다원화 중대에 대한 대책 마련의 요구는 개신교요리문답서의 수정계획을 수립하게 만들었고, 이 계획은 즉시 수용되었다. 수정목적에 부응하기 위하여 성인신앙교육서와 함께 의도적인 접촉을 가졌던 여러 구별된 직업군의 사람들과의 행동에 대한 일관된 인터뷰가 이루어졌다. 설문을 통해 드러난 결과는 현재 개신교신앙교육서는 간혹 참고서로 사용되었다는 인식이었다. 그리고 요구사항으로 독자들의 관심이 현실적인 관련들을 통하여(인지), 지향하는 정보들(방향) 그리고 실제에 관련(형성)들로 이해하고 싶어하는 변화된 책 내면의 구성이었다.

여기 출판되는 책은 제7판의 총체적인 책 내용을 기반으로 지난 3년간의 수정과정의 결과이다. 다음과 같은 관점들은 거기서 표준적인 것이었다.

새로운 책의 내면구성체: 요약된 개신교성인요리문답서(2004)의 제작에서 책의 각 장의 지금까지의 분류가 "출발-정보-배경-경험"의 도식 안에서 이중적으로 안내할 수 있다는 것이 분명하게 되었다. 이러한 근거에서 이번에 9번째 출판되는 이 책에서는 "인지(認知)-방향(方向)-형성(形成)"이란 3단계의 개괄적인 내면 구성체가 도입되었다.

경험과 실천: 새로운 내면구성체를 통하여 새로운 강조점이 조건적으로 설정될 수 있었다. 그래서 현재 상황에 차별화된 통찰을 열어주는 인지(認知)부분에 경험적인 결과들이 증가되어 있음을 발견하게 된다(비교, 예를 들면, "1.1 하나님은 자기를 계시한다", "4.2.4 청소년"). 동시에 "형성(形成)"부분에서 실천과 예전적인 요소들에서 보기들이 특별히 강하게 수용되었다(비교, 보기 "4.3.6. 자유 시간", "6.1.4 교회에서의 명예로운 직분").

새로 수정된 장: 지난 세기에 사회적이며 과학적인 발전과 토론의 배경에서 몇 개의 장들은 완전히 새롭게 형성되었다. 이것들은 다음의 장들에 해당한다. "4.4.2 기술과 생명공학에서의 윤리", "4.3.3 의사소통과 미디어", "4.3.2 남자와 여자의 공동체".

이해시킴과 기초화: 성인요리문답서의 심장 부분인 칭의(稱義)의 장은 이러한 관점에서 근본적으로 새롭게 수정되었다(비교, "3.2 인간의 칭의"). 이해시킴은 각장의 부분적으로 개별적인 면에서 대체되었다(비교, 보기, "1.1 하나님은 자기를 나타내신다." 시작부분, "3.1 나사렛 예수 - 그리스도")의 부분이다.

현실성과 보완: 개신교성인요리문답서(EEK)의 모든 장들은 전체로서 마찬가지로 현실화하는 개정의 각 단면들에 종속되었으며, 상응하게 보완되었다(보기, "4.4.1 자연적인 삶의 토대", "6.4.3 선교"). 교회연합적인 발전들의 모습에서 역시 8판에서 가장 새로운 상태를 제시한다(비교, 보기 "6.1.6 작은 종파들의 알림", "6.1.7 교회연합").

신학적인 토대: 신앙교육위원회는 마르틴 루터를 통한 신앙고백의 3번

째 조항의 해석에 따라 "믿음으로 산다"는 것을 전개하는 하나님 부분에서 신학적인 근본적인 장을 앞에서 소개하기로 결정하였다.

2. 이 책은 무엇을 원하는가?

삶의 출처와 방향에 대한 물음, 세계의 근원과 목표에 대한 물음, 행운과 고난의 의미에 대한 물음, 그리고 올바른 행동과 모습에 대한 물음 등이 분명 사람들을 움직인다. 과거에 우리의 문화 범주에서 그러한 질문의 대답은 특히 기독교 교회에 의하여 찾아졌다. 우리의 현대적인 사회에서 사람들이 선택할 수 있는 종교적이며 세계관적인 여러 제시들이 있다. 이러한 상황에서 신앙이 이해되며, 계속적으로 리드하면서 실재를 밝히면서 증명하도록 기독교적인 신앙을 대화에로 가져가는 것은 중요하다. 그 때문에 이 책은 인간의 상황을 받아들이고, 질문을 거론하며, 기독교적인 신앙의 대답들과 관계하도록 시도합니다. 이러한 방법은 기독교신앙이 이상의 문제들에 대한 완전한 대답을 갖고 있지 않다는 통찰과 결합되었다. 마찬가지로 그 신앙은 현실적인 문제의 극복에 유익하다는 것을 제한시키지 않는다. 이것은 대답을 제시하기 보다 오히려 우리의 질문을 질문으로 제기하고, 새로운 질문을 일깨우며, 하나님이 인간에게 묻는 그것을 듣게 한다. 상황과 복음의 소식, 질문과 대답 사이에 다리를 놓는 이러한 방법을 신학자 폴 틸리히(1886-1965)는 "상호연관의 방법"이라 불렀다.

여기 대화 가운데 가져온 기독교 신앙은 그 자체 안에서 여러 모습이며, 완전한 역동성이다. 그 역동적인 신앙은 고백에서 그의 강타를 발견했던 것처럼, 교회의 공동적인 신앙으로 우리를 만난다. 그리고 동시에 여러 가지 구별된 색채와 함께 개인의 인격적인 신앙으로서 만나게 된다. 통일과 다양성의 이러한 긴장은 분명 이 책에 영향을 미쳤다. 성서적인 전승의 청취와 기독인들과의 교제 가운데서 신앙의 고유한 길을 걷게 되도록 초대한다.

1529년의 마르틴 루터의 "소요리문답서"는 그것에 대하여 수세기를 넘어서 탁월한 토대로서 증명했었다. 왜냐하면 그 안에서 신앙의 대답과 함께 인간의 삶의 질문들이 본질적으로 삶에 가까이 대화가운데 가져오게 되었기 때문이다. 개신교성인요리문답서(EEK)는 이러한 루터적인 전통에 서 있으며, 거기서 총체적인 기독교의 인식을 위하여 개방적이다. 이 책은 그래서 교회연합적인 넓이로써 개신교의 전체를 연결한다.

이 책은 근원적으로 교회의 그룹들이나, 지교회들에서의 사용을 위하여 구상되었으며, 특별히 개인적으로 사용할 수 있는 참고서로 발전하였다. 이같은 방식은 학교실제에서 또한 강하게 요구되었다. 그결과 이 책은 신학적인 기초지식을 전달하는 일에 기여하였으며, 신앙의 관점에서 삶의 중요한 질문과 함께 논쟁하는 일에 자극을 불러일으키며, 삶이 신앙에서 어떻게 형성될 수 있는지에 대한 추진력을 제시한다.

3. 이 책은 어떻게 구성되었는가?

상황과 복음의 소식, 질문과 대답 사이의 상호관계는 각 장(章)에 영향을 미치며, 앞에서 말한 내면 구성체의 3단계 안에 반영된다. 즉 "인지부분"과 함께 차별화된 질문들이 제기되었고, 그것들의 삶의 세계에 사람들을 진지하게 취하였다. "방향부분"에서, 역시 질문이 스스로 새로운 빛 속에서 제기될 수 있는 중심에 가능한 신앙의 대답이 서 있다. 방향은 기초 정보들에 따른 필요를 고려하게 되었다. "형성부분"은 그것을 넘어 나아와 가능한 실천적인 효과들에 강조점을 둔다.

그의 큰 구조에서 이 책은 계속해서 신앙고백의 목차를 따른다. "믿음으로 산다"는 신학적인 토대 다음에 "하나님"이란 주된 부분이 따르며, 하나님의 창조로서 인간의 모습과 죄와 죄책이란 주제 다음에 "예수 그리스도"란 주된 부분이 따르며, "세상에서의 삶에 대한 물음"에서 동시에 "교회 안에서의 삶"이란 부분으로 인도하는 "성령 하나님"에 대한 주된 부분이 따른다. 모든 길들의 목표에 대한 전망인 영생은 개신교성인요리문답서 (EEK)를 마무리 짓게 한다.

목표했던 참고서가 가능해지도록 책의 마지막에 상세한 성서목록과 개념들의 목록을 발견할 수 있다. 계속적인 개념들은 작은 신학적인 사전에서 밝혀놓은 것이다. 6판과 7판에서처럼 책 중앙에 컬러로 구별한 교회의 신앙고백들과 가르침의 증거들을 삽입해 놓았다. 본 텍스트의 간단한 사용은 예를 들어, 수업에서나 또는 그룹모임들에서 본 텍스트를 사용할 때는 CD-ROM으로 만든 미디어가 그 사용과 이해에 도움을 줄 것이다.

안드레아스 브룸머
만프레드 키씨히
마르틴 로트앙겔

6. 교회 안에서의 삶

6.2. 말씀과 성례

6.2.1. 예배

인식

예나 지금이나 독일에서 여러 교회의 예배처럼, 장기간 개최되어 많은 사람을 모으는 집회 행사들은 존재하지 않습니다. 분명히 변모하고 있는 주일 문화에도 불구하고 2007년 독일에서 주일 평균 약 1백만의 사람들이 개신교회 예배에 참여하고 있으며, 추수감사절과 같은 특별한 교회 축제일에는 대략 배 이상의 사람들이 참여합니다. 물론 이것은 단지 교회에 속한 회원들의 수에 관계된 것으로 - 매 동기부여에 따라 - 4%에서 8% 사이에 있습니다(비교: www.ekd.ed/statistik/gottesdient.html).

하나님을 향하여 위로하는 말씀 아래에 서 있는 남녀 기독인들은 성찬상 주변으로 모이라는 요청과 그것을 경험하는 실체 사이에서 외면할 수 없는 하나의 긴장을 경험합니다. 이것은 예전의 낯설음에 대한 것인가, 외관상 그들의 삶의 거리감에 대한 것인가?

더 정확하게 바라본다면, 우리의 삶에는 "예전적인"(liturgisch) 행위들이 가득합니다. 예를 들면 생일축하와 결혼기념일이 그러합니다. 그러한 축제들에서 특정한 요소들이 항상 반복됩니다. 즉 친지들과 친구들이 초대되며, 초청자는 손님들을 환영하고, 손님들은 선물을 건네며, 모두는 자주 확고한 식탁의 질서에 따라 식탁에 둘러앉습니다. 그들은 축하 잔을 서로 마주치게 하며, 연설(인사말)이 행해지고, 박수갈채를 보냅니다.

잔치를 축하하는 사람은 예배가 무엇인지, 잘 이해할 수 있을 것입니다. 예배는 역시 우리가 어디에서 와서, 어디로 가고 있으며 어떠한 목적으로 이 땅에 살고 있는지에 대한 범주를 제시하고 있기 때문입니다. 바로 그 때문에, 예배는 한편, 항상 새롭게 우리를 사람으로 초대하여 섬기기를 원하시는 하나님에 대한 자각을 향하여, 다른 한편, 정성어린 진력으로 착상이 풍부한 준비와 꾸밈을 향하여 공동체 생활의 중심으로서 요구합니다.

방향

1. 기독교 예배의 본질

삼위일체의 하나님은 이러한 초청에 함께 오시며, 예배를 축하하며 형성하는 그 예배에 회중(공동체)을 부르십니다. 시작과 함께 이러한 예배는 특히 주일에 이루어집니다. 공동체(회중)가 바로 이날에 그들 십자가에 못 박히신 주 예수 그리스도의 부활을 기억했기 때문입니다. 예배는 그를 마음에 새길 수 있는 모든 다른 주제들 이전에 그것에 따라 성금요일(역자 주: 그리스도의 십자가 수난의 날)과 부활에 관계된 이러한 성격을 지니게 됩니다. 예배는 높여지신 그리스도의 다시 오심을 지향하고 있습니다. 교회(회중)는 과거에 구원을 가져다준 역사를 기억할 뿐만 아니라, 지금 현재와 미래에 하나님의 행위에 대하여 희망에 찬 기대와 신뢰로 다가갑니다. 그들은 예배 가운데서 주님의 길로 나아갑니다. 거기서 회중(교회)은 문서와 의식(ritus)과 교회음악과 조형된 예술의 작품들 가운데서 전해진 전통의 보화를 받아들이며, 동시에 그들 현재의 신앙과 삶의 경험들을 회복합니다. 성서와 교회의 신앙고백은 기준들을 제공하며, 교회와 예배 정체성의 통일 때문에 모두를 위해 연결하면서 구속력 있는 것이 무엇인지를 알게 해 줍니다.

교회(회중)는 그들의 예배와 복음의 선포와 성만찬의 축하에서 그들 정체성의 중심을 체험합니다. 그 예배 안에서 이루어지는 것은 총체적인 기독교적인 삶을 위한 근본적인 의미와 결과를 일상에서의 예배를 위하여 지니게 됩니다.

2. 기독교 예배의 역사

오늘날 우리가 '예배'라는 말로 표현하며 행하는 것은 신약에서 "모이다", "회집하다"는 말과 같은 객관적인 표현들에서 만납니다. 물론 이것은 모임입니다. 그들 모임의 특수성은 마태복음에 약속된 것처럼, 예수의 이름 안에서 이루어지는 것입니다. "두세 사람이 내 이름으로 모인 곳에 나도 그들 중에 있느니라"(마18:20). 초대교회의 예배는 그 규모와 중심은 예수 그리스도 안에서 발견됩니다. 예수가 모든 기독교 예배의 근거로, 일상에서도 그러하며, 주일 예배에도 그러하며, 크고 작은 교회에서의 모임들이 모두 그러한 것입니다.

사도행전에서 우리는 예배의 주된 요소들을 함유한 초대 교회공동체 생활을 설명한 것을 발견합니다. "그들이 사도의 가르침을 받아 서로 교제하고 떡을 떼며 기도하기를 힘쓰니라"(행2:42). 말씀선포와 성찬 거행은 처음부터 예배 모임의 중심을 이루었습니다. 사도의 가르침은 성서 봉독에서 낭송되었고 설교에서 그 당시의 상황과 관계하여 복음의 진리를 밝혔습니다. 서로의 돌봄에서(교제) 감사의 제물은 헌금의 형태로 발전합니다.

초대 기독교는 유대인들의 회당예배에서 예전의 요소들(성서낭독, 중간 찬송, 만찬의 기도, 거룩 3 찬송, 타인을 위한 기도, 할렐루야, 아멘 등)

을 넘겨받았습니다. 그것들은 시간의 경과에 따라, 퀴리에 송(Kyrie eleison, 주여 자비를 베푸소서), 영광송(Gloria), 신앙고백, 하나님의 어린양(Agnus Dei) 등을 통하여 보충되었습니다.

초기 교회에서(예언자들의 말씀, 자발적인 기도), 자유롭게 행하는 예배요소들이 역할을 했다면, 4-5세기에 이르러서는 확고한 예전의 순서들이 발전하였습니다. 거기서 예전의 가족들이 형성되었는데, 그것들은 오늘날까지 예전들이 정통교회들에 속해있는 동양적인 것과 가장 풍성한 영향력을 지닌 로마 교회의 미사로서 서방의 것입니다.

루터교회는 중세의 미사를 넘겨받았으며, 국민적인 언어로 옮겨놓았습니다. 거기서 복음에 일치하지 않았던 요소들은 멀리했습니다. 루터에게서 하나님의 행위가 예배 가운데서 첫 번째이며, 인간의 응답은 두 번째로 여겨졌습니다. 루터는 그렇게 토르가우 성(城)의 예배당 봉헌식에서 행한 설교에서(Torgauer Schlosskapelle, 1544), 예배에서 "하나님은 거룩한 말씀으로 우리에게 말씀하시며, 우리는 다시 기도와 찬송으로 그분과 함께 말하는 것보다 다른 것은 아무것도 일어나지 않는다 말했습니다." 그 이래로 설교는 자유로운 연설(말)로 이루어지며, 항상 새로이 성서해석의 책임을 다하여 종교 개혁적인 예배의 중심이 되게 했습니다.

물론 종교개혁의 교회들에서 말씀에만 단순하게 매달려, 대체로 성찬에 대해서는 소원하게 하는 시대가 이르렀으며, 그러나 20세기 중엽이래, 먼저 성찬은 기독교 예배 구성의 중요한 요소로서 다시 그 가치를 회복하게 되었습니다.

3. 교회력(교회 칼렌더)

교회력은 기나긴 역사에서 만들어졌습니다. 기독인들이 함께 축하했던 첫 번째 축일은 부활절이었습니다. 제자들은 주중의 첫날에 예수님이 살아나신 것(요20:1,19)을 경험합니다. 그때문에 최초의 교회공동체들은 주간의 첫날에 아침의 시작을 기다리며, 만찬에서 높아지신 주님의 현재(임재)를 경험하기 위하여 안식일의 저녁에 함께 모였습니다. 그렇게 주간의 첫날 일요일은 휴일(예배의 날)로, 현저히 반복되는 기독교 부활축제의 날이 되었습니다.

그 외에도 연중 한번 "유월절"(Passah)을 행하게 되었습니다. 즉 부활절은 그리스도의 부활처럼 동시에 십자가의 기억과 십자가의 현재화로서의 의미를 지닙니다. 한해의 순환 안에서 점차로 다른 축일들이 발전하게 됩니다.

- 유월절은 금식과 고난의 시간으로 발전했습니다. 그 절기는 성금요일에 시작하여 부활절 밤에 끝냄과 절기의 목표에 이르렀습니다.

- 주현절(Epiphanias)은 그리스도의 성육신을 기념하는 가장 오래된 축제일로서 구세주의 나타나심의 축제(1월 6일)입니다.

- 먼저 후에 성탄절(12월 25일)과 대림절의 준비 기간. 사람들이 중세기 초엽 이래, 대림절(Advent) 주일의 본문을 예전서의 시작에 제시하게 되어, 점차로 교회력은 첫 번째 대림절과 함께 시작하게 됩니다(역자주: 대림절은 1-4번째 주일에 걸쳐 시행하며, 그 주간이나, 주일에 성탄일이 연결됨, 그리고 촛불 하나씩을 켜는 풍습을 가짐).

- 성령강림절(부활절 후, 50일)은 성령이 강림하심을 축하합니다.

- 마지막으로 사도들과 예수의 어머니, 신앙고백을 지키려고 생명을 바친(순교자=피로 증거한 자들) 초기의 남녀 기독인들의 기념일들이 첨부되었습니다.

교회 한해의 순환과정은 '하나님의 위대한 행위들'의 이해와 축하행위들을 쉽게 이해하도록 해 주어야 합니다. 그것은 예배를 형성하게 되는데, 특히 예배순서의 변경 부분(예전에서 교회력에 따라 변경하는 것)입니다. 그 행사 날에 연결된 복음의 성서 말씀과 찬송과 기도, 휘장의 색채들에서 이러한 관계의 의미가 표현됩니다.

교회력의 축제들은 거대한 문화적 형성력을 발전시켰으며, 여러 가지 관습들은 그러한 절기들과 결합했습니다. 교회 생활에 참여하지 않는 사람들이 이러한 교회의 축일 절기 때에는 자주 참여하고 있습니다.

개별 기독인들의 생활처럼, 교회공동체의 생활 역시 그의 중요한 사건들과 함께 시민적인 년중 행사를 통해서 형성되었기 때문에, 역시 여기서도 예배의 축하행위들이 제시되었습니다. 즉 한해의 전환, 학교회의 시작과 졸업/방학 시작 같은 삶의 역사적인 사건들, 추수감사절, 사회적인 주제를 통해 형성된 기념일들, 예를 들면 국가사회주의 희생자들을 위한 1월 27일, 소수민족 학살의 밤 11월 9일, 11월의 평화 10주년 등입니다.

4. 예전의 특유성

a) 언어와 상징

예배 외에는 거의 더 많이 사용되지 않았던 낱말들과 어법들(관용구)이 예전에 등장합니다. 그것들은 여러 예전 텍스트에서 원래 다른 언어(히브리어, 헬라어, 라틴어)로 표현되었던 것 임을 느끼게 합니다. 개신교회 예배서 가운데 전승된 새로운 텍스트들이 동등한 자격으로 나란히 놓여 있습니다. 이것은 많은 전통의 본문들이 예나 지금이나 대단한 영향력을 지니고 있으며, 탁월한 영적인 체험들을 가능하게 하는 경험에서 성장하였습니다.

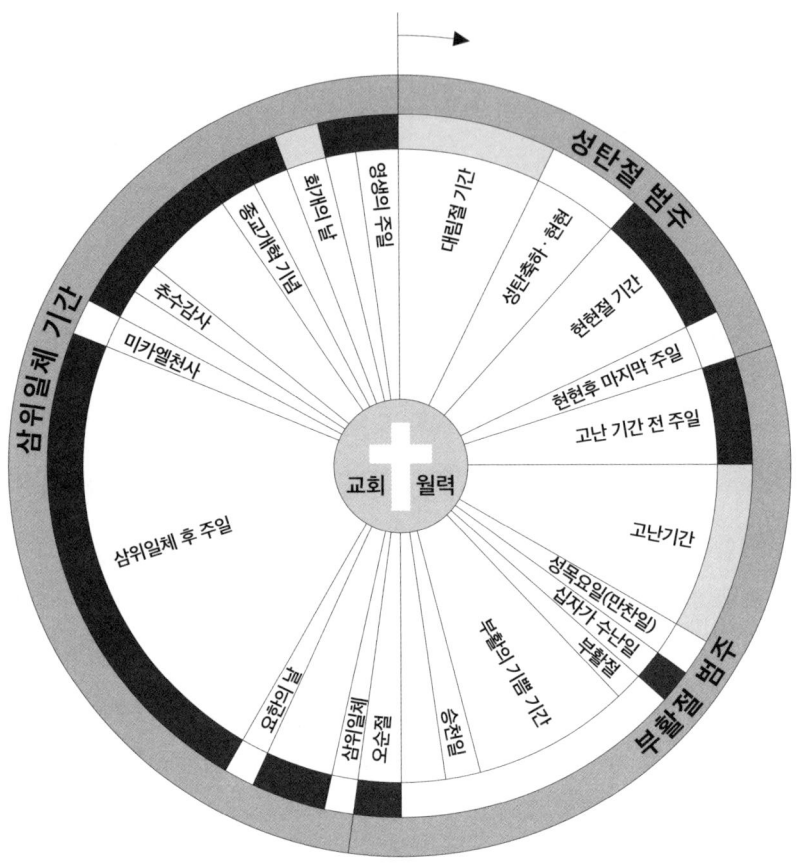

https://angekreuzt.ekvw.de/glauben/kirchenjahr/

예전의 언어는 구원의 비밀들을 형상으로 바꾸어 쓰고 있는 것입니다. 그것은 이따금 단 하나의 유일한 상(像) 안에 진리의 대립적인 최고점들을 내포합니다. 이것들은 과거의 것을 현재화하며, 미래적인 것을 바라보게 합니다. 이를 위하여 사람들 대부분은 직접 거론하는 원 형상(Urbilder)을 사용합니다. 그것들은 수천 년 이래 사람들의 영혼에 뿌리박고 있기 때문입니다. 즉 아버지와 어머니, 높고 깊음, 하늘과 땅 등에서입니다.

b) 예전의 오늘

예전에서 하나님의 행위들은 현재화되었습니다. 그것들은 과거에 속한 것이 아니라, 오늘 일어나고 있는 것으로 찬양되었으며, 깊게 생각되었습니다. "예전의 오늘"이란 것은 성탄절과 부활절의 여러 찬송가 가운데서 발견합니다. "너희 모든 기독인이여 함께 하나님을 찬양하라 / 지극히 높으신 그의 보좌에서 / 하늘나라에 있는 / 그가 우리에게 그의 아들을 선물하시도다"(독일개신교 찬송가, 27:1).

c) 반복과 교환

예전 가운데 반복하는 것과 교환하는 것은 서로 결합 되었습니다. 사람들은 친숙함을 느끼기 위해 익숙한 것을 원합니다. 그리고 동시에 그들은 어느 정도의 변화를 바랍니다. 예전은 고정된 부분(Ordinarium)과 변화하는 부분(Proprium)의 협력을 통하여 양자의 필요들을 받아들입니다. 예를 들어, "퀴리에 엘레이존"(주여 자비를 베푸소서)이란 노래가 반복된 것은 깊이 각인되며, 그리고서 후에 요구될 수 있습니다.

d) 예배에서의 음악

예수 그리스도의 교회(공동체)는 처음부터 노래하는 공동체였습니다. 이미 성전과 회당의 예배전통은 악기를 동반한 시편 찬송을 알고 있었습니다(비교. 시108:2; 150:3-5). 신약성서에서 가장 오래된 노래들은 하나님의 위대한 구원행위를 찬송하는 '그리스도의 찬미들'(Christus hymnen)입니다(비교. 세 번의 찬송, 눅1장 이하; 빌2:5-11). 시편 작시와 찬송은 성령의 특별한 선물로 여깁니다(고전14:26 이하). "그리스도는 찬양되었습니다!"란 이 구절은 2세기에 안디옥의 감독 이그나티우스(Ignatius)가 작성한 것입니다.

루터(Luther)에게서 기독교회에 남아 있는 7가지 표지들 가운데는 '하나님 찬양'(Gotteslob)이 속해 있습니다. 루터는 요한 세바스티안 바흐(J.S.Bach)의 칸타타(Kantate, 관현악 동반 독창합창)의 수난 곡들처럼 그렇게 하인리히 슈츠의 모테토(Motette, 다성 무반주의 성구 경문가)들로 향하여 직접적인 길을 인도합니다. 회중 찬송, 합창단 찬송, 오르간 연주와 악기 연주, 특별히 관악 연주는 개신교 예배들에 남아있는 구성요소들입니다.

e) 예전의 육체성

예배는 사람의 신체와의 관계에서 일어나며, 그 때문에 여러 다양한 몸짓과 상징적인 행위들과 관계합니다. 어떤 교회들은 상징적인 행위들로 가득하고, 다른 교회들은 이런 것들의 사용을 절제합니다. 루터교회에서는 이러한 일들에 항상 대단한 자유가 지배하였습니다. 그래서 다양한 형태와 전통들이 발전하게 되었습니다. 우리는 우리들의 예배 가운데서도 발견하게 되는데, 예를 들면 하나님 경외의 표현으로, 모든 예배자 회중들이 서 있는 것, 무릎을 꿇는 것, 성호를 긋는 것, 안수하는 것, 두 손을 높이 드는 것, 팔을 펼치는 것, 두 손을 포개는 것, 두 손을 건네는 것, 평화의 인사와 굽혀 절하기 등이 있습니다.

그렇게 예배에서 말하고 생각하는 것 외에도 보고 느끼고 움직이는 것들이 합당한 권리를 가지게 됩니다.

f) 교회공간과 예배의 장비들

예배의 축하에 중요한 것은 역시 예배공간입니다. 거기서 공간형성의 질문은 공간장식에 대한 질문들보다 더 중요합니다. 형성된 공간들은 빛, 공간구획, 색상과 자재의 작용 등을 고려합니다. 특별히 빛과 공간의 통일은 생동감을 도우며, 동시에 장식이 됩니다. 역시 교회 공간은 시작하는 예배를 넘어서 하나의 특별하고, 초월적인 관계를 지니게 됩니다.

장비들은 신성한 공간의 총체적인 직물의 설비, 예배 가운데서의 의복을 포함하여 포착합니다. 예전의 색채 표준의 질서 안에서 색의 변화와 함께(보라색, 흰색, 녹색, 적색) 교회력의 진행은 성스러운 공간에서 시각적으로 두드러지게 보이게 됩니다.

전 세계의 기독교 내에 루터교회들에서, 예배에서 밝은 또는 교회력에 상응하는 예전 의복들이 사용되었습니다. 독일 개신교협의회(EKD)에 속한 대부분의 연방 주(州)지역 교회에는 그사이에 남녀 목회자들과 교회공동체에 따라 검은색의 목사 가운 외에도 밝은색의 예배 의상을 갖출 수 있는 규정들이 만들어졌습니다.

5. 개신교 예배의 기본형식

모든 예배의 형태들을 위하여 네 단계의 과정이 유효하며, 과정의 장(場)으로 이해될 수 있을 것입니다. (1) 예배에 임하는 회중들의 모임, (2) 방향설정, (3) 예배에서의 교제, (4) 일상으로의 파송 등입니다.

a) 기본양식 I

개신교 예전서의 '기본양식 I'은 오래 역사에서 성장하였으며, 교회 연합의 한 표현이기도 합니다. 그 이유는 거의 모든 기독교회 예배의 구성과 형태가 대체로 계속 일치들을 보여주고 있기 때문입니다: 즉 복음선포와 성찬기념 축하에서 기존 예전의 핵심에 도입되는 부분이 선두에 제시되었으며 종결 부분은 일상으로 옮기는 과정을 만들어줍니다.

A. 개회와 간구

회중은 모여 있고, 하나님의 만남을 기다리며, 그분 앞에 자신의 상황을 깊이 생각하며 탄식과 찬양과 함께 그분에게로 향합니다. 부분들의 횟수와 순서는 다양할 수 있으나, 그 순서 진행에 다음의 부분들은 도움을 줍니다. 즉 인사, 준비의 기도(죄책의 고백과 용서에 대한 간청), 노래, 시편, 청원(주여, 불쌍히 여기소서!, Kyrie eleison), 찬송 "지극히 높은 곳에서는 하나님께 영광이요!"(글로리아 송, 눅 2:14), 그날의 기도.

B. 선포와 고백

이제 성서 본문의 장, 절 봉독과 해석, 그리고 찬양과 기도와 선물 안에서 회중의 응답이 다양한 변화로 진행됩니다. 즉 구약 성서 봉독과 신약 서신서 봉독 - 찬송가 (할렐루야, 찬양) - 복음서 낭독 - 신앙고백 (또는 설교 후) - 설교 - 찬송가 - 감사의 제물 (봉헌) - 교회 소식 알림 (공고), 목회의 기도 등입니다.

C. 성만찬

성만찬 축제에는 찬양과 성찬제정의 말씀, 그리고 성찬의 나누어줌(분병, 분잔)이 있습니다. 루터교회에는 이를 위한 두 가지 유형이 만들어졌습니다. 하나는 단순형입니다. 찬양의 기도와 거룩 찬양 이후에 성찬제정의 말씀 전에 주기도문 순서가 진행되며, 그런 후에 곧 바로 성찬의 나눔(분병, 분잔)이 연결됩니다. 다른 형태는 넓게 전개되었으며, 교회 연합의 전통에 상응합니다. 그것은 하나님의 구원행위들이 찬양된 거대한 찬양의 기도(성찬 감사기도)에서 성찬제정의 말씀을 삽입합니다. 그리고 서로간 관심의 몸짓과 결합할 수 있는 주기도문과 평화의 인사가 뒤따르게 됩니다. "그리스도여, 하나님의 어린양이신 당신"(Agnus Dei)이란 찬송과 함께 성찬의 나눔(분병, 분잔)이 시작되었습니다. 감사기도가 성찬 부분을 끝내게 됩니다.

D. 파송과 축복

회중은 축복과 함께 교회의 문을 넘어서 세상의 일상에서의 예배로 인도되었습니다. 그 세상은 그리스도의 현존(임재)의 축제로서 예배와 함께 연결하는 삶의 예배를 뜻합니다.

b) 기본양식 II

특히 독일의 남서쪽과 스위스에서 종교개혁시대의 예배 개혁은 중세 후기의 민족 언어로 진행된 설교예배에 연결합니다. 거기서 '기본양식 II'가 발전하였습니다. 그것은 먼저 설교, 기도, 찬송으로 구성되었으며, 시간이 흐름에 따라 시편 기도, 교회력에 따른 성서 봉독과 신앙고백을 통하여 보충되었습니다. 여기에 간단히 만들어진 성찬 부분이 전개될 수 있을 것입니다. 그래서 여기에 네 가지 기본구조가 생겨납니다.

두 가지로 구성하는 핵심(선포와 성찬)과 함께 이러한 기본구조는 초기 기독교에서 형성되었으며, 모든 시대에 적합한 예배의 모습에 앞서 제시되었습니다. 동시에 그것은 다채로운 모습의 가능성을 위해 개방적입니다.

형성

1. 예배의 연습

예배의 연습은 아주 이른 시기에 시작될 수 있습니다. 어머니나 아버지가 저녁에 그들 아이의 침대 곁에서 해 주는 기도에서이며, 아마도 매일 유아세례와 관계된 성구를 반복하여 말해 주는 일은 자녀들에게 보호의 감정을 제공하게 됩니다. 밤의 휴식이 시작되는 하루(낮)의 시간은 마무리됩니다. 이러한 습관은 규칙적으로 반복할 때, 다만 그것의 능력이 전개됩니다. 아이들은 곧잘 기도나 성구를 함께 말할 수 있으며, 점차 그 말씀의 이해 가운데서 성장하게 될 것입니다. 기도의 언어는 아이들의 나이에 적합해야 합니다. 예배에서 계속되는 연습은 성서의 이야기들을 들려줄 때, 강림절과 성탄 기간과 부활절에 부르는 노래에서 생겨납니다. 아이들은 특정한 이야기들을 항상 반복적으로 듣기를 원합니다. 거기서 아무것도 달라지지 않아야 합니다. 이것이 규칙적으로 반복하는 질서 안에서 이루어질 때, 아이들은 예전 행위에 대한 느낌과 이해를 얻게 됩니다. 주의 깊게 형성된 예배들처럼 교회의 어린이 예배에 참여하는 일도 아이들에게 - 그들이 모든 것을 이해하지 못한다 해도 - 예배를 연습하는 의미 있는 방식일 수 있습니다.

2. 소수가 참여하는 예배들

대 성당 안에 수백의 사람들이, 또는 작은 교회의 홀 안에 열 명 남짓의 사람들이 모이는 것에는 차이가 있습니다. 큰 교회당에 단지 적은 수의 예배참여자들이 있거나, 이처럼 예배공간이 예배 회중의 가능성에 일치하지 않는 모순에 처할 때, 특별한 문제들이 등장합니다. 그러한 예배의 형태는 모든 예배의 기본구조를 따를 수 있습니다. 거기서는 지역의 여건에 적합한 간단하고 반복적인 예배순서들이 적용될 수 있게 해야 합니다. - 성찬을 거행하는 제단(상)의 공간을 예로, 또는 매력적으로 꾸며진 예배당 안에서 - 거리감의 필요를 무시하지 않으면서 공간 활용을 잘 고려하여, 예배의 친밀관계가 가능해지게 할 수 있을 것입니다. 역시 단순한 관계들 가운데서도 음악과 회중 찬송은 포기되지 않아야 합니다. 악기들로서 기타와 풀룻이 적용될 수 있습니다. 즉 거기서 찬송의 선택은 잘 알려진 옛날 것과 쉽게 부를 수 있는 새로운 멜로디를 고려하기를 추천합니다. 공간과 인격적인 친밀감은 설교 담화를 통하여 단조로운 독백설교를 보완하며, 예배 회중이 찬양, 탄식과 간구 안에 참여하도록 가능성을 제공합니다.

전통적으로 형성된 지방의 교회들에서는 훌륭한 경험들이 있습니다. 아마도 한두 사람만이 예배에 참석한 그곳에서도 성서 말씀은 낭송되며, 기도가 시행될 수 있을 것이며, 더욱이 마을이나, 도시에 있는 다른 사람들을 위하여 의식적인 기도할 수 있을 것입니다. 물론 참여 인원이 적은 예배도 "올바른 예배"입니다. 단지 적은 수의 사람들이 예수의 이름으로 모인 그곳에도 우리 주님 예수 그리스도는 그들과 함께 말씀하시며, 그들을 그분의 만찬(식탁)으로 초대합니다(마18:20).

3. 형태들의 다양함

현대에 와서 개방적인 형태의 다양한 예배들이 존재합니다. 그것들은 원리적으로 네 부분으로 구성하는 기본구조를 따릅니다. 개회와 부름 - 선포와 고백 - (성만찬) - 파송과 축복 등입니다.

1999년의 "개신교 예배서"는 예배나, 또는 개방적인 형태 안에서 개별 부분들을 형성하는 가능성을 한정된 목표를 가진 그룹들에 일러주거나, 또는 새로운 표현 형태들에 더 큰 공간을 제공하기 위하여 제시합니다.

다음은 다양한 예전의 생활에 도움을 줄 것입니다.

- 그림들과 대상들과 원본들의 자세한 관찰과 함께하는 명상의 예배입니다. 즉 침묵하는 일에 많은 여지가 주어졌습니다.

- 부활절 아침의 시작 전 회중들이 함께 모여, 부활을 축하하는 횃불과 함께 부활 축제 저녁의 예배입니다. 종종 이때 세례를 베푸는 일들을 거행하며, 자주 기쁨의 부활절 아침 식사를 나누고 헤어집니다.

- 성인들의 예배와 동시에 또는 후에, 예배 시작에서 또는 마치면서 행하는 어린이 예배입니다.

- 입교자와 청소년 예배 - 청소년들에게서 스스로 준비되었거나, 함께 만들어졌습니다. 복음선포의 청소년들에게 적합한 형태로, 함께 만든 콜라주, 그림들과 플랜카드, 스케치, 성서 이야기들 무대의 묘사들이 등장합니다.

- 친숙하면서도 새로운 요소들을 서로 연결하기를 가능하게 하는 그림들과 상징적인 행위들과 함께 모든 세대를 위한 가족 예배입니다.

- 0-5세 사이에 있는 어린아이들이 부모님들과 함께 소위 "걸음마 예배"를 체험하는 작은 아이들을 위한 교회입니다.

- 찬양과 경배, 그리고 증명할만한 경험적인 보도들의 가능성처럼, 경배와 찬양의 강조와 함께 은사적인 예배들입니다.

- 음악적인 설교로서 그 중심에 음악 연주공연이 있는 칸타타의 예배들입니다. 예수의 탄생과 같은 온전히 성서적 주제가 다루어진(성탄 오라토리움), 그리고 성만찬을 포함하여 예배를 위해 예전의 작곡된 표현양식으로서 음악적인 미사요, "거대한 칸타타"인 성악극(聖樂劇)입니다.

교회에 거리를 두었으며, 전파의 기초적인 형태들과 함께 찾으며, 의심하는 자들, 동시대적인 찬양들과 영적인 돌봄의 제시들과 성만찬의 축하 등에 대한 제시로서 도마의 미사들입니다.

- 교회 연합적인 예배들은 말씀 예배의 고전적인 구조를 지향하고 있거나, 또는 그림들과 상징들과 몸짓들을 고려하여 자유롭게 형성되었습니다.

• 정치적인 책무와 연결되거나, 또는 세계의 다양한 사건들에 대한 상세한 지향점을 연결하는 예배들입니다. 즉 평화의 기도들, 위협받는 환경에 따른 예배들, 망명처를 찾는 자들이나, 박해받는 자들을 위한 간청의 기도 등입니다.

그들 자체를 위한 개혁과 실험이 중요한 것이 아니라, 인간의 실존적인 필요와 위급상황들과 갈망들에 경각심을 가지는 것이 중요합니다. 물론 주제와 구조의 다양함이 하나님의 초청에 대한 더 큰 울림을 자동적으로 불러일으키는 것은 아닙니다. 그러나 예전의 다양함은 공간들을 만듭니다. 그 공간들 안에서 예배 생활은 다시 새로운 방식으로 발전할 수 있으며, 회중들과 회중 그룹들이 예배를 새로이 그들 정체성의 중심으로서 경험할 수 있을 것입니다.

"예배와 함께 항상 그 어떤 방법으로 달리 만드는 것은 짐작하기로 예배에 계속적인 도움이 되지 않을 것입니다. '주님이 오시는 날까지 주님의 죽으심을 선포하는데'(고전11:26) 무엇이 절대적으로 요구되는지, 먼저 그것에 대한 재성찰이 질문될 것입니다. 이러한 재성찰을 위하여 위로와 길 안내와 확실성을 물으며, 예배를 기다리는 '작은 사람들'의 목소리가 필요하게 될 것입니다."(E. Koch).

[참고도서]
• 아르놀드/테르가우-함스(Arnold,J./Tergau-Harms,C.):
   작은 예배- 넓은 공간(Kleiner Gottesdienst – weiter Raum), 2009.
• 아르놀드(Arnold,J.): 예배의 신학(Theologie des Gottesdientes), 2009.
• 비어츠(Biertz,K.-H.): 교회력(Das Kirchenjahr), 7. Aufl. 2005.
   그의 것(Ders.): 예전학(Liturgik), 2004.
   개신교 예배서(Evangelisches Gottesdientbuch), 2000.
• 페히트너/프리드릭스(Fechtner,K./Friedirchs,L.)편집(Hg.):
   정상의 경우 주일예배(Normal-fall Sonntagsgottesdient?)
   변화 가운데 있는 예배와 주일문화(Gottes-dienst und Sonntagskultur im Umbruch), 2008.
• 그레드라인(Grethlein,C.): 예전 안에서의 근본질문들(Grundfragen der Liturgik), 2001.

- 코크(Koch,E.): 참여, 또는 거리 두기(Beteiligung oder Distanz) - 작은 사람들의 종교와 제도 교회의 예배(Die Religion der kleinen Leute und der Gottesdienst der Institution Kirche), in: Morach, R. / Ratzmann, W. (Hg.): Herausforderung: Gottesdients, 1997.
- 밀덴베르그/라트만(Mildenberger,I./Ratmann,W.): 참여?(Beteiligung?) 공동체의 일로서 예배(Der Gottesdienst als Sache der Gemeinde), 2006.
- 그의 책(Dies.): 열려있는 문을 가진 예전(Liturgie mit offenen Türen), 2005.
- 독일개신교협의회 위원(Rat der EKD): 예배(Der Gottesdienst). 개신교회 안에서 예배의 실제와 이해에 대한 지침협력(Eine Orientierungshilfe zu Verständnisund Praxis des Gottesdientes in der evangleischen Kirche), 2009.

6.2.2. 말씀과 설교

인식

말씀들은 "울림과 연기 같은" 것이며, 그것은 그렇게 불리며, 한 번이라도 말해지지 않았을 때는 말들의 지속적인 음향효과의 시대에서 종종 그렇게 기쁜 것입니다. 바로 종교적인 체험을 찾는 사람은 명상, 음악, 춤이나, 또는 기도, 금식, 침묵을 동반하는 전체적인 치료법에서도 오늘날 오히려 말씀에 대한 것은 더 많이 생각하지 않습니다.

그렇지만 사람들은 예나 지금이나 좋은 말을 그리워하고 있으며, 지속적인 인상을 남기는 말들이 있습니다. 말씀과 함께하는 그러한 경험들은 분명히 수천 년이 지났어도 거의 바뀌지 않았던 인간적인 의사소통의 깊은 구조 가운데 뿌리를 두고 있습니다. 벌써 적은 수의 말들은 - 종종 선한 것이나, 또는 나쁜 것에 결정적인 역할을 합니다. 예를 들면 "나는 너를 사랑한다"라는 고백은 그 후 삶이 어떻게 되든 상관이 없이 - 다시 주워 담을 수 없게 합니다. 말한 것은 말한 것입니다. 어떤 한 사람이 그 말을 잊어버리거나 몰아내었다 하더라도 말입니다. 하나의 약속에도 이와 같습니다. 특히 아이들을 가진 사람들은 압니다. 즉 한번 한 약속은 더 이상 취하할 수가 없습니다. 한번 약속을 했다면 약속을 "깰" 수는 있습니다. 약속은 이처럼 강한 것입니다. 사랑 고백처럼 약속은 새로운 실재를 만들어주며, 약속은 단순한 정보 이상의 의미로 존재합니다.

기독교 신앙의 근본확신은 바로 그 안(약속)에 근거합니다. 즉 예수 그리스도는 그의 인격 안에서 인간들을 향하여 주신 하나님 말씀과 다른 것이 아니었습니다. 그는 하나님의 자비와 신실하심의 약속을 인간들에게 계속 주었습니다. 그렇습니다. 그는 자신이 이 보배로운 약속이며, 하나님과 인간 사이에서 모든 것을 바꾸는 하나님의 사랑 선언처럼, 사람들 가운데 살아 있었습니다. 그리고 그것은 오늘까지도 바로 그 분이십니다.

방향

1. 그리스도, 하나님의 말씀, 그리고 예배 가운데 말씀들

말씀에 집중하는 것은 단순한 정보를 듣는 것이 아니라, 삶을 선한 것으로 변화시키는 예수 그리스도 자신과의 접촉을 의미합니다. 딤전1:15은 말씀합니다. "그리스도 예수께서 죄인을 구원하시려고 세상에 임하셨다." 특히 우리는 이것을 예배에서 경축하고 있는데, "우리의 사랑하는 주님이 그의 거룩한 말씀을 통하여 우리에게 스스로 말씀하시며, 우리는 다시금 기도와 찬송을 통하여 그분에게 말하는 것입니다"(M. Luther).

하나님은 먼저 거룩한 성서의 말씀 가운데서 우리에게 말씀합니다. 성서 본문들은 전 예배를 관통합니다. 즉 성서낭독에서, 시편의 기도에서, 기도와 노래 가운데 나타나며, 주일을 넘어, 계속되는 주간에 사용하는 주간의 성서 말씀 등. 우리 사람들은 기도, 노래, 그리고 춤이나 몸짓과 같은 회중의 참여인 또 다른 형태들 안에서 하나님과 말하게 됩니다. 여기에 우리는 들었던 하나님 말씀에 대한 응답하며, 우리 마음에 있던 것을 하나님께 아뢰는 것입니다. ↗예배

그 과정에서 하나님의 말씀과 인간이 하는 말은 서로 분리될 수 없습니다. 역시 설교 또한 당연히 사람의 말로 존재합니다. 말하자면, 남녀 설교자가 앞서 들었던 말씀에 대한 응답입니다. 반대로, 회중들의 기도와 찬

송도 "하나님의 말씀"이란 관점하에서 이해되어야 합니다. 요약하면, 즉 전체로서의 예배는 하나님과의 대화 가운데서, 듣는 것과 말하는 것에서, 만남과 함께함을 안내하게 되는 것입니다.

그 때문에 하나님 말씀은 성서와도 설교와도 일치한 것은 아닙니다. 만일 내가 하나님과의 대화 가운데 이르며, '하나님이 내게 말씀하신' 것을 느끼게 될 때, 인간적으로 보아서, 그것은 성령의 선물입니다. "아욱스부르그 신앙고백"(Augsburische Konfession, 1530) 제5항은 '설교의 직무'에 대해서 다음과 같이 말합니다. 즉 성령은 "그분이 원하시는 장소와 시간에 복음을 듣는 자들 가운데서 믿음을 불러일으키십니다." 그것은 인간적인 말과 들음이 하나님과의 대화로 인식되고 체험하는 성령의 역사입니다. '그리고서, 들었던 말씀'(설교)은 개인적으로 적중하게 되며, 들음의 경험에서 나아와 개별적인 유익한 경험이 되게 할 것입니다. ╱ 성령

2. 예배 가운데서 말씀의 형태들

2세기 이래, 사람들은 기독교의 예배에서 벌써 "말씀 부분" - 중심에서 설교와 함께 - "거룩한 성만찬의 축제인" 성찬을 구분합니다. 오늘날 "말씀 부분"에는 설교 외에 신앙고백과 간청의 기도, 그리고 특히 성서낭독들이 속하여 있습니다.

매 주일, 매 휴일은 그 자체의 모습과 특별한 주제를 가집니다. 이러한 주제는 특별히 그날의 복음에서 공급합니다. 그것은 '주간 성구'(Wochenspruch) 속에 명확히 요약되어 있으며, 그 주간의 시편과 일상의 기도 가운데 예전의 도입 부분의 끝에 수용되었으며, 복음서 낭독 전에 실제로 불렀던 '주된 노래'(Hauptlied)와 '주간 노래'(Wochenlied) 가운데서 역시 울리

고 있습니다.

예를 들어, 첫 번째 대림절(adventus = 도착)의 복음서에는 예수님의 예루살렘 입성을 말하며(마21:1-9), '주간 성구'는 이에 상응하게 소리를 냅니다. "보라 네 왕이 네게 임하시나니 그는 공의로우시며 구원을 베푸시며"(독어 성서 직역: 보라! 네 왕이 너에게 오시도다! 의로운 자요, 돕는 자로다! 스9:9).

첫 번째 대림절의 '주된 노래' 또는 '주간의 노래'는 "Nun komm, der Heiden Heiland"('이방인들의 구세주여 지금 오시옵소서!', 개신교 찬송집 EG 4)으로 선곡되거나, 로마서 13:12의 인용구인 "Die Nacht ist vorgedrungen"('그 밤은 닥쳐왔도다', 『개신교 찬송집』 EG 16)입니다.

회중은 주간의 시편 가운데서 노래합니다: "Machet die Tore weit und die Türen in der Welt hoch, dass der König der Ehre einziehe"('문들아, 넓게 열릴지어다 세상에 문들은 높이 들릴지어다 영광의 왕이 들어오시도록!') 앞서 제시된 주간의 기도에서는 [Du wunderbarer Gott, du kommst zu uns in Jesus Christus deinem Sohn] '놀라우신 하나님 당신이여, 당신은 당신의 아들 예수 그리스도를 통해 우리에게 오십니다!'가 있습니다.

복음서 낭독에 구약 성서에서 한 단락, 신약 서신서에서 한 단락이 매번 등장합니다. 낭독을 위해서 아주 세심하게 고려되어 수천 년간 성장해 왔으며 항상 다시 편집하였던 본문 단락의 체계가 있습니다. 그것은 '페리코페'(그리스어 perikoptein = 빙 둘러서 자르다)라고 부릅니다. 설교 페리코페와 낭독 페리코페는 아주 밀접하게 연관되어 있습니다. 그래서 우리는 예배의 "말씀 부분"에서 이상적으로 우리 앞에 놓아둔 아주 훌륭한 '예술적 세공품'을 가지고, 그 주일 또는 그 절기의 주제들로 우리의 방향을 정하여 그 안으로 기도와 찬송을 통하여 들어갑니다.

말씀 예배의 여러 부분의 협연은 이미 설정된 해석의 범주들 안에 설교를 내 세웁니다. 이러한 전후 맥락들을 잘 파악하는 사람은 예배를 관통하는 '중심선'을 쉽게 인지하게 되어 예배라는 작품을 총체적으로 구성할 수 있습니다.

예배에 대한 준비에서 매 주일의 성서낭독과 노래들, 주간 성구와 주간 시편들은 예를 들면 "예전 월력"(Liturgischer Kalender)에서 찾아볼 수 있을 것입니다. 그것은 개신교 찬송집 뒷부분 954번에 있습니다.

3. 예배의 중점으로서 그리스도에 관한 설교

개신교 전통은 말씀과 언어와 함께 관심의 중심에서 보편적이며 인간적인 실생활의 과정으로 옮기게 합니다. 개신교회의 예배와 연관해서, "말씀"이라는 매체의 고유성은 어디 안에 놓여 있을까요? 의사소통의 수단으로서 말씀은 그림, 음악, 춤이나 상징행위들과 같은 비언어적 표현보다 더 명확하고 더 분명합니까? 하나님의 사랑에 관한 복음은 오해되지 않게 계속 말하게 합니까? 특히 이러한 시각은 '구원의 확실성'에 관심을 두었던 종교개혁을 근거로 할 수 있을까요? 말씀과 분명한 그리스도와의 관계를 통하여 의식은 성례가 될 것입니다. 즉 "물이 그것을 자유롭게 하는 것이 아니라, 물과 함께 물에 의하여 계시는 하나님의 말씀이 행하시며, 물 가운데서 하나님의 말씀을 신뢰하는 믿음이 행하는 것입니다."(루터의 소요리문답서 중 세례에 관하여). 사람의 마음에 닿고 사람의 양심에 이르는 것이 말씀입니다.

하나의 단순한 정보가 결단코 중요하지 않습니다. 여기서 말씀하시는 그 말씀은 인간의 생명을 변화시키시며, 그의 능력을 통하여 인간에게 의미를 부여하시는 예수 그리스도의 말씀이기 때문입니다. 우리는 괴테(Goethe)의 "파우스트"에서 고전적으로 "말은 충분히 바꾸었다. 마지막으로 나에게 행동을 보여 달라!"고 한 말을 발견하는 것처럼, 말씀과 행동의 대립은 그리스도에게는 해당하지 않습니다.

1934년 '바르멘신학선언'은 하나님 말씀의 척도를 예수 그리스도 안에 있는 그의 행위라는 것을 종교개혁의 확신에 상응하게 분명히 하였습니다. 그리고 예수 그리스도가 하나님의 말씀으로서 스스로 신약과의 일치 가운데 있음을 표하였습니다. 즉 "그가 우리에게 성서 가운데서 증언되었던 것처럼, 우리가 들으며, 생사 간에서도 신뢰하며, 순종해야 하는 그것은 하나님의 말씀입니다"(주제 1항).

그 때문에 우리는 칼 바르트(Karl Barth)와 함께 신학적으로 하나님 말씀의 3가지 모습에 관하여 말하는 것입니다. 즉 계시된 말씀(그리스도 자신)은 증거된 말씀(성서)과 전파된 말씀(설교)으로부터 구별되었습니다. 지금 이러한 포괄적인 맥락에서, 왜 설교와 복음적인 이해 가운데 말씀이 두드러지게 탁월한 지위를 취하게 되는지, 이해하게 합니다. 개신교 예배에서 중요한 것은 말해진 것이 아니라, 성서 말씀의 들음 가운데 하나님의 구원을 이루시는 말씀으로 그리스도가 중심에 옮겨지는 그것입니다.

4. 동일화와 생소함

우리가 다른 사람들과의 의사소통에서 사용하는 말은 단순히 한 정보를 넘어서는 것입니다. 그것은 말을 걸 수 있으며 지루하게 하거나, 또는 교훈할 수 있습니다. 그러나 역시 행복하게 하며 위로하거나, 조롱하여, 멸시할 수도 있습니다. 그리고 그것은 감정이입과 숙고하는 일에 도움을 줄 수 있을 것입니다.

성서의 이야기들을 설명하는 사람은 아브라함과 함께한 이삭의 길을, 가버나움에서 예수님의 한 날을, 또는 엠마오로 향하는 제자들의 행보를 생겨나게 합니다. 권고는 예수님을 따름에 상응하는 하나의 새로운 삶의 방식을 얻게 합니다. 하나님 나라의 약속은 새로운 세계의 실체를 열어줍니다. 과거는 생명으로 충만하고, 미래는 예고되었으며, 현재는 새로운 빛 가운데 들어섭니다. 주저하던 예레미야, 열심 내던 아모스, 끈질긴 룻과 부활의 아침에 용감한 여인들은 말씀 속에 살아있게 됩니다. 우리는 그들을 바라보며 그들과 함께 대화에 이르게 됩니다. 여기서 말씀은 중개의 능력을 초래하며, 그 청취자들에게, 마치 그들 자신에게 생각된 것처럼, 일러주게 해야 합니다: 즉 '여기서 예레미야, 룻, 첫 부활의 증인들에 관하여 이야기된 역사는 너의 이야기'라는 것입니다.

그러나 이러한 동일시 하는 말씀 이해에서 무조건 생소함이 나타나야 하며, 더욱이 즉 우리를 매료시키며, 화나게 하며, 우리를 유혹하며, 동시에 우리를 보류하게 하는 것으로 이중적인 의미에서 "생소한 것"이 등장합니다. 우리에게 생소한 것은 말하자면 우리가 누구인지에 대하여 모순적인 것을 보여줍니다. 이러한 이중적인 의미에서 말씀은 우리에게 성서소식의 낯섦을 보여주고, 우리가 무엇인지(비교. 삼하12:7), 우리가 무엇이 아닌지, 그리고 우리가 무엇이 되어야 할는지(비교. 요일3:2)를 웅변해 줍니다.

그것은 우리가 말씀을 통해서 옮겨지는 예수 그리스도의 새로운 생소한 세계입니다. 이러한 생소함의 경험은 성공적인 경우, 우리에게 여태까지 신뢰했던 것들에 대한 새로운 해석모델을 얻게 합니다. 그것은 우리가 익숙했던 것에서 우리를 소외시킬 수 있으며, 약속된 새로운 세계와 관계를 맺게 되는 것을 뜻합니다. 요약하여, 우리는 믿을 수 있을 것입니다.

거기서 말씀은 자신 스스로 다르게 경험하기와 자신을 넘어서 다르고 새로이 생각하는 가능성에 도움을 주게 됩니다. 말씀의 설교는 자기성찰의 이러한 방식을 순간적으로 붙들어야만 합니다. 그것은 남녀 청취자들을 동시에 초대하며, 자신을 떠나 하나님께로 가며, 하나님과 함께 자신에게로 되돌아와서, 자신에 대하여 스스로 자주적으로 걷는 자가 되도록 능력을 덧입혀야 합니다.

5. "설교학의 삼각형"

좋은 설교 준비는 세 가지 구성요소를 동시에 생각하고 주목하는 것이 요구됩니다. 이 세 가지는, 기본으로 주어진 성서 본문의 단락과 기대하는 예배에서의 회중과 남녀 설교자입니다. 만일 그것이 설교학적인 삼각형에 관하여 말한다면, 이것은 설교에 관한 학문, 즉 설교학(Homiletik)을 뜻합니다. 성서 본문은 학문적인 지식과 규칙에 따라 해석되어야 합니다. 이것은 남녀 설교자가 자신의 개별적인 시각에서 그들 실제 상황에 사람으로 참여해보지 않고서는 일어나지 않을 것입니다. 그리고 또한 남녀 청취자들의 현재의 구비조건과 현 상황 역시도 주목되어야 합니다. 대다수가 농경과 수공업에 종사하고 있는 교회공동체(회중)의 설교에서는 학생교회의 설교에서와는 다른 언어와 다른 그림들과 비유들이 선택되어야 합니다. 역시 한 날의 사건 역시도, 그것이 세계적이든 지역적이든, 도외시하지 말아야 합니다.

이러한 의미에서 설교는 단순히 책상에서 써 내려간 텍스트가 아니라,

청중과 주어진 본문과 남녀 설교자의 공동연주로 이루어지게 하는 의사소통적인 시건입니다.

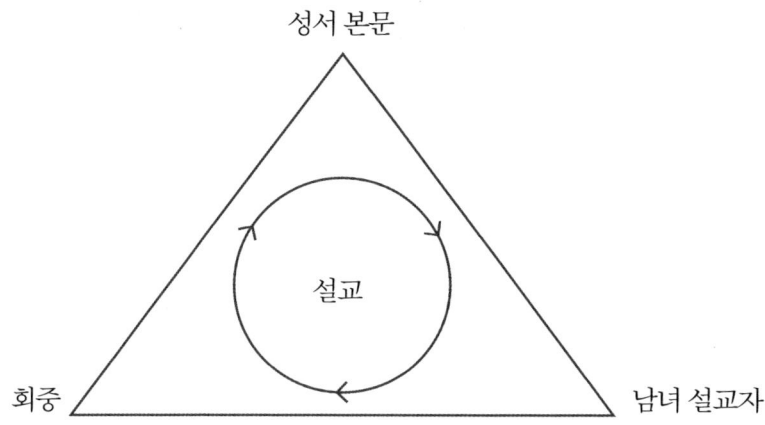

6. 설교의 목표와 수사학

설교는 - 선거전(選擧戰)의 연설, 생일날 식탁에서 연설, 또는 법정에서 변호하는 연설과 같이 하나의 말(연설)입니다. 연설은 목표를 가지고 있어야 하며, 청취자에게 무엇인가 그것을 전하려고 해야 합니다. 그렇지 않을 경우, 연설은 혼란스럽거나 지루하게 될 것입니다. 자신이 원하는 것이 무엇인지를 알지 못하는 사람은 아무도 열광하지 않을 것입니다.

설교는 임의의 연설이 아니며, 설교의 내용은 임의적인 말이 아니라, 자유롭게 하며, 치유하며, 사람들을 통합시키는 예수 그리스도에 관한 말씀입니다. 남녀 설교자의 과제는 가능한 한 인간적인 모든 노력을 기울이는 일(설교 준비과정이나 설교 과정 중에)입니다.

청취자들은 남녀 설교자의 목표를 알아야 하며, 그것에 대하여 전적으로 자유롭게 반응할 수 있게 해야 합니다. 수사적으로 잘 적용한 설교는 명료함으로 인도할 것입니다. 연설자의 "성공"은 그리스도의 말씀을 명료화하는 것에 달렸습니다. 경청하던 자들은 거기서 스스로 결단에 이르게 해야 합니다. 모든 교회의 회중들이 복음에 대한 공동의 감동을 인지할 수 있을 때, 그리고 모든 회중은 수사적으로 잘 준비된 설교를 기뻐하는 것입니다.

형성

설교 형태들

역사의 과정에서, 여러 다양한 형태들의 설교가 만들어졌습니다. 가장 중요한 것들은 다음과 같습니다:

- 단락별로 나누어진 본문 설교: 이것은 경청하는 사람들의 삶을 위해 성서 본문의 의미를 논증적인 단계를 거쳐서 전개 시키는 방식입니다. 이러한 형태는 가장 빈번하게 등장하는 설교 형태입니다.

- 소위 성서 본문 해석 형식의 설교(Homilie): 본문의 매 구절을 따라가며, 이것들을 현재에다 관계시켜 해석하는 형태입니다.

- 내러티브 설교: 주어진 본문에 나타나는 역사에서 이야기된 해설 설교입니다.

- 주제 설교: 성서 단락을 현실적인 주제와 연결하든지, 또는 성서의 진술과 논증과 함께 현실적인 주제를 대질하는 형태의 설교입니다.

- 그림 설교나, 노래 설교에서 성서 본문보다는 교회력에 따라 선택한 그림이나 노래를 연결하는 형태의 설교입니다.

- 대화 설교에서, 주제 설교의 특별한 형태로, 설교의 중점과 주요 진술을 두 사

람 간의 대화로 발전시킨 형태입니다.

고전적으로 스스로 작업하여 강연했던 설교 외에 다른 형태가 있는데, 그것들은 설계를 통하지 않고, 연설의 맥락을 통하여 구별된 다른 형태들입니다.

- 읽기 설교는 남녀 성서 낭독자에게서 이루어졌습니다. 게다가 교회들은 매번 주일에 적합하며 일반적일 수 있는 특별한 발행물들을 제공합니다. 이런 발행물들은 여러 다양한 교회 정황에 잘 어울리거나 쉽게 적용할 수 있는 것들입니다.

- 예배 참여한 모든 사람을 통한 공동의 성서해석은 아주 소규모 모임이나, 계획적인 형태의 "대화식 예배"에 추천되고 있습니다. 이 방법은 숙련된 지도력이 필요합니다.

- 소그룹이 준비한 공동의 설교는 세례 준비나 입교 준비교육, 청소년들이나 노년 그룹에서 사용되고 있습니다.

[참고도서]
- 보렌(Bohren,R.): 설교론(Predigtlehre), 7. Aufl. 1993.
- 부코브스키(Bukowski,P.): 설교 인지(Predigt wahrnehmen), 5. Aufl. 2007.
- 엥에만(Engemann,W.): 설교개론서(Einführung in die Homiletik), 2002.
- 오토(Otto,G.): 설교는 어떻게 구성하는가?(Wie entsteht eine Predigt?),
    실천적인 수사학의 한 장(Ein Kapitel praktischer Rhetorik), 1982.
- 폴-파타롱(Pohl-Patalong,U.): 복수 단어 안에서 설교(Predigten im Plural), 2001.
- 니콜(Nicol,M.): 형상 안에서 서로 앉기(Einander ins Bild setzen):
    드라마 설교학(Dramaturigsche Homiletik), 2. Aufl. 2005.

6.2.3. 세례

인식

"세례는 나에게 가정의 보호를 받는 감정을 제공합니다. 내가 그분에게로 피할 수 있는 하나님의 약속을 그 누구도 나에게서 빼앗을 수 없습니다. 계속, 내가 무엇을 하든지, 그것은 거기에 존재하며 거기에 머물러 있습니다. 역시 어린아이들이 그들에게 일어나는 무엇인가 온전히 긍정적인 이러한 약속을 소유해야 합니다. 인간이 출생할 때, 그를 아주 행복하게 해주는 누군가가 무조건 있는 것은 아닙니다. 그런데 세례 때는 전혀 다릅니다."

카린(Carin S.) 39세, 보육사

"40이라는 많은 나이에 왜 나는 세례를 받으려 할까요? 나는 아직 여로에 있으며, 아직 도착하지 않았다는 것을 압니다. 그러나 중요한 것은 나는 그리스도 곁에 있기를 원합니다! 나는 그분과 함께 하나님의 창조와 분별력 있게 대화하는 법을 배울 수 있기 때문입니다. 오직 그분과 함께 세상은 구원받을 것입니다."

43세 하이노(Heino S.) 43세, 산림관리인

"우리 아이들은 6세와 7세이고, 아직 세례를 받지 않았습니다. 첫째 아이가 태어났을 때 세례에 관해 생각해 보았습니다. 그때 그 아이가 하나님을 자신의 인격으로 믿게 되기도 전에, 단지 전통적인 방식으로 교회의 회원이 되지 말아야 한다는 생각이 우리에게는 중요하였습니다. 그리하기에 우리는 우리 자녀들이 스스로 세례를 받으려 원하기까지 기다리기를 바랍니다."

30세 쉴케(Sylke U.) 30세 간호조무사, 안드레아스(Andreas U.) 31세 종업원

"나는 무신론 가정에서 태어났으며, 세례받지 않았습니다. 그러나 나는 이미 어린 시절부터 친구들을 통해서 교회와 접촉을 하였습니다. 교회와의 접촉은 지금까지도 계속되고 있습니다. 이후 나는 교회의 어린이 그룹에서 함께 협력하였

으며, 그러나 항상 전적으로 거기에 속해 있다고 느끼지는 못하였습니다. 이제 나는 세례 받기를 원합니다. 완전히 교회에 속하기를 원합니다."

질케(Silke D.U.) 30세 아동병원 간호사

"세례받는 것은 나에게 중요합니다. 나는 처음부터 하나님의 백성에 속한 자로 느낍니다. 그리고 하나님의 성령이 나에게 선물 되었습니다. 그분은 나의 주위를 둘러싸고 계십니다. 이것이 저의 평안함입니다. 우리는 아이들이 아주 어릴 때 세례받게 하였습니다. 그것은 그들을 위해서 여전히 효력을 지닌 것이어야 했기 때문입니다.

하이네 박사(Heye A.) 58세 주임의사

방향

1. 세례는 기독인이 생긴 이래 함께 있습니다.

이미 첫 기독교회로부터 그들이 세례를 시행하였다는 것을 우리는 잘 알고 있습니다. 성령강림 사건 직후, 믿음에 이르렀던 동시대 사람들에게 사도 베드로의 복음은 "너희가 회개하여 각각 예수 그리스도의 이름으로 세례를 받으라고"(행2:38) 말해줍니다.

그들은 자신들이 부활하신 예수 그리스도로부터 스스로 사명을 위임받게 된 것을 알았습니다. 예수님은 마태복음서 마지막 부분에 그들에게 말씀하셨습니다. "예수께서 나아와 말씀하여 이르시되 하늘과 땅의 모든 권세를 내게 주셨으니, 그러므로 너희는 가서 모든 민족을 제자로 삼아 아버지와 아들과 성령의 이름으로 세례를 베풀고, 내가 너희에게 분부한 모든 것을 가르쳐 지키게 하라 볼지어다 내가 세상 끝날까지 너희와 항상 함

께 있으리라 하시니라"(마28:18-20)

매번 세례식 때마다 이러한 말씀들은 낭독되었습니다. 그것들은 그리스도의 교회가 세례를 시행해야 한다는 사실을 확실하게 증언해 줍니다. 세례는 모든 기독인의 교회에 기본적인 성례입니다. 교회들 대부분은 세례가 삼위일체 하나님의 이름으로 물로 시행될 때, 하나의 유효한 세례로 인정합니다. 더욱이 세례받는 자들의 종파와 개인적인 견해와는 독립적입니다.

2. 세례의 기원

이전 시대에도 오늘날처럼 다르지 않게 사람들은 생명을 창조하며 보존하는 것과 마찬가지로 생명을 위협하는 물의 힘을 경험합니다. 그들은 물을 생명의 근원적인 요소로서 그리고 구원과 파괴를 초래할 수 있는 근원적인 힘이라는 것을 알고 있습니다. 이러한 물의 신비로운 차원은 세계를 해석하는 종교들의 신화 가운데서 물이 출구를 발견했던 데로 이끌었습니다. 물을 가진 의식적인 행위들은 예를 들면 물 뿌림, 씻음, 또는 물에 담그는 침수처럼, 여러 종교 가운데서 소생, 청결, 새로운 시작의 행위들로서 실행되었습니다. - 사해 바다 근처에 쿰란 공동체에서와 유대교의 신앙 공동체에서 행한 영접의식에서 등입니다.

- **쿰란** : 이들에게 물로 씻음과 침수는 큰 역할을 합니다. 청결의식들은 공동의 만찬 전에 진행하며, 예전의 청결 없이 만찬의 참여는 불가능합니다. 이러한 씻는 의식은 한번은 죄로부터의 정결이란 맥락에서[1QS 3,6ff.] 언급되었습니다만, 물을 통해서가 아니라 성령을 통해서 일어납니다.

- **개종 세례** : 이방인이 유대교로 넘어오고자 할 경우, 그는 할례에 덧붙여 "세

례"를 받아야 했습니다. 개종 세례가 예수님 당시에도 있었는지는 아직 의견이 엇갈립니다. 우리가 알고 있는 가장 초기 증빙자료는 주후 80년의 것입니다. 이러한 침수는 의식의 정결로 안내하는 자기 침례였습니다. 이방인들은 침례를 부정하고 제의적 능력이 없다고 간주하였습니다.

a) 세례자 요한

요한에게 "세례자"의 이름 부여는 신약에서뿐 아니라, 유대교의 역사가인 요세푸스에게서도 발견됩니다. 그것은 그의 세례에는 무엇인가 새롭고, 특별하고, 그에게만 특징지어진 것을 암시하는 것입니다. 반복되는 자기 씻음과는 구별하여, 세례는 단회적이며, 세례 베푸는 자를 통하여 시행되었습니다. 요한을 통한 세례에서 제의적인 정결 의식이 중요하지 않았습니다. 그것은 - 구약과 유대인들의 씻음과는 달리 - 죄인들의 용서를 위한 것이었습니다. 참회하고 요단강에서 요한에게 세례받는 자는 마태복음 3:7이 전제한 것처럼, 다가오는 하나님의 심판과 불 심판에서 보호되는 일이었습니다.

b) 예수의 세례

예수가 세례자 요한에게 가서 친히 세례를 받으시고, 그의 세례에서 지금 그의 공적인 활동을 시작하는 위임(사명)을 받은 것은 역사적인 분명한 사실들에 속합니다. 즉 복음서들의 보도에 따르면, 예수는 세례 때 하늘이 열린 것을 보셨습니다. 그는 하나님의 음성을 들으셨으며, 성령께서 비둘기 모양으로 그분 위에 내려오심을 보았습니다. 그리고 그는 하나님이 자신의 사역을 위해 원래부터 소명하신 하나님의 아들이심을 알았습니다. 기독인들의 세례의 본질적인 요소들(세례, 성령 받음, 자녀 됨의 승인)은 바로 이러한 보도들에 그대로 남아있습니다. 신학자들은 이러한 보도에서 예수의 세례가 동시에 기독인들 세례의 모범으로 묘사되었다는 것은 가능한 것으로 여겼습니다. 요한과는 달리 예수는 자신이 세례를 베풀지는 않았습니다(요4:2). 예수는 지상 사역 동안 제자들에게 세례를 명하는 경우는 극히 적습니다. 마태복음 28:19에 따르면 부활하신 이후, 예수는 제자들에게 세례를 베풀도록 분부하셨습니다.

c) 첫 교회공동체

기독인들은 처음부터 세례를 알았으며, 그것을 실행하였습니다. 사람들은 세례를 통해서 교회공동체 안에 받아들여졌습니다(행2:38, 41). 사도 바울 역시 모든 기독인이 세례를 받아야 하는 것을 전제한 것은 자명합니다(롬6:3; 고전12:13). 요한의 세례의 모범에서처럼, 처음에는 한 세례자에 의해 시행되었습니다. 요한의 세례처럼 그 세례는 단회적이었고, 죄 용서를 입증하였습니다. 요한 공동체와 공통분모가 있음에도 불구하고, 기독인의 세례는 처음부터 분명히 그들의 것과는 구별이 되었습니다:

"요한은 물로 세례를 베풀었으나 너희는 몇 날이 못 되어 성령으로 세례를 받으리라"(행1:5)

처음부터 기독교의 세례는 예수의 이름으로 이루어집니다.

3. 신약의 증언에 따른 세례

예수 그리스도의 이름으로(행2:28; 10:48), '아버지와 아들과 성령의 이름'(마28:19)과 마찬가지로, 3가지 양식을 따라 시행되었다는 것은 결정적입니다.

이로써 세례받는 자는 주 예수의 소유로 그에게 자신을 맡기는 것이며, 그분의 보호 아래 세워지게 되었습니다. 그 때문에 세례의 표시는 역시 "인침"(고후 1:22)을 의미합니다. 당시 종들이 주인의 인장을 낙인 받아 지울 수 없는 주인의 것임을 분명히 하였듯이, 그리스도인도 지금부터 그의 주인의 것임을 분명히 하였습니다. 바울은 고린도전서 12:13에 말하기를, 우리는 세례를 통하여 그리스도의 몸에 속한 자가 됩니다. 우리는 세례를 통하여 그분의 공동체에, 그분의 교회에, 그분의 통치영역 안으로 받아들여진 것입니다. 우리는 그분께 속해 있고, 그분의 몸의 지체(마디)들입니다. 예수는 그의 몸의 지체들을 통하여 세상 가운데 일하시기를 원하십니다.

기독교회의 세례 전제는 처음부터 예수 그리스도에 대한 신앙에 있었습니다. 세례 준비자는 세례 전, 또는 아마도 후에, 초기에 만들어진 신앙고백을 교회 회중 앞에서 말했습니다(비교. 롬10:9). 짐작하기는 세례 준비자는 완전히 물속에 들어가 잠기는 세례를 받았습니다(행8:36 이하; 히 10:22).

신약의 증언들은 기독인들이 세례 안에서 계속해서 그들의 삶을 유도하며, 지도하기를 원하는(롬8:14) 죄 용서와 성령의 선물을 받는다는 것에서 일치합니다(행2:38).

첫 기독인들에게 세례는 그들의 개인적인 구원 경험과 삶의 태도를 위해 큰 의미를 지녔습니다. 예를 들면 신약의 거의 모든 윤리적인 지침들은 세례에 근거하였습니다. 그리스도를 주님으로 고백하고 그분과 연합된 삶을 사는 자는 세례에 합당한 삶에 의무화되었습니다. 세례에서 그리스도로 옷 입은 자는(갈3:27) 그들의 삶의 변화에 역시, 주님 그리스도로 옷 입는 것이 요청되었습니다(롬13:14; 비교. 갈5:25). 죄에 죽었던 자는 지금 죄에 대하여 죽을 것(롬6)이 요구되었습니다. 세례는 새로운 품성을 가능하게 하고, 그리스도와 연합된 사람들의 새로운 공동체로 인도합니다.

4. 세례의 역사에서

세례의 실제에 대한 첫 번째 상세한 증언은 주후 3세기 초에 저술된 로마의 장로인 힙폴리트(Hippolyt)가 쓴 "사도적 전승"(Traditio Apostolica)에서 발견합니다. 이 책은 내용이 풍부하고 매 단계 구별되는 의식을 묘사하고 있습니다. 책 서두에 3년생 교리 학습자가 소개되고 있는데, 고대교회에서 교리적인 가르침이 특별히 세례와 연관되었던 것을 말할 수 있을 것입니다. 세례의식은 여러 번의 엑소시즘(귀신축출의식)[1], 깨어있음과 금식과 함께 집중적인 준비주간에 선행되었습니다. 세례예배는 축제적으로 거행되었으며, 당연히 성만찬으로 연결되었으며 - 역시 어린이들이나 젖먹이들에게도 시행되었습니다.

넘쳐나는 내용이 풍부한 세례의식의 형태는 수 세기의 과정에서 - 느린 발전으로 느끼지 못하였지만 - 교회공동체의 영접의식으로 분리 독립되었습니다.

- 주후 5세기 이후부터 유아세례의 증가와 함께 그리고 동시에 세례받지 않음에 의한 저주에 대한 두려움이 증가하면서, 다음과 같은 문제가 생겨났습니다. 즉 본래는 단지 감독들만이 세례를 베풀게 하였습니다. 그러나 주교 관할 교구가 너무나 컸기에, 대다수 신자들이 원하던 것처럼, 출생 이후 짧은 시간 내에 세례를 베푸는 것이 더 이상 가능하지 않게 되었습니다. 그래서 교회의 감독들은 세례권을 장로들에게 위임하게 되었습니다. 그렇지만 서방교회의 감독들은 안수의 권리를 가지고 있었으며, 이것이 견진 의식(Firm Ritus)을 만들어내게 됩니

---

1) 역자주: 축귀(逐鬼)는 고대교회에서 널리 시행되었다. 큰 교구 교회들은 한 명의 축귀술사를 가지고 있었다. 축귀는 마귀의 권세 영역에서 하나님의 권세 영역으로 통치권의 이전을 말하는 의식이다. 배역한 자들에게도 축귀 의식은 시행되었다. 종교개혁 시절에도 축귀는 세례문에서 발견된다.

다. 그 때문에 세례는 죄 용서(씻어냄)의 행위이며, 세례는 성령의 베푸심이 필요하다는 성령부여의 보완이 필요하다는 오해가 재빨리 생겨날 수 있었습니다.　↗견진(개신교에서 입교예식)

- 13세기 초, 먼저 결정적인 나이부터 아이들에게 '성체'(성찬 Kommunion)를 허용하게 하는 로마교회의 결정은 획을 긋는 일이 되었습니다. 그 때문에 성만찬(Abendmahl)은 세례에서 분리되었습니다. 동방교회들은 이것을 시행하지 않았습니다. 거기서 유아세례 자는 오늘날까지 '주님의 만찬'(Herrenmahl)을 받습니다. 비록 그가 - 이 교회들에서 규정처럼, 젖먹이라 할지라도 그대로 시행합니다. 아이에게 성찬의 음식은 죽으로 만들어서 숟가락으로 먹여주었습니다. ↗성찬

마르틴 루터는 세례가 먼저 견진(堅振)을 통해서가 아니라, 다른 의식들의 충족을 통해 배경에 나타난 것은 하나의 교회 본질에 대한 오해로 인식하게 되었습니다. 그 이면에 루터는 다시금 - 영혼 돌봄의 근거에서가 아니라 - 세례를 기독인 존재의 근본토대로서 붙잡기를 원했습니다. 물론 루터는 세례가 성찬과 함께 있어야 하는 원천적인 연결에 관해서는 아무 것도 알지 못했으며, 대략 200년 이래 로마교회의 유효한 규정에다 연결하였습니다. 믿음 가운데 있는 회중을 가르치고, 품위를 지닌 만찬 영접을 준비하는 그의 노력은 시간이 경과됨에 따라 개신교회의 견진성례 실제의 모습으로 이끌었습니다. 자신의 세례에 대한 개인적인 승인, 만찬의 허락, 축복이 하나로 연결된 이러한 행위는 경건주의와 계몽주의의 추진력을 통하여 곳곳에서 관철되었습니다. 그것은 주민의 자의식 가운데서 부분적으로 다시 종교개혁자들로부터 새롭게 발견된 기독인 존재의 중심입장에서 나아와 밀쳐지게 하였습니다.

세례는 기독교의 첫 세기에 논쟁 되지 않았다면, 늦어도 종교개혁 기

간에 세례의 이해와 실천에 대한 중대한 토론들이 시작되었습니다.

a) 유아세례

오늘날까지 소위 유아세례의 정당성에 대한 논란들은 항상 다시 불타오르고 있습니다. 역사적으로 볼 때, 이러한 질문은 명확하게 결정하게 하지 않습니다. 신약은 단순히 포괄적인 사회연합체인 "가정들"(Häuser)에서 세례가 행하여졌던 일에 관하여 알려줍니다. 구체적으로 이러한 "가정들"에 유아들이 포함되었는지 - 개연성을 가진 것처럼 - 물론 미결상태에 있습니다.

온전한 집의 세례(행16:15; 18:8; 고전1:16)에서 역시 아이들과 젖먹이들에게 세례가 베풀어졌다는 것을 거부할 수 있을까요? 이것은 가능하지만 분명하지는 않습니다. 주후 200년부터 어린이 세례가 베풀어졌다는 것이 명확하게 증언됩니다. 그렇지만 주후 400년까지는 아직 성인 세례가 지배적이었습니다. 사람들은 이따금 세례를 죽음의 침상에 이르기까지 가능한 한 오래 미루어 두었습니다. 그 이유는 사람들은 단지 세례만이 죄인들의 완전한 용서를 가져온다고 생각했기 때문이며, 그리고 게다가 완전한 그리스도인 됨은 삶에 대한 높은 요구들이 제기되는 것으로 나타나 보였기 때문입니다. 이미 앞서 언급한 힙폴리트(Hippolyt, 주후 3세기 초)의 보도는 - 여기에 물론 당연한 것으로서 단지 언급합니다. - 유아세례를 인식하게 합니다.

먼저 신학적으로 유아세례에 반대하는 몇 가지 객관적인 논거들을 말하고 있습니다. 먼저 믿음과 세례의 관계가 거론되었습니다. 이러한 논증에서 생각하는 것은 세례가 인간의 믿음에 근거하지 않고, 예수의 죽음과 부활의 사건에 근거한다는 것입니다. 그러므로 세례자가 받아들여졌으며, 그리스도의 사건을 통하여 구원되었다는 것입니다.

거기서 자주 세례자는 스스로 성숙한 결단에 이르는 가능성을 가져야 한다는 요청이 제기되었습니다. 그러나 이것은 새 시대적인 자기 이해의 표현이며, 성서적 통찰에는 모순입니다. 그 이유는 (다른 '물'로 행하는 의식에 대립하여) 바로 인간의 수동성이 기독교 세례의식의 특징적인 존립에 속하기 때문입니다. 그 밖에도 여기 아직 무엇인가 다르게 생각되어야 하는 것이 있습니다. 즉 세례에 대하여 인간의 자주적인 결단을 강조하는 자는 중증의 정신장애를 가진 사람들이 세례를 받을 수 없다는 것을 말로 표현되지 않았지만, 요구하는 것입니다. - 그것은 역사에서 실제로 나타났었습니다! - 그리고 역사가 예수의 선포와 치유행위를 증언하는 것처럼, 하나님의 인류 박애 정신에도 근본적인 모순이 되는 것이다.

유아세례에 대한 비판은 물론 실제적인 하나의 오해를 암시해 줍니다. 즉 수 세기를 지나는 동안 시행된 여러 가지 세례 실제는 이따금 사람의 구체적인 삶의 관계들과 인간들의 입장들에 크게 주목하지 않았습니다. 그것이 세례와 새로운 행동 사이에 성서적으로 증언된 관계가 상실된 쪽으로 이끌었습니다. 그럼에도 불구하고 이것은 교회의 복음전파와 가르침에서 수 세기 동안 세례 망각에 대한 대립보다 유아세례의 반대에 대하여 덜 말하는 것입니다.

b) 세례의 필요성에 대한 새로운 질문들

최근에 세례의 필요성에 대하여 항상 다시 원칙적으로 질문되었습니다. 사람들은 세례를 받지 않고도 예수 그리스도와 하나님을 믿으며 교회의 공동생활에 참여할 수 있을까요?

세례에 대한 마술적인 오해에 대립하여, 세례의 절대적인 필요성은 결단코 주장되지 않았다는 것이 역사적으로 암시되어야만 합니다. 교회의 첫 세기 동안에 역시 세례받지 않은 순교자들도 구원받으리라는 것은 당연한 것으로서 효력을 지녔습니다. 사람들은 여기서 "피의 세례"(Bluttaufe)에 의지하였습니다. 물론 예수 그리스도의 공동체에 속하기를 원했던 사람들이 처음부터 당연히 세례를 흠모했다는 것은 논쟁의 여지가 없어 보입니다. 그것들은 부활하신 자의 임무에 상응했습니다. 그래서 하나님이 고유한 다른 길들을 아시는 것에 관여하기를 원하지 않은 채, 세례가 우리에게 보여주신 그리스도인 됨에 이르는 것임을 말하게 될 것입니다. 사람들과 그들의 삶의 방향을 위한 의식들과 표면적인 행위들의 큰 의미는 경험 과학적으로 거기서 보이게 해줍니다. 그 때문에 세례와 결부된 몸짓과 상징들은 믿음을 도울 수 있을 것입니다. 거듭 순환되는 마르틴 루터의 자기 세례에 대한 회상, 그리고 그가 젖먹이 나이 때 세례를 받아서 이로부터 받은 위로는 세례로부터 비롯되는 영혼 돌봄의 능력에 대한 인상 깊은 하나의 모범입니다.

5. 세례의 효과와 의미

a) 세례는 하나님의 긍정입니다.

하나님이 그리스도를 통하여 모든 사람에게 주려고 생각했던 것은 세례 안에서 한 사람에게 개인적으로 그리고 주로 말씀해주었습니다. 즉 나, 너의 하나님은 너에게 함께 하며, 너는 내 자녀이기 때문에 너를 받아들인다! - 네가 세상 어느 지역 출신, 어떤 관계에서 유래되었든지, 네가 남자인지 여자인지, 병들었거나 건강하거나, 어떤 피부색을 가졌든지, 어떤 강함과 약함을 지니고 있든지 그것과는 상관없이 독자적으로 영접할 것이다. 세례는 동시에 사랑의 해명서이며 한 사람에 대한 하나님 신의(信義)의 약속입니다. 이것이 홀로 그들의 중대성을 결정합니다.

젖먹이나 작은 아이들이 세례받기 위해 데려왔을 때, 그들은 스스로 그 어떤 기여도 할 수 없기에, 하나님의 무조건적 약속이 특별히 분명하게 표현합니다. 하나님의 사랑은 사람 편에서 그 어떤 전제나 준비에 결부되지 않은 우리를 향한 그분의 선물입니다. 이것은 세례받으려는 청소년들과 성인들을 위해서 그대로 효력을 지닌 것입니다. 그렇지만 하나님의 결정이 그것에 우선합니다. 이러한 지식은 기독교적인 삶을 위해 광범위하게 미치는 결과들을 지닙니다.

루터는 그것을 다음과 같이 표현합니다. "만일 내가 그분(그리스도)의 요구에 근거하여 세례를 받았다면, 나는 내가 세례를 받았음을 압니다. 만일 내가 내 믿음에 근거하여 세례가 이루어지게 된다면, 나는 내일 세례받지 못한 자임을 발견하게 될 것입니다. - 내 믿음이 부족하거나, 마치 어제의 내가 올바로 믿지 않았던 것처럼, 불안해하였다면 그러할 것입니다."

이처럼, 즉 하나님의 약속은 아무것도 아닌 것을 통해서도 파괴될 수 없으며, 역시 인간들이 짐을 지우는 죄책을 통해서도 아니라는 것입니다. 비록 사람들이 통계적인 규모나, 전동장치 안에 있는 바퀴처럼, 자신을 숫자로 경험하게 된다고 해도 그것은 거기서 그대로일 것입니다. 그들은 그들의 창조주 하나님으로부터 원하셨으며, 그분에게 속한 것입니다. 그들은 사람들 가운데서 어떤 이름을 만들 수 없었다 해도 하나님에 의해서 역시 하나의 이름을 보유하게 됩니다.

b) 죄용서

세례를 통하여 죄가 용서될 것입니다(행2:38; 22:16). 세례는 선한 양심을 선사합니다(히9:14; 벧전3:21). 바울은 세례받은 자에게 다음과 같이 말할 수 있었습니다: "주 예수 그리스도의 이름과 우리 하나님의 성령 안에서 씻음과 거룩함과 의롭다 하심을 받았느니라"(고전6:11). 세례가 단지 죄를 '씻을' 뿐만 아니라 철저하게 하나의 새 존재를 창조한다는 것이 디도서 3:5 이하에서 언급하며(비교. 벧전2:2), 역시 요한복음 3:3 이하에서 의미하는 것처럼, 세례의 표시 가운데서 "중생"으로서 표현합니다.

세례에 대하여 가장 상세히 말하고 있는 본문은 로마서 6장입니다. 여기서 바울은 말하기를, 우리가 세례를 통하여 예수의 죽음과 부활에 몫을 얻게 된다는 것입니다. 즉 우리는 세례를 통하여 성금요일과 부활절의 사건 안에 함께 받아들여졌습니다. 우리의 불신자요, 타락한 옛사람은 세례를 통하여 그리스도와 함께 십자가에 죽으며, 더욱이 그와 함께 장사 되었습니다. 그것은 우리가 죄에서 자유롭게 되며, 그리스도 안에 수용되어, 철저하게 새로운 삶을 살아갈 수 있게 하기 위함이었습니다.

그렇게 그리스도와 함께 결합한 자는 장차 그와 함께 부활할 것을 소망할 수 있습니다(롬6:8).

c) 예수 그리스도와 결합

하나님의 약속은 나사렛 예수의 역사와 함께 직접 결합 되었습니다. 그의 제자들은 개인적인 만남을 통해 직접 그의 권고를 받았습니다. 하나님의 사랑은 그 어떤 이름도 얼굴도 없는 사랑이 아니라, 도리어 나사렛 예수가 다른 사람들의 삶을 자유롭게 하며, 그들에게 하나님을 향한 눈을 열어주며, 그들을 악의 권세에서 그들을 해방했을 때, 사람들 가운데 그 사람은 실제가 되었습니다.

후에 탄생한 자들인 우리는 그리스도와 함께 세례 가운데서 결합 되었습니다. 사도 바울은 그것을 다음과 같이 말합니다. "그리스도와 합하여 세례받은 자는 그리스도로 옷 입었느니라"(갈3:27). 세례자가 세례예배에서 십자가로 성호를 긋고, 물로 세례를 받게 되었을 때, 그는 육체로 예수 그리스도의 죽음과 부활에 결합 되었습니다. 세례 행위에서 사람들은 그리스도의 사망 안에 들어와 세례받게 되었으며, 그들은 그와 함께 새로운 생명으로 일어서게 됩니다. 이러한 사건에서 그리고 예수 그리스도와의 결합을 통하여 그들은 그들의 모든 죄 용서를 얻게 되며, 악의 권세에서 구하여 내게 되었습니다(행2:38). 하나님의 사랑은 온갖 유혹들에 저항하는 것과 죽음을 넘어 나아오기까지 지속합니다.

d) 성령의 선물

세례 안에서 악과 죽음의 권세로부터 구원받은 자, 즉 하나님의 무조건적 신의가 약속된 자에게는 지금 예수 그리스도에게 속한 그를 위해 새로운 생명이 시작됩니다. - 그것은 새로운 시작입니다. 사도 바울은 그러한 사람이 "새로운 피조물"이라고 말합니다(고후5:17).

하나님은 세례의 순간에만 사람들에게 가까이 계신 것은 아닙니다. 그분은 이들에게 신실하게 함께 하시며, 그들과 동행하십니다. 그분은 세례 가운데서 그들에게 믿음을 일깨우며, 강하게 하시며, 다양한 은사와 자질들(Charismen)을 선물하시는 성령을 주십니다. 그렇게 세례 가운데서 삼위 하나님은 행하시는데, 그분은 모든 생명의 아버지와 창조자요, 십자가에 못 박히시고 부활하신 아들이며, 그리고 생명을 항상 새롭게 하시며, 성취하게 하시는 성령이십니다. 이것은 각자 그리스도의 세례를 인식하게 된 세례 양식 안에서 표현됩니다. 즉 수세자의 이름을 부르며, "나는 당신에게 아버지와 아들과 성령의 이름으로 세례를 줍니다!"

e) 기독인들의 공동체와 결합

각자 개인의 기독인 존재는 세례 가운데서 아주 명백하게 시작되기 때문에 세례는 역시 회중의 중심에 놓여 있습니다. 사람들은 교회의 세례를 통하여 우리 앞뒤에 존재하는 그리스도의 몸 안에 들어와 세례가 이루어졌습니다. 그것을 통하여 주어진 사람들의 가까움을 표현하기 위하여 기독인들은 - 어떤 경우든 종종 - 서로를 "형제", "자매"로 부르게 됩니다. 이로써 세례는 모든 세례받은 자들(역시 벌써 죽은 자들)과 세례받은 사람들을 포함한 새 가족이 되는 접근로를 열어주게 하는 일이 분명하게 될 것입니다.

f) 새로운 생명

세례는 새롭고 의무화된 그리고 희망이 가득한 삶을 기초하며, 그것을 가능하게 합니다. 즉 사람들은 예수 그리스도와 결합 되었으며, 그를 지향하며, 하나님의 의지를 이해하며, 그것을 성취하려고 그의 계명을 따르며 노력할 때, 그들의 삶은 풍성하게 될 것입니다. 그들은 세례와 함께 동시에 교회공동체의 지체들이 되며, 다른 사람을 위한 봉사와 은사와 삶에 몫을 가지게 됩니다.

그 때문에 세례받는 일은 한 사람을 위한 기쁨의 축제일이며, 그의 계속되는 인생길을 위해서도 중요한 날입니다. 기독인들에게 세례에 대한 기억은 깨트릴 수 없는 하나님 약속에 대하여 어떤 근거를 제시할 수 있을 것인지를 항상 다시 암시합니다. "내가 너를 지명하여 불렀나니 너는 내 것이라"(사43:1). 한 사람의 인생에 이러한 약속에 대한 기억이 출구를 열어주며, 발로 걸어 다닐 수 있는 새로운 바탕을 제시하는 시간을 제공할 수 있을 것입니다. 예를 들면 마르틴 루터에게 세례의 확실성은 수많은 위기 가운데 결정적인 근거였습니다. 그 때문에 항상 다시 세례의 의미를 기억 가운데서 부르는 것과 마찬가지로 하나님의 위대한 선물을 깊이 생각하는 일이 중요합니다. 세례 날의 축하 또는 예배 가운데서 세례의 기억은 그것을 위한 좋은 도움입니다.

6. 세례는 반복해야 하는 일인가?

자신의 인생길을 기독인의 공동체와 교제하는 일 없이 걷는 세례자는 문들이 항상 열려있는 집으로 들어오는 것처럼 언제라도 교회로 돌아올 수 있습니다. 이것은 교회를 탈퇴하여 떠난 경우에라도 유효합니다. 즉 늦은 시기에 교회에 다시 돌아온 사람은 누구라도 다시 세례를 받지는 않습니다. 이러한 정황에 따라 만일 사람들이 이전 교회나, 공동체에서 벌써 세례를 받았다면, 그들에게로 돌아온 사람들에게 기독교 공동체가 세례를 다시 베푼다면, 개신교회의 기독인들에게는 수용할 수 없는 일입니다. 그 이유는 세례는 단 한 번의 행위이며, 반복할 수 없는 일이기 때문입니다.

7. 세례는 거절해도 좋은가?

아이의 세례는 그 아이가 기독교의 신앙 안에서 자라날 수 있도록 그렇게 양육하는 부모와 대부(代父)의 약속과 결합 되었습니다. 적어도 부모 중 한 사람이나 대부가 개신교회에 소속되어 있지 않았다면, 어린아이의 세례를 위한 전제조건이 순수히 표면적으로 주어져 있지 않습니다.

남녀 목사들은 가능한 대로 아이와 그의 가족이 세례 없이 교회의 모든 행사에 초대받는다는 것과 이러한 경우에 아마도 아이가 스스로 세례 받기를 원하는 소원을 표현할 때까지 기다려야 한다는 것을 암시해 주어야 합니다.

부모님과 대부가 기독교적인 양육에 대한 신중한 의지가 있지 않다는 인상을 분명히 보인다면 - 예를 들면 부모가 조부모님의 압력으로 세례받게 하려는 경우 - 그리고 기독교적인 양육의 책임을 넘겨받을 그 어떤 다른 사람이 준비되어 있지 않다면, 남녀 목사들은 그 세례를 이후의 한 시점으로 미루는 것이 가능합니다.

개신교 루터교회의 생활규정은 "형식과 내용에 따라 세례와는 분명히 구분되는 일이 발생한 경우에 부모의 소원에 따라 아버지와 아들과 성령의 이름으로 세례를 줍니다!" 교회는 아직 세례받지 않은 자녀들을 위한 감사와 간구 기도를 예배에서 말할 것을 예견합니다(교회생활 안내). 이러한 방식으로, (아직)세례받을 수 없는 자녀들은 하나님의 사랑에 위임되었습니다.

형성

1. 세례받기를 원할 때, 어디로 향할 것인가?

주거지 교회의 남녀 목사는 세례를 돌보게 될 것이며, 세례 준비에 관한 정보를 제공하게 될 것입니다. 만일 어떤 사람이 다른 교회나, 또는 다른 남녀 목사들에게서 세례받기를 원한다면, 해당 지역 목사와의 상의 후에 해결책을 찾게 될 것입니다.

신앙고백이 다른 부부의 경우 어떤 교회에서 그들의 자녀들이 세례를 받으며 양육해야 할지를 결정해야 합니다. 결정을 위한 기준은 종종, 한 아이의 주된 인물이 어떤 신앙고백에 속하는지가 될 것입니다. 그 이유는 그 사람이 첫선에서 그 아이에게서 나타나는 질문들에 대답하게 될 것이기 때문입니다. 개신교회는 이에 대해 개방적입니다. 로마가톨릭교회 역시도 가톨릭적인 부모의 부분은 "그들 부부 안에서 가능한 만큼"(혼인 준비 문서, 독일 감독협회 직무 양식서) 가톨릭적인 양육을 힘쓰기 위하여 물론 효력을 가집니다.

2. 세례 준비

청소년이나, 성인 세례 청원자를 위한 세례 준비에 세례학습과 입교준비의 교리학습이 개최됩니다. 형태, 기간, 내용은 각 경우에 지역마다 차이가 날 수 있을 것입니다. 어떤 경우에든 중심에는 기독교 신앙의 토대가 놓여 있을 것입니다. 입교준비그룹에서 세례받지 않은 청소년들이 세례받기를 원할 때, 세례 준비는 입교자들 신앙학습 부분으로 형성될 수 있을 것입니다.

유아나 아이들에게서 남녀 목사는 부모를 만나며, 가능한 대로 대부(Paten)들을 대화에 초대하여 만날 수 있습니다. 이것은 세례 행위의 준비에서 진행될 수 있으며, 개별 요소들의 의미일 수 있습니다. 부모와 대부와 같이 한 아이를 기독교 신앙으로 양육한다는 것이 무엇을 의미하는지, 그리고 한 생명이 기독인으로 어떻게 인도할 수 있을 것인지를 생각하게 될 것입니다. 여러 교회 공동체에서는 부모와 대부들을 위한 세미나가 개최되어 그들 아이의 양육을 도우며, 필요한 지식을 제공 받는 기회가 될 것입니다. 그 안에서 스스로 질문에 대하여 말할 수 있게 될 것입니다.

3. 대부(代父)의 직무

a) 대부의 직무는 영적인 직분입니다.

기독교 초기에 어떤 한 사람이 세례를 받겠다고 신청한 경우, 공동체의 한 지체는 반드시 세례 청원자를 위하여 특별한 보증을 맡아야 했습니다. 세례를 준비하는 동안 공동체의 일원은 세례자를 위한 "대부"(patrinus, 영적인 아버지)로서 세례자를 위하여 책무를 짊어지게 되었습니다. 여기서부터 우리의 오늘날 대부의 직무가 발전했습니다.

- 대부들은 세례의 증인들입니다. 그들은 - 세례증서가 어떤 경위로 소실될 경우 - 그 사람이 세례를 받은 자라고 증언할 수 있을 것입니다. 이러한 이유로 대부들은 세례 시에 반드시 출석해야 하고 극단적으로 위급할 경우 "세례 증인"으로 대부의 역할이 될 수 있습니다. 대부들의 성명은 해당 교회의 세례인 명부에 기록되고 세례증서에 명기됩니다.

- 대부들은 "영적인 부모"들로서 세례받은 자들을 신앙과 교회 안에서 성장하도록 돕습니다. 대부는 젖먹이 세례의 경우, 교회가 함께 신앙을 고백하고 부모님들과 더불어 아이들의 기독교적인 양육을 위한 책임을 맡습니다.

- 부모와 대부들은 세례예배 때에 교회의 규례에 따라 다음과 같은 질문을 받습니다. "여러분들은 여기 있는 너희의 자녀들을 성 삼위 하나님의 이름으로 세례를 받아 예수 그리스도의 통치 아래 서기를 원하며, 너희의 힘이 있는 한 그들을 그리스도의 신앙 안에 자라며, 그들이 언젠가 스스로 고백하기까지 모든 것을 행할 준비가 되어있다면 '네, 그렇습니다. 하나님의 도우심으로'라고 대답하십시오!"

대부가 개별적으로 그들의 자녀들을 어떻게 돌보는지는 공간적인 거리에 따라 그 대부의 나이에 따라, 대부 자녀의 나이에 따라 다양할 수 있습니다. 그들은 대부 자녀들을 위해 기도하고, 그들을 찾아가 그들과 대화하기 위해 시간을 내어주며, 그들에게 실제적이고 어떤 경우에는 물질적으로 조력하는 준비를 합니다. 자녀들과 세례자들은 그들의 대부가 관심을 보이는 것을 감지할 때 기뻐할 것입니다. 대부들은 대부 자녀들에게 어떤 시절에는 부모님이나 선생들보다 더욱 동료적이고 신뢰받는 중요한 사람들이 될 수 있습니다. 남녀 대부로 지원하는 사람은 누구든지 대부 자녀에게 충분한 시간과 관심들을 선사할 수 있는지 생각해 보아야 할 것입니다.

b) 누가 남/녀 대부가 될 수 있습니까?

대부 직분을 수행할 수 있다는 것은 입교와 성인 세례로 얻게 되는 교회의 권리 중 하나입니다. 교회공동체 내의 사명과 직위에 관한 것이기 때문에 대부들은 반드시 그리스도의 교회에 속해야 합니다. 대부 중 한 사람은 세례 자의 신앙고백에 속해야 합니다. 개신교회에서는 로마가톨릭의 신자도 대부가 될 수 있도록 합니다. 로마가톨릭교회에서도 역시 개신교회의 기독인들이 가톨릭의 대부와 나란히 "세례 증인"이 될 수 있습니다.

항상 전면에 나타내야 할 것은 남녀 대부가 대부 자녀의 삶의 방향이 그리스도께 지향하도록 돕는 일에 준비되어 있으며, 능력이 있느냐 하는 것입니다. 교회로부터 내적으로 멀리 떨어져 있는 사람은 아마도 이러한 책무를 책임지지 못할 것입니다. 부모 또는 더 나이든 세례 자는 그 어떤 남녀 대부를 찾지 못하는 경우 교회는 누군가 한 사람을 임명해 주어야 합니다. 모든 세례 자는 최소한 한 사람의 남녀 대부를 가져야 합니다. 청소년들이나 성인들 역시도 대부가 있어야 합니다. 이들은 믿음과 관련된 질문이나 다른 질문을 위한 대담자로서 소중합니다.

4. 세례의 예배

세례는 교회의 축하행위입니다. 이것을 가장 눈에 띄도록 하는 것이 교회 공간 안에서 경축하는 표현들입니다. 고대교회에서 일 년 중 특정 명절들을 세례축하를 위해 마련해두었는데, 주현절은 예수님의 세례를 기념하는 날로, 부활절 전야에는 어둠 속에 들어오는 빛으로 부활을 축하하는 행사를 개최하였습니다. 오늘날에도 이러한 전통들이 이어지고 있습니다. 그래서 세례 기간은 그렇게 쉽게 망각 되지 않습니다.

세례축제의 순서는 각 주(州)의 연방 교회에 따라 다를 수 있습니다. 그리고 구체적인 정황이나 세례자의 나이, 또한 세례식 형성에 영향을 줄 수 있습니다. 그렇지만, 한 해의 근본형태가 주어질 수 있는데, 그것은 성서의 복음 소식과 교회의 전통이 규정한 것입니다:

- 세례 자를 십자가의 성호로 표시하는 것
- 세례 문구로 - 때때로 물음 항목으로 - 성서 본문을 사용하는 것
- 마태복음 28장의 세례 본문를 낭송하는 것
- 세례자 그룹이나, 세례 석에서 물로 하는 행위
- 안수로 세례 자를 축복하는 행위
- 세례 자를 위해 기도하는 것

세례는 다음의 상징적인 행위로 전개될 수 있습니다. 하얀 세례복을 입는 시복, 세례기념 촛불 증정, 부모의 특별한 축복, 출석한 교회 교인들에게 문의하는 것, 특별한 세례 찬송 곡 등.

5. 세례의 기억

세례가 신앙을 위해 아주 중요한 것이지만, 교회공동체와 가족들의 생활에서 상대적으로 미미한 역할을 합니다. 그 때문에 세례를 더욱 강력하게 의식하게 하는 것은 중요합니다. 신앙과 교회공동체와의 만남은 자녀

들에게 있어서 부모와 소아들을 위해 마련된 예배 - 예를 들어 걸음마, 어린이, 가족 예배들 - 등에 참여에서 이루어질 수 있을 것입니다. 그리고 이러한 만남은 가족휴가, 교회의 부모-자녀 모둠 활동, 어린이 그룹, 교리학습과 종교 수업에 참여로 일어날 수 있습니다. 여러 장소에서 종교적인 질문이나 자녀 양육에 대한 경험을 교환할 가능성이 부모들에게 제시되었습니다. 역시 교회의 유치원에서도 어린아이는 기독교 신앙의 근본요소들을 경험하게 될 것입니다.

해마다 가족과 친구들의 모임에서 세례일의 축하는 세례를 더욱 강하게 의식 속에 자리 잡게 할 것입니다. 사람들은 세례 촛대에다 불을 붙이고 그 아이의 세례에 대해, 세례 날에 관해, 아마도 앨범의 그림을 보며 그날 예배 때 정확히 무엇이 있었는지를 이야기해 줄 수 있을 것입니다. 그리고 서로 기도할 수 있습니다.

어른들처럼, 아이들도 자신들의 세례를 기억할 필요가 있습니다. 교회 공동체의 예배 가운데서 축하되는 세례는 아름답습니다. 여기에서 교회 공동체의 일원들은 그 세례를 함께 체험하고, 자신들의 세례를 기억할 수 있을 것입니다. 특히 세례와 연관된 예배들 - 예를 들면 경축하는 예전이 거행되며, 예수님의 세례를 기념하는 부활절 전야나 세례라는 주제를 다루는 삼위일체 후 7번째 주일 - 등은 또 다른 가능성을 제공합니다. 교회의 행사들, 성서와 대화시간, 신앙 세미나 등 이러한 것들은 자신의 세례를 자기 시야에서 상실되지 않도록 하는 도움이 될 것입니다.

6. 응급상황에서 세례

마지막으로, 모든 개신교회 기독인들의 책임이 표현되는 특별한 상황에 대한 간략한 암시입니다. 즉 모든 남녀 기독인들은 어린이나 성인의 생명이 위태할 경우, 그리고 당사자가 소원할 경우, 세례가 시행될 수 있습니다. - 그것에 대한 한 양식은 개신교 찬송집 791번, 바이에른과 튀링엔 발행물 810번에 있음). 생명이 긴급한 위기상황에 처했을 때, 세례 자의 무리에 물을 세 번 묻고 다음과 같이 말하는 것으로도 충분할 것입니다. "(수세자의 이름), 나는 당신에게 아버지와 아들과 성령의 이름으로 세례를 주노라!"

응급상황에서 유효한 세례를 받은 것입니다. 세례는 교회의 일이기 때문에, 그 세례는 세례 증인의 이름 아래 가능한 한 빨리 해당 목사 관구의 세례명부에 신고되어야 할 것입니다. 그 세례는 그런 다음 교회의 성도들에게 공지될 것입니다. 세례자가 아직 생존해 있을 때, 교회에서는 세례를 기억하며 세례받는 자를 축복하는 축하식을 개최할 수 있습니다.

그것은 병들거나 죽어가는 자녀의 부모들이 그들의 자녀가 세례를 받은 것을 알고 있다면, 이들이 아픔과 함께 삶에 도움이 될 것입니다. 세례가 더 이상 가능하지 않다면, 친족이나 친구들이 세례 없이 죽은 자들도 하나님의 사랑 안에 보호된다는 것을 경험하게 될 것입니다.

7. 세례와 입교

우리의 교회 안에서 견신례(堅信禮, 입교예식)는 상응하는 학습과 함께 친숙하게 되었습니다. 이것은 오랫동안 정착되어온 유아세례를 위한 결정과 밀접한 연관이 있습니다: 실제로 세례에 우선하는 신앙학습은 후에 만회하였으며, 자체의 책임성 있는 결단은 여기서 이루어져야 합니다. 어린 시절에 세례를 받지 못한 사람들이 믿고 교회공동체로 찾아올 때는 세례학습을 먼저 진행한 후에 세례가 이루어집니다. 이런 경우 하나의 독자적인 견신(堅信)의 행위는 필수적인 것은 아닙니다. 왜냐하면 견신(堅信)이 의미하는 바가 - 교회의 신앙고백 안에서 인격적인 동의, 계속되는 믿음의 길을 위한 강화와 축복을 - 청소년이나 성인 세례 안에 이미 포함하고 있기 때문입니다. 입교할 나이에 이른 세례 받지 않은 청소년들은 입교학습을 받는 중에 세례를 받으며, 입교하는 청소년 모두와 함께 '견신'(堅信)을 축하할 수 있습니다. 거룩한 성만찬이 이미 입교학습과정 중에 시행되었을 경우 이것은 특별히 추천에 의한 것입니다.

8. 성인 세례

신약에 따르면 세례는 '하나'입니다. 즉 "주님도 한 분이요 믿음도 하나요 세례도 하나요"(엡4:5). 이에 상응하게 니케아-콘스탄티노플의 신앙고백에서는 다음과 같이 말합니다: "우리는 죄를 사하는 하나의 세례가 있을 뿐임을 고백합니다." 이러한 근거에서 세례의 핵심 부분들은 세례 자의 나이와는 관계없이 같은 것입니다. 그렇지만 성인들의 세례에 의하여 형성 방식의 특별한 가능성이 나타납니다.

- 세례 준비의 시작에서 세례 청원자들은 교회의 예배 가운데서 소개될 수 있으며, 십자가 성호와 함께 축복받을 수 있습니다.

- 세례자들은 개인적으로 성 삼위 하나님에 대한 자신들의 신앙을 고백하고, 그와 함께 악의 권세를 거절하며, 세례질문에서 "예, 나는 세례를 받고자 합니다" 라고 대답합니다.

- 세례는 물을 세 번 붓거나, 또는 물에 세 번 잠기는 모습으로 진행될 수 있습니다.

- 거룩한 만찬의 축하는 세례예배의 통합적인 구성요소입니다. 이것은 새롭게

세례받은 자들이 교회의 회중 가운데 그들의 자리를 찾은 것에 대한 하나의 분명한 표시입니다.

[참고도서]
- 바르즈/쉬터(Barz,P./Schlüter,B.): 저작물 세례(Werkbuch Taufe), 2009.
- 겔드바흐(Geldbach,E.): 세례(Taufe), 1996.
- 케스만(Käßmann,M.): 신선하게(Frisch auf). 거룩한 세례(Die heilige Taufe), 2010.
- 독일개신교협의회 본부(Kirchenamt der EKD): 세례(Die Taufe):
  Eine Orientierungshilfe zu Verständnis und Praxis der Taufe in der evangelischen Kriche, 2008.
- 독일개신교루터교연합회(VELKD), 교회생활 안내서(Leitlinien kirchlichen Lebens).
  Handreichung für eine kirchliche Lebensorientierung, 2003.

6.2.4. 성찬

인식

주일 오전입니다. 교회의 회중은 두 번째 주일마다 거룩한 만찬과 함께하는 예배를 드립니다. 제단의 공간에는 큰 반원의 모습으로 회중들(노인들과 어린이들, 가족들, 몇 명의 청소년들)이 함께 둘러섭니다. 그들은 기도하고 하나님을 찬양하며 성목요일에[2] 만찬 제정에 관한 이야기를 듣습니다. 그런 다음 사람들은 서로 서로에서 손을 맞잡으면서, 평화를 기원합니다. 여성 목사와 그와 함께 한 교회의 평신도 대표는 성찬의 떡(빵)을 나누며, 성찬의 큰 잔을 들고 성도들에게 나누면서 말을 전합니다. "하나님께서 당신을 위해 그리스도의 몸을 주셨습니다!" 그리고 "하나님께서 당신을 위해 그리스도의 피를 주셨습니다!" 더 큰 아이들도 참여하며, 작은 아이들도 축복을 받게 됩니다. "이것은 너를 믿음 안에서 강하게 하며, 영생에 이르도록 보호하실 것입니다"라고 여성 목사는 성찬식의 마지막에 모두가 다시 좌석으로 돌아가 착석하기 직전에 말합니다.

예배의 마지막에 축제의 식사가 준비되었습니다. 큰 식탁 주변으로 그룹이 모였습니다. 식탁은 야채, 육류 고기, 빵(떡)과 밥, 과일, 푸딩, 촛불과 꽃들로 꾸며져 있습니다. 식사가 시작되기 전, 초청자인 목사는 일어나서 모두 함께 주기도문을 기도하도록 권합니다. 그런 다음, 그는 찬송을 함께 부르고 빵의 큰 덩이를 손으로 취하면서 말합니다. "그가 배반당하였던 그 밤에 우리 주 예수 그리스도께서 빵을 가지고 감사했으며, 떼어 제자들

---

2) [역자주] '그륀돈네르스탁'(Gründonnerstag): 성목요일, 하얀 목요일 또는 종려 목요일로 불린다. 이날 예수님이 그의 12 제자와 함께, 십자가에 달리시기 전야에 마지막 만찬을 가졌으며, 개신교회는 이날 성만찬 예배를 거행한다. 일부 교회에서는 세족식을 이날 시행하기도 한다. 독일에서는 전 국민이 이날에는 육식이나 붉은색의 식물을 먹기를 금하고 채식을 주로 먹는 풍습을 행한다.

에게 주면서 말씀하셨습니다. 이것을 취하여 먹으라! 이것은 너희를 위하여 주는 내 몸이니라." 그런 다음 목사는 그의 곁에 있는 사람에게 떡(빵)을 건네고, 한 조각을 떼어서 다시 다음 사람에게 건네줍니다. 모든 이들이 각각 떡(빵) 한 조각을 취한 후에 연회가 열리며, 축하 만찬이 시작됩니다. 얼마간 시간이 지난 후 초청자 목사는 다시금 일어서서 잔에다 포도주를 채우고 말합니다. "식후에 예수는 잔을 가지사 감사하면서 그들에게 그 잔을 주시며 말씀하셨습니다. 이것을 취하여 모두가 마시라, 이 잔은 내 피 가운데 있는 하나님의 새 언약이니라. 너는 이것으로 나를 기억(기념)하라!" 잔은 주변의 분들에게 건네집니다. 축복의 기도와 함께 모임을 끝냅니다.

그는 최근에 병들어 눕게 됩니다. 의사는 그와 그의 아내에게 솔직히 말했습니다. 즉 회복의 전망은 희박합니다. 그들은 전화로 목사님께 방문해 주기를 부탁합니다. 목사님은 길게 병자와 이야기하며, 기나긴 인생의 높고 깊음에 대한 그의 고백을 듣습니다. 그들은 서로 기도하고, 시편의 말씀을 읽은 다음, 목사님은 특별한 가방에서 접시와 잔, 떡(성체 Hostie)과 포도주를 꺼냅니다. 그 병중에 있는 남편은 침대에서 일어나 앉고, 그의 아내와 그 사이에 도착한 자녀들은 아버지 곁에 서 있습니다. 그들은 모두 함께 - 교회에서 자주 그랬던 것처럼, 그렇지만 이번에는 아주 새롭게 - 성찬을 축하합니다. "하나님은 예수 그리스도 안에서 당신에게 온전히 가까이 계십니다." 그리고 목사님은 마지막으로 말씀하십니다. "여기 있는 떡과 포도주처럼 그렇게 가깝습니다!" 목사는 병자와 그의 가족을 축복합니다.

방향

1. 기원

우리가 오늘날 축하하는 성만찬 가운데는 신약 성서에 근거를 둔 여러 전승의 조류들이 함께 흐릅니다.

- 지상에서 예수의 제자들과 나눈 식사 공동체
- 죽음 전날 밤에 예수는 유월절에 나눈 최후의 만찬
- 부활하신 주님의 나타나심의 제자들과 나눈 식사
- 이스라엘의 유월절 식사

a) 예수님은 사람들과 함께 식탁에 앉아 식사합니다.

그는 하나님의 가까이 계심을 말씀으로 선포하실 뿐만 아니라, 이를 표적으로 나타내 보여주었습니다. 이것은 그의 제자들과 또한 배척받고 멸시당하던 자들과 함께 갖는 축제의 식사 시간에 일어났습니다. 예수님은 다른 사람들로부터 외면당했던 사람들과 함께 식탁에 앉으심으로써 하나님이 죄인 된 사람들에게 여전히 애정을 보여주고 있음을 나타내셨습니다. 그래서 그는 그들을 하나님과의 교제 가운데로 영접하였습니다. 잃어버린 아들의 비유(눅15:11-32)에서 축하식사는 용서를 위한 쉽게 이해할 수 있는 표현입니다. 많은 무리를 먹이시는 이야기(마6:32-44; 8:1-9; 15:32-39, 요6:5-13)들에서 초청의 주인이신 예수님은 어떻게 떡을 떼시고 선물에 대하여 감사기도들을 말씀하는지가 강조되었습니다. 지상의 음식은 그 자체를 뛰어넘어 요한복음에 따르면 "생명의 떡"(요6)인 예수님을 보여줍니다.

b) 예수님의 최후의 만찬

예수와 함께 지상의 식탁의 교제를 끝냄과 동시에 예수와의 새로운 만찬 공동체의 시작은 최후의 만찬에서입니다. 신약의 증언에 따라 예수는 "그가 배신당하던 그 밤"에 만찬을 제정하셨습니다. 기독교 안에서 만찬을 발견했던 그 형식들은 차이가 있는 것처럼, 소위 말하는 '성찬제정의 말씀들'은 공동의 토대로 남게 되었습니다. 그것들은 신약 안에 네 가지 틀로 전해졌습니다. 마태복음 26:26-27과 마가복음 14:22-25의 것은 서로 강한 유사성을 가집니다. 누가복음 22:19 이하와 고린도전서 11장 23-25은 또 다른 면으로 발견됩니다. 이런 본문들의 연결에서 그것들이 루터의 '소요리문답서'와 '개신교 예배' 안에서 사용되는 것처럼, '성찬제정의 말씀들의 틀'이 생겨났습니다.

> "우리 주 예수 그리스도께서
> 그가 배반당하신 날 밤, 떡을 가지사
> 감사하고 떼어 그의 제자들에게 주시며 말씀하셨습니다.
> 취하여 먹으라. 이것은 너희를 위하여 주신 내 몸이라
> 이것을 행하여 나를 기념하라
> 식후에, 그같이 잔을 가지사
> 감사하고 그들에게 그것을 주시며 말씀하셨습니다:
> 이 잔은 내 피로 새운 새 언약이라
> 죄 사함을 위하여 너희를 위해 흘리셨느니라
> 너희가 마실 때마다 이를 행하여 나를 기념하라."

예수는 떡을 떼어 찬송하던 유대인들의 축일 만찬의 의식과 연결하여, "이것은 내 몸이니" - 즉 "죽음으로 나아가는 내 인격 안에 스스로 계신다"는 뜻입니다. 그리고 "많은 사람을 위한 피"라는 말씀은 예수가 모든 사람

을 위해서 자신의 생명을 내어주는 것을 보여줍니다. 십자가에 달리시기 전날 밤에 제자들과 함께 축하했던 예수의 최후의 만찬은 최초의 성만찬입니다. 그것이 오늘날 기독교의 성만찬의 근본토대입니다.

c) 엠마오의 경험

제자들이 현세적인 예수의 현존 가운데서 경험했던 것은 그들이 부활 이후에 높여지신 자의 현존(임재) 가운데서 다시 그것을 경험합니다. 제자들의 부활 경험이 지상 시절의 만찬의 시간과 함께 연결되었다는 것은 그리 놀랄 일은 아닐 것입니다. 엠마오로 향한 제자들의 이야기에서 언급되었습니다. "그들과 함께 음식 잡수실 때, 떡을 가지사 축사하시고 떼어 그들에게 주시니, 그들의 눈이 밝아져 그인 줄 알아보더니"(눅24:30).

d) 유대인의 유월절 만찬과의 관련성

첫 성만찬은 유대인의 유월절(출12)과 관계 속에 있습니다. 그 유월절의 중심은 성전에서 희생양 도살과 축제 만찬 즉, 유월절 만찬에 있었습니다. 하나님께서 이스라엘을 이집트의 노예 생활에서 인도해 내셨던 것처럼, 그리스도를 통하여 하나님은 인간들을 새로운 삶으로 자유롭게 하십니다. 즉 "우리는 유월절 양을 가지며, 그것은 희생되신 그리스도이십니다"(고전5:7).

유월절 축제에서처럼, 성찬 가운데서도 해방에 대한 기쁨과 불안과 시련의 짐을 벗어 버리며, 그리고 하나님의 구속적인 행위에 대한 새로운 희망의 격려가 살아있는 것입니다.

맨 처음 교회공동체들에서 시행된 성만찬은 '배부름의 식사'가 함께 있었으며, 동시에 그 특수성 안에 대조를 이루게 되었습니다. '배부름의 식사'와의 관계에서 적절하지 못한 - '품위를 갖추지 못한' - 태도가 나타났기 때문에, 바울에 의하여 양 행위들(성찬과 만찬)의 분리가 시작되었습니다 (고전11:17이하). 성만찬으로부터 분리된 '배부름의 식사'는 가난한 자들을 위한 사랑이 전면에 부각 되는 "애찬"으로 옮겨졌습니다. 당시 애찬은 앞뒤로 기도와 찬송으로 둘러싸인 축제적인 식사 시간이었습니다.

2. 왜 기독인들은 성만찬을 축하하는가?

기독인들이 존재한 이래, 그들은 신약에서 '주님의 만찬'이라 불리는 성찬을 축하하게 됩니다. 그들이 이러한 성만찬에서 떡(빵)과 포도주를 나누고 있을 때, 그들은 예수 그리스도 자신이 그들 곁에 계신다는 것을 알고 경험하게 되었습니다. 이것은 바로 종교개혁 시절 성찬에 대한 고백이 의미하는 것이었습니다: "주님의 성찬에서 가르쳐진 바는 그리스도의 참된 몸과 참된 피가 떡(빵)과 포도주의 형태 가운데 성찬에 실제로 임하시며, 성찬 가운데서 나누어 받게 된다는 것입니다"(아욱스부르그 신앙고백10항).

예수 그리스도의 현존(임재)의 신비는 그 심오한 뜻 가운데서 다 가져올 수는 없습니다. 그러므로 성만찬은 "우리가 신앙과 관계된 모든 위대한 실제들의 교차지점"(화란의 요리문답)에 서 있습니다.

a) 감사의 말과 기념

예수가 떡(빵)과 포도주를 취하여 "감사"했던 것처럼, 그렇게 교회공동체는 떡과 포도주를 가지고, 하나님을 찬양하며 예수 그리스도와 그의 죽음과 부활에 대하여 하나님께 감사하기 위하여 나아갑니다. 이러한 감사로부터 성만찬은 일찍이 "감사의 만찬"(Eucharistie, 희랍어 감사)이란 이름을 얻게 되었습니다.

하나님의 위대한 행위에 대한 감사의 말로써 성만찬은 기쁨의 축제입니다. 교회공동체가 이러한 축제를 축하하는 동안 교회는 "이를 행하여 나를 기념하라"는 그리스도의 명령을 성취합니다. 이로써 기념보다 더 많이 생각되었습니다. 그 이유는 교회가 생각하는 그분은 그들의 중심에 현존하면서, 구유 안에 누운 아이로서, 십자가에서 유죄판결을 받으신 자로서, 하나님으로부터 부활한 자로서 더욱이 그의 역사를 통하여 형성되었기 때문입니다. 그 시대에 전후하여 일어났던 것은 한 렌즈의 초점에서처럼 성만찬에서 요약되었습니다. 우리가 지나간 사건을 회상하는 "기억"은 성서 안에서 의미하는 것이 아니라, 이러한 지나간 사건이 우리에게 현존이 되기를 의미합니다. 과거의 구원 사건은 성만찬에서 현재화되었으며, 그것은 그렇게 수천 년의 간격을 넘어서 우리 시대 안에서 작용합니다. 그것은 "예수 그리스도는 어제나, 오늘이나, 영원토록 동일한 분"이기 때문(히 13:8)에 일어나는 것입니다.

b) 헌신과 용서

자신의 생명을 스스로 내어주시는 독특한 방식으로 예수는 친히 하나님과 이웃을 사랑하는 계명을 성취합니다. 그의 헌신은 구약의 희생 제사에서 취해진 개념들과 함께 성서에 다시 제시되었습니다.

십자가에서 예수 생명의 희생으로 일어난 것은 성찬 가운데서 우리에게 쉽게 이해될 것입니다. 예수가 희생하신 그의 몸과 흘리신 그의 피를 우리에게 내어주는 동안, 그는 십자가에서 이루어진 하나님의 화해 안에서 사람들과 함께 우리를 받아주며, 이로써 우리의 죄의 용서를 선물하십니다. 그렇게 우리는 하나님과의 평화와 생명과 희망을 얻게 됩니다.

"도대체 이러한 먹고 마심은 무엇이 유익한가요? 그것은 이러한 말씀들을 우리에게 보여줍니다. 즉 너희를 위한 '죄 용서에 자신을 내어주셨고, 그의 피를 흘려주셨습니다. 말하자면 성례 가운데서 죄용서와 생명과 구원이 그러한 말씀들을 통하여 주어졌다는 것입니다. 죄 용서가 있는 곳에 역시 생명과 구원이 있기 때문입니다"(루터 소요리문답서).

사랑은 대략 상대적입니다. 십자가에서 우리를 위한 예수의 헌신은 우리를 그를 따르는 제자로 부르시며, 그와 이웃에 대한 우리의 헌신을 기다리십니다. 그리스도의 사랑을 감사하게 받은 사람들은 항상 다시 그가 그들 안에서 헌신의 능력을 일깨운다는 것을 경험하였습니다.

c) 공동체와 화해

성찬에 참여하는 자는 누구나 그리스도와의 교제 가운데 들어가며, 그러나 동시에 인간적인 형제자매의 교제 가운데 들어가는 것입니다. 그렇게 사도 바울은 말합니다. "우리가 축복하는바 축복의 잔은 그리스도의 피에 참여함이 아니며 우리가 떼는 떡은 그리스도의 몸에 참여함이 아니냐, 떡이 하나요 많은 우리가 한 몸이니 이는 우리가 다 한 떡에 참여함이라"(고전10:16-17).

성만찬은 통일의 성례입니다. 이러한 통일은 종과 백성과 사회적 출신과 교육이나 공감의 동등성에 기초한 것이 아니라, 온전히 다양한 사람들이 그의 몸과 교회에 연결하는 하나의 떡(빵)과 한 분 그리스도에 기초합니다.

떡(빵)과 포도주 안에서 그리스도와의 교제와 성만찬에서 함께 먹고마심을 통하여 인간적인 교제는 당연한 것은 아닙니다. 우리는 그것들을 인간적인 결단의 능력과 자체의 고유한 의지로 만들어낼 수도 없습니다. 그러므로 우리는 떡과 포도주를 통해 그리스도와의 교제를 선사하시며 우리를 새 사람으로 만드시도록 '성령의 임재'(Epiklese)을 기도합니다.

d) 소망과 생명

성만찬에서 그것은 과거의 구원 사건뿐만 아니라, 또한 미래의 구원 사건이 현존하는 것입니다. 우리는 그리스도가 세계를 목표로 이끌도록 시작하신 것은 완전하게 되기를 소망합니다. 이러한 소망의 담보로서 우리에게 성만찬이 주어졌습니다. 성서 가운데서 자주 하나님과 영원한 교제는 혼인 잔치의 그림으로 표현되었습니다. 성만찬은 미래적인 기쁨과 하나님과의 교제를 미리 맛보는 선취행위입니다.

"비밀이 가득한 방식으로 약속된 미래는 이미 지금 주님의 만찬 가운데 시작됩니다... 영원한 생명은 다음의 차례대로 시작하는 것이 아니라, 주님과 결합하는 그 안에 있습니다. 미래의 세계는 이미 우리 현재의 세계 안으로 뚫고 들어옵니다. '교회의 주님은 감사 성찬의 선물과 함께 동시에 그것이 고난과 투쟁들 가운데서 마지막까지 살아있게 하는 연약함 가운데서 용기를 내며, 끝까지 견디도록 하는 가능성을 주십니다. 즉 그는 이들이 지치지 않고 삶과 세상의 구조를 새롭게 하는 일에 전력하도록 권능을 선사하십니다. 믿는 자들에게 약속되며, 유용하며, 중재된 도래하는 세계의 생명은 이 세상 속에 이미 효력을 미칠 것이고 미쳐야만 합니다"(주의 만찬 45번).

3. 신학적인 토론의 주제들

a) 교회들은 성만찬에서 그리스도의 현존에 대하여 무엇을 가르쳐주는가?

오늘 우리의 성찬 축하와 초기 기독인들의 성찬 축하 사이에 2000년이란 긴 역사가 놓여있습니다. 유감스럽게도 그것은 대체로 논쟁과 거절과 배제의 역사였습니다. 논쟁은 주로 그리스도가 제정의 말씀에서 그의 몸과 그의 피를 떡(빵)과 포도주와 함께 같은 것으로 설정하는 것을 어떻게 이해하는지의 질문에서 생겨났습니다. 이러한 물음은 거기서부터 신학적인 생각들을 자극하였습니다. 그것에 대하여 고대교회에서는 분리하는 일이 발생하지 않았습니다. 그 이유는 고전적인 사고는 상징(Symbol)과 실체(Wirklichkeit) 사이에 대립을 알지 못했기 때문입니다. 먼저 9세기경부터 양자의 개념은 분리되었고, 그 해석들의 수백 년의 과정을 거치면서 사람들은 마침내 주님의 식탁에서 사람들이 분리를 이끄는 다양한 해석들을 발견합니다.

- **정통주의 교회에서**. 고대교회 사상은 그대로 남아있었습니다. 상징들은 그것들이 증언하는 실제로부터 충족되었습니다. 정통주의 교회는 떡(빵)과 포도주가 성만찬에서 그리스도의 살과 피라는 것을 가르치고 있지만, 그 어떤 이론(Theorie)은 만들지 않았습니다. 정통교회의 관심은 그 심오한 깊이는 다 드러내지 않는 성만찬의 신비(Mysterium)가 중요합니다. 정통교회의 신학은 성례의 실제와 그의 영적인 특성을 대립으로 이해하지 않습니다; 거룩한 성령은 그의 일 가운데서 물질을 취합니다. 그 요소들은 정통교회의 예전 가운데서 시작에 상징적으로 제물이 되신 그리스도와 동일시합니다. 사제는 성찬제정의 말씀을 낭독한 이후, 거룩하신 성령께서 떡(빵)과 포도주를 성별하여 그리스도의 살과 피가 되도록 성령의 임재를 간구하는 기도(Epiklese)를 드립니다. 이것을 통해 교회는 성례를 주관하려는 것이 아니라, 항상 하나님의 존전에서 성령의 임재를 간구하는 자로 머물러 있음을 표현합니다.

- **로마 가톨릭교회에서** 중세기의 과정에, '물질변화'(화체설, 본질의 변화)에 대한 이해는 표준적인 교리가 되었습니다. 그것은 떡(빵)과 포도주가 성만찬 사건을 통하여 그리스도의 몸과 피로 변화되었다는 것을 말합니다. 그러나 가시적인 출현 방식에 따른 것은 아닙니다. - 가시적인 방식은 아니지만, 그러나 그

것의 내적인 본질에 따라 변한다는 것입니다. 그렇게 경건한 가톨릭 신자는 교회에 나아오면, 그리스도 앞에 무릎을 굽히는 것입니다. 그들은 그리스도의 성체(Hostie) 안에 실제 그의 현존하심을 알며, 그들은 성체되신 그리스도를 성체축일(Fronleichnam)에 '성체현시대'(Monstranz, 聖體顯示臺)에 담아서 축복을 전하기 위해 거리로 행진합니다. 이러한 교리는 성만찬 가운데 그리스도의 현존을 보증하려는 일에 역점을 두는 것이 아주 인상적입니다.

- 화체설에 대한 강한 비판은 개혁파 교회로부터 제기됩니다. 그것은 그리스도가 성만찬에서 임재하시며, 믿는 자들에게 그와의 교제를 선물하신다는 것을 분명히 붙듭니다. 그들의 자유와 하나님 영광의 확신에 따라, 떡(빵)과 포도주처럼 현세적인 일들을 연결하는 것은 모순입니다. 요소들은 이러한 초 현세적인 실체를 암시하는 사물(살과 피)로부터 분리된 오히려 표지들입니다. 믿는 자들이 떡(빵)과 포도주를 수납하는 동안, 그들은 동시에 하늘에 계신 성령을 통하여 그리스도의 몸과 피와 함께 하나로 통일되었습니다.

- **루터파 교회**의 성만찬 교리는 영적인 돌봄의 특색을 지니고 있습니다. 예수 그리스도가 무조건 우리의 세계 안에 들어오셔서 주셨으며, 우리들의 형제가 되셨다는 것에 모든 것이 그를 위해 놓여 있습니다. 성찬에서 보고, 맛보게 합니다. 여기서 그리스도는 신체적으로 떡(빵)과 포도주와 연결합니다. 몸과 영을 가진 인간 전체가 하나님을 만나게 됩니다. 성만찬의 내적인 본질에 속한 목표설정은 "너희를 위한 것"이다. 그리스도의 전적인 구원 사역은 그 안에서 우리에게 제시되었습니다. 즉 모든 죄의 용서, 악의 권세에서 해방, 그리고 하나님과 잃어버리지 않는 교제입니다. 그 때문에 루터는 그리스도의 말씀인 "이것은 내 몸이니"란 말씀을 결정적으로 붙들게 됩니다.

다만 그리스도의 현존만이 보증되고 있을 때, 루터에게서 "어떻게"라는 질문은 설명할 수 없는 신비로 남게 됩니다. 즉 "떡(빵)과 포도주 안에, 함께, 가운데" 그리스도는 우리에게 육체그리스도 안에서 하나님과 인간이 하나의 통일로 연결하는 것처럼, 그렇게 그리스도의 몸과 피는 성례전적인 통일로 연결합니다. 사람들은 이러한 이해를 '공재설'(Konsubstantiation)

로 표시합니다.

b) 공동의 증언

교회들 사이에 대화들은 거룩한 만찬 안에서 그사이에 그리스도의 현존에 대한 공통된 진술로 이끌어졌습니다. 두 가지 예가 여기서 거론될 수 있을 것입니다.

- "로이엔베르그 합의서"(Leuenberger Konkordie)인데, 이것은 1973년 유럽의 루터파와 개혁파 그리고 연합파 교회가 스위스 로이엔베르그에서 합의를 이룬 내용입니다. "성찬에서 부활하신 예수 그리스도는 떡(빵)과 포도주와 자신이 약속하신 말씀으로 말미암아, 모든 사람을 위하여 바치신 그의 살과 피 가운데 자신을 선물하십니다. 그리스도는 떡(빵)과 포도주를 받는 모든 사람에게 어떠한 조건도 없이 자기 자신을 주십니다. 신자의 성찬은 구원이며, 믿지 않는 자에게는 심판입니다."(18항)

- "주님의 만찬"(Das Herrenmahl). 이것은 1978년 로마 가톨릭과 개신교 루터교회의 위원회가 세계적인 차원에서 공동으로 일치에 이른 것입니다. 즉 "만찬의 성례에서 예수 그리스도는 참 하나님이요 참사람이시며, 전적으로, 완전히 자신의 몸과 피와 더불어 떡(빵)과 포도주라는 상징체 가운데 현존하십니다."(16항)

c) 해명의 시도

성찬에서 그리스도의 현존(임재)은 먼저 논의의 대상이 아니라, 사람들이 체험해야 하는 한 사건입니다. 우리가 떡(빵)과 포도주처럼, 그렇게 단순한 일들 가운데서 하나님의 가까이 계심을 경험한다는 것은 이를 붙잡으려는 자에게서 다만 해명되는 하나의 신비입니다. 그렇지만 숙고하는 가운데서 믿는 자들은 자신이 믿는 것이 무엇인지 그것에 대하여 이해하기를 원합니다. 그들은 그렇게 질문을 제기합니다. 어떻게 떡(빵)과 포도주가 그리스도의 살과 피가 될 수 있는가?

하나의 해명시도는 사물들이 저마다 사람을 위하여 다양한 의미 관계 안에 있으며 이러한 관계는 그들의 본질을 해결한다는 경험에서 나오게 됩니다. 관계가 변화되면, 해당하는 대상은 역시 무엇인가 달라지는 것입니다. 중앙은행이 발행한 특정한 표식을 가진 종이 한 장은 종이지만 무엇인가 다른 것입니다. 다시 말해 특정 가치를 지닌 은행권(지폐)이라는 것입니다. 본질의 변화를 의미하는 이러한 변화를 사람들은 '결정의 변화'(종결변화, Transfinalisation), 또는 '의미변천'으로 부릅니다. 이러한 비교는 사고하는 것에서 성찬의 사건에 대한 접근을 가볍게 할 수 있을 것입니다.

d) 성찬과 희생제물

중세기 교회의 성찬 실제에서 인간에게 있어서 하나님의 행위에 관한 강조가 하나님 앞에서의 인간의 행위 쪽으로 옮겨갔습니다. 성찬은 사제가 여러 목적으로 - 예를 들면 죽은 자들을 위하여 - 하나님의 은혜에 도달하게 하려고 하나님께 희생하여 바치는 제물로 유효하게 했습니다. 종교개혁자들은 이에 대하여 강력하게 항거하였습니다. 그들은 그리스도가 온 세상을 위해 십자가에서 완성하신 것으로 그것은 그 어떤 인간적인 행위를 통하여 보충을 필요로 하지 않는 단 하나의 희생제물임을 지적하였습니다.

로마가톨릭교회는 트리엔트 공의회(1543-1563)에서 그들의 견해를 더 구체적으로 규정하여 가르쳤습니다. 성찬에서 희생제물(미사 제물)은 십자가 희생제물의 현재화입니다. 그럼에도 불구하고 대립은 오랫동안 지속되었습니다. 최근 교회연합운동이 시작된 이래 교회들의 관계는 힘을 잃게 되었으며, 양 진영에서 이러한 질문에 대하여 다시 객관적으로 재고하기를 시작하였습니다.

오늘날 로마가톨릭과 개신교 루터 교회의 기독인들이 공동으로 고백하는 것은 예수 그리스도가 성찬에서 "십자가에 못 박히신 분으로, 우리 죄를 위해 죽으시고, 우리를 의롭다 하시기 위해 부활하시어 세상 죄를 위한 단 한 번의 희생된 제물로 현존하고 계신다는 것입니다. 이러한 희생제물은 지속하거나 반복될 수 없으며, 대체되거나 보충될 수 없다는 것입니다. 그러나 그것은 교회 중에 매번 새롭게 그 효력을 미칠 수 있으며, 미쳐야 한다."(주의 만찬 56)는 것입니다. 희생제물의 사상은 개신교의 찬송 유산 가운데 정착되었습니다. "우리 노래합시다 / 창조주께 드립시다 / 단지 우리가 가지고 있는 / 산물과 재능들 / 모든 것을 하나님께 희생물로 드릴지라 / 최고의 산물은 우리의 심성들이라 / 감사의 노래들은 / 유향과 수양이라 / 그분은 이를 몹시 흡족해 하시도다."(개신교 찬송 449,3)

"나는 아무것도 하나님 앞에 드릴 수 없도다 / 나의 지고의 선이신 당신 밖에 / 예수여, 이것은 당신의 거룩하시고, 보배로운 피로 통해 반드시 성취될 것입니다!"(개신교 찬송 386,6)

e) 세례와 성찬

성찬 가운데서 믿는 자들의 교제는 그리스도와 함께, 그리고 서로 항상 다시 새롭게 되었습니다. 그리스도의 몸(고전10:16이하) 안에서, 이러한 교제 가운데 영접은 세례를 통하여 이루어집니다. 그 때문에 세례는 기독교회의 시작 이래로 성만찬 참여를 위한 전제입니다. 먼저 세례를 준비하는 사람들도 아직 성찬을 받지는 못합니다. 그들은 기도와 찬송으로 만찬 축하에 참여하며 이들에게는 특별한 축복의 말씀을 얻을 수 있습니다.

거의 모든 사람이 세례를 받은 국민교회의 상황에서 이러한 원칙의 실현은 문제없는 것입니다. 세례받지 않는 청소년들이 장기간 그리고 집중적으로 교구 교회의 공동생활에 참여하거나 교회 청소년 사역에 가담하고 있는 세속화된 사회에서 물론 질문되었습니다. 즉 그러한 상황에서 단지 세례받은 자들에게만 성찬이 허용된다는 그 원칙은 철저하게 관철될 수 있을 것인가?

자신의 결정으로 교회로 오는 그 누구도 제외하지 않는 것이나, 또는 세례받은 자들이나 받지 않는 사람들이 함께 모이는 견신례 그룹(입교자)을 분리하지 않기를 바라는 소원은 이해되는 일입니다. 모든 사람에게 유효한 예수의 사랑에 대한 암시는 의심 없이 옳습니다. 그렇지만 성찬은 신앙의 "접근영역"에 속하지 않습니다. 세례가 거기에 속합니다. 예수 그리스도를 향한 과정에 있는 영적인 상담에 근거한 개별적인 경우의 사람들이 세례 전 이미 한번 성찬 축하에 참여했을 때, 물론 세례의 의미도 성찬의 의미도 축소하지 않게 될 것입니다.

f) 어린이와의 성찬

수십 년 전 개신교회 안에서 성찬에 어린이의 "참여 허용"이 엄청나게 논쟁 되었지만 실제로 시행되지는 않았습니다. 수십 년이 지나는 동안 분명해지는 사실은 세례받은 어린이들도 예수 그리스도의 교회에 속한 자들이라는 것입니다. 이것은 지워질 수 없는 사실입니다. 그 때문에 아이들이 성찬에 초대되었다면, 그 어떤 원리적인 의심의 여지가 없습니다. 그 사이에 여러 교회에서 어린이들은 8세부터 - 로마 가톨릭교회의 '첫 성찬'의 모범을 따라 - 주님의 식탁에 초대되고 있습니다. 그러나 더 어린 연령의 어린이들도 거룩한 만찬이 여타 다른 식사시간들과는 구별된다는 것은 배울 수 있을 것입니다. 그들도 '나는 예수 그리스도와 그분의 교회에 속한 자'

란 사실을 이해하고 있습니다. 부모와 대부와 교회공동체도 아이들이 믿음 안에서 훈련을 받아야 하며, 성찬에서 예수 그리스도와 만남에 가까이 인도되어야 합니다. 예배 가운데서 아이들이 감지하게 될 것입니다. 즉 그들이 여기에 속해 있으며, 예배 가운데서 이루어지는 것이 바로 그들을 위해서라는 것 등입니다. 그때는 아직 입교(견신례)하지 않은 아이들이 부모나 대부, 또 다른 관계된 사람들에 의하여 주님의 식탁에 동행해야 한다는 규정이 필요합니다. 가장 어린 아이들은 성찬 축하에서 안수로 축복받을 수 있습니다.

4. 교회들 사이에 성찬 교제에 대한 발걸음들

a) 장애물들

교회 역사의 과정에서 성찬은 단지 신앙 안에서 현존하는 통일성의 표현으로서 보여질 수 있으며, 이에 따라 저마다 신앙공동체 자체의 구성원들이 거기에 참여할 수 있을 것이라는 견해가 형성하였습니다. 이러한 근본원칙은 오늘날까지 정교회(Orthodoxe Kirche)에서 엄격하게 지켜졌습니다.

로마 가톨릭교회에서는 로마 교회를 인정하는 사도직의 승계권의 감독을 통하여 그의 편으로 서임(敍任)된 사제로부터 성찬제정의 말씀이 언급되었던 것은 요소들의 "변화"가 요구되었습니다. 여기에 개신교회들과 성만찬의 교제를 위한 큰 장애가 지금까지도 놓여있습니다.

성찬에서 역시 교회공동체의 구성원들에게 포도주 잔 제공의 금지는 수 세기 동안 실천적인 의미에서 원칙적인 적용이 크지 않았습니다. 즉 중세기 이래로 평신도 회중들은 로마 가톨릭교회 안에서 일반적으로 성체(Hostie, 떡)만을 받았습니다. 제2차 바티칸 공회(1962-1965) 이후에 예전의 개혁은 물론 특정한 상황에서 두 가지 영성체(떡과 잔)를 모두 받게 하는 가능성을 열었습니다. 이로써 먼저 15세기 보헤미아 종교개혁자들의 중심적인 개혁의 하나였으며, 후에 16세기 비텐베르그와 스위스의 개혁자들에게서 그것은 회복되었습니다.

b) 전진을 향한 발걸음들

"그들 모두 하나입니다."(요17:21) - 이것은 그리스도가 그에게 속한 자들을 위해서 하나님 아버지께 간청한 기도입니다. 이러한 그리스도 안에서의 하나 됨의 관심은 20세기 이래, 전 세계적인 교회연합운동에서 모든 종파에서 나아온 기독인들에게 점점 더 많은 이해를 초래하였습니다. 그 결과 현존하는 교파의 분열들은 - 그것이 주님의 뜻에 반하는 것이기 때문에 - 점점 더 많은 파렴치한 행위로 인식되었습니다. 이러한 인식은 가장 먼저 성만찬에서 그대로 느껴졌습니다. 그리고 그것은 점점 더 분명한 사실이 되었습니다. 즉 그것은 주님 자신이 친히 초대하는 주님의 만찬입니다. 원칙상 이러한 초대에 조건을 걸거나, 제한시킬 수 있는 권리는 아무에게도 없습니다. 그렇게 성찬은 신앙 안에서 현존하는 하나 됨의 표지일 뿐만 아니라, 오히려 주님은 그것의 차이를 뛰어넘어 나아와 기독인들이 한 식탁으로 데려와서 통일을 이루는 수단으로 이용할 수 있을 것입니다. 즉 "성만찬 공동체(교제)는 우리의 종파적인 교회들의 경계들보다 더 포괄적입니다. 그것은 우리 주님 예수 그리스도가 친히 자신의 식탁으로 초대하신 일입니다."(1979년 독일 개신교 루터교연합회, 목회신학적인 권고)

이것은 그렇게 새 시대에 교회들 사이에서 성만찬의 모습으로 다양한 접근들과 일치들에 이르렀습니다. 1973년 '로이엔베르그 합의서'를 통해서 대부분 유럽의 루터교회와 개혁교회, 그리고 연합교회들 가운데 강단교류와 성만찬 교제가 분명해졌습니다. 이러한 합의 이후에 여러 다른 형태의 성만찬 교제에 대한 - 루터교회와 감리교회, 고대 가톨릭교회와 성공회 사이에서 - 중도적인 합의가 뒤따랐습니다.

루터교회와 로마 가톨릭교회에서 성만찬 허용에 대한 저마다의 여러 목적한 바들이 효력을 가지게 됩니다. 1975년 이후, 루터교회는 로마 가톨릭교회의 기독인들을 손님으로 성만찬에 초대하는 반면, 로마 가톨릭교회는 타 신앙고백의 기독인들을 단지 예외적인 경우에만 허용합니다. 교리적인 대화에서 여기 계속 작업이 이루어졌습니다. 언급된 것처럼, 성만찬 이해에서 가장 큰 어려움이 놓여있습니다. 신앙고백이 다른 가족들이나, 교회 연합적인 회합(학회)들 등 실제에서 물론 그런 교회법적인 경계를 뛰어넘게 된 경우가 항상 다시 나타납니다.

c) 미래에 대한 전망

역동적인 교회연합운동과 성장하는 사회의 지적인 발전과 항상 더 분명히 인식되는 기독인들의 소수집단의 상황은 배경적으로만 종파적인 차이들이 드러나게 합니다. 모든 종파의 남녀 기독인들은 주님의 식탁에서 모든 공동체가 함께 교제하는 일이 곧 이루어지게 되기를 희망합니다.

형성

1. 그리스도인들은 어떻게 성만찬을 경축하는가?

성찬제정의 말씀들은 성찬의 근거를 제시하며, 동시에 그 축제의 구조와 본질적인 부분들을 결정합니다. 여기서 성찬 축하들의 다음과 같은 핵심적인 것이 나타납니다.

- 성찬제정의 말씀들이 그것들의 중심에서 형성하는 감사의 말씀은 떡(빵)과 잔(포도주)을 축복하였으며, 성별(거룩하게) 하였습니다. 그것들은 그리스도와의 교제의 수단입니다.

- 축복한 떡(빵)과 잔(포도주)의 분배

- 분배할 때에 규정대로 주기도문과 때때로 떡의 뗌이 먼저 진행됩니다.

이러한 포기할 수 없는 핵심이 보존되는 곳에 성찬은 아주 다양한 모습으로 축하 될 수 있을 것입니다. 여기에 그것에 대한 여러 형태가 만들어졌습니다.

- 전승된 예전의 노래들과 함께 하는 주된 성만찬 예배에서
- 단순하게 언급된 형태에서
- 새로운 노래와 함께 자유로운 형태 안에서 예배들에 관한 범주에서
- 기초적이며, 아이들에게 적합한 언어로 된 본문들과 함께하는 가족 예배들에서
- 활동적인 경험들의 관계와 창조의 재능에 대한 감사(휴식의 식사)의 특별한 강조에서 자주 식사시간과 연결하여
- 식탁 주변의 더 작은 모임에서(식탁의 만찬)

이러한 다채로운 형태들은 성만찬이 가진 풍성함에서 개별적인 관점들을 특별히 드러내도록 하는 일이 가능합니다. 즉 죄 용서, 교제에 관한 경험, 하나님의 자비에 대한 감사, 예수 그리스도의 현존에 대한 기쁨, 평화와 화해, 창조의 재능에 대한 책임, 우리에게 위임하신 재물들의 나눔 등입니다. 모든 관점이 모든 축하에서 묘사될 수는 없습니다. 그러나 그 핵심에 있는 축하는 모든 기독인에게 인식될 만한 것이 되게 해야 합니다.

↗ 예배

2. 기독인들은 얼마나 자주 성만찬을 축하하는가?

몇 세기 동안 아주 드물게, 연중 1-2회 정도만 성찬에 참여하는 관습이 있었습니다. 이렇게 된 이유는 그리스도의 현존에 대한 지극한 존중, 자신의 무자격 앞에서의 두려움, 그리고 성찬에 임하는 준비의 - 하나님 앞에 서처럼 이웃에 대한 화해에서도 같은 진지함 때문이었습니다. 성찬의 품격이 고조된 시기들은 예수님의 수난 기간과 부활 절기의 기간, 그리고 연중의 교회력 마지막 부분에서였습니다.

경건의 이러한 방식은 오랜 전통을 가지고 있습니다. 그러나 그것은 첫 기독인들의 신앙실천에 일치하지 않습니다. 초기교회에서는 세례받은 자들의 전체 회중은 주일마다 성찬에 참여하였습니다. 첫째로 사회의 더 넓은 계층이 밀려들어 옴을 통하여 교회가 점점 거대해졌을 때, 성찬의 영접에 대한 하나의 두려움이 퍼져나갔습니다. 그 결과 13세기경 한 공의회는 기독인들은 연 중 적어도 한 번은 성찬에 참여하도록 규정하기도 했습니다. 루터는 성찬이 자주 시행되어야 할 것을 옹호하였습니다. 그는 성찬에서 신앙강화를 위한 중요한 가치를 보았기 때문입니다. 그는 "성찬은 매일 양들에게 풀을 뜯는 것과 꼴을 주는 것"과 같은 것임을 말했습니다. 이러한 그의 성찬 실제는 물론 개신교회 안에서 상실되고 말았습니다.

20세기에 이르러서야 기독인들이 모든 종파 안에서 성찬이 공동체와 개인의 영적인 생명을 위해 얼마나 중요한지를 경험하게 했습니다. 그들에게 있어 성찬의 빈번한 영접은 탈가치화로 이끄는 일이 아니라, 오히려 만찬의 높은 평가에로 인도하였습니다. 20세기 첫 중반기에 일어난 예전 운동은 교회 투쟁기(Kirchenkampf)의 경험들처럼, 개신교회 대부분에서 성만찬을 모든 축제일에서처럼, 최소한 월 1회 시행되는 방향으로 이끌었습니다. 현재 적지 않은 교회공동체들이 매 주일 성찬을 행하는 방향에 있습니다. 실제로 성찬은 예배의 범주에서 시행되며, 주일 예배의 부속된 행위로서는 더 이상 시행되지는 않습니다.

거룩한 만찬을 가능한 대로 자주 시행하는 것은 교회의 과제입니다. 그렇지만, 참여에 대한 시각에서 볼 때, 모든 강제성은 피해야 할 것입니다. 신앙생활의 특색으로 인해 이따금 성찬에 참여하는 기독인들과 기꺼이 자주 성례를 영접하는 다른 사람들은 서로 존중해야 하며, 서로의 차이를 인정해야 합니다.

3. 나는 어떻게 준비할 것인가?

많은 기독인은 성찬을 받기 전에 '내가 이것을 받기에 합당한가?'라는 질문을 가집니다. 그들은 거기서 바울의 권면을 생각합니다: "그러므로 누구든지 주의 떡이나 잔을 합당하지 않게 먹고 마시는 자는 주의 몸과 피에 대하여 죄를 짓는 것이니라"(고전11:27).

여러 오해가 여기에서부터 시작됩니다. 고린도전서 11:17-34의 본문의 전후 맥락에서는 이중적인 의미가 나타납니다.

- 너무 늦게 만찬에 참여하는 자들에게 해를 끼치는 무성의한 태도에 대한 것
- 주의 만찬을 배부름의 만찬과 구별하지 못하는 경솔함에 대한 것

그 어떤 사람도 성찬을 축하하기에 합당하지 않습니다. 그가 주님의 식탁에 오기 전에 먼저 "선한 사람"이 되어야 한다고 생각하는 사람은 바울의 경고를 그릇되게 이해한 것입니다. 합당하지 않는 자는 용서를 구해

야 하는 죄인이 아니라, 자신에게는 성찬이 필요하지 않다고 생각하는 자기 의를 내세우는 사람입니다.

바울은 개인적인 준비를 조언합니다. 즉 "사람이 자기를 살피고 그 후에야 이 떡을 먹고 이 잔을 마실지니"(고전11:28).

이러한 점검은 여러 형태로 시도해 볼 수 있을 것입니다. 개인적인 검토에서, 죄를 고백하는 것에서, 공동의 참회에서나, 또는 개인의 참회 등에서입니다. 참회는 거룩한 만찬의 영접을 위한 필수적인 전제는 더욱이 아닙니다. 우리는 하나님 앞에 자신의 죄에 대한 인식과 용서의 말씀에서 나아오는 능력과 자유가 필요한 것입니다.

4. 성찬의 분배는 어떠한 형태로 이루어지는가?

여러 교회공동체에서 성찬 참여자들은 그룹별로 모이거나, 또는 제단 주위나, 제단의 공간 안에서 둥근 원 모양으로 서게 됩니다. 다른 사람들은 무릎을 꿇고, 그 안에서 공경심을 나타냅니다. 만찬에 참여한 손님들 역시 줄을 서서 분병/분잔하는 곳으로 다가갈 수 있습니다. 그들은 우선 한 사람에게서는 떡(빵)을 받고, 다른 한 사람에게서 잔(포도주)을 받습니다. 이러한 형태는 우리가 함께 인생의 여로에 있으며, 거기서 만찬을 영접하는 것을 분명히 합니다.

의자에 앉아서 성찬의 떡을 담은 용기와 성배(聖杯)가 좌석을 따라 건네 지게 됩니다. 여기서 주의해야 할 것은 그 어떤 사람도 떠밀려서 성찬을 받는 일이 없어야 한다는 것입니다. 성찬에 대한 세심한 준비에도 불구하고, 예를 들면 알코올과 함께 같은 잔에서 마시기를 꺼리는 사람들이 있을 때, 그들은 단지 떡(빵)만을 취할 수 있으며, 그러한 모습으로 못 박히시고 부활하신 주님과 완전한 교제를 - 두 형태 중 하나의 형태로 - 경험할 수 있을 것입니다. "너희가 다 이것을 마시라"(마26:27)는 명령 때문에 빵을 잔에다 담그는 방식은 전 교회에서 통상적으로 시행되지 않아야 합니다. 그러나 어떤 이들에게 이런 형식은 그들의 생각을 극복하는 데 도움이 될 것입니다. 그 때문에 이것은 분배 시에 존중되었습니다.

5. 포도주인가 포도즙인가?

개신교회들에서 거룩한 만찬은 그리스도의 설립과 사도들의 관습에 따라 떡(빵)과 잔(포도주)으로 축하 되었습니다. 어떤 이들은 예를 들면 건강상의 이유로 포도주를 마시지 않을 수 있습니다. 성찬에 참여하는 어린 아이들을 위한 것처럼, 그들을 위해서도 먼저 잔을 포기하고, 그리스도를 빵으로 영접하는 가능성이 있습니다. 만일 포도주 외에 포도즙을 사용하게 될 경우, 그러한 규정은 교회의 모든 구성원으로부터 함께 책임지며, 포도주가 정상적인 경우라는 것을 분명히 하는 것이 중요합니다.

6. 병자들과 함께 하는 성찬

그리스도는 병자들에게 자신의 사랑을 주시며, 그들에게 희망을 일깨우십니다. 교회공동체의 예배에 올 수 없는 약한 자들과 병자들은 집에서 시행하는 성찬 축하를 통해서 그리스도와의 교제와 그의 공동체에 예속성을 경험하게 됩니다. 그 때문에 환자들은 먼저 성찬을 그들의 "마지막 순간"이 아니라 병환 중에 더 자주 영접할 수 있게 해야 합니다. 죽음 직전에 있는 사람들은 성찬을 그들이 지금 가는 길목에서 "길 양식"을 얻게 됩니다. 성례의 외적 표지는 그들에게 잠시 멈춤일 수 있을 것입니다. 아마도 그들의 의식이 더욱 약해진다 해도, 그들이 하나님으로부터 받아들여진 것을 몸으로 경험할 것입니다. 성찬은 질병을 통하여 제외되었던 것을 그들의 고립에서 가져오기를 원하며, 그것들을 그리스도와 공동체와의 교제에 확인시키기를 원합니다. 환자와 함께 작은 가족 공동체나, 이웃공동체가 함께 모인다면, 도움이 될 것입니다.

남녀 목사들은 가정집에서의 성찬 축하를 자주 제공해야 합니다. 고대의 기독교적인 관습에 따르면 성찬의 떡(빵)과 잔(포도주)을 공 예배 후에 남녀 조력자들을 통하여 곧바로 병상에 있는 교회공동체의 구성원들에게 가져올 수 있었습니다. 이러한 방식으로 방문한 자들은 교회공동체의 축하에 관계되었습니다.

[참고도서]
- 빌러/소트로프(Bieler,A./Schottrof,L.): 성만찬(Das Abendmahl), 2007.
- 블롬(Blohm,J.): 아이들과 성찬을 축하하다(Abendmahl feiern mit Kindern), 1998.
- 로마가톨릭과 개신교 루터교회와 공동위원회
  (Gemeinsame röm.-kath./evang.-luth. Kommission): 주님의 만찬(Das Herrenmahl), 1978.
- 독일 개신교협의회 본부(Kirchenamt der EKD):
  성만찬(Das Abendmahl). Eine Orien-tierungshilfe zu Verständnis unnd Praxis des Abendmahls in der evangelischen Kirche, 2003.
- 쿠글러(Kugler,G.): 함께 떡을 떼기(Gemeinsam das Brot brechen), 1999.
- 바이에른의 개신교-루터교 지방교회의 위원회 편집(Hg.)
  (Landeskirchenrat der Ev.-Luth. Landeskirche in Bayern): 성만찬- 의미들과 실제(Das Heilige Abendmahl – Bedeutungen und Praxis), 2005.
- 벨커(Welker,M.): 성만찬에서 무엇이 진행되는가? (Was geht vor beim Abendmahl?) 3. Aufl. 2005.

6.2.5. 성례

인식

"성례"란 말은 신비스러운 것으로 들립니다. 그것은 멀리서부터 이르고 있는 것처럼 보입니다. 그것은 무엇을 의미할까요? 그리고 그것은 개별적인 성례들과 함께 자체에 무엇을 지니고 있을까요? 물을 부음이 그 어떤 구원이나 재앙과 관계가 있으며, 떡(빵)을 먹음과 잔(포도주)을 마심은 생명을 새롭게 하는 것, 몇 가지 말씀들은 - 달리 말해 - 죄에 관한 용서와 관계가 있다는 주장이 많은 사람에게 독특한 느낌을 줍니다. 그 안에서 해석하는 것은 마법적인 것처럼 보입니다. 왜 그러한 행위들이 교회에서 그렇게 중요하며 더욱이 포기할 수 없는 것인지, 많은 이들에게 어렵게 느껴지게 합니다. 동시에 생일날 꽃을 사서 선물하는 것, 한해가 바뀔 때 행운을 비는 카드를 보내는 것, 잠들기 전 아이들을 쓰다듬는 것과 다시 재회할 때 친구들을 포용하는 일은 같은 사람들에게 잘 이행됩니다.

사람들은 내적인 움직임을 표현하거나 관계를 보이게 하려고 외적인 표시를 사용합니다. 역시 하나님도 사람들과의 관계를 드러내려고 표지를 사용합니다. 기독인들은 하나님이 몇 가지 표지들 - 현세적인 요소들과 인간적인 몸짓들을 - 특별히 자신의 현존과 함께 특별한 방식으로 성취하시며, 그의 교회공동체에 위임했다는 것을 믿습니다. 하나님은 이러한 상징적인 행위들을 통하여 그의 근접함을 보증하시며, 분명히 그의 사랑을 행하시며, 죄지은 인간들을 받아주시고, 교회공동체를 강하게 합니다. 하나님의 특별한 허락을 통해서 다른 것에서 제기된 표지들을 '성례'라고 부릅니다. 그것들의 근원을 그 표지들은 신약의 전승에서 가지게 됩니다. 기독교회들은 성례의 수에 대해서 일치하지 않으며, 그 때문에 역시 일치된 성례의 실제도 갖고 있지 못합니다. - 성례를 말했을 때, 이미 첫 세기의 기독인들이 특히 세례와 성찬을 생각했던 것처럼, 그것들은 곳곳에서 중심에 서 있습니다.

방향

1. 성례의 기원

신약과 그것을 가진 가장 이른 시기의 교회공동체는 먼저 세례와 성찬, 또는 다른 행위들을 요약했던 개념을 갖고 있지 못합니다. 사람들이 신약을 그리스말에서 라틴어로 번역했을 때, 그리스말 "뮈스테리온"(mysterion)은 라틴어 "사크라멘툼"(sacramentum)로 불렀습니다. "미스테리온"은 문자 그대로 "비밀"을 뜻하며, 신약에서는 하나님이 인간들의 구원에 결정하시고 그리스도 안에서 실현했던 모든 것을 표시합니다(비교. 롬 16:24; 엡1:9). 이러한 구원 사건이 기독인들에게 여러 다른 예배행위들 가운데서 현재화되었기 때문에, 사람들은 곧 이런 행위 - 특히 세례와 성찬을 - "뮈스테리온"(mysterion) 또는 "사크라멘타"(sacramenta)라고 불렀습니다. 성례의 수의 확정처럼, 마찬가지로 처음에 신학적인 개념규정이 이루어지지 않았습니다.

성례들은 하나님의 호의와 은총이 사람들에게 붙잡힐 수 있으며, 믿음과 신뢰가 과도하게 되도록 하는 마술적인 행위들이 아닙니다. 오히려 그 반대로 - 선포된 말씀이 그들을 신뢰로 부르는 것보다 더 다르지 않으며, 선포가 그것들을 하나님의 사랑으로 선언하는 것보다 더 다르지 않습니다. 이러한 전파된 말씀과 함께 그것들은 우리 인간들을 향한 하나님의 일러주는 말씀과 그의 관심입니다. 그 때문에 설교와 성례(성찬)는 기독교

공동체의 예배에 양 축을 형성합니다. 그럼에도 불구하고 성례들은 기독인들이 다른 사람들과 자신을 구분하는 단순한 인식의 표지보다 더한 것입니다. 그것들은 - 개신교의 신학적인 전통의 말씀과 함께 말하는 "가시적인 말씀"(verbum visibile)입니다.

2. 성례의 본질

삼위일체 하나님은 성례를 통하여 개별적인 인간을 만나시며, 그들을 그의 동맹 관계로 영접하며, 그들의 죄를 용서하며, 그들의 믿음을 강하게 합니다. 성례들을 통하여 하나님은 그의 교회(공동체)를 세우며, 그들의 결합을 강하게 하며, 교회공동체의 지체들 사이에 분리되어 있거나, 사람들이 공동체로부터 멀어지는 일이 극복되도록 도우십니다. 이러한 경우에 성례는 단지 하나님과 사람 사이에 일어나는 사건일 뿐만 아니라, 예수 그리스도가 세례와 성찬의 중심에 계심을 알며, 축하 가운데서 그를 영화롭게 하는 축하하는 공동체에 명하신 것입니다.

특히 종교개혁자들에게 아주 중요했던 성만찬은 배경적으로 오랜 기간을 넘어 복음선포를 위하여 개신교회 공동체에서 등장했으며, 여러 교회공동체에서 이따금 행하는 사건이 되었습니다. 여기에다 종교개혁자들이 성례의 은혜작용을 자연적인 표지(의식적인 행위들)들에서 찾는 의미로부터 온전히 분리하였으며, 오로지 말씀의 해석과 결부시켰던 것이 내적인 불화에 영향을 미쳤습니다.

결과적으로 성례들은 기독인들을 모든 사람에게로 향하는 길로 데려가며, 믿음 없는 세례와 성만찬은 생각할 수 없듯이, 하나님은 그것들 가운데서 그의 은혜의 제시가 모든 이들에게 효력을 지닌 것이며, 전 인류를 새롭게 하는 것을 목표하고 있음을 알려줍니다. 하나님의 고유한 은혜의 선물인 그의 아들 예수 그리스도는 전 세계의 메시아로서 교회의 주인이기 때문입니다. 예수 그리스도는 하나님의 성례입니다. 그리고 모든 개별적인 성례들은 - 이러 저러한 방식으로 - 그분과 그의 삶과 운명 그의 소식(사명)과 그의 세상으로의 파송에 연관을 가집니다. 결단코 성례가 믿음을 대체할 수 있거나, 또는 선포의 말씀이 불필요하게 할 수 없습니다. 그러나 그것들은 예수 그리스도를 뜻하는 하나님 사랑의 선언과 함께 특별하고 긴급한 방식으로 교회공동체를 대질하며 그리고 사람들이 특별하고 비교할 수 없는 의식 안으로 들어옴으로써 - 세례와 주님 식탁의 교제 가운데로, 그리고 참회 가운데서 이루어지는 화해의 축하에서 또한 하나님의 사랑과 그들의 믿음이 더 분명하게 되도록 사람들을 초청합니다.

개신교회들은 여기서 그들에게 새로운 방식의 경험들과 확실성의 가능성과 믿음의 강화를 열어주는 배움과 재발견의 도상에 있습니다.

3. 성례의 역사

"성례"의 개념 정의는 먼저 아우구스티누스[345-430]에 의하여 발견됩니다. 그것은 불가시적 은혜의 가시적인 표지(標識)입니다. 말씀이 요소로 - 물에 떡과 포도주 등등으로 수용할 때, 거기서 그렇게 성례가 됩니다. 중세기의 성례 신학은 이것을 정확히 규정했습니다. 즉 성례들은 세 가지 특징들을 통해 나타낸다는 것입니다. - 외적인 표지, 그리스도의 제정, 그리고 거기서 생겨난 은혜입니다. 종교개혁자들은 이러한 정의를 이어받았습니다. 그들은 성례의 수의 확정에서 구별하는 기준으로서 그리스도를 통한 제정을 강조합니다. 종교개혁의 신학은 중세기의 성례론의 하나의 다른 기본적인 특징을 반대했습니다. 즉 중세기의 신학자들은 성례들이 단순한 시행을 통하여 은혜를 전달한다는 것에서 출발했을 때, 성례를 받는 자들이 거부하지 않는다면, 종교개혁자들은 성례를 받아들이는 순간 모든 약속과 그 장소에 제공된 약속된 은총의 선물들을 믿는 믿음이 들어와야만 한다는 것을 강조하였습니다. - 멜랑히톤은 1531년 아우그스부르고 신앙고백의 그의 변증서 XIII[13]항에 그렇게 말했습니다. 이러한 견지에서 종교개혁의 신학은 성례들의 믿는 자들의 축하가 인간 편에서 성취되어야만 하는 특별한 준비 없이도 하나님의 은혜를 전달한다는 것을 강조합니다.

성례의 수와 관련된 거대한 불확실성에 따라 30가지 이상의 예전 행위들이 표시되었습니다. - 중세 절정기에 점차적으로 교회의 예전 행위들 가운데 7가지만 성례로 보아야 한다는 견해가 관철되었습니다. 즉 세례, 견진, 성만찬, 죄 고백(참회), 병자의 기름 부음, 혼인, 성직 수여(집사, 사제와 감독) 등입니다. 1547년 트리엔트 공의회에서 성례의 이러한 7가지 수는 종교개혁자들의 입장에 대항하여 공식적으로 확정되었으며, 그것은 오늘날까지 로마 가톨릭교회의 적법한 입장으로 견지되고 있습니다. 종교개혁자들은 이러한 예전 행위 중 몇 가지에 대해서는 그리스도가 제정한 것이 아님을 인식하였습니다. 그렇지만, 루터교회는 성례의 수를 확정하게 하지 않았으며, 다만 세례와 성만찬은 아주 분명히 그리스도가 제정한 것으로 보았습니다. "다만 하나님의 명령과 약속을 가진 저 의식들이 보존될 때, 그 어떤 영특한 사람도 '성례'란 말이나, 그 수에 대하여 논쟁하지 못할 것입니다"(CA. 변증 XIII)라는 말을 중요하게 생각합니다.

형성

성례와 교회연합운동

최근에 교회들은 성례들의 질문에서 서로 가까워지고 있습니다. 역사 비평 연구의 통찰들은 예수를 통한 제정의 기준을 새로운 빛으로 보게 하였습니다. 그래서 가톨릭에서처럼, 비슷하게 개신교 신학에서도 역사적이지는 않지만, 그러나 근본적인 성례가 하나님의 신비(misterion)와 마찬가지로 예수 그리스도와 함께 영적인 관계가 새로이 중요하게 되었습니다. 예수 그리스도는 신비의 근원이시며 여러 교회의 예전 행위들에서 전개되었으며, 사람들에게 접근되었던 성례의 근원입니다. 하나의 그러한 관점 이동은 성례들의 수의 확정을 위한 새로운 기준을 요구한다는 것이 분명합니다. 복음적인 이해에 따라 성례의 수는 원칙상으로 열려있다는 것에 일치합니다. - 이것은 개신교와 루터교와 가톨릭의 신학자들의 2000년에 발표한 공동의 책임적인 문서가 뜻하는 것이기도 합니다.

"루터교회는 특정한 인간적인 삶의 상황에서 그에 상응한 예배 행위들을 긍정하고 수행합니다. 즉 견신례(학습/입교), 혼인, 병자의 축복(기름 부음) 등입니다. 교회는 이것들을 축복행위로 이해합니다. 교회는 그것들을 세례와 성찬으로부터 구분하며, 동시에 세례와 성찬을 지향한 것으로 봅니다. 루터교회는 세례와 성찬의 근본적인 의미를 '성례'라는 개념을 통해 부각하는 것이 적절한 것으로 여깁니다.

참회는 죄용서(Absolution)의 효력을 지닌 권고 때문에 아욱스부르그 신조와 변증에서 성례로 간주하였습니다. 죄 사면 말씀의 성례적인 특성은 그렇게 질문의 대상이 아닙니다. 그것을 넘어서 변증에서는 '성례'라는 명칭이 여타 다른 교회의 예전 행위들, 예를 들면 목사 안수(서품식)에서 사용될 가능성은 검토되었습니다. 그래서 루터교회는 자신들의 고유한 성례 개념을 결론적으로 정리하지 않을 뿐 아니라, 성례에 대한 다른 견해들도 기각하지 않았습니다.

그 때문에 루터교회는 다른 교회들이 '성례'라는 명칭을 더 광의적인 의미로 사용하고 있다고 해서 그것을 교회를 분열시키는 일로 보지 않습니다.

우리는 공동으로 다음과 같은 것을 말할 수 있습니다:

1. 세례와 성찬은 그 기본적인 의미에서 구원을 받아들임과 그리스도의 몸에 지체를 이루는 것을 드러내었습니다.
2. 로마가톨릭교회에서 성례로써 적법한 다른 예전적인 행위들과 이에 상응한 루터교회에서의 예전 행위들은 세례와 성찬으로 정리되었습니다. '성례'와 '축복행위' 등 서로 구별된 언어사용들이 어떠한 무게감을 가지는지에 대한 질문은 이미 이룬 사전 작업의 토대 위에서 지속적인 성찰이 필요합니다. 여기서 개별적인 예전 행위들로 나아가면서 그들 역사적인 발전과 예전적인 모습과 신학적인 이해에 관하여 추천합니다. 이러한 과정에서 합의에 이르는 서로 차별화된 성례 개념에 이를 수 있습니다"(Communio Sanctorum, 83-85번).

최근 과거의 발전들 역시 성례의 교리와 교회의 성례 실천에 영향을 주고 있습니다. 즉 교회연합운동은 개신교의 기독인들을 가톨릭과 정통교회의 기독인들과 접촉하게 했습니다. 그들은 개신교인들보다 더 다른 방식으로 성례로 살았으며 생각했던 분들이었습니다. 그러나 1970년 이래 개신교회 공동체들 내에 특히 성찬에 있어서 인지될만한 관심이 나타나게 되었는데, 그것은 예를 들면 축제적인 "축하 성찬"이란 표현이 개신교회 교회의 날 기간에 등장하게 된 것에서입니다.

근본토대에서 시작하는 이러한 운동은 개인적인 경건과 다른 사람들과 다른 기독인을 위하여 존재하려는 바람 사이에 여러 개신교회 안에서 생겨나는 균열을 극복하려는 방향에 목표를 둡니다. 동독(DDR)에서 여러 교회공동체는 시련과 사회적인 분리에 직면하여, 세례와 성찬의 자유가운 데서 특별한 방식으로 위로하시며 힘주시는 하나님의 가까이하심을 체험하였습니다.

[참고도서]
- 독일 감독 컨퍼런스와 독일개신교 루터교연합회의 지도부, 양쪽의 연구그룹
  (Bilaterale Arbeitsgruppe der Deutschen Bischofskonferenz und der Kirchenleitung der Vereinigten Evangelisch-Lutherischen Kirche in Deutschland): 거룩한 공동체(Communio Sanctorum). 성도들의 공동체로서의 교회(Die Kirche als Gemeinschaft der Heiligen), 2000.
- 함펠만(Hempelmann,R.):
  구원의 중재의 장으로서 성례(Sakramente als Ort der Vermittlung des Heils), 1992.
- 쿤(Kühn,U.): 성례(Sakramente). 2. Aufl. 1990.
- 벤즈(Wenz,G.): 개신교성례 개론서(Einführung in die evangelische Sakramentenlehre), 1988.

6.3. 교회의 예전적 행위들

6.3.1. 입교

인식 ─────────────────────────────

매년 마다 독일에서 약 25만 명의 청소년들이 세례/입교준비학습에 참여하며 입교식(견신례)을 거행하게 되었습니다. 이것은 개신교회 청소년들의 90%에 해당합니다. 더 나아가 해마다 약 1만 5천 명에 달하는 청소년들이 견신례(Konfirmation)를 계기로 세례를 받게 되었습니다. 동독지역과 서독지역의 차이뿐만 아니라 도시와 지방과의 차이를 고려할 때, 독일 전체 중 약 30%에 해당합니다. 구동독지역에서는 2007년 약 한 해의 15%가 입교식(견신례)을 하였습니다. 이 부분에서 로마 가톨릭교회는 아주 미미합니다. 그 결과 견진성례(Firmung)가 아니라 동독에서 국가적으로 시행했던 공산당에 가입하는 청소년봉헌식은 교회의 세례/입교학습에 강력한 경쟁상대로 대두되기도 하였습니다.

독일 개신교회협의회(EKD)의 모든 소속 회원교회들의 자료에 의하여 드러나게 되었던 2009년의 한 연구는 입교했던 자들의 큰 수(67%)가 그들의 입교(견신) 준비기간을 되돌아볼 때 만족하게 발표된 것이 나타났습니다. 대략 좀 더 많은 수치인 70%는 해당 책임자인 남녀 목회자들에게 '만족했던' 것을 보여주었습니다. 그리고 설문을 받은 부모들에 의하여 약 77%가 긍정적인 답신을 표했습니다. 교회의 협력자들은 반대로 약 91%가 그들이 기꺼이 남녀 세례/입교학습자들과 함께 일했었다는 것을 발표하였습니다.

인구통계학적인 변화의 결과로, 절대적인 참여의 수는 더욱이 후퇴하게 될 것입니다. 그렇지만 세례/입교준비학습의 사역은 모든 주(州) 연방 지역 개신교회들 안에서 의미 있는 분과로 머물게 되리라는 것에서 진행해도 좋을 것입니다.

세례/입교식(견신례, Konfirmation)에 대한 초대에서 세례/입교학습 준비 기간의 방법적이며 내용적인 모습에서, 교회의 청소년 작업의 더 나은 관계망에서 그리고 견신례의 축하에서 미래에 더 많은 에너지와 판타지와 시간이 투자되어야 할 것입니다. 이것은 세례/입교학습준비자들의 54%가 그들의 학습 기간 종료 후, 예배가 처음보다 지루하게 느끼게 됨을 언급했던 것을 생각한다면, 교회의 예배에서 청소년들의 출생지를 위하여 유효한 것입니다.

방향

1. 견신례(세례/입교학습준비) - 교회공동체 생활에서의 정점

개신교의 교회공동체들은 견신례(세례/입교식)가 있는 주일날을 교회공동체 생활 가운데 정점으로 축하하게 됩니다. 남녀 입교인들은 회중과 함께 그들 가족의 모임 안에서 기독교 신앙을 고백합니다. 그리고 그들의 인생길을 위하여 하나님의 축복이 그들에게 공인되었습니다. 이러한 축복은 입교된 자들이 그들의 세례 때에 받는 그 축복을 보충하는 것이 아니라, 오히려 지금 그들 앞에 놓여있는 삶과 신앙의 시대를 위하여 자신을 새롭게 하고 재다짐하는 것입니다(라틴어 confirmare = 확인하다, 재다짐하다).

동서독의 여러 지역에서 이날은 단지 교회의 한 날일 뿐만 아니라, 동시에 공적인 사건의 날이기도 합니다. 교회마다 사람들이 가득하며, 거의 세례받은 대략 14세의 나이에 이른 소년과 소녀들이 입교식(견신례, Konfirmation)에 참여합니다.

동독지역 교회공동체들 역시 입교(견신례) 예배는 교회력의 중요한 정점에 속합니다. 남녀 세례/입교자들의 그룹들은 서독지역의 교회들에 비하면 아주 작습니다. 왜냐하면 이미 앞서 언급한 것처럼, 많은 수의 청소년들은 세례/입교 준비교육에 참여하지 않고 있으며, 국가적 행사인 청소년봉헌식에 참여하거나, 간단히 14번째 생일을 특별히 제기한 날로서 오히려 가족과 함께 축하하기 때문입니다. 아직 젊은 교회구성원들이 세례입교에 대한 그들의 동기를 영적-신앙 고백적으로 논증하는 것은 이상하게 보일 정도입니다. 사람들은 이제 스스로 교회와 신앙에 대한 관계에 대하여 지금 스스로 결정한다는 것이며, 그리고 자신이 세례/입교준비 교육을 받게 하는 사람은 개인적인 결단을 기다릴 수밖에 없는 것입니다.

세례입교(견신례)에서 무엇이 이루어질까요? 아동기의 끝에 하나의 축제가 중요할까요? 교회 권리들의 부여에 예배를? 성찬의 교제 안에서 영접을 위하여? 교회적인 수업의 종결을 위해? 자기 세례의 확인에서 공적인 신앙고백을 위해?

여기 참여한 자들에 의하여 - 남녀 입교자들, 그들의 가족들, 남녀 목사들과 같이 교회의 회중들 - 다양한 기대와 생각들을 발견합니다. 그 이유는 그들의 복합적인 생성의 역사와 발전에 근거하여 세례/입교식의 본질을 분명하게 규정하는 것은 쉽지 않기 때문입니다.

2. 세례/입교예식(견신례, Konfirmation)의 역사

견신례(세례/입교예식)는 귄터 덴(Günther Dehn)의 설명에 따르면, 긴 과정 안에서 그리고 역사적이며 신학적이며, 사회적인 동기의 결합을 통하여 그들의 모습을 획득한 "교회공동체의 자유로운 창조"입니다.

a) 이전의 역사

견신례(세례/입교예식)란 이름 가운데 오늘날 우리가 알고 있는 것처럼, 하나의 고유한 예배적인 기념 축제는 성서에서 알지 못합니다. 세례는 완전한 구원을 선사하며, 부가적인 교회적 의식들을 통한 그 어떤 보충이 필요하지 않습니다. 예전적으로 보아서, 세례는 그렇지만 일찍이 여러 예전 행위들 안에서 구분되었습니다. - 세례의 씻음, 성령의 은사 재능의 표지로서 안수(히6:2).　↗세례

고대교회에서 이것은 통일적으로 해되었던 세례사건을 교육적이며, 예전적으로 풍성하게 발전되었습니다. 중세 초기에 서방교회는 동방교회들과는 구별하여 세례로부터 안수와 기름 부음을 분리했으며, 거기서 고유한 의식을 만들었습니다(Firmung-견진, 확인, 강화). 그리고 플로렌스 공의회(1439)의 결의는 결과적으로 하나의 고유한 성례로 "견진"(Firmung)을 승격시켰습니다. 즉 견진은 세상에서 기독인들의 삶과 봉사를 위한 성례로서 세례 은총을 보충하는 반면, 세례는 그에 따라 영생에 대한 죄 용서와 중생을 보증합니다.　↗성례

b) 견진성례에서 견신(堅信)으로

종교개혁자들은 성례로서 견진(Firmung)을 거절했습니다. 그 이유는 그것이 세례의 가치를 떨어뜨리며, 그리스도가 제정하신 것이 아니라는 것

때문입니다. 그것에 대하여 종교개혁 후 20-30년에 이르기까지 루터교회 지역 안에 개신교적인 세례/입교 축제가 발전하게 되었습니다. 거기서 두 가지 동기가 주된 역할을 하였는데, 첫째는 요리문답을 학습하는 것이며, 첫 성찬 영접에 대한 준비였습니다.

(1) 요리문답학습(교육): 루터는 교회공동체 순방에서 신앙 안에 있는 교회공동체 일원들의 신앙을 깨우치는 교육의 필요성을 인식하게 되었습니다. 그리고 1592년 그는 '소요리문답서'를 제시하였습니다. 그리고 곧 모든 루터교회의 법에 이 소책자에 따라 가르치는 교회의 수업을 의무화시켰습니다. 목사, 집사, 교회관리집사, 가정의 아버지들, 교사들이 이 책자를 나누어 가져야 했습니다. 아이들의 수업은 교회적인 청취 가운데서 끝마치게 되었습니다. 이러한 요리문답서의 학습과 함께 그리고 그의 축제적인 끝마침과 함께 아이들은 교회공동체의 한복판으로 영접하였습니다. 사람들은 아이들이 복음의 선포와 그들 교회의 예배들에 완전한 이해와 함께 지금 참여하는 상태에 이르기를 기대하였습니다.

(2) 성만찬에 대한 준비: 성찬 참여를 위한 통상적인 준비는 성만찬의 방문자는 그의 죄를 고백하고 죄 용서(사면)를 영접했던 참회였습니다. 사람들은 앞서 청문이 이루어지며, 죄의 사면을 받은 자들에게 베풀도록 주님의 몸을 돌보게 됩니다."(아욱스부르그 신조, 제25조). 이러한 규정은 특별히 세례/입교예식 준비자들을 위하여 만일 그들이 첫 만찬을 받기를 원할 때, 유효하였습니다. 통상적인 "요리문답청취"는 준비하는 "성만찬 대담"이 되었습니다. 일찍 사람들은 이러한 "청취"를 안수로써 마무리 하였습니다. ↗ 고해; 성만찬

c) 개신교회 내에서의 지속적인 발전

요리문답서의 배움(학습)이 항상 단편적으로 지식전달 쪽으로 옮겨졌던 첫 단계 후에, 17세기 후반부터 경건주의는 새로운 강조점을 두게 하였습니다. 즉 그 교육(수업)은 믿음을 일깨우며, 회심을 목표해야 한다는 것이었습니다. "머리는 마음속으로 들어와야 한다!"(Der Kopf soll ins Herz)는 말

에 상응하게 세례/입교학습준비(Konfirmation)에서는 서약(誓約)이 더 강력한 비중을 얻게 됩니다. 즉 학습자는 자신 편에서 '세례언약'(Taufbund)을 확인하고 이를 새롭게 합니다. 경건주의의 견해에 따르면 중생은 세례와 함께 발생하는 것이 아니라, 회심과 함께 일어난다고 생각하였습니다. 그러나 세례/입교준비(Konfirmation)는 종교개혁자들이 거절했던 것을 다시 이러한 방식에서 이루어지게 된 것입니다. 즉 그것은 세례의 보충입니다. 다른 한편, 세례/입교준비의 축제가 독일 전역에 최종적으로 관철되게 한 것은 바로 경건주의 덕택이었습니다.

18세기와 19세기의 계몽주의 시대에 세례는 단지 교회의 상징적인 영접 행위라는 이해에서 출발하였습니다. 세례/입교준비는 시기적으로 학교의 졸업과 함께 맞아떨어졌던 세례학습은 - 시민적인 성년선언과 결합하여 - 표면적으로는 중요한 인생사적인 사건으로 간주되었습니다. 그 안에서 다음과 같은 것들이 이루어집니다.

- 특별한 의미가 서약에 이르렀던 형식상의 세례언약이 있습니다.
- 교회적인 권리들의 부여입니다.
- 시민적인 성년이 선언입니다.

세례/입교식은 그 당시 학년제 형성 때문에 긴 기간 동안 부활전 주일과 함께 교회력에서 그들의 확고한 기간을 찾았습니다.

3. 20세기와 21세기 안에서 발전과 논의

a) 개혁의 시도들

역사에서 표명되었던 다양한 견해들은 과거와 현재의 토론 가운데서 하나의 역할을 하고 있습니다. 그 한편의 견해들은 젊은 사람들의 개인적인 신앙의 결단을 강조하며, 다른 한편의 견해들은 성령과 축복에 대한 간청을 제기합니다. 한 부류는 입교예식(Konfirmation)을 성인들의 세계 안에 등장으로 이해합니다. 다른 부류는 그것이 특히 교회공동체 생활에 활동적인 참여의 발걸음으로서 효력을 가질 수 있을 것을 기대합니다. 한편의 사람들은 예수 그리스도에 대한 개인적인 신앙고백을 요구합니다. 다른 사람들은 젊은이들에게 이러한 기대는 과도하다고 생각합니다.

이 모든 문제에서 나아와 벌써 19세기에, 그리고 20세기에도 아직 더 많은 여러 다양한 개혁의 시도들이 있었습니다.

- 순수한 교회의 중심적인 회원을 얻기 위하여 세례/입교예식의 나이를 약 18세로 상향조정. 이 나이에서 성찬의 허용이 보증되게 해야 한다는 것입니다.

- 아이들을 더 일찍 성찬으로 인도하기 위하여 입교예식을 앞당기기와 입교예식을 학교의 졸업 시기에서 분리하는 것.

- 2-3 단계로 분리된 축하로 입교예식을 분할하는 것. 즉 약 10세에 성찬 참여를 허용하는 것. 14세에 견신(堅信)의 축복, 늦은 청소년 나이에 활동적인 교회 중심 일원으로 받아들임. 또는 14세에 교회 성인식 축하, 16세부터 일종의 평신도 안수식 방식으로서 이해되는 입교/세례예식.

사람들은 14세나 15세 청소년들의 내적인 정신상태, 그들의 행동규칙들과 가치에 대한 추구, 또한 이러한 단계에서 입교예식과 거기에 속하는 준비 기간의 제시를 위한 특별한 근거로서 지금까지의 여러 생활규칙의 깨어짐에 따라 자기만의 종교성과 신앙에 대하여 관찰합니다. 입교/세례 준비학습의 시기는 근본적 대변화의 단계에서 교회 적인 동반의 제시가 될 것입니다. 이러한 의미에서, 그 준비교육은 그들에게서 포기되었던 발전과제 안에 있는 청소년들이 성인으로 성장 되도록 도울 수 있을 것입니다. ╱청소년

b) 청소년에 적합한 준비

만일 입교예식이 현존하는 교회공동체 안에서 그들의 규범과 함께 단순히 편입으로서 이해되었다면, 그리고 만일 젊은이들은 미리 주어진 변함없는 믿음에 대해 단지 자신들의 동의만 피력하는 것이라면, 많은 이들은 내적으로나, 외적으로도 이를 거부하게 될 것입니다. 그 이면에 입교예식의 준비는 전통과 현재 기독교의 빛에서 자신의 신앙과 자신의 종교적인 행동방식을 개발하는 기회를 제공해야 합니다. 그것은 선 지식, 개인적인 입장과 경험들, 그리고 기대와 관심과 희망을 진지하게 받아들이고 효과를 발휘하게 함으로써 가능합니다.

지난 수십 년 안에 이러한 통찰의 배경 앞에서 배우는 교재에서나, 또는 넘겨받은 전통과 의식들에 대한 정경은 적게 다루어지며, 청소년들의 신앙과 삶의 길이 오히려 더 많이 중심에 있게 하는 동안, 입교예식의 준비는 한 시대보다 항상 더 분명하게 이해되었습니다. 그것을 통하여 준비 기간은 역시 고유한 비중을 얻으며 입교 예배는 - 그러나 끝마치는 행위로서는 아닌 - 젊은 사람들이 하나님과 함께 하는 길을 체험하는 인생의 특별한 정거장이 될 것입니다. 이런 맥락에서 하나의 과정화는, 그것이 1970년대부터 특히 구동독에 있는 교회들에서 개발되고 검증되었던 것처럼, 입교하는 행위로서 입교예식의 "펼침"으로 보려는 것을 뜻합니다.

입교하는 행위에서 믿음을 강화하고 확증하는 사건은 입교예식을 단지 예전의 순간적인 행위가 아니어야 한다는 것을 말하게 되었습니다. 마

찬가지로 아이들과 청소년들을 그들의 특성에 맞게 동행하기 위하여, 전통적인 수업의 형태는 적게, 7학년과 8학년에서 주간의 만남에 제한적으로 충족시킬 수 있을 것입니다. 오히려 교회가 성장하는 청소년들을 위한 자신들의 책임을 인식하려는 폭넓고 다양한 방식이 중요합니다. 그들은 그렇지않아도 청소년의 시기가 이전 시대보다 더 길게 지속한다는 것과 많은 청소년을 위해서 바로 15살은 자기 책임의 신앙고백을 위해서 그렇게 유리한 시간이 아님을 받아들이고 있습니다.

거기에 대한 예들은 다음과 같습니다.

- 학령기전의 아이들을 위한 교회 교육적인 프로그램들

- 8-10세의 아이들과 함께 하는 성만찬

- 공동의 휴식시간, 최소그룹 단위의 집회들, 또는 축제들에서 어린이들과 입교준비자들과 함께 전체적인 교제의 다양한 형태들

- 자유로운 아이들과 청소년의 사역을 벗어난 작업형태들을 가진 입교준비작업에서 학교의 중재 형태를 더 강하게 지향한 입교자들 수업의 계속적인 발전

- 7학년에서 9학년까지의 입교준비 사역

- 어린이들과 청소년들을 위한 의미 있는 형태 안에서 공동으로 준비되며, 관철된 예배들

- 입교준비그룹과 청소년 그룹의 생생하고 인격적인 관계들

- 9학년에서 입교준비의 연기

만일 더 일찍, 또는 더 늦게 사람들이 청소년 나이의 단계를 떠났다면, 입교하는 행위의 과정 역시 종결된 것이 아닙니다. 원칙적으로 그것은 평생 지속합니다.

c) 입교예식과 청소년 봉헌

특히 더 이른 시기의 동독의 권력자들로부터 1950년경 교회의 입교예식을 경쟁대상으로 의식하여 도입하였으며, 국가권력을 수단으로 관철하였던 비기독교적인 의식인 청소년봉헌식이 청소년들과 그들 가족에게 제시되었습니다. 그들의 문제가 많았던 과거에도 불구하고, 그사이에 더 일찍 세계관적으로 모호한 청소년봉헌은 많은 사람에 의하여 - 특히 교회 속하지 않은 국민 다수에 의하여 - 큰 인기를 누렸으며, 과거 수십 년 동안 보편적인 사회적 관습이 되었습니다. 이에 반하여, 독일 사회주의통일당 (SED) 통치가 끝난 이후, 약 20년 동안 동독 연방국들에서 14-15세에 이른 청소년 소수들만이 입교예식에 참여하였으며, 교회공동체별로 보면 그 숫자는 아주 적습니다. 교회들은 이런 상황에서 어떻게 적절히 행동해야 하는지에 대한 질문을 대하게 됩니다.

- 교회들은 세속적인 봉헌행위의 존재와 함께 비 기독인들을 위한 대체의식으로서의 행위를 타협해야 하는가? 청소년 봉헌은 단순히 우리 사회의 시민 종교적인 행위들(깃발 게양식, 맹세의식, 국가의 축제행위)로 구분해야 하는가? - 이들의 공공연하고 또는 은밀한 종교적 경향은 미약할지라도 시종일관 그리스도교의 기본신념과 긴장 관계에 있을 수 있습니다.

- 교회들은 청소년봉헌이 지닌 이전 시기의 이데올로기와 함께 그 어떤 논쟁을 하지 않은채, 이미 주어진 사회적인 프로그램으로 수용해야 하는지? 그들 현재의 이데올로기적인 소작품들("각자 자기 행복을 만드는 철공이다.")을 비판적인 확대경 아래서 검토해 보는 것이 필요하지 않을지?

- 교회들은 그 대신 국가적인 의례를 교회 편에서 경쟁자로 만들지 않는다고 하더라도, 입교예식을 기독교적인 청소년봉헌으로 더 강하게 변화시켜야 하는지? 그리고 이런 작업이 마찬가지로 많은 청소년과 부모들의 기대에 부응하는 것이 아닌지? 또는 그것들은 정반대로, 오직 기독교적인 고백의 의미에다 놓아야 하는 것이 아닌지?

- 교회들은 그 밖에도 입교예식을 위해서도, 청소년봉헌을 위해서도 관심이 없는 자들의 적지 않게 현재 점점 가시적으로 증가하는 추세를 볼 때, 입교예식 외에 아동기의 끝마침에 자체의 축제를 제시해야 하는지?

오늘날 입교예식을 숙고하고, 그 시행방안을 만드는 사람은 이러한 질문들과 함께 마주해야 합니다. 이러한 질문들 가운데는 입교예식에 대한 설득력, 형태 그리고 실천방안에 대한 독일 전역에서 나타나는 문의들이 대체로 숨겨져 있습니다. 그 이유는 입교예식에 관한 관심이 예나 지금이나 큰 그곳에서, 이것은 그것들의 매력뿐만 아니라, 사회적으로 수용된 양자택일적인 프로그램들의 결핍 역시 놓여있을 수 있기 때문입니다. 그 때문에 입교예식은 교회 적인 프로그램으로서 소위 말하는 핵심공동체를 넘어 나아와 널리 호평을 경험할 때, 그것은 참여적이고, 창의적이고, 그리고 기발한 입교준비 사역으로 보이게 해야만 합니다.

이러한 호평이 생기지 않는 곳에서, 성장세대와 그들의 가족들이 다양하고 환상적인 방법으로 기독교 공동체의 삶으로 초대하는 것과 입교예식과 매력적이며, 내용으로 채워진 프로그램으로서 그곳으로 향한 길을 돌보는 것, 공동체의 입교하는 행위를 역시 교회밖에 있는 사람들에게로 향하기를 공적으로 대변하는 것, 거기서 비전통적인 것에 열려 있기와 결과적으로 청소년봉헌이나, 사유화된 변형들을 거기서 총애하는 사람들과 함께 대화를 추구하는 것에 이르게 됩니다.

d) 교회법적인 전망

사람들이 세례를 받으려 하는 동안 그들은 교회의 구성원이 될 것입니다. 이미 아이로서 세례를 받게 된 자는 세례에서 언급되었던 그 신앙 안에서 성장해야 합니다. 그것은 먼저 세례받은 자의 가족과 대부의 임무입니다. 학교에서의 종교교육은 거기서 중요한 도움들을 제시할 수 있습니다. 그러나 그것을 뛰어넘어서 예배의 도움들(예를 들면 어린이 예배처럼)과 동행의 형식들을 제시하는 것, 특히 마침내 특별하게 만들어진 입교준비 기간과 같이 입교준비학습을 시행하는 것은 기독교 공동체의 중요한 과제입니다.

입교한 자들은 계속해서 교회 공동생활에 적극적으로 참여의 몫을 짊어지도록 초대되었습니다. 게다가 계속해서 나이에 적합한 제한들(적극적이고 수동적인 선거권)이 생기지 않는 한, 그들에게 교회의 권리와 의무가 위임될 것입니다. 이전에 성찬에의 참여가 성공적으로 이루어지지 않았더라도 많은 교회공동체에서는 입교예식과 함께 거룩한 성찬의 허락이 결합 되었습니다.

청소년 때, 입교하지 않았던 사람은 성인의 때에도 그것을 행할 수 있습니다. 성인이 세례를 받을 경우, 청소년들 입교식과 같은 부가적인 행위를 필요하지는 않습니다. 관례상 만 14세가 될 때, 준비된 입교예식이 진행됩니다. 여기에 대해 개별적인 각 연방 주(州)에 속한 교회들이 지역교회공동체들과 같이 그것을 위한 세부적인 규칙들을 가지고 있습니다.

형성

1. 입교예식의 준비시간

청소년들은 일반적으로 여러 교회에서 2년 동안 주간에 열리는 여러 곳의 집회에서 만나게 됩니다. 이러한 시간은 자주 특별한 예배로 시작하고, 그 안에서 남녀 입교준비자들은 교회공동체로부터 특별히 환영 되었습니다. 이러한 시간에 입교준비그룹은 다른 교회공동체나, 또는 교회의 휴양지로 자유 시간에 몇 번을 찾아갑니다. 청소년들 역시 교회공동체의 예배에 참여하기와 그 안에서 함께 활동하는 것은 최종적으로 입교준비 기간에 속해 있습니다. 마지막에 입교예식 전에 간략하게 그들은 자신을 소개하는 예배에서 대략 그들이 수업에서 무엇을 배우고 생각하였는지, 그것에 관하여 다시 제시해야 합니다. 그러한 소개의 형태들은 다양합니다. 즉 그들은 암송으로 배운 본문들로부터 설교와 예배 꾸밈의 적극적인 참여에 이르기까지 제공하게 됩니다.

항상 더 많은 교회공동체에서 사람들은 주간의 수업에서 대안을 찾습니다. 그렇게 어떤 지역에서 매월 입교준비자들의 날들이 개최되었으며, 그날들에서 영적인 성찰과 놀이와 먹고 마심에 의한 인지적인 배움과 교제의 경험들이 서로 교환됩니다. 입교준비자들의 날들 사이에서 공동의 집단행동들이 전람회들 안에서의 방문들처럼, 또는 흥미로운 개성들에 의하여 가능한 대로 개최합니다. 예를 들면 봉사적인 설비 안에서의 실습들은 입교준비자들의 사역을 위한 여러 다른 모델들에서 반응을 발견합니다.

고전적인 입교준비자들의 학습에 대한 대안들, 즉 이러한 비슷한 시도들을 제시하는 것은 종교적인 질문에 대한 지식을 중재하는 것이, 오히려 종교와 함께 경험들을 가능하게 하는 것보다 더 적게 좌우되는 설득이 적당합니다.

배우는 자들은 "스스로 여행을 가야 하며, 발견물들을 찾아내야 하며, 단지 여행에 대하여 알려져야 하는 것은 아닙니다."(종과 횡: 입교준비자들의 사역을 위한 모티브). - 입교준비자들의 사역의 고전적인 양식이 계속 수행된 바로 거기에 스스로 - 남녀 입교준비자들이 입교준비 기간의 주제들과 공동제작물에서 만들어지게 하는 특히 경험 지향적이며 행동 지향적인 발단을 통하여 내용의 중재가 중요하며, 핵심에 요리문답시작의 교체가 거기서 일어납니다.

교회로부터 추천되었으며 도서시장에서 제공된 입교준비자들의 수업을 위한 다양한 교과과정과 형성의 도움들은 내용에 있어서 특히 3가지 영역이 중요하다는 것에서 계속해서 일치합니다. 즉 그들의 경험 영역에서 나아오는 청소년들의 본질적인 질문들이며(권위, 사랑, 사망, 폭력...), 근본적인 신앙의 물음들(하나님, 성서, 예수, 성례....), 그리고 교회와 공동체의 문제들(교회구조들, 예배...) 등입니다.

2. 입교예식의 예배

입교예식의 예배에서 다음의 요소들이 역할을 합니다:

- 세례에 대한 기억
- 하나님의 말씀을 통한 격려(위로)
- 신앙고백의 함께 고백하기

- 입교예식의 질문
- 성령을 위한 간청
- 축복의 행위
- 개인적 생각의 격언, 또는 입교예식의 격언
- 입교한 자들의 계속되는 동행에 대한 교회공동체의 의무
- 공동의 성만찬(입교 준비기간 동안 아마도 첫 번, 또는 처음으로 참여함).

예배의 꾸밈에 의해 그 예배를 함께 축하하는 여러 그룹을 생각하는 것입니다.

- 남녀 입교준비자들은 그들이 중심에 있다는 것, 그들의 이름이 거명되었으며, 그들을 위해 기도되었다는 것, 그들이 자신에게 스스로 그의 길에 그들과 함께 하는 하나님께 신실한 방식으로 고백하기를 체득해야 합니다. 설교와 찬송, 기도들과 예전 행위들에서 그들이 개인적으로 말해야 할 것입니다. 입교진행자와 그룹 사이에서 인격적인 관계가 성립되었다면, 진행자 역시 올바른 소리를 대하는 것을 알게 될 것입니다. 그가 예배의 준비와 꾸밈에 청소년들과 함께 능동적으로 참여한다면, 이따금 그것은 도움이 됩니다.

- 부모님(과 가족들)은 아버지, 어머니, 형제와 자매로서 그들의 역할에서 이러한 예배를 경험하게 됩니다. 예배에서 그 때문에 감사와 용서와 계속되는 동행에 대한 간청을 위한 기회가 있어야 합니다. 어떤 이들은 예배 시간에 약간 불안하게 앉아있습니다. 그 이유는 예배와 기독교 신앙이 그들에게 낯설었기 때문입니다. 그러한 날에 그들에게 도움의 말씀과 개방적인 분위기를 만나게 될 때, 거기서 잘 행할 수 있을 것입니다.

- 예배에 참여하는 공동체의 구성원들은 빠르게 구경꾼들의 역할에 떠밀려지게 될 수 있을 것입니다. 그렇지만 그들은 역시 중요한 기능을 가지게 됩니다. 즉 그들은 젊은 공동체의 구성원들이 기도하며, 그들과 함께 기독교 신앙을 고백하기가 요구되었습니다. 그들은 전체로서 청소년들과의 동행의 계속되는 과제를 이해하는 공동체를 대표하는 것입니다.

입교예식의 예배는 신앙의 고백 가운데서 그들의 일치의 목소리를 가진 청소년들처럼, 그들의 기도들과 노래들과 함께 교회공동체도 참여합니다. 여기에 남녀 목사님들의 설교, 기도, 격려의 말씀과 축복은 함께 당연히 행해지는 것입니다. 그러나 고유한 행동자, 본래의 진행자는 하나님의 성령이십니다. 다만 그분이 최후의 입교진행자이기 때문입니다. 그것은 믿음 안에서 강하고 확인하며, 새롭게 하심을 뜻하기 때문입니다.

3. 부모의 일

많은 교회공동체는 성장세대에게 대한 사역을 그들 부모의 노력과 함께 반복적으로 연결합니다. 그것에 대하여는 여러 많은 이유가 있습니다:

- 한때, 성인들은 그들 신앙의 환상들이 그들과 함께 성장하지 않는다는 것을 경험했습니다. 그들은 자신들의 일상을 특별히 기독교적인 질문으로부터는 멀리하며 살았으며, 입교예식에 대하여 준비하는 아이들과 함께 그들이 어떻게 신앙적인 질문들에 대하여 어떻게 말해야 하는지는 제대로 알지 못합니다. 그들은 여러 해 동안 교회공동체와는 어떤 접촉도 가지지 않았습니다. 그러다가 지금 교회의 사람들과 다시 대화에 이르는 시도가 이루어지게 할 수 있을 것입니다.

- 다른 한편, 그들은 아주 특유한 도전들과 함께 그들 삶의 한복판에 서게 됩니다. 여러 위기를 넘겼으며, 예를 들면 이혼, 질병, 또는 죽음의 경험들과 같은 여러 깊은 상처를 경험하였습니다. 학교성적, 친구 관계, 적합한 연습생 자리와 일자리 찾음과 함께 사춘기 아이들과 동행해야 하는 과제는 부모들에게 곧 과중한 일이 될 수 있습니다. 부모와의 만남에서 그렇게 파헤쳐진 삶의 질문들을 붙잡으며, 기독교 신앙으로부터 적절한 해결을 찾는 기회가 있을 수 있습니다.

- 부모는 임박한 입교예식을 계기로 그들이 함께 살았던 기간에 대하여 하나님께 감사하기를 원한다고 말할 수 있습니다. 그들은 상호 인정 가운데서 그들 아이와 함께 공동의 길을 충돌과 영적인 고통 없이 이겨낼 수 없었음을 알게 됩니다. 그 때문

에 그들은 하나님 축복의 격려를 위해 열려있습니다.

부모의 일은 여러 형태 안에 있습니다. 즉 입교예식 진행자(목사)의 가정방문과 부모님을 위한 저녁, 또는 부모님을 위한 주말 등입니다. 만약 부모들이 입교준비작업에서 명예직으로 함께 활동한다면, 그것은 큰 도움이 될 것입니다. 그리고 이를 위해 필요한 준비시간과 성장세대들과의 회합에서 부모를 위한 집중적인 학습 가능성이 따르게 됩니다.

4. 기도

그렇게 입교준비자들의 부모들, 대부(代父), 또는 가족들은 다음과 같이 기도할 수 있습니다:

우리 하나님, 이날에 우리는 우리의 자녀들에 대해 감사드립니다.
당신은 오늘날까지 우리의 함께 걸어가는 인생길에 동행하셨습니다. 우리 자녀들이 아주 어릴 때, 서서히 성장하고 있을 때, 그리고 지금까지, 우리는 서로서로 아름다운 많은 것들을 경험했습니다.

우리의 자녀들을 우리의 잣대로 양육하려고 애썼던 우리의 노력을 당신은 알고 계십니다. 잘 된 것도 많지만, 어떤 것은 전혀 달리 이루어지기도 했습니다. 이것들이 좋았는지는 우리가 평가하기는 쉽지 않습니다. 우리는 어떤 것들을 태만하여 놓여버렸습니다. 우리가 자녀들을 점점 더 자유롭게 해주어야 하며, 때론 그들에게 더 이상 다가설 수 없어 보이는 오늘, 그것이 우리에게 더욱더 의식되었습니다. 그들에게 신뢰를 가지며, 필요한 만큼의 많은 배려에 다가가도록 오 하나님, 우리를 도우소서! 우리는 우리의 자녀들이 당신에 의해 선하신 손에 맡겨짐을 알게 해주심을 당신께 감사합니다.

[참고도서]
- 아담(Adam,G.u.a.):강하게 만들기(Stark machen): 입교예식과 부모노력
  (Konfirmation und Elternarbeit), 2010.
- 덴너라인/로드앙겔(Dennerlein,N./Rothgangel,M.): 모든 방향으로(Kreuz und quer).
  입교준비작업을 위한 추진력(Impulse für die Konfirmandenarbeit), 2005.
- 일그(Ilg,W.u.a.): 독일에서의 입교작업(Konfirmandenarbeit in Deutschland), 2009.
  Internet: http://www.bayern-evangelisch.de/www/gebete-zur-konfirmation.php
- 쇼이베(Scheibe,E.): 기독인 됨을 배우게 한다(Christsein lässt sich lernen), 1995.

6.3.2. 참회(懺悔)

인식

1. 참회 - 단지 가톨릭적인 것인가?

"한 가톨릭 신자는 자신의 비밀을 극복하려고, 하나의 독특한 관습인 참회(懺悔, 역자주: 원래 가톨릭에서는 고해성사로 명명함)를 가집니다. 그는 무릎을 꿇고 자신이 아닌 사람에게 넘기려고 침묵을 깹니다. 그런 후에 그는 일어나서 사람들에게로 돌아와 그의 역할을 다시 시작합니다. 그는 사람들로부터 알게 되는 불행한 요구로부터 자유롭게 됩니다. 나에게 사제(司祭)처럼 침묵을 지키는 강아지 한 마리가 있습니다. 나는 첫 번 사람의 집에서 그 강아지의 머리를 쓰다듬고 있습니다." - 막스 프리쉬(Max Frisch)

"나는 누구에게서도 은밀한 나의 참회(고해)가 공개되기를 원치 않으며, 나는 온 세상에다 보화들을 내어주기를 원치 않았습니다. 그 이유는 그 세계가 강함과 위로를 나에게 주었던 것을 내가 알기 때문입니다. 만일 이러한 참회(고해)가 나를 보존하지 않았었다면, 나는 오래전에 악마로부터 정복당하여 교살되었을 것입니다." - 마르틴 루터(Martin Luther)

2. 서로 대화하는 것 - 삶에 필수적임

한 사람이 그를 억누르는 것에 대하여 마음을 열고 말할 때, 대중의 언어에서 이따금 "참회"(Beichte)란 개념이 사용되었습니다. 어느 정도 인생에 대해 경험이 있는 사람은 누구나 알고 있습니다. 말할 수 있는 누군가가 나에게 있다는 것이 중요합니다. 그러나 그런 사람이 나에게 없을 때, 삶은 거의 견디기 힘들 것입니다. 나에게 누군가 무엇인가를 이야기 해주며, 질주하는 나를 붙잡아 주고, 나에게 충고하는 것 만이 중요하지는 않습니다. - 그것 역시 신문이나, TV도 할 수 있습니다. 나에게서 일어난 것, 나에게 어떤 기분이 드는지 그에게 말할 수 있도록 누군가가 나에게 귀를 기울여주는 그것이 특히 중요합니다. 그것은 종종 아주 시급합니다. 나는 분명히 느끼고 있습니다. 즉 지금 나를 억누르는 무엇인가를 나는 해결되게 해야 합니다. 나쁜 예감, 불안, 회의, 아주 일을 그르쳐 놓았다는 감정 등입니다. 내가 그것을 풀지 못할 때, 그 모든 것은 내 안에서 작동합니다. 한동안 나는 즐거운 일이나, 또는 몰두하는 일을 통해서 그것을 밀쳐놓을 수 있을 것입니다. 그러나 그것은 지하실에 가두어 둔 성가신 동물처럼, 항상 다시 신호를 보냅니다. 그러므로 나는 나에게 귀를 열어놓고 내 근심에 관심을 기울이는 남편이나 아내, 어머니나 아버지, 남자친구나 여자친구, 또는 이웃집이나 지인이 있다면 고마워할 수 있을 것입니다.

방향

1. 참회(懺悔) - 교회의 제시

a) 내가 열려있는 귀를 어디서 발견할 수 있는가?

기독교회공동체에 속해 있거나, 또는 교회와 접촉하고 있는 자는 바로 거기서 남녀 대화의 파트너를 발견할 가능성을 가집니다. 시간이 흐름에 따라, 사람들은 거기서 잘 사귀며, 서로 신뢰를 얻게 됩니다. 공동체 안에서 동정과 신뢰가 더 중요합니다. 즉 사람들이 예수의 영 안에서 그분의 모범에 따라 서로 교제하기를 힘쓰려고 여기에 함께 모입니다. 예수가 어떻게 사람들과 대화하셨는지에 대해 알려주는 수많은 성서의 이야기들이 있습니다. 그는 우물가에 한 여인과 대화하셨고, 밤에 한 관원과 말씀을 나누셨으며, 길을 가면서 그의 제자들과 대화하셨습니다. 예수가 어떻게 열려있는 귀와 고난에 처한 사람들을 위하여 깨어있는 시각을 가졌으며, 그들의 질병과 불안과 절망적 상태를 위해 어떻게 그들이 거기서 나아오도록 도왔던지 거기에 기록되었습니다.

기독교적인 교회공동체는 그 이래로 가능한 한 예수를 잘 따라 살려고 노력하였으며, 교회는 귀로 들으며, 눈으로 고난들을 보며, 그의 말씀으로 그들을 도우며 그의 이름으로 사람돕기를 힘썼습니다. 그렇습니다! 기독인들은 그들 모두가 그것을 행하는 곳에서, 예수님이 친히 그 일에 함께 계신다는 것을 확신했었으며, 확신하고 있습니다.

그렇게 예수 그리스도의 교회는 나를 억누르는 것을 말하고 떨쳐버릴 수 있는 하나의 장이 되었습니다.

b) 내가 누구를 신뢰할 수 있는가?

사람들은 경험적으로 한 그룹에서 상당한 것을 가져와 거기서 다른 사람들과 상의할 수 있습니다. 그러나 가장 어렵고 개인적인 일들을 나는 가장 신뢰하는 사람과 눈을 마주하며 말하게 될 것입니다. 그것은 누군가 교회 안에 나와 특별히 가까이에 있거나, 특별한 신뢰 관계가 있는 사람일 수 있습니다. 그 이유는 그리스도가 그의 이름으로 세례받은 모든 사람 가운데 유력한자로 있기를 약속하였기 때문입니다.

그러나 내가 항상 남녀목사를 자연스레 찾아갈 수 있을 것입니다. 그러한 대화들이 언제나 거기에 있는 그들 직무에 속한 일입니다. 그들은 사람을 돕도록 교육을 받았으며, 그러나 특히 그들의 직무로부터 특별한 방식으로 의무화되었으며, 교회 전체의 이름으로 위임되었습니다. 그것은 먼저 예수와 하나님의 이름 안에서 듣고, 말하며, 행동하는 것을 뜻합니다. 이것이 참회(懺悔)를 위한 근본토대입니다. 그리고 여기에 참회가 그의 자리를 가집니다. 그렇다면 거기서 무엇이 중요할까요?

c) 깊은 내면인 나에게 이루어지는 것은 무엇인가?

예수의 이름과 과제 안에서 이루어지는 그러한 대화에서 단지 일반적인 상담과 문제의 논의가 중요하지 않습니다. 역시 이것은 교회나, 또는 목사관에서 이루어질 수 있습니다. 그러나 그것을 위해서는 다른 이들, 즉 여러 경우에 먼저 의사, 심리학자, 전문 상담사 등이 책임자들입니다.

교회 안에서는 무엇인가 온전히 특별한 것으로는 대체할 수 없는 것이 중요합니다. 그것은 "영혼의 돌봄"(Seelsorge)으로 불리는 것입니다. "영혼"(Seele)과 함께 여기서 인간의 가장 내면의 핵심, 즉 그의 가장 비밀한 불안들과 갈망들이 내재하며, 가장 깊은 고독이 잠복하고 있으며, 생각은 영원한 자기 대화이며, 비록 내가 그것들로 고난받게 될지라도 나는 여전히 나의 고유한 자아(自我)와 함께 갇혀있는 곳에서 인간이 스스로 자신을 잘 다루어야 하는 존재와 본체의 가장 깊은 영역이 생각되었습니다.

성서는 여러 곳에서 인간 삶의 가장 깊고 가장 아래에 있는 영역에 관하여 말하고 있습니다. 그리고 성서 역시 삶의 가장 깊은 곳에서, 벌써 주거지가 되어버린 무질서와 고통스러운 긴장, 평화가 없음과 속수무책에 관하여 알고 있습니다. 왜냐하면 "그것이 마음의 일들이기" 때문입니다. 성서는 이것을 아주 생동감 넘치는 언어로, "거만하며 겁먹은"(렘17:9) 모습이라 말합니다(역자주: 한글 성서는 "만물보다 거짓되고 심히 부패한 것은 마음이니라"로 번역됨).

이 모든 것은 물론 일상의 움직임 가운데나, 또는 우리 삶의 행복한 시간 안에서는 거의 의식하지 못하는 것입니다.

먼저 우리가 비판적인 생활 상태에서 골똘한 생각에 이르게 되거나, 우리 안에 서서히 감정이 억누르게 되거나, 또는 갑자기 엄습해 올 때, 우리는 삶의 문제들과 함께 더 이상 올바른 상태에 이르지 못하며, 이러한 어두운 세계가 우리 안에 느껴질 정도로 자극을 받게 됩니다. 그리고 우리는 어떻게 그 문제를 해결할 수 있을지를 스스로 질문합니다.

↗ 영혼 돌봄: 하나님의 피조물

d) 성서는 우리 스스로에 무엇을 말하고 있는가?

성서는 우리에게 일반적으로 명확하지 않지만, 말해져야 하는 것이 그 무엇인지를 알고 있습니다. 우리 현존의 가장 깊숙한 바탕 안에서 정확히 거만하고 겁먹은 마음으로 어떻게 우리가 삶을 이끌어 가며, 어떻게 날들을 보내며, 어떻게 이 세상 속에 살고 있는지, 어떻게 우리가 하나님과 우리의 이웃과 함께 그 마음을 유지하고 있는지, 그 방법을 위한 원천입니다.

그리고 만일 우리가 우리 자신을 속이지 않는다면, 우리는 현재의 존재 상태보다 실제로 달라져야 한다는 것을 아주 잘 압니다. 우리는 선한 것, 올바른 것, 인간을 사랑하기를 기도(企圖)하며, 그러나 많은 이들은 심지어 선한 의도들에서 그사이에 용기를 잃어버렸던 것에 대하여 이따금 좌절되었습니다.

사도 바울은 자기 자신의 삶에 관하여 말합니다. "내가 원하는 선한 것을 행하지 아니하고, 도리어 내가 원하지 않는 악한 것을 행하는 도다." 아마도 그 어떤 사람도 바울보다 온전히 다르지는 않을 것입니다. 우리는 그런 상황하에서 시련을 겪고 있으며, 우리는 그 결과들을 짊어져야 하며, 그리고 우리가 그것을 어떻게 바꾸어야 하는지는 아직 알지 못합니다.

e) 악의 뿌리는 어디에 숨겨져 있는가?

성서는 이러한 상태를 위한 고유한 말을 가지고 있습니다. 성서는 그것을 "죄"라고 부릅니다. 그러니까 죄라는 것은 사람들이 흔한 말로 이해하고 있는 것보다는 다른 그 무엇입니다. 물론 거기서 우리의 이웃들에게 불의를 행하고 해치며, 그들을 속였으며, 단념시키며, 외면했던 그 모든 것들에 대한 일상의 행동이 중요하며, 오늘도 후회하며, 기꺼이 발생하지 않아야 하는 모든 것들이 중요합니다. 그러나 이 모든 것들이 죄 자체는 아니며, 그것은 그것들의 불가피한 결과들입니다. 우리가 창조주요, 모든 삶의 주인(하나님)과 함께 관계하는 곳에서. 그리고 내 생명과 나의 고유한 자아(ego)의 원천이 놓여있는 거기서, 죄는 우리 현존재의 저 깊은 속에 있는 손상입니다. 우리에게 생명을 선물하셨던 그분은 묻고 있습니다. "너는 그것과 함께 어떻게 다루었느냐?"   ╱ 죄와 죄책

f) "죄"란 말은 실제로 무엇을 말하는가?

마르틴 루터는 말합니다. 정확히 말해서, 모든 것이 그것들에서 다르게 유래하는 두 가지, 원죄와 뿌리를 가진 죄가 있습니다. 그것은 불손과 절망입니다. 불손은 우리가 스스로 너무 크게 생각하는 것으로, 하나님의 도우심에 의존하지 않는 상태와 우리의 좌절은 그렇게 미리 스스로 계획하는 것을 의미합니다. 그리고 절망은 우리가 하나님을 너무 작다고 생각하는 것으로 그에게 어떤 신뢰도 갖지 않으며, 곧장 우리가 생각하는 그 점에 이르려고 애쓰는 것입니다. 그렇지만 모든 것은 아무런 의미가 없습니다. 이와같이 인간은 거만하고 겁먹고 있는 것입니다. - 우리의 마음입니다.

만일 우리의 거절이 우리가 행했거나 허용한 불법이 우리를 억누른다면, 우리가 그릇 행한 모든 것이 그 뿌리로부터 움켜쥐고, 우리 자아(ego)가 스스로 자기 과대와 절망으로부터 자신을 항상 새롭게 해방되도록 하는 것이 결정적으로 중요합니다. 그것은 하나님의 이름으로 "너의 죄가 사함을 받았노라! 너는 자유 하노라!" 라고 말해질 때 일어납니다.

g) 나의 삶은 어떻게 다시 치유될 수 있는가?

그렇게 될 때, 우리는 실제로 새 출발 상태에 놓이게 되며, 우리 삶과 죽음의 모든 문제가 다르게 설명되며, 새롭게 뿌리내리게 될 것이며, 더 많이 희망하게 될 것입니다.

우리 삶의 심연에서 이러한 어둠의 해방은 지금 더 이상 우리의 선한 의도나 미래적인 노력의 일이 아니라, '하나님의 일'인 것입니다. 이러한 해방을 하나님의 자비를 통하여 경험하기와 그것들을 약속하고 희망한 것을 얻는 데는 고해(告解)가 도움을 줍니다.   ↗ 칭의

h) 어떻게 나는 참회를 시작할 수 있는가?

내가 남녀목사에게로 향하는 것은 실제로 그렇게 이루어집니다. - 준비하며 그러한 상태에 있는 자신을 볼 때, 그것 역시 교회공동체의 한 일원일 수 있습니다. - 그리고 그러므로 우리가 서로 참회를 가지도록 청하십시오! 거기서 남녀목사들과 나눈 대화 역시 국가로부터 인정된 참회의 비밀(Beichtgeheimnis) 가운데 있게 되는 것이 중요합니다. 우리가 서로 말하는 내용을 다른 그 어떤 사람도, 그 어떤 교회와 국가의 직위도, 또한 경찰과 예심판사도 알아서는 안 됩니다. 남녀목사님들은 참회에서 나눈 모든 진술에 대하여 거절할 권리와 무조건의 의무를 지닙니다. 그것에 대하여 나는 나를 믿을 수 있을 것입니다. 만일 내가 특별히 깊이 졸지 않은 일에 빠

져들었으며, 그 때문에 더 이상 하나를 알지 않아야 할 때, 이것을 자유롭고 공개적으로 말하는 것과 숨 막히게 하는 짐을 벗어버리는 것은 이따금 유일하고 최종적인 가능성인 것입니다.　　／직분

i) 참회는 어떻게 진행되는가?

고해의 진행을 위해 여러 가지 형식들이 있습니다. 그것은 우리가 나의 삶에 대하여 인도하는 상세한 대화와 함께 결부되어 있을 것입니다. 우리는 서로 하나님의 함께 하심을 위하여 기도할 수 있습니다. 우리는 내적인 강요들과 신적인 해방에 관하여 말하는 성서의 본문들을 읽고 들을 수 있습니다. 우리 역시 나란히 얼마간 침묵으로 앉아서, 일들을 생각할 수 있을 것입니다.

다음의 것들은 어쨌든 필수적인 것들입니다.

- 모든 것은 서로의 눈을 마주한 가운데서, 그리고 참회 비밀의 엄격한 준수 가운데서 이루어집니다.

- 나에게는 나를 억압하고 짓누르며 양심에 놓여 있으며, 하나님과 사람으로부터 나를 분리하는 그 모든 것을 말할 기회를 가지는 것입니다.

- 나는 내 마음 심연에서부터 이 모든 것을 벗어날 수있는 가능성에서 '그렇습니다'(Ja)라고 말합니다.

- 여성이나, 또는 다른 남성이 나의 죄 용서와 이러한 모든 압력으로부터 해방을 나에게, 그리고 하나님의 긍정을 분명하고 뚜렷이 약속하는 것입니다.

이것은 다른 사람들이 행할 수 있습니다. 왜냐하면, 우리가 아는 것처

럼, 그리스도가 자신의 교회공동체 안에서 스스로 계속 더 활동하시며, 그분이 위임받은 자들의 귀를 통해서 친히 들으시며, 이들이 그의 이름으로 다른 사람들에게 말해주는 것 안에서 친히 말씀하십니다.

『개신교 찬송가』는 개별 고해의 형태를 제안하고 있습니다. 그 제안에서 참회 사건의 가장 중요한 요소가 내용으로 포함되어 있습니다. 즉 참회에 죄 고백과 죄 용서(사면)가 포함하고 있습니다. 개별참회는 여러 방식으로 시행될 수 있습니다. 그것들은 대부분 선행된 영적 상담의 대화에 연결하고 있습니다.

사면(赦免)은 다음과 같이 소리를 냅니다.
남여 목사(영혼의 돌봄 자)는 말합니다. 하나님이 당신에게 은혜로우시며 당신의 믿음이 강하게 하시기를 원합니다. 당신은 내가 당신에게 말하는 용서가 하나님의 용서임이 분명합니다. (안수 가운데서) 주님이 교회에 주신 권능으로 나는 당신에게 사면을 선언합니다. 당신의 죄는 용서되었습니다. 성부와 성자와 성령의 이름으로, 아멘!

j) 참회를 해야 할 시기는 언제인가?

개신교회 안에도 다시 어두워지게 하는 그들의 삶에 항상 새로운 빛이 비추어지도록 하려고 규칙적으로 고해하러 가는 사람들이 있습니다. 어떤 이들은 뭔가를 인지하게 될 때, 고해하는 일에 참여합니다. 나는 지금 바퀴가 빠졌어, 나는 지금 표면적으로만 아니라 내 삶의 어두운 근본들에서 나를 도와주며 무거운 짐들을 벗어버리게 할 누군가가 필요합니다.

마침내 우리가 중병에 의하거나, 또는 죽음의 위기 가운데서 이러한 참회의 가능성을 기억한다면, 좋을 것입니다. 그 이유는 죽음으로 향한 길은 우리가 반드시 가야 하는 최종적이고 고독한 길이기 때문입니다. 그리고 우리의 삶에서 짓누르고 괴롭게 하던 것을 그리로 더 이상 끌고 갈 필요가 없다면, 그것은 아주 큰 도움입니다.

k) 공동체는 어떻게 돕게 되는가?

그러나 이러한 참회가 서로의 눈을 마주 대하고 시행되지 않고, 교회 공동체의 일원으로서 우리가 '한 예배 가운데 공동으로' 우리를 억압하고 짐 지우는 것을 깊이 생각하는 가능성이 있습니다. 그것은 개인으로서, 또는 교회가 놓쳐버리고 무시하며 중단한 것들을 공동체가 함께 되돌아보는 것입니다.

거기서 나의 개인적인 삶은 그리 자주 언급되지 않습니다. 더욱 점점 분명해지는 것은 내가 생의 짓눌림과 실수들과 함께 혼자가 아니라, 나처럼 하나님으로부터 모순에도 불구하고 사랑하시고 인정받은 여러 형제와 자매들이 있다는 것입니다. 그리고 그들과 더불어 내가 새 출발을 할 수 있게 되는 것입니다. 우리가 그 후에 함께 거룩한 만찬을 축하한다면, 이러한 만찬 공동체는 해방된 사람들의 공동체로서 우리를 아주 특별한 방식으로 서로 연결하게 될 것입니다.

l) 우리는 마침내 무엇을 의지할 수 있을까요?

이러한 세계에서 살아가고 죽으며, 우리의 과거와 미래, 그리고 우리의 동료 사람들과 우리 자신과 함께 잘 지내는 것은 쉬운 일이 아닙니다. 교회는 사람들에게 하나님의 도우심을 제공하고, 하나님은 이전 것을 치우고 다가오는 것을 새롭고 좋은 시작이 이루어지도록 해줄 것을 약속하는 유일한 가능성을 가지고 있습니다. 우리가 참회에 나아갈 때, 모든 것은 그분의 손에 놓여있으며, '우리가 초대되었다는 것'도 역시 알고 있습니다.

우리는 이미 기대되었습니다.

2. 용서의 결과들

하나님의 용서를 받은 사람들은 누구나 주기도문의 간구에 적합하게, 그에게 죄지은 사람들을 용서하게 될 것입니다. 그리고 그것을 넘어서 사람들이 스스로 잘못을 범하였던 자들에게 용서가 이르도록 힘쓰게 될 것입니다. 마음에 상처를 입은 자들에게 용서를 구하는 일과 손해를 입힌 자들에게 가능한 대로 다시 배상하는 일이 여기에 포함합니다. 우리가 '우리에게 죄지은 자를 용서하는 것처럼, 우리의 죄를 사하여 주옵시고'라는 간청은 신약의 성서 원문에 따르면 '우리가 우리에게 죄지은 자를 사하여 준 것만큼, 그 정도에서 우리의 죄를 사하여 주옵시고'라는 말로 번역되어야 합니다. 이것은 마치 우리의 용서가 하나님 용서의 전제인 것처럼 이해되지 않아야 합니다. 오히려 하나님이 우리에게 행하는 것은 항상 우리의 동료인 사람들을 향한 관계 속에서 결과들을 가진다는 것을 표현합니다. 그리고 이것은 복음적인 자유의 의미이지 율법적인 의미에서 이해될 수는 없습니다. 하나님의 용서를 받은 사람은 누구든지 용서가 삶의 기쁨을 충만케 하며, 새로운 용기와 안정감을 주며 내적 평화를 선사한다는 것을 경험합니다. 용서는 삶을 위한 새 힘이 생기게 할 수 있습니다. 끝으로, 자기 스스로 용서하는 것 또한 참회의 한 결과에 속한 것입니다. 그 누구도 하나님이 우리를 대하심보다 자신을 더 엄격하게 대하지 않아야 합니다.

3. 교회의 역사에서의 참회

고대교회에서 사람들은 어떤 규칙적인 참회의 실제가 없었습니다. 사람들은 중한 죄, 소위 살인과 간통처럼 사망의 죄들을 사제 앞에서 죄 고백의 대화 중에 시인했던 것이 통상적이었습니다. 은밀한 죄 고백에서 교회공동체 앞에서 공적인 고해가 이어졌습니다. 고해하는 일정한 기간이 지난 후, 감독은 그를 다시 교회공동체에 받아들이고 성찬을 허락하였습니다. 교회공동체와의 화목은 곧 하나님과의 화목으로 여겼습니다. 사람들이 교회 앞에 시행하는 고해는 일반적으로 생애 중 한번 할 수 있었습니다.

1215년 라테란 공의회를 통해 참회는 반복 가능하며, 사제(司祭)의 특수한 책임에 놓이게 되었습니다. 각 사람은 일 년 중 한차례 반드시 참회를 시행해야 합니다. 참회는 마음의 뉘우침, 입술의 고백(참회)과 사제의 판결에 따른 보상(회복)으로 구성되는 참회(고해) 성례의 필수적인 부분입니다.

비텐베르크의 급진적인 종교개혁자 칼슈타트(karlstadt)는 성찬 영접의 전제로서 참회를 폐지했습니다. 그것에 반하여 루터는 아무도 알게하기를 원치 않았던 "가장 비밀스러운 일"을 '사적인 참회'라고 부릅니다. 그의 이해에 따라 신부(고해청취자)는 참회하는 자들을 위해 그리스도를 대리하여 수행합니다. 루터는 그럼에도 불구하고, 참회의 강요와 필요성을 거절합니다. 그에게 결정적인 것은 "참회는 그 자체 내에 두 부분이 있는 것으로 이해합니다. 첫째는 죄를 고백하는 것이요, 두 번째는 하나님에게서 오는 것으로 이해하는 사제의 사면이나 용서입니다. 이를 의심하지 않고 받아들이며, 죄들은 전적으로 하늘에 계신 하나님이 용서하셨다는 것을 굳게 믿는 것입니다"(소요리문답서).

18세기 말 경, 개별적인 참회는 개신교회들에서 의미가 없어지게 되었으며, 그 대신에 사면(Absolution)과 함께 성만찬의 경고가 제정되었습니다.

당시 형식화된 참회의 과정은 부담을 덜어주고 양심의 위로에 적절성이 매우 적은 것으로 이해되었으며, 심지어 때때로 "외식자들의 학교"로 낙인 찍히기도 하였습니다.

개신교회의 참회를 새롭게 하려는 여러 번의 시도들이 있었습니다. 특별히 수도회와 형제단이 개인적인 차원에서도 여기에 중요한 활력을 주었습니다. 독일 개신교회는 "교회의 날" 행사에서 영혼의 돌봄과 고해를 제공하였으며, 사람들은 기꺼이 받아들였습니다. 그러나 오늘날에까지 대중적인 효과는 인식되고 있지 않습니다.

형성

1. 참회의 형식들

인간이 느끼는 죄책(罪責)은 여러 가지 모습으로 하나님 앞에 가져가서 그에게 용서를 청할 수 있습니다. 개인적인 기도 가운데서 자신이 아는 죄를 하나님 앞에 말한다면, 이를 '마음의 참회'라고 말합니다. 거룩한 성찬의 시작 전에 회중과 함께 가장 일반적인 고백 가운데서 죄과를 하나님 앞에 가져가며, 회중과 함께 그분의 용서를 수여 받는 것이 가능합니다. 중죄가 거기에 있으며, 특별한 문제가 그것과 함께 연결되었다면, 개별 고해의 길이 최선일 것입니다.

개별적인 참회는 각각 연결된 형식 없이도 한 번의 대화 가운데서 이루어질 수 있을 것입니다. 파문(破門, 공동체에서 추방함)처럼 우리에게 놓여 있는 것, 어떤 구체적인 출구가 없어 보이는 것, 그리고 죄와 고통으로 밝힐 수 없는 것들은 명료하게 밝혀질 것입니다. 모든 것은 서로 마주

보는 가운데서 이루어지며, 절대적인 침묵 가운데서 이루어지는 것이 필수적입니다.

그러나 참회는 대화 없이, 또는 예전의 질서를 따라 그것의 마지막에 따를 수도 있을 것입니다. 이러한 경우에 참회하는 자는 마련된 장소에서 그를 특별히 괴롭히는 것에 대하여 말합니다.

죄 용서의 권세는 전체로서 교회의 회중에게 부여되었습니다(요20:22-23). 교회는 목사취임을 통하여 부르며, 개별 기독인들이 고해를 듣고 사면을 승낙하도록 권한을 부여합니다. 그렇지만 그것을 뛰어넘어 서로 그들의 염려를 들으며, 그리스도를 통한 죄인들의 용서와 위로하는 일은 모든 기독인의 임무입니다(약5:16). 자신의 죄를 분명히 파악하고, 하나님의 이름 안에서 용서를 경험하도록 고해를 듣는 각자에게, 스스로 고백하는 것은 신속히 마음에 닿게 해야 합니다.

2. 참회 없는 성찬?

일찍이 성찬 진행 전 공동의 참회는 교회의 관습 속에 확고히 자리 잡고 있었습니다. 주요한 신학적인 고려들은 고해와 성찬을 서로 분리하였습니다. 그 이유는 참회의 엄중함이 성찬의 기쁨을 덮어버리는 경우가 빈번하였기 때문이며, 참회가 모든 성찬 진행의 전제(前提)가 될 수 없기 때문입니다. 성찬과 참회를 분리하면서 참회는 여러 교회에서 거의 잊어버리게 되었습니다. 그 때문에 공동체에 여러 가지 형태의 참회 형식들을 제공하는 것이 중요한 일입니다. 개별적인 참회의 가능성과 공동적인 참회 - 그것은 독자적인 행위이든 성찬 예배와 연결 가운데 있든 간에 그러합니다.

3. 내적치유

각 사람은 영적으로 상처받는 상황들을 경험합니다. 다른 이들은 지난 날의 상처받은 경험들을 생각하며 오늘에 이르기까지 영적인 고통을 받고 있을 때, 어떤 이들은 시간이 지남에 따라 그 상처를 뛰어넘게 됩니다. 어떤 이들에게 필요한 전문적인 심리 요법적인 치료와 외에 그러한 상처들을 하나님 앞에 가져오는 한 길이 있습니다. 시편의 말씀들은 분명하게 중언합니다. "여호와는 마음이 상한 자를 가까이하시며, 충심으로 통회하는 자를 구원하시는 도다"(시34:19[국역 34:18]; 비교. 시51:19; 145:14; 146:7, 사61:1; 눅4:18). 하나님 앞에 영적인 상처들을 펼쳐놓는 일은 개인의 기도 가운데서 뿐만 아니라 다른 한 사람 기독인에게도 역시 이루어질 수 있습니다. "내적 치유"로 표현되는 이러한 과정을 위하여 다음과 같은 성서의 원칙들을 도움이 큰 곳으로 증명되었습니다.

- 용서 : 누구든지 자신의 죄책에 대한 하나님의 용서를 받아들이는 자는 자신의 고난 경험에 책임이 있는 자들에게 용서하는 능력이 될 것입니다. 만일 이러한 사람들이 아직 살아있으며, 죄 가운데 고통을 겪고 있다면, 죄 용서는 그들에게 알려지게 할 수 있을 것입니다. 만일 그것이 불가능하다면, 하나님이나 영혼의 상담자 앞에서 용서는 말해져야 할 것입니다.

- 신뢰 : 시편들은 사람들이 어떻게 자신의 고통을 하나님 앞에 가져갔던지를 증언합니다. 오늘날 역시 하나님은 가장 고통스러운 순간에서도 우리를 떠나지 않으시며, 설령 우리가 알지 못하고 있더라고 사랑의 눈으로 우리를 바라보고 있음을 분명히 알 수 있습니다. 그는 우리에게 "하나님을 사랑하는 자들에게는 모든 일이 합력하여 가장 좋은 것이 되게 하는"(롬8:28) 신뢰가 자라게 할 수 있습니다.

- 수용 : 하나님이 우리를 긍정하시기 때문에 우리의 삶의 정황들이 이전의 것들

이나 오늘날의 것들이나 행복하게 하는 것이거나 고통스러운 것을 삶의 한 부분으로 우리는 수용할 수 있습니다.

- 되돌림 : 다른 사람이나, 또는 자기 자신을 통해서 무절제한 비난은 그 자리서 그릇된 것이며, 우리는 반박되게 할 수 있을 것입니다. 그리스도의 용서하는 능력이 과거, 현재와 미래를 포괄하며, 그 어떤 것도 '우리 주님 예수 그리스도 안에 있는 하나님의 사랑으로부터 우리를 갈라놓게 할 수 없기 때문에'(롬8:39) 내적인 치유는 가능합니다.

[참고도서]
- 게스트리히(Gestrich,C.), 세계 가운데로 영광의 귀환(Die Wiederkehr des Glanzes in der Welt), 2. 판 1996.
- 그륀(Grün, A.), 너 자신을 용서하라(Vergib dir selbst), 1999.
- 헨체(Henze, E.), 참회(Beichte), 1991.
- 헤르취(Hertzsch,K.P.), 내 생명이 어떻게 다시 치유될 수 있는지
  (Wie mein Leben wieder Heil werden kann), 개신교-루터교회에서 참회에로의 초대(Eine Einladung zur Beichte in der evangelisch-lutherischen Kirche), o.J.
- 독일루터교회연합회,(Kirchenleitung der VELKD) 출판(Hg.),
  참회, 개신교-루터교회와 지역 교회를 위한 모범서(Die Beichte. Agende für evang.-luth. Kirchen und Gemeinden), Bd.3.3, 1993.
- 찜머링(Zimmerling, P.), 참회를 위한 연구서(Studienbuch Beichte), 2009.

6.3.3. 축복

인식

누군가 헤어질 때 "아데"(Ade)라고 말합니다. 사실 이 작별의 인사말에 축복의 말이 숨어있다는 것을 알고 있을까요? "아데"는 "취스"(Tschüß)라는 말처럼, "아튜"(adieu)에서 유래된 말로, "하나님이여 명하소서", "하나님께 맡깁니다"라는 의미입니다. 우리 인사말이 축복과 연결되어 있다는 것은 바이에른 지방의 "하나님이 너를 지키시기 원하노라"라는 뜻의 "퓨아드디"(Pfüad' di)에서 볼 수 있습니다. 이전에는 인사말과 축복의 말이 분명히 일치되었다는 것은 "그뤼쓰 고트"(Grüß Gott)이란 인사말에서 가장 자명하게 드러납니다. 이 말의 뜻은 "하나님이 당신에게 인사하기 원해요", 즉 "하나님이 당신을 축복하기 원합니다"입니다. 이처럼 축복은 삶이며 중요한 모든 상황과 삶의 과도기적 시점 - 설령 그것이 만남과 헤어짐과 같은 작은 과정일지라도 - 에 있습니다. 일부 어른들은 잠들기 전 침대에서 어머니가 어떤 축복기도를 하셨는지, 학교에 가기 전 집 문 앞에서 어떻게 축복해 주셨는지를 아직도 기억하고 있습니다. 때때로 그것은 말 없는 십자가 성호로만 되기도 했습니다. 그 이유는 축복의 자리가 단지 교회 안에만 있는 것이 아니라 삶의 한 가운데 있고, 집 안과 가정 안에, 그리고 사람과 사람과의 만남 속에 있기 때문입니다.

물론 축복은 또한 교회의 것이기도 합니다. 교회는 중요한 상황이나 과도기적 시점을 축복의 기도로 축하합니다. 세례에서 축도(삶의 진출과 그리스도의 교회의 입회), 입교 문답(성인 됨과 성숙한 그리스도인 됨의 문턱), 혼례와 장례, 모두 축복기도 없이 마치는 예배는 없습니다. 왜냐하면 그것은 하나님께서 삶 속에 동행하심을 말해주기 때문입니다. 축복기도를 받은 사람은 누구든지 이것을 믿을 수 있습니다. 최근에 이러한 보화가 재발견되고 있습니다. 도시의 여러 교회는 예배를 개인적인 축복기도로 축하하고 있습니다. 얼마나 많은 사람이 그런 축복을 갈망하는지 놀라울 정도입니다. 그 이유는 아주 다양할 수 있습니다. 질병, 직업에 있어서 새로운 지향점, 다른 사람에 대한 돌봄이나 당면한 여행.

축복의 예전 행위의 재부흥은 다양한 뿌리를 가지고 있습니다. 즉 카리스마적이며, 페미니즘적이거나, 또는 영국 성공회의 원천들이며, 이따금 간단히 우리 사람들은 하나님의 사랑과 관심에 대한 가시적이고, 느껴지는 효력을 미치는 표지들이 필요하다는 역시 인식 등입니다. 대체로 축복은 가장 오래된 예전 행위에 속합니다. 한편으로 그렇게 오래되고, 다른 한편으로는 오늘날 많은 사람이 그들 현재의 삶을 위해 열망 된 그 축복은 도대체 무엇입니까?

방향

1. 성서 가운데서 축복과 축복하기

a) 야곱의 이야기

성서 가운데 하나의 위대한 이야기는 축복을 기본주제로 만들어줍니다. 야곱의 이야기(창27-33). - 레베카는 야곱의 형 에서가 아니라, 그녀가 좋아하는 아들 야곱이 죽어가는 아버지 이삭의 축복을 받기를 원합니다. 그 때문에 불명예스러운 기만술책을 준비합니다. 야곱은 축복을 사취했지만, 그 축복이 지금 적절한지는 불확실합니다. 그리고 에서의 보복을 두려워하여 도피합니다. 야곱은 도피 중에 벧엘 광야에서 잠을 자게 되었고, 그곳에서 하나님은 장엄한 "하늘 사닥다리의 꿈"으로 그에게 현몽하여 그 축복을 확인하고 새롭게 합니다. 지금 야곱이 손에 움켜잡은 것은 무엇이든지 그에게 성취됩니다. 그렇지만 야곱은 그 축복에는 형님과의 평화가 있음을 알고 화해를 추구합니다. 그는 형 에서와의 만남 전에 얍복 강가에서 진기한 밤을 보내게 됩니다. 야곱은 어떤 낯선 사람과의 씨름 중에 결국 새벽 여명이 밝아지자 외칩니다. "당신이 내게 축복하지 않으면, 가게 하지 아니하겠나이다"(창33:26). 이런 상황에서 그 사람이 야곱을 곧바로 축복하지 않고, 우선 야곱에게 그의 이름이 무엇인지 묻고 그에게 "이스라엘"이라는 새로운 이름을 지어주며, 그를 축복하는 것은 참으로 흥미롭습니다. 즉 축복과 이름 바꿈이 엮어져 있습니다.

b) 이름과 축복

이름은 한 사람의 정체성과 많이 관계됩니다. - 축복 역시 마찬가지입니다. 그렇게 우리는 축복 이야기에서 축복이 어떻게 한 사람의 자아 관계를 치유하는지 엿보게 됩니다. 정체성과 축복의 이러한 연결은 - 사람의 창조에서도 역시 대략 인식될 것입니다. "하나님이 남자와 여자를 창조하셨고 그들이 창조되던 날에 하나님이 그들에게 복을 주시며, 그들의 이름을 사람이라 일컬으셨더라"(창5:2). 아담과 하와에게 주신 복(창1:28)은 모든 민족과 모든 시대의 사람들을 포괄하는 세계적인 복입니다. 하나님의 형상으로 만들어진 후, 그들은 하나님이 그들을 축복하시며(창1:28), 그들과 함께 있음을 약속하는 하나님의 한 위임을 받습니다(창1:26). 즉 하나님의 형상 안에서의 생명과 과제성취가 불가능해짐이 없이 그의 강한 현존(임재)을 얻게 됩니다.

죄로 인한 타락 이야기와 함께 저주의 징조 가운데 하나의 역사가 시작합니다. 그러나 아브라함의 축복은 이에 비하여 하나의 새로운 시작이 제시됩니다. 즉 아브라함은 모든 민족을 위한 복이 되어야 합니다(창12:2

이하). 조상들인 아브라함과 이삭과 야곱은 하나님으로부터 축복을 받게 되었을 뿐만 아니라, 역시 이름의 변경과 함께 사라(17:15이하), 리브가, 하갈도 복을 받게 되었습니다.

c) 시내 산에서 축복

이스라엘이 시내 산에서 하나님으로부터 예배들과 제물 제사들의 축하에 대한 그의 법규들을 받을 때, 특별히 축복이 강조되어 제정되었습니다. 종교역사적으로 주변 지역의 다른 문화권에서 신상(神像)의 제막이 서 있었던 자리 대신에 이스라엘의 예배에서 백성의 축복을 제시하게 되는 것을 말할 수 있습니다. 하나님은 축복 가운데서 그의 백성에게로 향하시며, 그분의 얼굴을 그들에게 비추십니다(레9:22-24, 민6:22-27).

↗ 유대인과 그리스도인의 하나님

d) 시편들 가운데서의 축복

특별히 순례의 노래들(시120-134) 가운데서 축복을 노래합니다. 그 이유는 예루살렘 성전으로 순례길의 주된 이유 중의 하나가 제사장적인 축복의 영접이었기 때문입니다. 그렇게 시편 121편은 고향으로 되돌아가는 사람들이 받아들이는 축복 안에서 정점을 이룹니다. "여호와께서 너를 지켜 모든 환란을 면하게 하시며, 또 네 영혼을 지키시리로다. 여호와께서 너의 출입을 지금부터 영원까지 지키시리로다"(시121:7-8).

e) 복음서들 가운데서 축복

복음서들 가운데서 어린아이의 축복에 관한 이야기(마19:13-15) 외에 축복은 그 어떤 역할도 하지 않은 것으로 보입니다. 그러나 예수님은 바로 축복의 만지심을 통해서 치유하십니다(막1:41; 6:5). 거기서 그것은 제자들에게 상세히 위임하는데, 그들이 들어가는 집마다 평화의 인사, 즉 그것은 축복과 함께 들어가는 것을 뜻하며(마10:12이하), 종국에는 제자들과 마지막 만남에서 그들을 축복하십니다(눅25:50이하). 복음서와 사도행전에서 "축복하다"라는 어군(語群)을 이따금 만납니다. 그러나 그것은 가시적인 사건의 상징적인 바꾸어씀을 위한 것이 아니라, 즉 손으로 안수하는 데 유효합니다. ╱예수-그리스도

이런 점에서 복음서들과 특별히 사도행전은 빈번히 축복행위들에 관하여 이야기합니다. 즉 일곱 명의 가난한 자들을 돌보는 빈민 구제자(집사)들이 사명의 부여에서 축복을 받았으며(행6:6), 성령은 안수를 통해서 사람들에게 선물 되었고(행8:17ff.; 19:6), 사도들과 공동체의 구성원들이 그들에게 손을 들어 안수할 때, 치유가 일어나게 됩니다(행9:17; 28:8).

과거에 신약에서 축복은 구약성서에서처럼 그렇게 빈번하게 임하지 않는다는 견해가 지배했기 때문에, 사람들은 축복의 핵심에 가득한 애정으로 사람에게로 향하는 창조주 아버지 하나님의 행위가 중요하다고 생각하였습니다. 그러나 지금 축복은 예수의 행위와 성령의 사역과 아주 많이 관련되어 있다는 것이 분명하게 될 것입니다. 전체적인 하나님은 인간 전체로 향하십니다. 그런 점에서 우리가 예배 가운데서 "삼위일체적인 관계로" 축복하는 것이 적절합니다. "아버지와 아들과 성령의 이름으로 너를 축복하노라!" 흥미롭게도 신약성서에 나타나는 두 가지 삼위적인 형식 중 하나가 축복기도 문구입니다 "주 예수 그리스도의 은혜와 하나님의 사랑과 성령의 교통하심이 너희 무리와 함께 있을지어다"(고후13:13)

그러나 자명한 것은 축도의 전체 관습은 유대교로부터 넘겨받았다는 것입니다. 이런 관습은 유대인들과 그리스도인들을 연결해 줍니다. 구약성서는 인류를 축복하면서 시작됩니다. 그리고 성서의 마지막 구절 역

시도 축복입니다. "주 예수의 은혜가 모든 이들에게 있을지어다 아멘"(계 22:21).

2. "축복"이란 말의 다층적인 사용

"축복"이란 말은 아주 다층적으로 사용될 수 있습니다.

- 축복의 행위 : 이러한 축복의 행위는 축복의 말(예, "하나님이 당신을 축복하시기를", 또는 "하나님이 당신을 지키시기를")을 통하여, 안수 안에서 /또는 십자가 성호 안에서 이루어지는 안수를 통하여 완성됩니다.

- 벽에 걸려있는 "가정의 축복문"처럼, 기록된 축언 역시 "축복"으로 표시될 수 있습니다.

- 인간적인 축복의 모든 효력은 성서 가운데서 하나님이 스스로 축복하시며, 축복된 사람들과 함께 친절하게 향하시는 데로 되돌려졌습니다. 그 핵심에서 축복은 하나님의 관심과 동행을 생각합니다.

- 삶 속에서 하나님의 애정의 효력들은 이따금 "축복"으로 표시되었습니다. 즉 자녀들, 성공, 치유, 평화 등입니다. 이처럼 "축복"이란 말과 함께 삶은 종교적으로 해석되었으며, 하나님의 손에서 나아와 감사하게 취해졌습니다.

- 그 옆에 원천적으로 종교적인 관계를 상실한 "축복"이란 세속적인 용법 역시 있습니다. 가령 주주들을 위해 주가 상승이 "금전 축복"(Geldsegen)을 가져다줄 때 "축복"이라는 말은 아직도 여전히 충만, 은총, 선물에 대한 은유로 존재합니다.

구약의 히브리 언어에서 동사 "brk", 또는 명사 "brkh"를 만납니다. 우리는 신약의 그리스 언어에서 동사 "오일로게인"(eulogein), 또는 명사 "오일로기아"(eulogia)를 발견합니다. 이러한 개념들은 두 가지 기본적인 의미를 가집니다. 맥락에 따라 "축복하다", 또는 "칭찬하다", "축복" 또는 "칭찬"이란 뜻입니다. 라틴어 어휘로 동사 베네디케레(benedicere)와 명사 베네딕토(benedicto) 역시 이중적인 의미를 가집니다. 그리고 고대 독일어 어휘 "베네다이엔"(benedeien)은 바로 그 이중의미를 들어내고 있습니다. 이런 표현에서 말하고자 하는 바는, 모든 축복의 기원은 하나님의 칭찬이라는 것입니다. 오늘날 우리 독일어 "segnen"(축복하다)에는 이 이중의미가 빠져 있습니다. 단지 라틴어 "지그나레"(signare)에서 유래되어 (십자가와 함께) "표시하다"를 의미할 뿐입니다.

3. 축복(과 저주는) 무엇을 초래합니까?

성서 그 어디에서도 축복과 저주가 작용하는 것을 의심하지 않습니다.

a) 축복
축복의 효과는 네 가지로 엮여지게 합니다.

- 축복들은 치유적인 효과를 가지는데, 그것은 영과 혼과 몸을 위해 (또한 저주에 관한 효과에 대하여) 치료 효과를 가집니다.

- 축복들은 사람들이 하나님의 보호로부터 둘러싸여 지키며, 보호받고 보존되어 살아갈 수 있는 것을 목표로 합니다.

- 축복들은 사람들을 다양한 그들 삶의 차원에서 강하게 하기를 원합니다.

- 축복들은 사람들을 인간과 하나님 사이의 교제 안으로 끌어들입니다.

축복은 샬롬 안에 있는 삶을 목표하게 된다는 것을 요약해서 말하게 됩니다. 만약 우리가 샬롬을 "평화"로 번역할 때, 이러한 평화는 단지 논쟁의 부재만이 아니라, 행복, 구원과 충만 가운데 있는 삶을 의미합니다. 이러한 평화는 인간적인 삶의 모든 근본 관계들을 포괄합니다. 즉 인간의 사회성(타인과의 관계), 인간의 정체성(자기 자신과의 관계)과 자신의 종교성(하나님과의 관계) 등입니다. 이러한 평화 역시 영과 혼과 몸의 차원 안에 있는 인간 전체를 의미합니다. 그 때문에 축복에서 몸과 영혼, 구원과 안녕, 구원과 치유는 분리하게 하지 않습니다. 인간은 축복에서 하나님과 세계에 대한 그의 관계에서 분리되지 않았습니다. 우리가 살며 존재하는 것처럼, 축복에서 항상 전인(全人)이 중요합니다. 즉 사람이 전체가 치유되는 것이 중요합니다. 축복들은 (축복의 상황에 따라) 한 가지 또는 다른 한 가지 효과를, 한 관계 또는 다른 한 관계, 그리고 한 차원 또는 다른 한 차원을 움직일 수 있을 것입니다. 그러나 축복에서 항상 인간적인 실존적 차원의 전체 안에서 충만한 삶이 중요합니다.

b) 저주

그것에 반하여 저주는 사람들을 연약하게 하며 위험에 빠지게 하며 공동체에서 내쫓으며, 하나님 자비의 경험에서 멀어지게 하는 것을 목표합니다. 하나님은 인간을 위한 이 모든 것을 원하지 않으시기 때문에, 구약에서 이미 저주에 분명한 제약들을, 그리고 신약에서는 절대적인 금지를 두고 있습니다. "너희를 박해하는 자를 축복하라 축복하고 저주하지 말라"(롬12:14; 비교. 고전4:12; 눅6:27이하). 이와는 반대로 축복하기는 신약성서뿐만 아니라 구약성서에서도 사람의 종교적인 의무로 이해되었습니다. 그 이유는 하나님은 사람의 충만한 삶, 즉 샬롬 가운데서의 삶을 원하시는 분이시기 때문입니다.

4. 우리가 축복할 때, 어떻게 합니까?

"축복의 기도들", "축복의 소원", "축복의 말" - 우리가 축복할 경우, 무엇을 어떻게 하지요? 축복은 대개 앞의 모든 세 가지 언어 형태들로 행하며, 그렇지만, 그것은 무엇인가 특유한 것입니다.

a) 소원과 축복

전형적인 하나의 축복은 "하나님이 당신에게 복 주시기를 원합니다"라는 말입니다. 하나의 전형적인 소원은 "나는 당신에게 하나님의 복이 있기를 소원합니다"로 말해집니다. 두 경우 모두 상대자를 언급합니다. 그렇지만, 소원에는 말하는 인물이 그 문장의 주어이며, 축복에서 주어는 하나님이십니다. 사람이 주체로서 축복을 말하지만, 그러나 그는 자신이 문장에서 열망하는 행동의 주체는 아닙니다. 소원은 사람과 사람을 상호 관련시키지만, 축복은 하나님과 사람을 상호 관련시킵니다. "하나님이 당신에게 복 주시기를 원합니다!" 조금 더 극단적으로 말해보면, 좋은 소원은 사람들 사이에 관계의 돌봄이지만, 축복은 하나님과 사람 사이의 관계의 돌봄입니다.

b) 요청(부탁)과 축복

전형적인 부탁은 "나는 당신에게 누구누구를 축복하기를 청합니다"로 말해집니다. 요청(부탁)과 축복은 하나님께서 행동하시고 축복하시기를 간청합니다. 요청(부탁)과 축복의 차이는 다음과 같습니다. 요청(부탁)은 한 사람을 통해서 하나님께 말을 하는 것이고, 축복은 사람을 통해서 사람에게 말하는 것입니다. 예배 가운데서 많은 축복은 찬양과 간청(부탁)과 함께 축복기도의 형식 안에서 이루어집니다.

c) 기원과 축복

"하나님이 당신에게 축복하기를 소원합니다"라는 말은 하나의 기원입니다. 하나님과 사람은 관계 안에 유익하게 앉혀졌습니다. 상대방은 이 말을 믿을 수도 있고 그렇지 않을 수도 있습니다. 그러나 축복에서 상대방이 믿거나 불신하는 것이 중요하지 않고, 동경(憧憬)이 중요합니다. 축복하는 사람은 다른 사람에게 선한 것이 이루어지기를 동경합니다. 이러한 대표적이며, 그렇지만 공동의 동경(憧憬)은 행동에 고유한 역동성을 제공합니다.

5. 예: 기름 바름

현재 우리는 아주 옛적의 종교적인 행위가 되돌아오고 있음을 체험합니다. 개신교 내에서 지금까지 기름 바름(Salbung)의 낯선 표지가 가장 원천적인 종교의 표현 형식들에 속했던 것이며, 그것은 이미 초기 기독인들에게는 친숙한 것이었습니다. "너희 중에 병든 자가 있느냐 그는 교회의 장로들을 청할 것이요 그들은 주의 이름으로 기름을 바르며 그를 위하여 기도할지니라"(약5:4). 일찍이 유대교는 병자들에게 기름을 바르는 관습을 알고 있었습니다. 그리고 아마도 여러 고대종교에서 이에 상응하는 실천행위들이 존재하였습니다. 각각의 동기에서 여러 종류의 기름 바름 행위들은 널리 퍼지게 되었습니다.

중세기가 지나는 과정에서 병자의 기름 바름은 '치유성사'를 대신하여 '종부성사'(終傅聖事)에서 임종 때의 '마지막 기름 바름' 행위로 발전하였습니다. 종교개혁자들은 이에 대한 성서적 근거의 미확인으로 이러한 예전 행위는 사용을 외면하였습니다. 세례와 병자의 영혼 돌봄에 대한 루터의 오래된 문서들 안에 기름 바름의 예전 행위들은 언급되었지만, 후에 그것들은 각주 안으로 옮겼거나, 또는 포기한 것으로 해명되었습니다.

그것에 반하여 오늘날 복음선포와 영혼 돌봄의 수단으로써 의식들과 그림들, 그리고 상징의 예전 행위들은 새로운 가치평가를 받고 있습니다. 그 이유는 사람들이 하나님의 사랑에 관하여 듣고 싶어 하고, 그것들을 "맛보아 알기"(시34:8)를 원하며, 아마도 냄새를 맡거나, 피부의 감각으로 느껴보기를 원하기 때문입니다. 주님이 얼마나 친절한지 우리가 느낄 수 있도록 오감의 감각기관이 관계되었습니다. 인간 전체가 총체적으로 하나님과의 연결로 이를 수 있기 위하여 말씀과 성례 외에 기름 바름의 접촉 역시 상징적으로 우리에게 도움을 주게 됩니다. 그것은 기름으로 손과 피부 사이에서 기름을 매개로 "하나님과의 신체접촉"을 경험하게 해 줍니다.
↗성례. ↗영성

병원의 영혼 상담은 기름 바름의 표지를 자주 제공합니다. 예를 들면 수술 전이나, 심한 통증에서, 또는 지속적인 치료과정 등에서입니다. 로마가톨릭교회는 병자의 기름 바름의 성례(聖禮)를 임종하는 자의 단순한 실수에서 벗어나 모든 환자를 위한 돌봄으로 회복시켰습니다. 개신교회들은 일반적으로 임종자의 침상에서 기름 바르는 일을 알지 못하며, 더 이전 세기에서처럼, 거기서 성찬을 거행하게 됩니다. 그러나 그들은 기름 바름을 병자나 건강한 사람들을 위해 그들의 삶을 강화하고 건강한 사람처럼, 병자를 위한 생명을 돕는 표지(標識)로 이해합니다. - 건강과 질병의 한계들이 흐르며, 각자 하나님의 치유하시는 관심에 의존된 시각에서 그러합니다. 기름 바름의 예배에서 환자들이나, 방문자들은 일반적으로 가볍게 - 기름 바름의 새로운 제시를 허용할 수 있을 것입니다. 그 이유는 그들이 좋게 느끼기 때문입니다. 대체로 남녀 상담자와 환자는 혼자 있는 환자의 침상에서 기름 바름이 환자를 위한 축복과 기도에서 함께 합니다. 그렇지만 공적인 예배 가운데서 예를 들면 소위 대교회의 "도마 미사"나, 또는 축복의 예배들에서, 성찬 제시 외에 대화와 축복, 기름 바름의 제공이 늘 함

께 이루어 집니다.   ╱병과 치유

　종교적인 기름 바름의 행위를 체험하는 사람들은 아주 인격적인 관계나 깊은 격려로써 축복하고 쓰다듬어 주는 깊은 원기 보강을 느끼곤 합니다. 우리는 사람이기 때문에, 하나의 관계를 만들어주는 인간적인 말들의 기름 바름이 동반되는 것이 중요합니다. 기름 바름 그 자체에 스스로 작용하는 그 어떤 힘이 마술적으로 내재하는 것은 아닙니다. 그것은 인격적으로 형성된 그리고 축복하는 말로부터 동반된 하나의 관계의 경험을 중재하기 때문에, 그것은 원하는 바를 실현하는 것입니다. 즉 그것은 영혼을 돌보시는 하나님의 사랑의 길과 수단이며, 우리가 하나님에게서 보호받는 믿음의 감각적인 경험입니다.

6. 마법과 축복 - 유사하지만 그러나 구별하는 것입니다.

　마술적인 종교의식들은 언제나 다시 호경기를 맞이합니다. 그것들은 여러 부분에서 축복행위와 유사하며, 그 때문에 일부 사람들에게는 의심스럽기도 하지만, 또 다른 사람들에게는 관심이 일기도 합니다. 그래서 공통적인 부분 외에 차이점을 살펴보는 것이 중요합니다. 우선, 공통적인 부분들은 다음과 같습니다.

- 양자는 볼 수 없는 것을 지각적으로 인지하도록 재현합니다. 축복하는 것에서, 한 사람은 다른 사람에게 손을 올려놓게 됩니다. 접촉은 하나님이 이 사람을 접촉하며, 그에게 가까이 계시며, 그의 함께 하심을 눈으로 보게 합니다. 축복은 이런 감각적인 경험을 마술적인 의식들과 함께 공통적일 뿐만 아니라, 세례와 성찬이란 성례들과 함께 공통적입니다.

- 양자는 자주 위기상황과 전환상황에서 필요하게 되었습니다. 즉 출생, 사춘기,

결혼, 사망, 질병과 긴 여정 등에서입니다. 우리가 기독교 신앙에서 사람들이 하나님의 동행에서 확인할 수 있는 축복에서 의식을 행하는 것은 중요합니다.

- 세례와 성찬의 성례에서 근본적으로 총체적인 구원이 중요한 동안, 마술적인 의식들은 육체적인 생명(행운과 건강, 안녕과 자녀들)을 목표합니다. 그러나 축복 역시 신체적인 필요를 말하게 되며, 안녕과 구원이 중요합니다.

이러한 공통점들 외에 철저한 차이들을 간과하지 않아야 합니다.

- 마술에서 바랬던 영향들이 목표로 삼아야 했던 방식은 대부분 강요하는 성서를 지니고 있습니다. 고통의 압박에 따라, 또는 한 사람의 과도한 동경 때문에, 인간의 소원에 상응하는 것처럼, 그렇게 행동하기를 낯선 일입니다. 그것들은 신뢰로부터 하나님께로 옮겨져야 합니다. 하나님은 강요되지 않아야 하며, 반대로 그는 사람에게 축복하기를 위임합니다.

- 마술적인 행위들은 항상 아주 다양한 여러 부분으로 이루어져 있고, 아주 복잡한 절차가 있습니다. 이러한 절차를 정확히 엄격히 지키지 않으면, 그 효과가 위태로워지기 때문입니다. 그것에 반하여 축복은 간단한 행위입니다. 축복하기 위해서는 서너 가지 낱말로 충분합니다. 즉 "하나님이 당신에게 축복하기를 원합니다", "하나님이 당신을 지켜주시기를 원합니다", "하나님이 당신 곁에 임하시기를 원합니다". 이런 단순한 축복은 병들었을 때나 여행을 떠나기 전, 행복할 때나 위태할 때, 이 모든 상황에 어울립니다. 누구나 축복을 말할 수 있고, 제사장처럼 다른 사람을 섬길 수 있습니다. 이런 점에서 우리는 축복행위에서 "만인사제설"의 권리와 함께 축복하기에서 말할 수 있을 것입니다.

이교적이며 마술적인 의식들은 비인격적인 에너지 유입을 생각하여, 이러한 것들이 작용되기를 시도합니다. 유대교나 기독교 역시 능력이나, 에너지에 관한 표상들 가운데서 하나님에 관하여 말합니다. 안수는 바로 신구약 성서에서 항상 그러한 관계에 있는데 - 그에게서 은혜롭게 제공되어 - 사람에게 임하고, 그 안에 있으며, 그를 통해 작용하는 것입니다. 그렇지만, 거기서 하나님의 만남과 그에 대한 인격적인 관계가 중요합니다. 아론의 축복(민6:24-26)은 예를 들면 하나님이 그의 얼굴을 사람 위에 비추게 하시며, 그분의 얼굴이 그에게로 향하기를 소원합니다. 축복에서 단지 에너지나 능력이 중한 것이 아니라, 사랑이 가득한 관심과 관계가 중요합니다.

형성

1. 누가 축복할 수 있는가?

축복은 이전부터 남녀 사제들의 중심적인 과제였습니다. 그러나 독점적인 영역은 아니었습니다. 축복은 예배 실행에서 자기 자리를 확고히 가졌습니다. 바로 그러한 모습으로 가족들 안에서, 환영 인사와 작별인사에서도 그러했습니다. 모든 사람은 축복을 기원할 수 있습니다. 그는 축복하는 것과 함께 사제의 과제를 수행하게 되는 것입니다. 그는 한 사람을 위한 성공적인 삶과 샬롬과 하나님의 축복을 기원합니다. 축복하는 사람이 하나님을 대리하는 것은 아니지만, 그것은 하나님과 축복하는 사람에 대한 것 사이에서 유익이 되는 관계를 섬기게 됩니다. 그것은 축복하는 사람이 하나님과 사람 사이에서 관계의 뒤로 물러날 수 있는 겸손을 뜻합니다. 그 이유는 원래 축복하시는 분이 하나님이시기 때문입니다. 사람들은 축복하는 말을 말하며, 축복의 몸짓을 통해 접촉합니다. 그러나 그것들은 하나님이 사람과 접촉하는 것을 의도하는 것입니다.

2. 어떻게 축복하는가?

축복은 근본적으로 지성에다 일러주는 것이 아니라, 사람의 깊은 내면에서 느끼고, 고통받으며, 수용하거나 경멸하는 그곳이 감동되게 해야 합니다. 축복이 더 단순하며 기초적일수록 더욱더 적절할 것입니다. 현란한 축복의 말들은 축복에 적합하지 않습니다. 축복은 이중적인 의미에서 접촉의 한 행동입니다. 즉 많은 사람은 눈물 가운데서 축복을 체험합니다. 그 이유는 축복의 행위가 내면을 접촉하게 되기 때문입니다. 그러므로 축복의 행위는 사람들이 축복에서 역시 신체적으로 접촉되었을 때는 특별히 그럴 때는 조심스럽게 정성으로 그 앞에서 행해야 합니다. 그래서 사람들은 그 누구에게도 자신의 의지에 반하여 축복행위를 시행하지 않아야 합니다. 저주들은 항상 그의 의지에 반하여 일어나지만, 축복들은 결단코 그렇게 해서는 안 됩니다. 그렇지만 침묵의 축복기도는 다른 사람의 동의 없이도 가능합니다.

신체접촉을 가진 축복에서 사람들은 서로 가까이 접촉하게 됩니다. 그런 접촉들은 대체로 머리에 손의 접촉이나, 또는 - 십자가를 표하는 - 손가락과 함께 이마에 대한 접촉입니다. 일상에서 그런 접촉들은 특별한 경우입니다. 그 이유는 개인적으로 서로 결합하지 않은 사람들은 실제로 머리에 접촉하지 않기 때문입니다. 사춘기의 청소년들은, 부모님들이 그들 머리를 만지거나 쓰다듬을 때, 그것에 대하여 강하게 방어적인 태도를 위하게 됩니다.

축복하는 접촉은 의식의 보호 공간을 통해서 가능한 것이며, 역시 이런 보호 공간은 필요합니다. 보호 공간은 사람들이 다른 사람과의 가까워짐과 접촉을 수용하거나, 또는 내어 줄 수 있는 것을 가능하게 합니다. 축복하는 접촉은 반드시 신중한 장소 즉, 분명한 시작과 종결이 이루어지게 해야 합니다. 사람들은 대상들이 신중하면 할수록 더욱더 행위에 자신을 관계하게 할 것입니다.

3. 언제 축복하는가?

아주 넓은 의미에서 위기나 전환기가 축복을 위한 전형적인 상황이라고 앞에 말씀드렸습니다: 자녀들이 깨어있는 상태에서 잠자리로 드는 전환기, 집의 문턱을 넘는 시점, 환영과 헤어짐 등에서입니다. 그러나 축복은 이러한 일반적인 표출과 함께 행해지지 않습니다. 표현이나 표출을 넘어 어떤 상황에서 어떤 사람이 축복을 기뻐하게 될지, 그것에 대한 감각이 발전되게 하는 것이 중요합니다. 그릇된 자리에서 축복은 불쾌한 분위기를 생산해 낼 수 있습니다. 거기서 나쁜 영향을 미치는 언사를 통한 수치스러움을 느끼는 불안은 축복하기를 자주 방해합니다.

많은 이들이 축복하기를 다시 배우려 하며, 생각하기를 시작합니다. 여러 사람의 경험은 우리가 모든 선한 것을 기대하는 하나님과 사람 사이의 관계를 맺어주는 언어 행동을 통해 자신이 가진 사랑의 모습을 주는 것은 좋다는 것입니다. 물론 축복이 만능치료제는 아닙니다. 예를 들어 우리는 병자방문의 기회를 가질 때, 종종 병상에 앉아 경청하거나, 또는 바깥의 세상에 관해 이야기하거나, 또는 때때로 침묵하고 있는 것이 더 의미가 있을 수 있습니다. 그러나 가령, 우리가 그와 헤어질 때 "하나님께서 당신을 지키시기 원합니다" 라며 손을 꽉 잡아준다면, 또는 손을 얹고 "하나님께서 당신의 몸과 영혼을 강건하게 하기를 원합니다" 라고 말한다면, 그 사람에게 더욱 좋은 행동일 수가 있습니다.

4. 무엇을 축복하는가?

어떤 이는 그 질문에 대하여 놀라게 될 것입니다. 개신교인들은 물질들에 축복하지 않습니다! - 적어도 그렇게들 주장합니다. 그러나 개신교인들은 점심 식탁에 앉아서 기도할 때, "아버지, 이 음식에 축복하시옵소서!" 우리는 거기서 하나님께서 우리 음식을 축복해 주시기를 청하는 것입니까? 사물에 관하여 축복을 기도하는 위험성은 사물 그 자체가 어떠한 방식으로 복을 나누어 주는 주체가 될 수 있다는 것을 믿는 것에 있습니다. 그러나 복을 나누는 주는 주체는 오직 하나님이십니다. 축복기도 받은 사물이 그 자체가 작용하여 사람과 하나님 사이에 끼어들게 된다면 우리는 그것을 거절해야 할 것입니다. 사물에 복을 기원하는 경우는 사람에게 복을 기원하는 것과 마찬가지로 하나님과의 관계에 그 방점이 있습니다. 축복은 사람과 하나님과의 관계를 생성하여, 하나님이 사람을 지키시며 치유하시며 온전케 하시도록 하는 것입니다. 사람의 축복과 치유에 대한 열망은 사물과 엮어져 있을 수도 있습니다. 그러나 이를 행하는 분은 하나님이시지 사물 그 자체가 아닙니다. 우리가 사물을 대상으로 축복을 기원한 경우, 우리는 그 사물을 하나님과 우리와 관계 안으로 가져오게 되는 것입니다. 가령, 사는 집에 축복을 기원한 경우, 하나님이 주시는 평화가 이 주거 공간 안에 느껴지고 체험되는 것에 중요성이 놓여있습니다. 사람들이 그곳에서 어떻게 살아가느냐는 그들의 믿음과 관련이 있는 것입니다. 축복은 하나님의 평화가 이 집 안에 감지되기를 열망하고 있습니다.

모든 것이 축복을 기원 받을 수 있는 것은 아닙니다. 축복하는 행위는 윤리적인 책임을 면제시켜 주는 것도 아닙니다. 우선 사물을 대상으로 복을 기원하는 것은 윤리적인 논의를 요청하는 것이며, 결과적으로 하나님 앞에서 책임 있는 결정이 필요합니다. 어떤 경우이건 사물을 대상으로 하는 축복은 절대 사물 자체에 중요성이 있는 것이 아니라, 하나님이 사람을 축복하시며 그들의 몸과 영혼이, 바로 이 세상의 물질을 통해서 잘되도록 하시는 것에 요점이 있습니다.

5. 축복의 예배

축복은 예배 마지막에 행합니다. 그 밖에도 특별한 상황들을 위한 축복행위가 있습니다.

- 삶의 새로운 국면(세례의 축복, 부모의 축복, 입교예식, 혼인)
- 새로운 직분 부여(교회의 직분 위임)
- 위기상황들(질병, 사망)

이러한 행위들은 교회의 예배 모범서(예전서) 가운데 예전적으로 규정되었습니다. 더 나아가 사람이 하나님의 축복을 청하는 또 다른 상황, 예컨대 개학이나 종업식, 학교의 시험들, 직업의 시작, 새로운 과제의 인계받음, 약혼, 여행, 어려운 관계, 궁핍한 기간, 새 주거지에서의 적응을 위한 육체적이고 영적인 치유와 온전함을 간청할 때가 있습니다. 하나님은 "인생의 친구"(지혜서11:26)로서 어떤 환경에서도 사람들을 축복할 준비가 되어있습니다.

축복의 예배는 사람의 다양한 상황을 하나님 앞으로 가져와 개인적인 축복을 받는 기회를 제공합니다. 이에 대해 교회에서 몇 가지 축복할 기회가 준비되어, 매번 축복예배 운영팀(2-3명의 협력자로 구성됨)은 사람들을 기다립니다. 축복받기를 원하는 사람은 시작할 때 용건을 말하거나, 또는 일상적인 축복을 청할 수 있습니다. 축복 문구는 짧은 - 대체로 삼위일체 형식의 - 축복의 문구나, 기도하는 말, 또는 위로하는 말들(예를 들면 성구의 형태)로 확장될 수 있습니다. 축복행위는 일반적으로 안수와 십자가의 성호를 표하는 방식으로 이루어집니다. 그것도 또한 기름 바름 예식과 연결되기도 합니다. 기름 바름은 야고보서 5:14에 따라 우선 병자들에게 해당합니다. 그렇지만 축복의 예배 중에 하나님 사랑의 치유와 온전케 하시는 힘을 신체적으로 느끼기를 원하는 모든 사람에게 제안됩니다.

이러한 의미에서 기름 바름은 예를 들면 그리스정교회에서는 녹색 목요일(성금요일 직전 날 육식을 금하는 날로 일컬음)에 시행됩니다. 육신의 질병으로 고통당하지 않는 사람들까지도 행하여집니다. 모두는 우리의 의사이신 예수 그리스도의 치유하시는 사랑을 필요로 합니다.

축복의 예배는 공동체와 성도 단체에 제공되었습니다. "도마 미사" 역시 대체로 축복과 기름 바름을 수여 받는 가능성을 포함합니다.

6. 축복 문구들

전능하시고 자비하신 하나님 아버지와 성자와 성령께서 네게 복을 주시며 지키시기를 원하나이다!

주님은 네게 복을 주시고 너를 지키시기 원하며
주님은 그의 얼굴을 네게 비추사 은혜 베푸시기를 원하며
주님은 그 얼굴을 내게로 향하여 드사 평강주시기를 원하노라
- 아론의 축복기도(민6:24-26)

하나님 아버지와 성자와 성령께서 네게 그분의 긍휼을 선사하시어
다만 악에서 보호하시며 감싸주시며
모든 선한 일에 힘주시며 도와주서서

너를 영원토록 보존하시기 원합니다.
평강이 너와 함께 있을찌어다!

주님은 네 앞에 계셔서
너에게 바른길을 가리키시며
주님은 네 옆에 계셔
너를 팔로 품어주시며
주님은 내 뒤에 계셔
너를 보호하시며
주님은 내 아래 계셔
너를 받아 앉으시고
주님은 네 안에 계셔
너를 위로하시며
주님은 너를 둘러 계셔서
너를 방어해 주시며
주님은 네 위에 계셔
너에게 복 주시기를 원하노라!
인애하신 하나님이 그렇게 너에게 복을 주실찌어다!

- 아일랜드에서

[참고도서]
- 아르놀드 하이너의 컨퍼런스(Arnoldhainer Konferenz
  (편집(Hg.): 교회연합의 축복축하(Ökumenische Segensfeiern, 1996.
- 프레드로(Frettlöh,M.): 축복의 신학(Theologie des Segens):
  성서적이며 교리적인 인지(Biblische und dogmatische Wahrnehmungen), 3. Aufl. 2005.
- 그라이너(Greiner,D.): 축복과 축복하기(Segen und Segnen), 3. Aufl. 2003.
- 한(Hahn,U.): 축복(Segen_, 2007.

- 제이볼드(Seybold,K.): 히브리어 성서에서 축복과 다른 예전의 말들
    (Der Segen und andere liturgische Worte aus der hebräischen Bibel), 2004.
- 바그너-라우(Wagner-Rau,U.):축복의 공간(Segensraum).
    현대사회 안에서 원인의 실천(Kausalpraxis in der modernen Gesellschaft), 2. völlig überarbeitete Aufl. 2008.
- 베스트만(Westermann,C.): 성서와 교회의 행위에서 축복
    (Der Segen in der Bibel und im Handeln der Kirche), 1992.

6.4. 교회의 과제

6.4.1. 영혼의 돌봄

인식

독일에서 전화의 영혼 돌봄에 약 8,500명이 함께 일하는 자들은 해마다 2백만 건 이상의 전화를 받습니다. 파국적인 재난 사고와 교통사고들에서 비상의 경우 남녀 영혼의 돌봄자들은 "영혼을 위한 응급처치"를 실행하고 있습니다. 병원들에서는 남녀 병원 영혼 돌봄자들이 환자들과 함께 협력자들이 처리를 위한 대화를 준비하고 있으며, 윤리위원회도 함께 협력하고 있습니다. - 그리고 특별히 인터넷을 통해서 젊은이들이 채팅 영혼 돌봄의 접촉을 받아들입니다. 그렇지만, 교회가 영혼 돌봄을 제공하는 영역이 이보다 훨씬 넓고 더 큽니다. 특정한 삶의 상황을 지향하는 상담(예를 들면 혼인상담)과 더불어, 남녀 영혼을 돌보는 자들은 여러 시설에서(예를 들면 학교상담, 직업상담, 교도소 상담)뿐만 아니라, 또한 교회공동체들에서도 활동하고 있습니다. 영혼 돌봄은 교회의 한 "핵심사역"입니다. 이것은 설문 조사결과에 따라, 특히 남녀 목사들이 남녀 "영혼을 돌보는 자로" 이해하며, 교회의 구성원들은 반대로 그들로부터 먼저 - 복음선포 외에 - 영혼 돌봄을 기대하고 있음을 보여줍니다. 거기서 비공식적이고 일상적인 만남과 영혼 돌봄의 대화 사이의 경계들이 이따금 불분명합니다. 영혼 돌봄은 주된 업무로서 남녀 목회자들이나, 또는 남녀 집사들의 활동에 결합하지 않았습니다. 그것은 이따금 명예직으로 시행되고 있습니다. 예를 들면 전화의 영혼 돌봄이나, 또는 방문 봉사로 이루어집니다. 그것 역시 남녀 기독인들이 서로 조언하며, 동행하며, 공감하는 것과 함께하는 곳이라면 어느 곳에서나 행해지고 있습니다.

방향

1. 영혼의 돌봄이란 본래 어떤 것인가?

영혼 돌봄에 관해서는 좁게 또는 넓은 이해가 언급될 수 있습니다. 후자는 한 사람이 다른 사람을 대하는 "모든 경청, 공감, 이해, 격려와 위로"(Hans van der Geest)를 포함합니다. 좁은 이해의 영혼 돌봄은 남녀의 영혼 돌봄자들이 교회 안에서, 그들의 태도에서, 하지만 그들이 부름받은 전통적인 교회 내의 일들에서 표현되는 영적인 차원들 안에서 이루어집니다.

영혼의 돌봄은 "교회의 모국어"(P. Bosse-Huber)로 묘사되었습니다. 유르켄 치머(Jürgen Ziemer)는 "모국어"라는 상(像)을 세 가지 방식으로 소개합니다.

- "나의 언어"로서, 즉 그것은 한 사람을 인지하게 해주는 언어를 뜻합니다.

- "어머니의 언어"로서 즉 그것은 상대방을 온전히 인지함에서 나오는 언어를 뜻하며, 다른 이의 언어에 대하여 느끼는 것으로, 역시 표현할 수 없는 번역의 자질을 가진 언어를 뜻합니다.

- 그것은 교회의 언어로서, 즉 오랜 전통에서 나아오며, 영적인 보화를 간직한 언어를 뜻합니다.

이러한 3가지 방식에서 신뢰성과 애정과 영혼 돌봄의 희망이 놓여있습니다. "모국어의 이러한 세 가지 방식이 만나는 곳에서, 영적인 의사소통이 이루어집니다."

모든 개신교의 영혼 돌봄의 근본토대는 오직 하나님의 은혜로 죄인이 의롭게 됨에 관한 소식에 있습니다. 이것은 영혼의 돌봄 자들이 그들이 가진 생명이 하나님의 선물이며, 이웃에 대한 섬김에 부름을 받았음을 아는 그 안에서 작용합니다. 그들은 본래 그들 자신의 신뢰로 사는 것이 아니라 하나님이 그들에게 항상 다시 생명의 능력을 선물하는 희망으로 사는 것입니다. 그들은 이런 확신 가운데서 그들 이웃의 돌봄에 그들 환상을 펼치는 것입니다. 영혼 돌봄 자를 규정하는 삶의 지향점과 신앙의 확신 역시 맡겨졌으며, 짐을 진 사람들 안에서 자라나야 합니다. - 이것은 영혼 돌봄의 희망이요, 과제이며, 목표입니다. 영혼 돌봄과 배려, 구원과 안녕은 기독교 신앙을 위해 서로 밀접하게 결부된 것입니다(예를 들면 마태복음 25장에 따른 자비의 행위 가운데 방문과 먹을 것을 주는 것, 위로하며 마실 것을 제공하는 것 등). 그래서 "삶의 도움"과 "신앙의 도움"을 서로 대립하는 것이 아님을 말해줍니다. 영혼의 돌봄은 기독교적인 약속의 의미에서 인간의 구원과 안녕에 대한 희망과 함께 항상 다시 실적을 지향했던 사회를 더 배타적인 것으로 보는 그 내면에 있는 통상적인 견해들과 행동방식들에 대한 비판적인 수정정책을 형성합니다.

2. 성서 안에서 영혼 돌봄의 뿌리

영혼 돌봄의 근거와 기원은 삼위일체 하나님 자신이며, 그가 "모든 위로의 하나님"입니다. 바울은 이에 관하여 "그 하나님이 모든 환란 중에 우리를 위로하사, 우리로 하여금 하나님께 받은 위로로써 모든 환란 중에 있는 자들을 능히 위로하게 하시는 이로다"(고후1:3-4)고 말합니다. 이러한 하나님의 위로는 예수 그리스도 안에서 그 모습을 취하였습니다. 예를 들면 무거운 짐 진 자들을 향한 예수님의 위로의 말씀(마11:28)에서입니다. 그는 사람들에게 말을 건네시고, 위로하고, 권고하며, 동행했던 것처럼, 그런 방식으로 모든 영혼 돌봄의 모범입니다.

영혼 돌봄과 관계된 성서의 말씀들은 예를 들면 다음의 것들이 있습니다.

- 기독인들의 형제자매적인 서로의 대화에 관하여(마18:15-18).

- 개별적인 필요들에 대한 자비로운 애정에 관하여, "너희가 여기 내 형제 중에 지극히 작은 자 하나에게 한 것이 곧 내게 한 것이니라"(마25:40).

- 믿음의 강화, "나의 믿음 없는 것을 도와주소서"(막9:24).

- 공동체의 질서(법)와 공동체의 지도, "또 사랑하는 형제들아, 너희를 권면하노니 무질서한 것을 바로잡고, 마음이 약한 자들을 격려하며, 힘없는 자들을 붙들어 주며 모든 사람에게 오래 참으라"(살전5:14).

- 같은 마음의 동행, "즐거워하는 자들과 함께 즐거워하고 우는 자들과 함께 울라"(롬12:15).

- 한결같은 이웃사랑에 관하여, "너희가 짐을 서로 지라 그리하여 그리스도의 법을 성취하라"(갈6:2).

초기 기독교 안에서 위로와 권면은 은혜의 선물 중 하나이며(롬12:8), 예수 그리스도 안에, 또는 몸의 여러 섬김의 부분입니다.

3. 교회의 역사에서 영혼의 돌봄

교회 역사의 각 시대는 자체의 방식으로 영혼 돌봄의 섬김을 만들었습니다. 첫 세기에 수도회들로부터 이루어졌으며, 개별 은둔자들로부터 중요한 자극들이 나타났습니다. 중세기에는 영혼 돌봄으로부터 회개와 - 고해(告解, 참회)하는 방식으로 한정되었습니다. 종교개혁시대에 영적 영혼 돌봄의 이해는 교육(양육)으로 전면에 내세웠습니다. 개혁교회들에서 영혼 돌봄은 '교회의 훈육'(라틴어, disciplina)이 되었습니다. 즉 그것은 교회공동체의 장로들을 통한 감독행위로 실행되었음을 뜻합니다. 그것에 반하여, 루터교회에서는 "상호 간의 형제자매적인 권면과 위로"(루터, 슈말칼덴 신조)와 결부, 신앙의 주된 부분에 속한 일상에서의 보편적인 양육(교육)행위로 이해하였습니다. 종교개혁 이후의 세기는 영혼 돌봄의 책임은 주로 목사의 직분에 있는 것으로 판단하였습니다. 그러나 19세기 이래, 개신교회의 영혼 돌봄의 형태는 - 종종 사적인 - 주도권이 결정적이며, 영혼의 돌봄 자가 단지 배려(配慮)의 관계에서 하나님의 인도에 대한 신뢰를 강화할 수 있다는 생각과 함께 형성되었습니다. 영원한 구원과 현세적인 안녕을 위한 돌봄은 분리하는 것이 아닙니다.

4. 현재의 영혼 돌봄

영혼 돌봄은 고난 가운데 처한 모든 사람에게 해당합니다. 그 때문에 교회는 그를 찾고 필요로 하는 모든 이들을 위해 영혼 돌봄의 봉사가 이루어지도록 노력합니다. 거기서 교회공동체의 목사직과 지역 교회공동체는 계속해서 하나의 특별한 책임에 다가갑니다. 지역교회는 일반적인 영혼 돌봄에서 신뢰 된 생활공간들에서 영혼의 돌봄이 이루어지는 기회를 가집니다. 그 이유는 거기서 일상생활과 사람을 향하는 하나님의 관심 사이에서 관계가 가시화될 수 있기 때문입니다. 교회들이 지역교회공동체의 영혼 돌봄의 사역 외에도 병원의 영혼 돌봄과 응급상황에서의 영혼 돌봄, 교도소의 영혼 돌봄, 전화상의 영혼 돌봄, 또는 청소년의 영혼 돌봄 들 사이에서, 또한 중대되고 있는 인터넷 영혼 돌봄의 조언과 동행과 마찬가지로 이러한 모든 방식을 제공할 수 있는 것은 독일 교회가 가지는 풍부한 자산입니다. 물론 영혼의 돌봄은 모든 경우에 법적으로 보장된 보호 공간이 필요합니다. 즉 이것은 침묵 행위를 통하여 이루어집니다. 참회(懺悔, 고해)의 비밀은 침범할 수 없는 것입니다. 위임받은 남녀 영혼의 돌봄 자들은 모든 영혼 돌봄의 사건들에 대한 침묵에 의무와 권리를 가집니다.

5. 영혼의 돌봄과 심리학

영혼의 돌봄은 20세기에 임상 심리학과 심리치료의 실제에서 본질적인 자극들을 받았습니다. 그것은 심리학의 사고유형과 작업형태의 상응점들에서 그들 과제와 목표를 정의하는 경우가 적지 않습니다. 그래서 오늘날 현대의 영혼 돌봄이 심리학적인 지식을 전제하는 것은 일반적으로 당연하게 보입니다. 한 인간의 개별적인 삶의 상황에 대한 이해는 영적이며, 사회적인 과정들의 지식과 대화를 이끄는 방식에 대한 기본지식과 연결해야만 합니다.

이러한 요구는 20세기의 심리학과 심리치료에 병행하여 점점 더 그들의 발전 안에서 영혼 돌봄을 형성하였습니다. 미국에서 발전하여 계속 실제화된 "목회적 상담"(pastoral counseling), 즉 의사들의 모범에 따라 목사들의 상담 활동은 실제로 독일에서의 "조언하는 영혼 돌봄"(Beratende Seelsorge)의 발전을 지원하였습니다.

그렇지만, 심리치료와 영혼 돌봄의 접근에 대립하여 이의(異意)들이 역시 공식화되었습니다. 원칙적인 우려로 표명되는 것은 심리치료의 분석적인 작업은 신앙의 기본토대를 파괴한다는 것이 표명되었습니다. 예를 들어 치료요법적으로 지향된 영혼 돌봄은 '죄책'이라는 주제가 실제로 깊이 안에서 다루어질 수 있는지가 질문되었습니다. 심리학적인 방법론의 수용을 통하여 남녀 영혼의 돌봄 자들이 그것에 더 크게 의존하는 태도 역시 우려되었습니다.

그러나 원칙적인 우려들은 아직 확인되지 않았으며, 다른 반대 의견(예를 들면 영혼 돌봄의 대화 안에서 죄책과 의존성과의 대화)들은 영혼의 돌봄 적인 행위의 계속 적인 반응을 위해 중요한 관점들을 제공해 주었습니다. 오늘날 전문적인 영혼 돌봄을 위한 목회 심리적인 능력의 획득과 훈련은 포기할 수 없는 것이라는 점은 논란의 여지가 없습니다. 심리치료사들과 영혼의 돌봄 자들을 위한 사회적인 주변 환경의 주시(注視)는 조직 이론적인 상담방식과 조직적인 치료요법을 통하여 거기서 점점 더 중요하게 되었습니다.

임상 심리학에서의 자극들은 영혼의 돌봄 행위에 대한 성찰과 영혼 돌봄의 전문화에 전반적으로 공헌하게 되었습니다. 더욱이 한스 판 데어 게스트(Hans van der Geest)가 말하는 것은 적절합니다. "그들의 작업이 근본토대를 이루는 것이 무엇인지, 거의 질문하지 않는 영혼의 돌봄 자들 역시 있습니다. 동시에 사람들은 그들이 나쁜 일을 수행하고 있다는 것을 말할 수는 없을 것입니다." 그렇지만, 남녀 영혼의 돌봄 자들이 그들의 일을 세속적인 공공기관들 안에서 "다른 것으로 바꾸어놓아야만"하는 곳에서, 다른 직업군들과 함께 협력하기 때문에, 개인적이며 내용적인 성찰 역시 책임성 있고 투명한 영혼 돌봄에 속하여 있는 것입니다(예를 들면 병원에서).

형성

1. 영혼 돌봄의 계기들

계기들에 따른 질문은 언제나 영혼 돌봄 안에서 특별한 과제에 대한 질문입니다. 영혼 돌봄은 인간 실존의 경계선에서 자주 움직입니다. 삶의 확실성에서 가장 깊은 흔들림은 사망과 씨름하는 논쟁 가운데 나타납니다. 그 때문에 죽음에 임한 자들과의 동행과 슬퍼하는 자들에 대한 위로는 영혼 돌봄의 중심적인 과제들입니다. 또한 교회의 예전 의식과 함께 행하여진 다른 삶의 변화들, 즉 소위 말하는 우연한 사건들(Kasualien, 세례, 입교예식, 혼인)은 특별한 영혼 돌봄의 동반의 기회를 제공합니다. 그 이유는 이런 상황에서 사람들은 자신의 마음을 열고, 자신의 개인적인 소원이나 문제들을 말하고 있기 때문입니다. 따라서 개인적인 위기, 가정의 문제(예, 부부의 위기)들, 불행한 재난의 사건들, 폭력의 사건들은 영혼 돌봄의 계기들입니다. 영혼 돌봄을 위하여 운명의 극복에서 사람들을 동행하는 과제가 제기됩니다. 그렇지만 의료기술의 엄청난 진전과 함께 영혼 돌봄의 사역은 점점 더욱 윤리적인 차원이 부가됩니다(예, 출생 전 진단에 따른 질문, 생명 연장의 조치들, 장기이식 등): 영혼의 돌봄은 이러한 정황에서 점차 "결단의 발견"과 "결단의 극복"에 의해 증가하는 인간들의 동행으로 보입니다(Ralph Charbonnier).

개별적 계기들의 모든 설명에서 그렇지만 주목되는 것이 있습니다. 즉 그것은 영혼 돌봄의 초점에 있는 그대로 묘사될 수 있는 계기가 놓인 것이 아니라, 특수한 영혼 돌봄의 비상 상태에 인간이 주체로서 놓여있는 것입니다.

2. 영혼의 돌봄이 하는 일

영혼의 돌봄은 기독교 신앙의 지평에서 인생 동반의 한 형태로서 삶의 지향점에 대한 하나의 도움으로"(Michael Klessmann) 이해됩니다. 그것은 다양한 방식으로 이루어집니다: 듣고 말하기에서, 또는 몸짓과 신호를 암시하는 행동 등에서입니다. 영혼의 돌봄은 독일 개신교협의회(EKD) 회원교회들의 영혼 돌봄에 대한 책임을 확인시켜주는 사역-문서가 뜻하는 것처럼, 특히 기회를 제시하거나 만드는 일입니다. 말하자면, "대화의 기회, 신뢰를 위한 기회, 가까움을 위한, 또는 치유의 시간적 간격을 위한 기회, 기도와 명상을 위한 기회, 이해할 수 없는 일들 가운데서 보호하는 기회, 윤리적 충돌 상황에서 내리는 결단을 대하는 것" 등입니다.

영혼 돌봄의 상황에서 성서적 전통들의 오히려 유보적인 수용 단계에 따라, 어떻게 이러한 전통들이 삶을 해석하는 대안으로서 적절하게 그리고 유용하게 표현하는지가 오늘날 더 강하게 질문되었습니다.

고해(참회)성사 역시 영혼 돌봄의 한 요소입니다. 즉 그 안에서 죄책의 무죄 선언이 직접적이며 개인적으로 이루어집니다. 개신교회는 엄격한 고해(참회) 시행(예, 고해자의 좌석 등)을 알지 못하더라도, 자발적인 제공으로서 참회(고해)를 공적으로 수용하도록 요청되었습니다.
↗ 고해

3. 영혼 돌봄의 장소들

영혼 돌봄에 대한 교회의 사명은 여러 장소에서, 근교의 교회에서, 개별 교회공동체에서, 또한 여러 특수한 사역들에서 인지되었습니다. 영혼의 돌봄의 몇 개의 장소들을 여기에 본보기로 소개합니다.

a) 교회공동체 - 목사직, 목사관 - 가정방문

길거리에서나, 빵집 가게나, 또는 교회의 행사들이든지, 교회공동체는 비공식적인 만남에서 일상의 영혼 돌봄이 전개될 수 있는 장들을 충분히 제시합니다. 영혼의 돌봄은 이웃돕기의 행상에서, 그리고 자녀 세례와 입교준비와 젊은 부부의 혼인과 관련하여, 특히 임종하는 자와의 동행에서, 유족들과의 대화와 장례예배 때에 가족들의 목양적인 동행과 함께 가정방문 사역을 통하여 이루어집니다. 주일예배 역시 영혼 돌봄의 장소가 될 수 있습니다. 교회공동체 내에 "영혼의 돌봄 접촉"의 가장 보편적인 형식은 노인들의 생일축하방문은 예외적으로 하지 않는다고 해도, 이따금 가정방문이 최선의 방식입니다. 가정방문의 형식은 고조된 수명기대의 시대에 영혼 돌봄의 중요한 일부분이 되었습니다. 즉 이러한 규칙적인 가정방문 사역에서 공동체의 구성원들은 실제로 영예스러운 직분으로 공헌을 하고 있습니다.

b) 목사직의 기능

자비의 행위들 가운데 본래의 영혼 돌봄의 사역들은 병자와 수감자의 방문에 있습니다: "내가 병들었을 때 돌보았고 옥에 갇혔을 때에 와서 보았느니라"(마25:36; 43) 한 걸음 더 나아가, 여러 다양한 직업군들에 대한 영혼 돌봄의 사역들은 논란되지 않았습니다. 특별히 해양 선원 선교와 내륙선 선교, 그리고 서커스단의 영혼 돌봄 등에서입니다. 철도역 선교 안에서, 그리고 봉사적인 활동들의 여러 지부에서 사회적인 삶에 초점을 두는 봉사적인 영혼 돌봄과 도시선교들 역시 논란되지 않았습니다. 군인들의 영혼 돌봄 역시 중요한 활동 영역으로 드러나고 있으며, 독일 연방 군인들의 해외파병을 통해 상승하는 위험의 배경에서, 그리고 거기서 귀결되는 엄청난 심리적 중압감은 더욱더 중요한 사역으로 여겨집니다.

c) 영혼 돌봄과 봉사(Diakonie)

영혼 돌봄과 봉사의 밀접한 연결은 이전부터 남녀 영혼의 돌봄 자들이 영원한 구원뿐 아니라 그들 이웃의 현세적인 복지를 돌보는 일에 대하여 애를 써왔습니다. 영혼 돌봄과 배려의 밀접한 연결을 통하여 그들의 특별한 성격을 유지하는 봉사의 시설들 가운데서 영혼의 돌봄 동행의 다양함은 외면될 수 없습니다. 19세기이래, 여러 주도권자는 영혼 돌봄과 봉사의 교차점에서 나아와 특별히 위험스러워진 사람들의 보살핌으로 발전하였습니다. 물론, 19세기부터 20세기까지 목사직의 영혼 돌봄의 과제와 사적으로 주도했던 돌봄 사이의 긴장으로 인하여 교회공동체의 영혼 돌봄과 여러 개별단체와의 봉사 관계가 부분적으로 긴장을 불러일으키기도 하였습니다. 오늘날도 봉사와 목사직의 관계는 특별한 손질(조정)이 필요합니다. ╱디아코니아

d) 병원에서의 영혼 돌봄

병자들에 대한 전형적인 영혼 돌봄은 병상을 방문하는 일입니다 - 그것이 집이든지, 병원이든지 그러합니다. 남녀 영혼의 돌봄 자들은 대화의 기회를 제공하며, 그들은 고통과 의심을 견디도록 그들을 위해 시간을 내어줍니다. 거기서 영적인 말씀과 기도나, 또는 축복행위가 병자들에게 위로와 평안을 갖게 하는 것을 증명해 줍니다.

특수한 병자들의 영혼 돌봄은 - 특히 빠른 의료기술의 발전을 통해 - 개별 환자들을 넘어서 하나의 넓은 대상 범위를 얻게 되었습니다. 그렇게 영혼 돌봄은 또한 남녀 의사들과 간호인들에게로 향하고 있으며, 그들이 어려운 윤리적인 질문들과 함께 마주하게 되었던 곳에서 특별히 예속된

자를 위한 대화 상대자가 됩니다. 제한된 기대수명으로써 삶의 질을 지향했던 총체적인 환자의 의사 진료로 이해하는 진정제 공급의 범주에서, 남녀 영혼 돌봄 자들은 소위 '진정제-돌봄-팀'에서 그렇게 협력합니다. 그들은 이따금 간호인의 전문교회에 결부되어 있으며, 윤리-위원회의 구성원들이기도 합니다.

수년이래, 병원에서 환자들의 병상 체류 기간의 두드러진 축소를 통하여 병자들의 영혼 돌봄은 실제로 단지 정확한 개별접촉들과 함께 위기개입의 성격을 더욱 강하게 얻고 있습니다.

e) 응급상황에서의 영혼 돌봄

지난 수년간 교회들은 응급상황의 영혼 돌봄의 네트워크를 구축하였으며, 그러한 상황에 상응하게 남녀 영혼 돌봄 자들을 준비하였습니다. 응급상황의 영혼 돌봄에서, 교회들은 구조봉사단체들과 아주 밀접하게 함께 일하고 있습니다. 신속하게 현장에 달려갈 수 있는 남녀 영혼 돌봄 자들은 응급전화센터에 대하여 잘 이해하고 있습니다. 그들은 재난당한 사람들이나, 또는 사고목격자들을 동반하며, 사망 소식의 전달에서도 경찰관들을 지원하거나, 또는 가족 일원의 급작스러운 사망에 따라 가족들 곁에 보호자로 함께 합니다. 한 걸음 더 나아가, 그들은 현장에 출동한 사람들의 대화 상대자가 되며, 부담스러운 사건 후, 후속 돌봄을 실시합니다.

f) 교도소에서의 영혼 돌봄

"옥에 갇혔을 때 너희는 와서 돌보았느니라"(마25:36).

예수님과 신약성서 전체는 그 어떤 도덕적인 편견 없이 그리스도의 교회가 감옥 영혼 돌봄 사역을 감당하기를 기대하고 있습니다. "너희 중에 죄 없는 자가 먼저 돌로 치라"(요8:7) 감옥 영혼 돌봄은 오늘날까지 두 측면을 가지고 있습니다: 첫째, 처벌체제와 제도적으로 조건화된 강요를 깨어 관찰하고, 수감자들의 사회적인 형편을 받아들이는 복지사업. 둘째, 개별적 영혼 돌봄으로 죄를 극복하고 아주 개인적인 위기상황을 견디도록 도움.

g) 전화상에서의 영혼 돌봄

독일의 특히 대도시에서, 영혼 돌봄의 100개 이상의 일자리에서 전화상으로 조언을 구하는 사람들이 익명으로 24시간 전화할 수 있습니다. 전화상에서의 영혼 돌봄은 일찍이 다양한 모습을 가진 고독과 위기에 맞서기 위해 사회적으로 인정된 도구로 발전하였습니다. 즉 그것은 이해를 표명하며, 구조를 실행할 수 있는 사람의 목소리인 경청하는 귀입니다. 전화상에서의 영혼의 돌봄은 상담의 전형적인 형태가 되었습니다. 특수성은 이러한 사역이 거의 봉사를 위해 전문성이 교육되었으며, 규칙적으로 동반된 무보수 명예직에 있는 분들로부터 시행되었다는 것입니다.

h) 채팅 상에서의 영혼 돌봄

인터넷을 통한 전 세계적인 네트워크의 엄청난 발전을 통하여 영혼 돌봄의 특수한 분야로서 자체적으로 설비해 놓은 채팅 공간에서 익명의 상담이 발전하였습니다. 인터넷 영혼 돌봄의 제공에 관한 경험들은 이미 짐작했던 기대와는 달리 영혼 돌봄의 접촉을 인터넷 안에서 집중되고 있음을 보여줍니다.

"채팅방에서 영혼 돌봄과 상담은 필요에 따라 프로그램 진행과 함께, 또는 자유로운 '단체 챗팅'으로서 공개적일 뿐만 아니라 비밀적으로도 가능합니다. 조언을 구하는 사람들은 분위기와 주제에 따라 얼마나 많은 외부인이 '함께 말하고', '함께 읽을' 수 있는지를 선택합니다. 조언을 구하는 사람들과 영혼 돌봄자는 대체로 온라인으로 일정을 합의하며, 합의된 시간에 채팅방에 로그인하고, 사이버 '이야기방'으로 들어갑니다. 거기서 마치 실제 시간처럼 의견교환이 시작됩니다. 신원확인은 불가능하며, 채팅의 내용은 저장되지 않습니다. 아마도 바로 그 때문에 신속히 관계가 생성되고, 문의하는 자들은 직접 본론으로 들어갑니다"(Chr. Morgenthaler).

4. 영혼 돌봄의 전문교육

영혼 돌봄은 언제나 개인적 사건입니다. 그것에 상응하게 남녀 영혼 돌봄 자들의 인간 됨의 의미는 크다고 할 것입니다. 영혼 돌봄의 영향은 영혼 돌봄의 책임을 짊어진 자들의 인격적인 신뢰성과 대화 지도와 자아 성찰에 대한 그들의 자질에 달렸습니다. 이러한 개인적인 자질의 전문화에서 영혼 돌봄의 전문교육이 구축되었으며, 또한 감퇴되었습니다. 오늘날 여러 가지 분야로 나누어져 있는(예, 심층심리학, 임상 영혼 돌봄 교육[KSA], 체계적 영혼 돌봄, 외형의 영혼 돌봄) 목회 심리학을 위한 독일 사회의 표준(DGfP)에 따른 목회 심리학적인 대체전문교육은 특수 영혼 돌봄 사역(예, 요양원과 병원)을 위해 포기할 수 없는 것입니다.

하나의 예, 두 개의 영어 축약어 CPT(Clinical Pastoral Training)와 CPE(Clinical Pastoral Eduation)는 미국과 네덜란드에서 출발하여 1970년대 이후 독일에서는 임상 영혼 돌봄의 전문교육(KSA)으로 널리 알려진 프로그램입니다. 이러한 영혼 돌봄 전문교육의 특성들은 다음과 같습니다:

- 기억에서 작성된 대담기록문서들의 도움과 함께 영혼 돌봄 대화들의 심리학적인 분석
- 학습그룹 내에서 그룹 역동적인 기초경험들

- 개별적 감독
- 심리학적이며 정신병학의 기본정보들
- 6주, 또는 12주 코스, 또는 여러 해 이상 직업을 병행하면서 이러한 교수와 학습프로그램의 편성

남녀 영혼 돌봄 자들은 목회 심리학적인 능력 외에 점점 더 그들의 직업 환경의 저마다의 기관조직들과 마찬가지로 각각의 체계적인 조건들에 대한 지식이 필요합니다.

이러한 것들은 예를 들면 병원의 영혼 돌봄의 영역에서 다른 것들에 다음의 질문들과 주제들이 해당합니다.

- 보건체계는 어떻게 작동하고 있는가?
- 병원은 어떻게 작동하고 있는가?
- 각 분야의 공동작업은 어떤 형태들이 있는가?
- 사람들은 오늘날 의학기술에서 무엇을 배우는가?
- 사람들은 오늘날 병자 돌봄에서 무엇을 배우는가?
- 임상 윤리에서 어떤 문제와 질문이 오늘날 제기되고 있는가?
- 병원에서의 죽음과 임종 동행
- 병원에서 상호종교성

영혼 돌봄은 개인적인 사건이기 때문에, 영혼 돌봄 자들을 위한 자체의 작업과 그들 인간의 반성은 큰 의미에 관한 것입니다. 그래서 감독과 공동의 사례토의는 계속 교육의 양도할 수 없는 부분에 속합니다.

5. 영혼 돌봄 자에 대한 영혼의 돌봄

영혼 돌봄 역시 남녀 영혼 돌봄 자들을 그들의 임계점까지 인도합니다. 그들은 그들 자신을 위해 스스로 새롭게 경험하는 되 물림의 장소들을 가진다는 것은 더욱더 필요한 것입니다. 영혼 돌봄은 "모든 위로의 하나님"(고후1:3)이신 하나님의 차원에서 생겨납니다. 그 하나님에 대해 말씀하기를 "너희 염려를 다 주께 맡기라 이는 그가 너희를 돌보심이라"(벧전5:7) 그래서 남녀 영혼 돌봄 자들은 본인 스스로 영혼 돌봄의 도움을 경험하고 요청할 때만이 그들의 직무를 계속해서 수행할 수 있습니다. 이것은 영적인 동행의 형식으로 이루어질 수 있습니다. 한편으로 동료들의 조언이나, 또는 감독은 남녀 영혼 돌봄 자들에 대한 영혼 돌봄의 성격을 취할 수도 있습니다.

[참고도서]
- 베커(Becker,I.u.a.): 영혼 돌봄의 핸드북(Handbuch der Seelsorge), 4. Aufl. 1990.
- 부코브스키(Bukowski,P.):
  대담 가운데 성서를 가져가기(Die Bibel ins Gespräch bringen), 7. Aufl. 2009.
- 가를레(Karle,I.): 현대의 영혼 돌봄(Seelsorge in der Moderne,) 1996.
- Klessmann, M.: 병원에서의 영혼 돌봄의 핸드북
  (Handbuch der Krankenhausseelsorge), 2. Aufl. 2002.
- 마스(Maaß,M.):인간은 자신 스스로에 관에서 이해하지 못한다
  (Mensch versteht sich nicht von selbst). 의사소통의 기술과 이론 사이에서 전화상에서의 영혼돌봄(Telefonseelsorge zwischen Kommunikationstechnik und Theorie), 1999.
- 묄러(Möller,Chr.):개별 사진에서 영혼 돌봄의 역사
  (Geschichte der Seelsorge in Einzel-bildern, 3 Bde. 1994.
- 모르겐탈러(Morgenthaler,Chr.): 영혼 돌봄(Seelsorge), 2009.
- 샤르펜베르그(Scharfenberg,J.):
  목회심리학의 개론(Einführung in die Pastoralpsycholo-gie), 1994.
- 영혼의 돌봄-교회의 모국어(Seelsorge – Muttersprache der Kirche),
  epd-Dokumen-tation, 10/2010.
- 판데어게스트(Van der Geest,H.): 얼굴 대면 가운데서(Unter vier Augen).
  성공적인 영혼 돌봄의 보기들(Beispiele gelingender Seelsorge), 7. Aufl. 2002.
- 베데만(Wiedemann,W.): 영혼 돌봄에서의 작은 불안
  (Kleine Angst vor der Seelsorge). 주된 직분과 명예직에 대한 실천적인 도움(Praktische Hilfen für Haupt-und Ehrenamtliche), 2009.
- 찜머(Ziemer,J.): 영혼 돌봄의 가르침(Seelsorgelehre), 3. Aufl. 2008.

6.4.2. 섬김

인식

우리 땅에는 늙고 병들거나 심리적이고 재정적인 위기에 처한 수백만의 사람들이 있습니다. 통계적인 숫자들 뒤에는 수많은 인간의 비참과 고통이 놓여있습니다. 누군가를 돕고자 하는 사람은 우선 각각의 처지들이 무엇을 통해서 뒷받침되고 있는지를 반드시 물어보아야 할 것입니다. 여기에는 개인에게 놓여있는 건강상태, 나이, 체질의 원인뿐 아니라 우리 사회의 구조가 뒷받침하는 원인, 즉 실업, 실적압력, 지나친 역할기대 등이 있습니다. 많은 사람이 위기 중에 더 이상 홀로 제자리를 찾지 못합니다. 그들은 사람으로부터 비롯되며 동시에 개별 인간적인 처지를 넘어서서 생각해 주는 도움이 필요합니다.

그래서 우리는 삶의 아주 다양한 영역에서 구제사업(Diakonia)을 만나게 됩니다:

84살의 환자는 교회공동체 봉사처의 남녀 간호사들로부터 돌봄을 받게 되었습니다. 그는 걸음걸이가 두드러지게 미약함에도 불구하고, 길을 잘 찾는 자기 집에 살고 있습니다. 아침에 화장실뿐 아니라 주중에 목욕할 때 그는 도움이 필요합니다. 그 밖에도 그는 당뇨 환자이며 정기적으로 혈당 체크뿐 아니라 항상 식생활 상담, 또는 식생활 조절이 필요합니다. 건강보험의 의료서비스는 그를 일정한 돌봄 단계에다 편성하였습니다. 돌보는 자들은 다시금 의사의 사용설명서를 남녀 간호인들과 상의하는 주치의와 접촉을 유지합니다. 그 환자는 간호사들에게 자기는 언제가 집에서 죽고 싶다는 소원을 표현하였습니다. 그리고 병실의 책임자는 그가 집에서 죽으려는 사람의 동행여부가 남녀 간호사들로부터 위임되었다는 것을 그에게 확인시켜주었습니다. 그의 삶의 마지막 주간에 홀로 남겨지지 않았다는 생각은 그 노인을 매우 안정되게 해줍니다.

　42세 된 부인은 이혼 이후에 정신적인 불안 가운데 놓이게 되었는데, 그것은 그녀가 집에서는 더 이상 버티지 못하는 원인이었습니다. 그녀는 지금까지 12살과 14살 된 두 아들 때문에 직업 활동을 제대로 수행할 수가 없었습니다. 그녀는 여러 감정을 탈피하고자 아들들이 학교에 있을 때, 매일 오전에는 도시의 중심가에 갑니다. 그리고 그녀는 쇼핑과 카페 찾기가 어떻게 마음을 평안하게 해주는지를 경험합니다. 마침내 그녀는 많은 쇼핑으로 한 달 예산을 훨씬 넘게 소비하게 되었습니다. 그녀의 부채는 얼마 후에 5000유로(Euro)를 넘어섰습니다. 절망적인 상태로 그녀는 인근의 대도시에 있는 구제 사역을 주도하는 부채상담실로 전화하기를 결심합니다. 상담은 고독함과 광적인 쇼핑과 채무 사이에서의 순환 관계를 인식하도록 도움을 줍니다. 그녀는 사회교육자들의 동행을 통해 서서히 자신의 처지를 의미 있게 다루는 법을 배우게 됩니다.

　이 두 가지 삶의 이야기에서 위기상태에 있는 자에게 도움을 제공할 수 있는 봉사의 기관들과 그 기관들의 직원들이 있습니다. 홀로 올바르게 살아가지 못하는 이들을 받아들이고, 아주 다양한 종류의 위급상황과 원인에 대해 도움을 제공하는 거기에 구제사업(Diakonie)이 있습니다. 이웃사랑은 구제 사역의 근본 동기이자 그들의 이웃을 돕는 것입니다.

　이러한 희생적인 도움과 화해의 준비는 또한 한계에 직면하게 됩니다. 즉 전후 시대에, 엄청난 규모의 남용이 공공연하게 있었습니다. 질서와 청결함과 규율은 최상위 목표들이었습니다. - 어렵게 양육하는 아이들과 청소년들이 할당되었으며, 특히 매질로 훈련받았던 소년원들에서였습니다. 보호소 수감자들은 비인간적인 조건으로 이탄(泥炭)을 채굴하고, 농가들의 일을 돕거나, 보호소에서 가장 값싼 보수로 일해야만 했습니다.

성적인 침해들 역시 여러 보호소에서 일상적인 일이었습니다. 교회 편에서 구제 사역의 이러한 "그림자"는 오래 전에 몰아내었고, 지나간 여러 해 안에 "원탁"안에서 해치워졌습니다. 결과적으로, 하노버의 개신교 루터교의 주(州)연방교회는 그들의 디아코니아 사역(Diakonischem Werk)과 함께 2009년 10월 첫 번째 주연방교회로서 죄책 고백을 제시하였습니다. 그것은 다음과 같습니다.

"50년대와 60년대 우리 그리스도교적인 요구가 이따금 해결되지 않았던 것은 우리의 수치입니다. 특히 우리는 빈번하게 폭력을 사용하였고, 종종 엄청난 심리적 압박으로 다스렸으며 보호소에서 개인을 장려하는 방식으로 아이들에게 다가가지 않았음을 알고 있습니다. 전적으로 우리에게 맡겨진 어린이들과 청소년들의 존엄은 오래 영향을 미치는 상처였으며, 그들의 삶은 해를 입게 되었습니다. 교회와 디아코니아의 기구들인 우리는 오늘날 양육기관들에 맡겨진 여러 아이와 청소년들의 교육과 증진에 여러 번 거절되었음을 알고 있습니다. 우리는 그 당시 적중된 남녀 주민들에 의하여 사과와 용서를 구합니다."

방향

1. 성서적 근거

신약성서의 모든 복음서에서는 봉사/섬김(diakonia), 봉사자/섬기는 자(diakonos)란 개념들이 있습니다. 예수님은 친히 자신 역시 봉사자로 이해하였습니다: "인자가 온 것은 섬김을 받으려 함이 아니라 도리어 섬기려 하고 자기 목숨을 많은 사람의 대속물로 주려 함이라"(막10:45). 요한복음에서 이것은 발을 씻겨주심의 이야기를 통하여 가시화되었습니다(요.13:1-20). 그것은 예수님의 모범에서 나아와 계승의 방식이 어떻게 자라나는지 보여줍니다. "내가 너희에게 행한 것 같이 너희도 행하도록 모범을 보여주었다."(요13:15).

디아코니아의 근거를 위해 두 가지 계속해서 성서의 보기들을 제시합니다.

a) 세계 심판에 관한 이야기(마 25:31-46)

여기에 소위 "자비의 사역들" 안에서 후에 교회의 봉사적인 입장과 행위가 중요하게 되었던 보기들이 열거됩니다. 즉 먹이고, 마시게 하며, 잘 곳을 마련해 주며, 입을 옷을 주며, 방문하며, 위로하는 일 등입니다. 예수는 그것을 행한 자를 판단하시며, 그리고 올바른 것을 행했던 사람들은 전혀 그들의 공로를 아무것도 알지 못합니다. 그러나 그 일들은 최후심판에서야 먼저 도움이 필요했던 자들 안에 예수가 함께 계셨다는 것이 암시되었습니다.

b) 자비로운 사마리아에 관한 이야기(눅 10:25-37)

역시 이 이야기에서 이웃사랑 계명의 성취가 중요합니다. 여기에 그것은 낯선 사람, 유일한 자로서 바르게 행하는 민족과 신앙의 낯선 자, 즉 사랑이 가득하고 자비로운 것을 뜻합니다. 누가 나의 "이웃"인지는 먼저 정의될 수 없을 것입니다. 그것은 상황에서, 또는 - 믿는 사람들의 시각에서 말했을 때 - 하나님의 섭리에서 나타납니다. 예수님은 결정적인 질문을 던집니다. "누가 이런 사람의 이웃이 되었는가?"(눅10:36). 예수님은 이로써 남녀 기독인에게 각자가 이웃이 될 수 있다는 것을 보여줍니다. 이러한 의미에서 구제/봉사(Diakonie)는 "사랑의 봉사", 즉 이른바 사람을 향한 하나님의 사랑에 대한 응답으로 이해합니다. 자신이 하나님으로부터 사랑받고 있음을 인식하는 자는 다른 사람들에게 이러한 사랑의 태도를 향하게 할 수 있는 능력과 준비가 될 것입니다.

c) 이웃사랑과 사회봉사

신약성서는 이미 어떻게 이웃사랑에서 기독교회의 사회봉사가 생겨나는지를 설명해주고 있습니다. 재난을 당한 자들을 위한 돌봄이 개별적인 임의로나 저마다의 책임에 맡겨지게 해서는 안 됩니다. 오히려 섬김의 지속적인 체계화를 위해 염려하는 것이 기독교회의 책임에 속합니다. 그것에 대한 예들은 다음과 같습니다.

- 초대교회에서 7명의 "가난한 사람을 돌보는 구호자"의 선출(행 6:1-6)
- 빌립과 스데반에게 내리신 사명 위임(행6:10; 8:26이하)

섬김/봉사의 직분은 마침내 공동체 인도의 업무에 귀속되었습니다. 이미 예수님의 전승은 예수의 조력자요, 동행인으로서 여성들을 거명합니다. 우리는 로마서 16:1에서 "뵈베"라는 이름의 여성에 관해서 읽게 됩니다. 그녀의 직책은 "봉사자"(Diakon)로 증명됩니다. 그 이유는 그녀가 "여러 사람"의 "조력자"였기 때문입니다(롬12:2). 기독교회의 봉사/섬김은 항상 여성들의 사역과 연결되었습니다.

2. 디아코니아의 역사

교회사를 디아코니아의 역사로 주목하는 자는 그들을 가장 매혹하게 하는 하나의 관점을 발견합니다. 그것에 관계되었던 인물들과 그들의 행위들과 사역들의 포괄적인 다양함으로부터 몇 개의 중요한 단계들이 표시될 수 있을 것입니다.

a) 고대교회
고대교회는 교회공동체의 모임 안에서 사회봉사를 자리 잡게 합니다.

감독들은 사회협력을 책임지며, 거기서 실제로 봉사의 협력을 후원합니다. 감독의 이름으로 봉사자는 공동체의 궁핍한 자들에게 사랑의 선물들을 나눕니다. 궁핍한 자들에 대한 봉사는 예배와 밀접하게 연결되어 있습니다. 이로써, 하나님을 향한 사랑과 이웃에 대한 사랑은 상호 관련되었다는 것이 가시적으로 표현되었습니다.

b) 중세기

중세기는 가난한 자와 병자의 보살핌을 대규모로 체계화시키고, 수백년이 넘어서까지 수도원과 요양원들을 봉사의 장소들로 만들게 됩니다. 자신의 군복 외투를 가난한 자에게 나누는 성자 투어스의 마틴(Martin von. Tours, 316-397)의 상(像)은 원본 그림 그대로 각인하였습니다. 병자를 부양하고 가난한 자를 수도원에 받아들이는 것 역시 수도원의 과제로 삼았던, 누르시아의 성 베네딕트(Benedikt von Nursia, 480-547)의 규정은 수도원을 위한 토대가 되었습니다. 이후 튀링엔의 성 엘리자벧(1207-1231)의 모범은 대단한 영향력을 행사하였습니다. 13세기 이래, 오늘날에까지 남자와 여자들은 아시시의 성 프란시스(1181-1226) 모습의 감명 하에 배척받은 자들과 고통당하는 자들에 대한 섬김에 진력하고 있습니다.

c) 종교개혁

종교개혁은 디아코니아를 최고조에 이르도록 간접적으로 활력 있게 해줍니다. 즉 종교개혁은 먼저 수도원의 해체와 영적인 자극들의 중단을 통해 영향을 미쳤기 때문입니다. 그것은 공로 사상의 수정과 교회의 봉사적인 능력 안에서 느낄만한 반동을 통해서 임을 뜻합니다. 그렇지만, 루터는 그의 성만찬의 문서들 가운데서 성만찬 공동체의 사회적 책무를 지적하였습니다. 그는 그리스도인은 모든 만물 위에 "자유로운 주인"으로서, 그렇게 가능한 한 누구에게도 복종하지 않는, 그러나 "모든 것을 섬기는 종"이며, 모두에게 종속된 존재임을 발견했습니다. 그것은 기독교 신앙의 자유에서 나아와 자신이 하나님 앞에서 고귀한 명성을 얻기 위해서가 아니라, 종교개혁적으로 생각하는 사람은 곤궁한 자들에게로 향하게 되는 것을 뜻합니다.

d) 종교개혁 이후에 등장한 개별적인 섬김

후기의 봉사 사역의 발흥들은 대부분 개별적인 사람들의 이름과 연결되었습니다. 이들은 소위 각성한 모임들에 속한 자들로, 그들의 환경에서 구체적인 곤궁을 직접 경험하고, 기독교 정신으로 구제책을 찾아 나섰던 분들입니다. 아우구스트 헤르만 프랑케(A.H. Francke, 1663- 1727)는 이러한 사람 가운데 한 분입니다. 그는 할레에 가난한 자들의 학교를 설립하였고, 그 학교에서 수천 명의 아이들에게 기독교교육과 사회적인 연결을 중재하였습니다. 그리고 그의 사역은 외진 곳 마치나, 포게센의 슈탄탈에서 결과적으로 기독교 사회봉사가 공동체의 토대에 어떤 영향을 미칠 수 있는지를 거의 60년간의 사역을 통하여 보여주었던 요한 프리드리히 오버린(J.F.Oberlin,1740-1826)의 사역에 해당합니다.

e) 19세기 설립자들의 모습

19세기의 다양한 설립자의 모습들은 교회사와 디아코니아 역사의 새로운 장을 주도하고 있습니다: 테오도르 플리트너(Flitner,1800-1864), 요한 하인리히 비헤른(J.H.Wichenr, 1808-1881), 빌헬름뢰회(W.Loehe,1808-1872)와 보델슈빙(F.v.Bodelschwingh, 1831-1910). 그들 신앙의 신념과 마찬가지로, 그들 시대의 사회 사정은 그들이 행동하도록 동기를 부여했습니다. 1848년 비텐베르그의 교회의 날 행사에서, 비헤른의 유명한 연설은 주된 동인이었음을 알려줍니다.

"우리 개신교의 백성은 자신의 구원에 도시선교(Innere Mission)의 활발한 전개가 필요로 합니다. 개신교회의 원리에는 시작 이래, 비참한 자들과 잃어버린 자들에게로 향하는 사랑이 놓여있습니다. 그것이 이제 우리 교회들의 힘이 되어야 합니다. 이제 사랑이 밖을 향하여 나아가도록 사랑이 우리들의 교회 안에서 탄생해야 합니다. 하나의 개혁이 필요하거나, 오히려 국가와 교회와 사회 안에 우리 모두의 내적인 상태의 회복이 필요합니다. 도시선교는 이제 완전히 정치와 관계되어야 합니다. 나의 친구들이여! 개신교회는 전체적으로 인정하는 도움이 필요합니다. 이러한 작업의 총합에 거대한 목표를 놓게 하는 도시선교는 나의 것입니다. 믿음과 같이 사랑은 나에게 속한 일입니다."

f) 도시선교와 "어머니 집 봉사"

1848년 도시선교가 설립되었습니다. "어머니 집 봉사"는 그보다 앞서 생겨났으며, 얼마되지 않아 유럽을 넘어 미국에까지 퍼졌습니다. 병들거나 멸시당하거나 실패한 각양각색의 그룹들을 위해 병원, 요양원, 학교들, 그리고 필요들에 따른 또 다른 기관들이 만들어졌습니다. 친구들의 모임과 공동체들은 재정후원을 통하여 참여하였으며, 전문인 동맹체와 주(州) 연방 연합체들이 결합하였습니다.

g) 국가사회주의 시대

국가사회주의 통치와 제2차 세계대전은 디아코니아에 깊은 실망을 초래하였습니다. 예를 들면 독일에서 가장 큰 봉사 기관인 베텔(Bethel)의 시설의 책임자요, 젊은 사람인 보델슈빙(1877-1946)과 뮌스터의 로마가톨릭 감독, 추기경 클레멘스 아우구스트 그라프 폰 갈렌(1878-1946)과 같이 외면할 수 없는 기독교적인 확증의 표지들은 모범적인 것들입니다. 반면, "가치 없는" 삶, 특별히 정신질환자들의 생명을 위한 투쟁에서, 일부 섬김의 동역자들의 거부 역시 수치스럽습니다.

h) 제2차 세계대전 이후

2차 세계대전으로 귀결되는 고난의 위기는 "개신교의 구호사업"(1945년 설립)를 통하여 극복하려고 애를 쓰게 되었습니다. 도시선교와 개신교 구호사업은 1957년 "독일 개신교회 봉사 활동단"으로 연합하였습니다. 교회는 디아코니아가 단순히 개별적인 사람들, 단체들, 클럽들, 조합의 과제가 아니라, 전체 기독 공동체의 원천적인 사역임을 증언하였습니다. 독일 개신교협의회(EDD)의 기본법은 "봉사적이며-선교적인 사업들이 교회의 본질적 표현이요 교회 생명의 표현"임을 언급합니다.

모든 신앙의 종파들 안에 봉사(Diakonie)가 있습니다. 로마가톨릭교회는 개신교의 것들보다 적지 않게 이와 연관된 활동들을 보여주고 있습니다. 그것들은 "카리타스 동맹"(Caritas Verbamd)란 이름의 기구로 병합되었습니다.

3. 근본적인 변혁 가운데 놓인 디아코니아(봉사)

독일 연방공화국에서 디아코니아는 오늘날 가장 광범위한 교회사역의 영역을 보여줍니다. 28,000개 정도의 기관들 가운데서 대략 440,000명이 본 직업으로, 그리고 또한 명예직으로 협력자들이 활동합니다. 오랜 기간 전문적인 남녀 봉사자들이 이러한 사역을 결정하였습니다. 많은 사람을 위해 봉사자들의 모습에서 전형적인 개신교 디아코니아의 특징을 관찰하게 됩니다. 특별히 여러 기관과 응급의 돌봄 사역 안에 있는 지도적인 과제들은 지금까지 봉사단체들의 구성원들에게 위탁될 수 있었습니다. 이 점에 있어서 가장 잘 알려진 봉사 기관들은 봉사자들의 어머니집들, 봉사의 자매들, 남녀 봉사자들이 섬기는 형제의 집들이 있었습니다.

디아코니아의 조직적인 책임 있는 단체들에는 오늘날 다음의 기관들이 있습니다.

- 여러 가지 봉사단체의 시설들에서 유래하는 거대한 봉사 사역들 베델과 노이엔데텔스아우(Bethel, Neuendetellsau)가 있으며

- 도시와 지역 차원의 연합체로서 디아코니아 사역

- 교회공동체와 다른 법인들(예, 재단들)

여기에 가족과 이웃, 또는 기존 기관들에서 활동하는 개인들의 참여를 당연히 계산합니다. 조직의 형태들 외에도 디아코니아 안에서의 직업교육생들에게도 변화가 있습니다. 간호사들과 다른 봉사단체들에 의해서도 후진의 감소를 통해 교회의 봉사단체에 속하지 않는 사람들이 점점 더 많이 사회적인 직업을 가진 봉사 쪽으로 들어왔습니다. 봉사 안에서 그렇게 사회적인 직업들의 모습과 평가가 변화되었습니다. 오늘날에 봉사연합체의 회원이 아니라 직업군(간호사, 사회복지가, 장애 치료사)에 예속성이 결정적입니다. 1980년대 이래, 쉼 없이 진행하는 직업교육생들의 변화 안에서의 이러한 과정은 사회직업의 전문화로서 설명되었습니다. 사람들은 거의 모든 도시 안에서 "현장"에서의 디아코니아를 경험할 수 있습니다. 그것을 넘어서 사람들은 또한 디아코니아 안에서 다른 나라를 위하여 일하며, 특히 해외에서도 활동합니다. 독일 교회와 독일의 자유교회들이 뒷받침하였던 행동, 즉 "세계를 위한 빵"(Brot für die Welt)이 1959년 이래로 개신교의 영역에 존재합니다. '세계를 위한 빵'은 대림절과 성탄절 시기에 자연재해와 난민구호를 위한 돈을 모금합니다. 특히 상응하는 나라들에서 자구행위를 강화하는 조치들이 거기서 장려되었습니다. 이와 동시에 복지를 가진 나라들에서의 태도와 가난한 나라들에서 사람들의 떠벌림 사이에

관계들이 보여주었던 의식형성이 중요합니다. 로마가톨릭 편에서 비교할 만한 기구는 "미제레오르"(Misereor)입니다.

디아코니아는 거의 모든 분야와 활동영역에서 무보수 명예직을 통하여 도움을 받았습니다. 이분들은 자신의 자유 시간과 능력의 거대한 부분을, 그리고 종종 디아코니아를 위해 그들 재정의 큰 부분을 사용합니다. 이전에 이분들은 주된 직업에 속하거나, 더 정확하게는 주된 직업의 하위에 배열되어 있었던 남녀 보조자(Helfer)들로 자주 표현되었습니다. 이들은 전문화의 과정에 병행하여 자립적인 봉사단으로 자리를 잡았습니다. 명예직으로 봉사하는 협력자들은 그분들의 활동을 위해 준비되며, 교육되어 있습니다. 그리고 노동이 정규직으로부터 동행하며, 계속 교육되는 동안 그들의 참여와 함께 그들의 다양한 삶과 신앙과 빈번한 직업의 경험들과 함께 전문특수적으로 교육된 주된 직업들의 확대를 형성합니다.

명예 직분 자들의 배치를 위한 구체적인 예들은 다음과 같습니다.

- 병원 시설들에서의 환자 방문 사역
- 철도역 선교
- 전화 상의 영혼 돌봄
- 요양 조치들과 더 많은 것들의 동반

디아코니아는 그들 전문협의회 안의 명예직들에 의존되었습니다. 이 사회와 위원회, 자문위원회와 감사위원회들은 그들의 작업이 높은 배치와 전문지식으로 수행하게 됩니다. 교회공동체들의 봉사위임자들 역시 여기에서 언급하게 됩니다. 즉 그들은 정보들과 접촉들을 통하여 공동체와 공동체를 초월하는 봉 사이에서 연결을 강화합니다.

4. 봉사의 현실성 지닌 질문들

a) 사회국가

우리는 가난한 자들과 위기를 겪는 자들을 위한 돌봄을 그들의 책임으로 삼는 사회국가에 살고 있습니다. 거기서 국가와 디아코니아 사이의 관계는 소위 자원조성의 원칙을 통해서 규정되었습니다. 즉 위기상황에 가장 이웃하고 있는 책임 있는 단체가 위기 제거를 담당합니다. 위기를 겪고 있는 사람들과 가난한 자들과 병자들에 대한 연대의 의무는 개별 사람들의 세계관적인 방향이 어떠하든 그와 상관이 없이 모든 사람에게 유효합니다. 우리의 국가 역시 시민들을 돌보며, 교회 밖의 책임 있는 단체들은 사회적 도움에 참여 되었습니다.

그렇게 하여, 지난 수년 안에 오늘날 "사회사업의 시장"으로 불리는 것이 생겨났습니다. 수많은 지원 영역을 위한 다양한 제공자들이 있습니다. 위기를 겪는 사람들을 위한 돌봄은 결코 교회와 그들의 협력조직들의 우선권은 아닙니다. 우리는 사회적 구호행위의 이러한 시장에서 생겨난 경쟁적 상황을 직설적으로 말하게 합니다. 한 큰 도시에서 돌보는 봉사의 보기에서, 예를 들어 가정적인 돌봄이 필요한 사람들이 다양한 제공들 사이에서 선택할 수 있다는 것이 설명될 수 있을 것입니다. 우리의 현대적인 간호보험은 어느 단체가 자신의 간호와 구호에 대한 비용을 받을 것인지 스스로 결정하도록 돕고 있습니다. 이런 발전은 응급 요양사업의 경우 분명한데, 거주자와 환자, 상담을 원하는 사람들과 가족들에 대한 디아코니아의 기독교적인 토대와 방향은 과연 어느 부분에서 알아볼 수 있는지에 대한 질문이 생겨납니다. 일반적으로 더 이상 종교적인 동기가 전제될 수 없기때문에, 이미 일선에 종사하거나, 또는 앞으로 구해야 할 조력자들은 기독교적인 부분을 분명히 해야 할 것입니다. ╱ **직업과 경제**

b) 디아코니아의 모범

기독교적 과제로부터 진행하는 것으로서 봉사 사역이 어떻게 인식되며, 실제로 다른 단체로부터 구별할 수 있는지의 질문은 1980년 중반 이래, 먼저 새로운 발전을 이루었습니다. 디아코니아 기관들과 사역들은 그들의 사역의 프로필을 기획하고, 가능한 협력자들의 수락을 얻어내고 자신들의 "표본"을 외부로 표명하여 알아볼 수 있도록 설계하는 것이 필수적임을 알고 있습니다. 몇 해 전부터 디아코니아의 여러 사업권역과 기관들은 문제의 해명과 극복을 위해 오래전부터 경제 분야에서 활용되고 있는 매니지먼트 개념을 이용하고 있습니다. 이 분야에서는 다음의 '우리는 누구인가?', '우리는 무엇을 제공하는가?', '우리의 목적은 어디에 있는가?', '우리 곁에서 일하거나 우리 서비스를 바라는 사람은 무엇을 기대하고 있는가?'라는 등의 질문에 해명하는 것이 중요합니다.

독일 개신교협의회(EKD)의 법인체 '디아코니아 사업'의 모범은 다음과 같이 말합니다: "이 모범으로써 우리는 디아코니아는 어떠한지, 그리고 더 나아가 어떻게 그것이 존재할 수 있는지를 설명합니다. 이러한 디아코니아가 내일의 현실이 될지는 이러한 모범을 우리의 삶과 공동으로 채울 우리의 준비에 달려 있습니다"(Leitbild Diakonie, 1997).

디아코니아는 모범을 위한 특성으로서 불려졌으며, 다음과 같이 전개됩니다.

- 우리는 우리의 행동을 성서적인 것으로 지향합니다. 우리는 개별 사람들을 인식합니다. 그 안에서 우리는 예수님을 따르면서 우리의 과제를 봅니다. 우리는 위기, 고통, 약함을 삶의 부분으로서 직시합니다. 우리는 이를 외면하지 않고 손을 내밉니다. 십자가에서 예수님의 고난과 죽음이 우리에게 그 일을 감당하도록 능력을 주십니다. 그의 부활은 우리에게 죽음을 이기는 믿음을 선사하십

니다. 이 소망으로 우리의 삶의 한복판에서 만나게 되는 위기 중에서도 또한 행동합니다. 그것은 성령을 통해 우리 안에 살아 있습니다.

- 우리는 모든 사람의 존엄을 존중합니다: 성서는 사람을 남자와 여자요, "하나님의 형상"(Ebenbild Gottes)임을 말합니다. 하나님은 모든 사람을 원하시며 사랑하십니다. 그것은 그 사람이 무엇이며, 무엇을 할 수 있는지와는 상관이 없습니다. 하나님은 - 좌절 가운데서도, 실수 가운데서도 또한 사람을 받아들입니다. 우리는 우리의 행위를 그 방향으로 설정합니다. 우리는 특별히 인간 존엄이 경시된 사람들을 위하여 나섭니다.

- 우리는 구호하며 경청하게 합니다: 우리는 모든 삶의 상태의 처한 사람들을 동반하며 조언합니다. 우리는 그들을 간호하며 치유하고, 위로하며, 강하게 하며, 그들을 장려하며 교육합니다. 동시에 우리는 경청하지 않는 이들에게 우리의 목소리를 높입니다. 우리는 다른 이들과 더불어 인간다운 법부여, 기회균등의 사회, 그리고 일관된 공공복지를 위한 방향성을 위해 나섭니다. 우리는 전환의 시기에 평화와 정의의 약속을 굳게 붙듭니다.

- 우리는 살아 있는 전통에서 혁신적인 의지를 가집니다. 우리는 새로운 도전을 창의적이고 혁신적으로 맞이합니다. 우리는 오랜 전통 속에 다양한 모습의 디아코니아 사역의 구호형태를 발전시켰습니다. 우리는 이것으로 사회역사를 빚어내었습니다. 변화되는 사회에서 돕기 위해 우리는 이러한 경험들을 이용합니다.

- 우리는 정규직과 무보수 명예직의 여성과 남성으로 이루어진 봉사공동체입니다: 우리는 매일의 사역에서 서로를 협력합니다. 여기에 의미탐구, 신앙적 도움과 영혼 돌봄이 있습니다. 우리는 상호교환적인 정보를 통해서 신뢰와 투명성을 만들어냅니다. 우리는 자기 주도성과 전문적인 능력을 증진 시킵니다. 우리는 우리의 사역을 개선하기 위해 분쟁과 비평을 기회로 사용합니다. 우리는 교육과 재교육과 계속 교육을 통하여 전문성을 보증합니다. 우리는 남성과 여성의 동등성을 실천하고 증진 시킵니다.

- 우리는 사람들이 우리를 필요로 하는 거기에 있습니다: 우리는 개신교회의 위임 안에서 교회적인 사역으로서 결속되어 있습니다. 우리는 우리의 행위로 하나님의 사람 사랑을 선포하고 있습니다. 우리는 자유로운 복지연맹단체로서 사회체제의 부분입니다. 우리는 비평적인 파트너 관계로서 사회국가를 함께 형성합니다.

- 우리는 교회입니다: 디아코니아 경험하기를 알고 있음을 뜻합니다. '교회는 살아 있습니다!' 디아코니아는 사회 안에서 그리스도인 됨입니다. 디아코니아는 개신교회의 본질에 대한 표현이요, 삶의 표현입니다. 디아코니아는 공동체의 예배에서 나아옵니다. 디아코니아는 경험된 믿음이며, 현재의 사랑이며, 활동적인 소망입니다. 디아코니아는 다른 사람들을 위해 자신을 강하게 합니다.

- 우리는 하나뿐인 세계에 생명을 위해 우리를 투입합니다: 하나뿐인 세계를 위한 책임으로 우리는 위기가 지배하는 곳에서 활동합니다. 가난한 자들을 위한 정의와 평화와 창조의 보존은 공동의 세계를 위한 초석들입니다. "세상을 위한 빵", "교회를 돕는 교회", "동유럽을 위한 소망" 등이 우리의 공헌입니다. 우리는 상호교환적인 과정으로써, 우리 자신을 위한 기회로써 이러한 공동사역을 경험합니다. 우리는 교회들의 연합적인 공동체의 전 세계적인 봉사 가운데 연결되었습니다.

형성

사람이 함께 사는 곳, 어디에든 노인, 병자, 약한 자, 가난한 자와 불안을 겪는 사람들이 있으며, 그들에게는 도움과 조력이 필요하며 - 또한 복지사회 한복판에서도 그러합니다. 그래요! 소위 스스로 강한 사람도 마지막과 처음에는 약한 자입니다. 다른 사람의 도움이 없이는 아무도 살 수 없습니다. "현장"에서, 그것은 작지만 아주 구체적인 공동체의 경계들은 디아코니아 사역의 다음과 같은 중점들을 제시하고 있음을 뜻합니다.

a) 실직자들에게 소망을 줍니다.

1970년대 서독에서 대량실업이 시작된 이래, 교회공동체들은 실직자들의 사회적이며 가족적이며 인간적인 문제에 주의를 기울이며, 상담소들이나, 만남의 장소들(카페, 실직자 센터)을 설치하고, 스스로 협력단체들을 준비합니다. 실직회사들, 작업장들, 회생 프로그램, 수리 프로젝트와 재활용 프로젝트들이 사회적으로 불리해진 청소년들에게 자격획득의 기회를 제공하며, 조기 퇴직자들에게는 교회 내의 무보수 명예직의 가능성을 중재합니다.   ↗ 직업과 경제

b) 가난한 자들을 조력합니다.

수많은 참여운동의 주도자들은 아주 기초적인 생활 욕구를 돕기 위해 힘쓰고 있으며, 예를 들면 궁핍한 사람들은 스프를 공급하는 주방, 옷방, 사회복지 백화점 등에서, 아주 적은 비용으로 구매할 수 있습니다. 급식소, 교회와 사회사업 기구들에서는 슈퍼와 빵집에서 무상으로 제공하는 생활필수품을 받게 됩니다. 그리고 무주택자들을 위한 시설도 있습니다. 함부르크의 일부 교회들은 무주택자들을 위한, 그리고 그들과 함께 "교회주식"을 만들었습니다. 새로운 참여운동의 주도자들은 집을 빌려주는 신문광고와 집을 구하는 사람들을 위한 보증 등과 같은 프로젝트를 동반하고 있습니다.

c) 이민자들을 수용합니다.

다른 출신의 사람들에 대한 배척과 외국에 대한 적대감에 항거하는 것은 디아코니아의 임무에 속합니다. 디아코니아는 아주 오래전부터 이민자들의 상담과 후원과 사회통합을 돕고 있고 이들을 보호하기 위해 나서고 있습니다. 거기서 도시 부분을 지향한 공공단체 사업의 범주에서 국내 주민들과의 협동은 높은 가치를 지닙니다.

d) 어린이와 청소년, 가족을 후원합니다.

디아코니아의 봉사들과 시설들 안에서 두 번째 자리는 이러한 영역에 놓여있습니다. 유치원과 탁아소들은 현대적이며, 대부분 작은 가족들의 증대되는 소외와 과중한 요구가 반대로 작용하고 있으며, 엄청난 교회 자금이 요구되고 있습니다. 이러한 제공들은 어린이와 부모, 청소년과 성인들을 위한 이따금 중심적인 소통장소들이 되기도 합니다.　　／부모와 자녀

e) 도움을 구하는 사람들을 상담합니다

개인적이고 사회적인 위기상담소 중, 1/3은 교회의 책임적인 단체 안에 있습니다. 예를 들면 전화상의 영혼 돌봄, 철도선교, 혼인상담, 가족 상담, 결혼상담, 임신상담과 임신갈등상담, 훈육상담, 부채상담, 중독상담 등이 있습니다. 세속적이며 교회와 거리가 있는 부분에서도 위기에 개입하는 일은 교회의 임무라고 받아들입니다.　　／영혼상담

f) 장애가 있는 사람들을 위한 삶의 기회를 펼칩니다.

디아코니아 시설들 역시 오늘날 대부분 이러한 사람들의 범주에 개방하고 있습니다. 거기서 사람들은 지역적으로 지향된 차별화된, 그리고 주거지에 가까운 구호 제공들을 발전시킵니다. 이것들은 가능한 자기 결정적인 생활 태도를 가능하게 해야 하며, 해당자들의 타고난 삶의 세계를 순간 유지하며, 실천적인 통합이 삶의 세계의 구성요소로서 공동체의 생활 안에서 지원되어야 합니다.

g) 노인들을 돕습니다.

노인들의 동행은 한 교회공동체 사역의 중요한 부분입니다. 여기에는 특별히 교육을 받은 명예직의 참여와 함께 이루어지는 실버들의 모임과 방문 봉사들이 있습니다. 소위 치매나 위중한 병이 있는 노인들이 그들의

유래된 삶의 세계 안에서 돌보는 일입니다(돌봄의 주거). 독일에서는 "노인들은 자신을 스스로 돕는다!"는 슬로건 아래, 독일 곳곳에는 자조 운동과 실버들의 협동조합, 접촉센터, 또는 실버들의 레스토랑 등이 생겨나고 있습니다. "요양원"과 "요양 돌봄의 집"은 후퇴되고 있으며 - 아직은 전혀 눈에 띄지는 않지만 - 점증적으로 나이에 적합한 시설과 함께 차별화된 제공들이 등장하고 있습니다.

i) 병자들을 돕습니다.

병은 삶의 현실에 속합니다. 오늘날 독일 병원 중, 1/3은 교회의 책임 단체에 속해 있습니다. 거기서 교회의 환자 간호의 성격을 분명히 하도록 하고 있습니다. 또한 교회공동체 가까이 응급환자 돌봄의 시대에 적절한 형태로, 명예직의 방문 사역과 이웃의 도움을 지지했던 교회의 위임 안에서 높은 수가 일하고 있습니다. 여기에는 만성병자나 중독환자들에 대한 자력구제의 그룹들이 봉사를 담당하고 있으며, 그들의 가치는 지난 시기에 현저히 상승한 것은 정당합니다. 그 이유는 그들의 봉사가 환자의 성숙성을 강화하며, 고통에 건실하게 대처하도록 안내하기 때문입니다.

i) 임종자들과 동행합니다.

사람들은 존엄하게 죽기를 원합니다. 어려운 순간을 견디어 내며, 상실의 어려움 중에 있는 가족과 친구들을 돕는 것은 가능합니다. 교회는 초창기부터 임종수행을 본질적인 임무로 보았습니다. 그리고 또한 오늘날 교회원들이 이를 수행하도록 준비하고 있는 것은 지극히 당연합니다. 바로 이 부분에서 교회가 공동체로 이해되며, 임종을 맞는 사람과 그들의 가족들이 고향으로 되돌아오는 것이 중요합니다. 응급 사역, 임시병동 시설과 호스피스, 잠시 진정하는 장소(임종자들을 위한 간병인 시설)는 임종자들과 그들의 가족들을 지탱하는 환경으로의 통합이 가능합니다.

[참고도서]
- 바흐(Bach,U.):꿈을 포기하기(Dem Traum entsagen),
  한 사람으로 더 존재하기(mehr als ein Mensch zu sein).
  삼기는 교회의 길에서(Auf dem Weg zu einer diakonischen Kirche), 1986.
- 바르트만(Bartmann,P.): 대리 가운데서 섬김(Diakonie in der Stellvertretung), 2000.
- 독일개신교협의회(EKD): 마음과 입과 행동과 삶(Herz und Mund und Tat und Leben).
  섬김의 토대와 과제와 미래전망((Grundlagen, Aufgaben und Zukunfts-perspektiven der Diakonie). 개신교회의 진정서(Eine evangelische Denkschrift), 1998.
- 카이져/그레샽드(Kaiser,J.-C./Greschat,M.) 편집(Hg.):
  사회적인 프로테스탄트주의와 사회국가(Sozialer Protestantismus und Sozialstaat), 1996.
- 교회는 약자 없이는 온전하지 못하다(»Ohne die Schwachen ist die Kirche nicht ganz«),
  하데마르 이후의 신학의 초석(Bausteine einer Theologie nach Hademar), 2006.
- 쉬빌스키(Schibilsky,M.): 코스북 - 디아코니(Kursbuch Diakonie), 1991.
- 스트롬(Strohm,T.): 디아코니와 사회윤리(Diakonie und Sozialethik), 1995.
- 투레(Turre,R.): 봉사학(Diakonik), 1991.
- 벨커(Welker,M.): 초점 디아코니(Brennpunkt Diakonie), 1997.

6.4.3. 선교

인식

일상적인 언사용에서 미션(Mission)이란 개념은 아주 당연하고도 부담 없이 사용되었습니다. 그것은 예를 들면 외교관들이나 군사관측자들로부터 그들이 감추어진 '미션'의 과정에 있음을 뜻합니다. 유엔평화군의 미션은 매우 까다로운 일일 수 있지만, 한편으로 무인 우주 탐측기는 특별한 미션을 가지고 우주로 보내집니다. 기업들은 모범적인 과정으로 그들 미션(과업)을 설명하려고 애씁니다.

이에 반해, 교회 영역에서 "미션"은 논란이 많은 말입니다. 한 기독교적인 작곡가는 자신의 노래가 대략 "전형적인 선교 냄새"를 풍기지 않는 것을 자랑합니다. 응급실에서의 영혼의 돌봄 자는 응급사고로 다친 사람과 그들의 가족에게 "선교하는"것이 아니라, 고통의 상황에 있는 그들에게 도움이 되고 싶다는 것을 강조합니다. 그리고 "선교적인 열심"을 말할 경우, 곧바로 종파적인 졸렬함과 열광주의로 간주되었습니다.

교회 축제에서 하나의 대화하는 그룹이 토론합니다. '교회가 어떻게 탄자니아 한 마을에 우물을 파는 개발프로그램에 참여할 수 있는지'에 대한 것입니다. 어떤 사람이 "선교"라는 단어를 언급했을 때, 그 즉시 이에 대해 여러 다른 견해들이 존재한다는 것이 분명하게 될 것입니다. 어떤 이들은 지구의 남반구의 소위 "신생교회들"이 거대한 매력과 영향력을 가지고 있음을 알게 됩니다. 그것들은 유럽과 아메리카에 있는 교회들의 선교운동에서 생겨났습니다. 다른 이들은 그 선교의 역사를 아주 비판적으로 봅니다. 이들에게 선교는 특히 식민지의 정복과 토착적이며 문화적인 형성들의 경시와 연결되었습니다.

2009년 한 학회에서 내건 주제는 "선교의 땅 독일"을 뜻하였습니다. 이 학회는 가족 가운데서 더 이상 기독의 신앙을 경험하지 못하는 사람의 수가 독일에서 자라고 있음을 이 주제와 함께 수용하였습니다. 동독에서 이미 2세대 또는 3세대의 많은 사람이 종교 없이 살고 있습니다. 더욱더 놀라운 것은 청소년들이나 성인들이 세례를 받았을 때, 그리고 그리스도인 됨의 행복에 관해 이야기할 때입니다. 그들은 자신을 위한 새로운 삶의 방식을 발견하고, 그들이 기독인으로 칭해졌으며, 그들에게 믿음을 일깨워준 것에 감사합니다.

방향

1. 성서의 배경

'선교'(Mission)란 말은 성서 가운데 개념으로 나타나지 않지만, 그러나 사건에 따라 나타납니다. 그것은 "보내심"을 뜻합니다. 부활하신 그리스도가 그의 제자들에게 "아버지께서 나를 보내신 것 같이 나도 너희를 보내노라"(요20:21)고 말씀합니다. 그렇게 보냄을 받은 사람들은 단순한 어부들에서 선교사들이 되었는데, 그것은 예수 그리스도의 복음을 계속해서 전달했던 사람들을 뜻합니다. 그들의 선교는 무엇이었습니까? 그들은 예수 안에 현존하는 하나님의 사랑과 세상과 삶의 변화에 대한 희망을 알려주기를 원했습니다. 그들은 사회적으로, 문화적으로, 종교적으로 다른 이들이나, 또는 이방인들과의 교제를 추구하였습니다! 이러한 경계를 뛰어넘는 역동성은 기독교 신앙에 처음부터 아주 특이한 것이었습니다. 예수를 만났던 사람들은 그 분의 인격과 그분이 전해주는 복음의 소식에 매료되었습니다. 예수는 모든 사람에게 유효한 신적인 아버지의 가까이 계심과 사랑을 선언하였습니다. 예를 들면 그가 병자를 치유(마9:35)하면서, 그는 그들에게 하나님의 관심(애정)을 보여주었습니다. 그의 제자들이 부활하신 그리스도와의 만남을 통하여 십자가의 쇼크를 극복한 이후, 그들은 모든 사람에게 복음을 전해야 하는 사명을 그에게서 위임받게 되었습니다 (마28:19-소위 "선교명령" 막16:15; 눅24:47). 그들은 자신들이 말과 행위로 "좋은 소식"을 계속해서 전달하도록 파송된 자들임을 알았습니다. "너희가 권능을 받고 예루살렘과 온 유대와 사마리아와 땅끝까지 이르러 내 증인이 되리라"(행1:8). 부활절은 선교의 시작인데, 그것은 매력적인 기독교의 역동성을 뜻합니다. 즉 그것은 하나님의 자유롭게 하는 사랑에 관한 소식으로서 항상 새로운 문화와 백성과 종교적인 것처럼, 사회적인 상황들 안으로 가져가야 하는 것보다 다르지 않은 것입니다.

교회는 예수의 파송 사명에 관여된 것이며, 사람들이 예수 그리스도의 하나님과 교제 가운데로 부름을 받게 되도록 "화해에 관한 말씀"을 계속 전해주는 그들의 임무를 짊어지게 된 것입니다. 예수님의 파송의 목표는 "모든 사람이 구원을 받게 되었으며, 진리의 인식에 이르게 되는"(딤전2:4) 것에 있습니다. 사람들은 그리스도와의 만남을 통하여 그의 풍성함 가운데 있는 생명을" 가지며(요1:16), 그리스도의 생명력에 참여하는 것입니다. ╱ 예수 - 그리스도. ╱ 신자들의 공동체

2. 선교 신학적인 토대

"선교는 교회의 기능이 아니라, 교회가 선교의 기능입니다"(W. Krusche). 교회가 이념들과 종교들의 경쟁적인 다툼에서 복음을 지닌 것에 더 이상 확신하지 못하면 그 교회는 그들의 정체성과 존재의 정당성을 잃어버리는

것입니다. 사회과학자 클라우스 레게비(Claus Leggewie)는 "선교하지 않은 자는 물러나야 한다."고 말합니다. 교회는 선교를 통해서 생겨났고, 더 이상 선교적인 일을 감당하지 않으면, 교회로 존재하기를 중단하는 것입니다. "불이 활활 타오르는 것으로부터 존재하는 것처럼" 교회는 "선교로 살아갑니다"(E. Brunner). 우리 유럽 사람들 역시 사도행전 16장 말씀("건너와서 우리를 도우라")에 따라, 바울에게서 마케도니아의 환상과 함께 시작했던 선교의 기독인 됨에 힘입고 있습니다.

선교는 스스로 방어할 수 없는 사람들의 기습공격이나, 또는 점령을 뜻하지 않습니다. 선교는 값싼 설득이 아니라, 예수의 제자로 청원하는 초대가 중요합니다. 공세적이지만, 그러나 공격적이며 전투적인 태도는 아닙니다. 신앙에 대한 직접적인 소식과 개인의 신앙적 체험을 알리기 전에 다른 것이 있습니다. 즉 하나님을 찾는 사람들과 면면이 들으면서, 나누면서, 대화하는 그리스도인의 함께함입니다. 예수의 영 안에서 다른 사람들과 함께 사는 자는 다만, 대화적인 신앙증언에서 생겨나는 호기(好期)에, 다만 그는 자신의 삶에 대한 근본적이며, 가치 있는 것을 다른 이들과 나눌 수가 있을 것입니다. 오로지 들으며, 그리고 다양한 사회적 환경에서 함께 하며 사람들에게 가까이하는 교회가 선교적인 교회일 수가 있습니다.

게오르그 프리드리히 비체돔(G.F.Vicedom, 1903-1974)은 "하나님의 선교"(missio dei)란 표제 하에서 그의 선교신학을 제시하였습니다. 루터교 세계연맹은 "함께 하는 교회로서 하나님의 선교"(1988)라는 선교문서를 수용하였고, 공식화하였습니다. "선교에 참여는 교회의 중심적인 목표이다. 교회의 선교는 하나님 자신의 선교로부터 나아오며, 하나님의 자기 계시 안에 닻을 내렸다.... 선교는 아버지와 아들과 성령 하나님의 지속적인 구원 사역이다. 선교는 지속적인 구원 사역에 활동하는 그의 백성에 대한 하나님의 명령이다.…선교하는 교회는 항상 자신의 경계를 넘어서 길을 발견하기를 추구한다. 그것은 교회의 본질에 속한다."

그리고 2004년의 "상황 가운데서의 선교"라는 문서는 강조합니다. "하나님의 선교에 참여는 그들 이해의 중심에 선교하는 교회를 위하여 있다."

우리가 선교를 짊어지는 일이 아니라, 하나님이 친히 책임자이시며, 선교적인 역동성의 창시자이십니다. 우리는 그 안에서 능동적이며, 수동적인 방식으로, 그의 영이 길에 대하여 경탄하며, 경계를 넘어서는 복음의 소통에 참여자로서 연관되어 있습니다. 하나님의 영은 선교적 역동성 안에 작용하시며, 그가 원하는 곳과 시간에 믿음을 일깨우기 때문에, 가능한 많은 사람을 선교하는 압력 가운데 그 누구도 있지 않습니다.

선교는 지리적으로 제한될 수 없습니다. 그것은 먼저 종려나무가 자라는 곳 거기서 시작하는 것이 아니라, 자기 집 문 앞에서 시작합니다. 선교는 기독인과 비 기독인을 향하여 있으며, 바다를 넘어 "이방인들"과 우리 곁에 있는 "신 이방인들"을 향하고 있습니다. 신앙과 불 신앙이 서로 만나는 곳, 즉 근본적으로 모든 사람에게 선교는 필수적입니다. 선교는 사람을 변화시키고 화해시키며, 전권을 위임하기를 원합니다. 빌헬림 뢰에(W.Löhe,1808-1972)는 다음의 말을 인상 깊게 남겼습니다. "선교가 사람을 움직임 가운데 있는 하나님의 유일한 교회다." 선교는 사람을 움직이게 하며, 경계선을 넘어가게 합니다. 하나님이 그리스도 안에서 스스로 경계를 넘어서는 그의 사랑을 표명하였기 때문입니다.

3. 총체적인 선교

선교는 선포와 섬김 가운데서 그리스도 안에 있는 하나님의 사랑에 관한 증명서입니다. 이미 예수의 활동 가운데서 하나님의 사랑과 이웃사랑이 함께 속해 있기 때문입니다. 마태복음 28장의 "선교명령"과 이웃사랑의 계명은 함께 속한 일입니다. 선교사들은 단지 설교하고 교회를 설립했을 뿐만 아니라, 또한 학교와 병원을 세웠습니다. 예를 들면 가나의 카카오 재배농장은 바젤의 선교사역으로 거슬러 올라가며, 킬리만자로의 커피 재배농장은 로마가톨릭의 선교사역으로 거슬러 올라갑니다. 선교와 발전은 서로 분리할 수 없기에, 오늘날까지 아프리카의 학교와 병원의 절반은 교회와 관계된 단체에 놓여있습니다. 식민지 보유국들은 학교의 교육과 국민 보건을 돌보기 위해 그것을 선교업무들에 맡겨두었습니다.

세계의 여러 부분에서 사람들은 물질적인 영적인 필요들 사이를 분리하지 않습니다. 신체와 영혼이 함께 속한 것이며, 서방의 이원론적인 관념에 따라 갈라놓게 하지 않습니다. 그 때문에 기독교적인 확증도 말씀과 행동 안에 영향을 미쳐야 합니다. 국가적인 개발정책이 여러 번 경계선에 직면하기 때문에, 어느 때 보다 개발프로젝트들의 책임 단체로 있는 것이 더 많이 질문되었습니다. 교회의 개발 봉사의 노동단체 안에서 선교사역들, 즉 "세상을 위한 빵"과 개발원조를 위한 개신교 중앙국과 "해외의 봉사들"이 함께 일하고 있습니다. 개발은 많은 인내와 공감의 능력을 요구하는 하나의 긴 과정입니다. "사람들은 개발될 수 없을 것입니다. 그들은 단지 스스로 발전할 수 있을 뿐입니다"(J.Nyerere).

정치적인 영역 역시 선교의 총체적인 이해에 속합니다. 해외에 있는 교회들은 그들 나라의 의미심장한 정치적 요소들을 설명하며, 여러 지역의 정치적인 소용돌이에 직면하여 사회의 안정과 민주주의, 인권들의 준수에 공헌이 수행되도록 도전되었습니다. 우리는 그사이에 "작아진" 지구 위에 살고 있으며, 세계적인 운동으로서 기독인들에 대하여 하나의 특별한 과제를 가지며, 그 안에서 서로 격려하며, 지원할 수 있을 것입니다.

선교와 개발원조의 귀속은 현저한 심사숙고를 필요로 합니다. 에티오피아의 마카네 예수 교회는 유럽교회의 판단에 따라 어떻게 "선교"(신앙각성)와 "세상을 위한 빵"(개발원조)의 관계를 규정할 수 있는지를 루터교 세계연맹에다 문의하였습니다. 신앙의 확대를 위해서는 많은 사람과 인력과 "세상을 위한 빵"과 개발원조와 같은 금전수단이 바로 그렇게 필수적이라는 것입니다. 사람 전체에게 그들 삶의 관계들의 충만한 것을 고려하지 못하는 선교는 단지 절반의 일일 뿐입니다. 선교의 목표는 "창조 전체(생태학)와 삶 전체(사회, 정치, 경제와 문화), 그리고 사람 전체(모든 사람과 총체적 인격성)을 포함합니다"(상황에서의 선교, 2004).

4. 오늘날 선교의 공동작업

복음은 우리의 문화 가운데서 2000년 이래 확고히 뿌리를 내렸습니다. 복음은 우리 문화를 각인시켰는데, 즉 언어, 그림 세계, 예술, 가치관들, 년중의 축제들 등입니다. 그 때문에 우리는 우리의 상황을 예수의 원래 공동체와 비교할 수는 없습니다. 예수 그리스도에 관한 복음은 우리에게 친숙하지만 동시에 낯섭니다. 어떤 사람들은 그것을 정확히 알고 있다고 생각합니다. 그들은 더 이상 새것을 아무것도 기대하지 않으며 외면합니다. 그래서 우리 자신의 뿌리가 낯설어 보이게 하는 하나의 소외가 진행 중입니다. 그것은 전혀 오래된 일이 아니며, 거기에 많은 시대를 진단하는 자들은 종교와 교회의 의미가 현대의 형성과정에서 점점 적어지고 있다는 것에 일치하고 있었습니다. 20세기의 50년대와 60년대에 종교적인 동시대의 종말에 관하여 언급되었습니다. 그 사이에 사람들은 현대화의 과정은 종교성의 상실과 함께 결코 자동적으로 진행되지 않는다는 것을 인식했습니다.

19세기 선교사역은 주로 자유로운 사업장과 사회들로부터 구성되었습니다. 거기서 여러 번 "깨어있는" 범주의 사람들, 즉 "내지 선교" 뿐만 아니라 "외지 선교" 역시 이와 같은 일을 짊어졌습니다. "내지 선교"는 요한 힌리히 비히너(J.Hirich Wichern, 1808-1881)로 거슬러 올라가며 19세기 사회적 질문에 대한 교회의 응답으로서 이해하는 것인 개신 교회 내의 선교에 대한 주도권을 설명합니다. "내지 선교"는 외적인 곤궁을 완화하는 일 외에 교회 공동체의 위태롭게 되었거나, 이미 소외된 구성원들에게 기독교적이며, 교회적인 의미를 강화하거나, 또는 신앙을 각성하게 하는 일을 추구하였습니다. 교회들은 스스로 먼저 공개적으로 선교에 참여한 것이 아니라, 선교에 관심 있는 친구들과 교회공동체들이 기부를 통해서 선교사역을 지원했습니다. 국제적인 차원에서는 1910년 세계선교 컨퍼런스가 개최된 이후, 1921년 에딘버러에서 국제선교 위원회가 결성되었습니다. 2차 세계대전 이래, 교회들과 선교단체들 역시 공적인 차원에서 점점 더 강하게 협력하고 있습니다.

이러한 발전은 국제 선교위원회가 교회 연합위원회와 연합했을 때, 1961년 뉴델리에서 종결되었습니다. 그 이래로 독일 연방에서도 교회와 선교의 통합이 수행되었습니다. 이것은 지금까지 자립적인 선교단체들이 주(州)연방 교회들과 함께 일하는 지역 선교단체들의 설립으로 이끌었습니다. 법적인 형태와 구조들은 어쨌든 다릅니다. 그렇게 선교는 교회연합 운동의 모체로서 묘사될 수 있을 것입니다.

그 사이에, 그들의 모체인 "교회와 선교"와 함께 파트너 관계로 협력하며, 그 사이에 스스로 그들 지역에서 선교를 위한 책임을 넘겨받았던 자립적인 교회들은 선교사역에서 성장 되었습니다.

선교사역들은 그들이 선교적인 활동들을 전개할 수 있는 '흰 얼룩들'(weissen Flecken)을 찾지 않습니다. 그들은 오히려 지역교회들과 함께 일합니다. 해외의 교회들은 스스로 먼저 설립 가운데 이해된 종파들과 다른 종교들을 통하여 위협되었기 때문에, 여러 번 재정적이며, 조직적인, 그리고 신학적인 영역에서 도움을 요청합니다. 그들 교회공동체는 재정적으로 독립적입니다. 예를 들면 학교들, 전문교육 장소들, 병원들이나, 또는 농경제 프로젝트처럼 그들은 이따금 더 큰 활동들을 위해서 지원에 의존되었습니다. 루터교회와 선교단체들을 위해 이러한 국제적인 공동 사역은 루터교 세계연맹을 통하여 조정되었습니다. 개별 교회들을 위해 증가하면서 동등하게 배석을 차지한 조정위원회가 존재합니다. 쌍방의 관계들은 다중 간의 공동 사역을 통해 보충되었습니다.

선교는 "일방통행"이 아닙니다. 그것은 오늘날 대체로 분명하게 "양방향"에서 이루어집니다. 선교단체들은 해외에 선교사들만 보내는 것이 아니라, 독일 교회들 안에서 해외에서 함께 활동하는 사람들의 대체 또한 조직합니다. 이들은 우리의 교회들에 그들 자신의 영성과 예배에서의 자발성과 그들의 성서해석과 그들의 이해성, 그리고 일상에도 역시 하나님에 관하여 말하는 것과 그를 신뢰하는 것에 관하여 대략 알려줍니다. 그렇지만 이로써 비판적인 재질문들이 결부되어 있는데, 예를 들면 탈교회화와 유럽 상황의 개인주의에 대한 모습에서, 또한 부부와 가족, 성생활, 그리고 공동체 의식에 대한 것들입니다.

5. 선교와 대화

1800년경, 세계인구의 약 23%가 기독인들이었습니다; 1990에는 약 34%였습니다. 1900년, 약 87%의 기독인들이 유럽과 북아메리카에 살았습니다. 그런데 이미 1997부터 기독인의 60%가 라틴아메리카, 아프리카와 아시아에 살고 있습니다.

선교사역은 기독교의 엄청난 확장을 이끌었습니다. 기독인의 수가 북반구에서는 점점 줄어드는 반면, 지구의 남반구에서는 계속해서 증가하고 있습니다. 이에 따라, 선교사역이 외면할 수 없는 종교적인 다양함이 현실이 되고 있습니다. 다양성을 진지하게 받아들이고 - 여기에 진리에 대한 질문을 포기하지 않고 - 선교적 증거에 대한 도전을 발견하는 것이 중요합니다. 이러한 증거는 다른 신앙을 가진 사람들과의 대화 가운데서 다만 일어날 수 있을 것입니다. 그리고 그것은 우선 오늘날은 아닙니다.

교회 연합위원회는 이미 1979년 이러한 대화의 길을 다음과 같이 설명했습니다. "다른 사람과의 한 기독인의 대화는 그리스도의 유일성 부정도, 그리스도에 대한 고유한 헌신의 그 어떤 손실을 의미하지도 않습니다. 우리는 기독인으로서 그리스도가 이러한 대화 가운데 말씀으로 오시며, 아직 그를 알지 못하는 사람들에게 자신을 나타내시는 것과 그를 알고 있는 사람들의 제한적이며, 왜곡된 지식을 고쳐주실 것을 믿습니다." 그리고 제2차 바티칸공회는 로마가톨릭의 기독인들을 "지혜와 사랑으로 다른 종교를 고백하는 자들과의 대화와 협력을 통해, 또한 그리스도적인 신앙과 삶에 대한 그들의 증거를 통해, 그들에게서 발견되는 저 영적이며, 윤리적인 자산과 사회문화적 가치를 인정하고 보존하고 증진할 것"을 격려하였습니다.

선교와 대화는 견해 차이가 아니며, 대화는 오히려 그리스도의 증언의 한 형태입니다. 그것은 그리스도를 배반하는 것이 아니라, 그를 따름에 초대합니다. 이미 예수에게서도 증언과 대화는 분리되지 않고 함께 속하여 있습니다. 그는 단지 하나님의 나라에 관해서만 설교한 것이 아닙니다. 그는 반대자들과 다른 신앙을 가진 자들과 함께 자유로이 논증하였습니다.

한 사람 이방의 장교로부터, 게다가 미워했던 로마의 점령국의 일원에게도 그는 대단한 존경으로 말씀하였습니다 "나는 이스라엘 중 그러한 믿음을 발견하지 못했다."(막8:10). 그는 한 사마리아인을 참된 이웃사랑과 감사의 모범으로 내세웠습니다. 그는 인내하는 대화로 다른 사람에게 하나님의 자비를 신뢰할 수 있도록 설득하기를 힘썼습니다. 바울의 선교사역 역시 회당과 아레오바고에서 유대인과 그리스인들과의 집중적인 대화 가운데서 이루어졌습니다. 선교란 다른 신앙의 사람들과의 진솔한 대화 가운데서 진리를 위해 씨름하기 위한 것을 뜻합니다. 모든 증언은 사랑의 정신 가운데서 이루어져야 합니다. 그 이유는 하나님 자신이 사랑이시기 때문이며(요일4:16), 사람과 상황을 고려해야 하기 때문입니다. 선교는 권력수단으로서 남용되지 않아야 하며, 다른 사람의 약함과 의존성을 이용하지 않아야 하며, 또한 먼저 선을 긋거나 판단하는 것이 아니라 설득하게 하는 것이어야 합니다. 대화적인 기본자세는 선교적인 현재의 존재 양식입니다.

이 대화적인 발단에 선교적으로 활동하는 사업들이 각각의 선교적인 이해에서 비판적으로 문의 되게 하는 것이 속하여 있습니다. 이것은 선교가 "보호된" 개념이 아닌 것처럼, 더욱더 그러합니다. 특히 선교가 "어떤 폭력"을 지니게 되는 곳에서 분명한 거리 두기는 필요합니다. 선교는 "절대 기습적인 행동이나, 또는 복음을 가까이 전해야 할 사람들에게 존중 부재가 수반되지 않게 해야 합니다."(2009 작센 개신교 루터교회의 감독, 요한네스 볼(Johannes Bohl)의 "선교와 함께 청소년"이란 기구의 가지인 "전략 최첨단 헤른후트"의 선교사역에 대해서).

6. 선교의 식민주의정책

많은 사람은 '선교'(Mission)란 말에서 우선 경악스러운 식민주의의 비정상적인 발육을 생각합니다. 선교와 식민주의는 여러 분야에서 손을 맞잡고 행하여졌습니다. 그럼에도 불구하고, 차별화된 관찰을 추천합니다. 독일의 선교들은 주로 그 당시 식민지들 안에서 이루어졌고 여기에는 식민당국의 허가가 필요하였습니다. 그것들 역시 이들의 인프라 구조들을 이용하였고, 식민당국으로부터 부분적으로 적극적인 지원을 받았습니다. 기독교의 선교와 식민권력의 공조(共助)는 양자 모두에게 여러모로 유익을 초래했습니다.

역사가 마르틴 팝스트(M.Pabst)는 그의 책 "선교와 식민정책"에서 몇 가지 상호 간의 유익들을 다음과 같이 상술하고 있습니다:

- 선교지역은 식민 통치를 통해서 만족하게 되었다. 대체로 기독 선교를 위해 새로운 선교의 장들이 열려졌다.

- 노예제와 인간 희생제물의 투쟁에서처럼, 기독교 선교의 인도적인 활동들은 일반적으로 식민정부의 지원을 받았다.

- 기독교의 선교는 문화적, 사회적 기획들을 위하여, 특별히 국가적인 지원과 마찬가지로 학교와 국민 보건시설 안에서, 예를 들어 토지획득이나, 또는 교회건립에서 여러 가지 재정적인 기부금들을 받게 되었다.

- 학교방문은 식민행정의 도움으로 관철될 수 있었다. 거기서 식민 통치권은 그렇지만, "이미 개발된 선교학교를 이용할 수 있었으며, 이를 그들의 통치 관심사로 이용하기를 시도한다."

- 선교사들의 영향력이 식민 통치권 명령의 마찰 없는 관철을 가능하게 했을 때, 기독교 선교는 식민 통치권을 위해 또한 그런 점에서 유익하였다. 거기서 선교가 교회훈육과 교회법을 통하여 권위적인 구조를 놓았던 것에 공헌하였다.

- 그러나 거대한 식민조합들을 통해서 방해를 받게 되었다. 예를 들면 영국의 동

인도회사, 기업가들, 상업가나, 또는 정착인들은 기독교의 선교가 너무나도 종교적이고 영적인 양육에만 집중하고 노동교육은 무시한다는 비난을 퍼붓기도 하였다.

그렇지만, 국가와 기독교 선교의 협력은 그들의 독립성과 신뢰성을 위협하였습니다. "만일 선교가 식민 통치권과 그들의 목표들과 동일화되기 시작하였을 때, 태어난 아이들의 눈에 선교의 독립적인 지위는 상실할 위기에 봉착하였으며, 선교 역시 위험에 빠졌습니다.... 선교에서 성장한 의심할 바 없는 많은 장점 이면에는 기독교 선교의 요구가 오해되었던 더 큰 위험이 생겨났다."

선교와 국가 사이에 거리는 그 기원들에서부터 머물렀습니다. 라이프치히 선교의 책임자는 동아프리카로 파송 받은 첫 번째 선교사들에게 다음의 훈령을 주었습니다. "여러분들은 하나님의 나라를 섬기는 자들이지, 황제의 나라를 섬기는 것이 아니라는 것을 생각하세요!." 그렇게 선교사들은 설교와 성서를 번역하기 위하여 토착민의 언어를 학습하며, 문화를 연구하여, 그것과 함께 그들의 활동을 시작하였습니다. 식민 통치권자들을 오히려 그들의 신하들에게 그들 자신의 언어를 강요했던 것에 대하여 그 어떤 관심도 없었습니다. 선교사의 대다수는 연구자로 활동하였으며, 그것과 함께 토착적인 문화의 보존에 공헌하였습니다. 데이비드 리빙스턴 [1813-1873]은 노예 판매행위에 대항하며 반대하였습니다.

분명 선교사들 역시 그 시대의 자녀들이었으며, 빈번히 유럽 문명의 성찰적인 요구를 대변하였습니다. 그렇지만, 그들이 전체적이며, 일괄되게 식민주의의 하수인으로 지칭할 수는 없습니다.

19세기의 선교와 식민지 역사 안에서의 그들의 얽혀듦에 대한 모든 비판적인 질문들에서 주목해야 할 것이 있습니다.

- 해외 선교의 시작은 식민화의 시작 전에 있었습니다. 선교사들의 근본 동인은 첫 선에서 기쁨의 소식으로서 복음을 사람들에게 전하는 것이었습니다.

- 선교는 항상 총체적인 관점을 가지고 있었습니다(비교. 기독교 선교를 통한 병원들과 학교들의 설립).

- 선교사들은 연구와 언어와 문화 보존에 중대한 공헌을 수행하였습니다.

- 선교사들이 식민정부들에 비판적인 거리를 둔 일이 적지 않았습니다.

- 선교사들은 그들이 활동하는 나라들에서 - 식민 통치의 정부들에 대립 가운데서 - 오늘날에도 진가를 인정받고 있으며, 이따금 긍정적인 기억문화의 부분이기도 합니다.

선교사들이 본래의 문화들을 파괴하고 그들에게 있는 낙원의 무죄를 빼앗았다는 견해들이 이따금 표출되었습니다. 그렇지만, 그러한 전통적인 문화들의 삶은 결코 항상 낙원처럼 각인된 것이 아니라, 마술과 끔찍한 제의들, 유혈 복수, 자연의 폭력에 대한 공포, 특별히 여성들의 복종, 질병과 이른 죽음으로부터 빈번히 각인되었습니다. 기독교는 많은 사람을 위한 해방, 교육, 진보와 의술의 도움을 의미하였고, 그 때문에 계속해서 쾌히 승낙되어 수용되었습니다.

7. 복음의 문화화

복음은 여러 다른 문화를 연결하며, 그렇게 하여 문화들 역시 동시에 바꾸게 합니다. 그렇게 바울을 통하여 셈 인종의 - 동양적인 기독교의 변화는 그리스-로마적인 문화로 이루어졌습니다. 후에, 기독교 신앙은 게르

만의 세계로 흡수되었고 거기서 특수한 외형적인 각인(刻印)을 지니게 되었습니다. 그렇게 남반구에 사람들의 선교와 함께 서구화가 진행되었습니다. 오늘날 기독인들은 전체 교회에 대한 연관성을 상실하지 않으면서 복음을 각각의 토착문화와 연결하려고 노력하고 있습니다. 기독교는 유럽에서 기원한 것이 아니라, 근동, 즉 아시아에서 기원합니다. 기독인이 되었던 첫 이방인은 사도행전 8장의 보도에 따르면, 소위 에티오피아의 왕실 국고 관리관이었던 아프리카 사람이었습니다.

기독교는 유럽에서 중요한 모습을 유지하였으며, 그렇지만 여러 문화 가운데서 토착화되기 위하여 자체를 문화화하는 접목능력이 있음을 증명하였습니다. 온 세계의 기독교회들은 그 때문에 서구적인 요소들이 항상 우세하다 할지라도 다양한 현상형태들을 가지게 됩니다.

한 탄자니아 목사는 말했습니다. "여러분, 백인들은 복음을 찻잔 속에 우유처럼 우리에게 전해주었습니다. 여러분은 복음을 우리에게 허용하되, 그 찻잔은 되가져 갈 수 있을 것입니다." 파푸아 뉴기니아의 기독인들은 간청합니다. "여러분은 우리에게 예수 그리스도에 대한 믿음을 전해준 부모들입니다. 이제 백 년이 지난 후에도 여러분은 우리를 외면할 수 없을 것입니다. 우리는 우리 자신의 길을 가고 싶습니다. 그러나 선교사님들로부터 보여준 옛길들은 간단히 중단하지 않을 것입니다."

8. 자기 집 문 앞에서의 선교

기독인들이 유럽에 살고 있다는 것은 유럽이 사도 바울의 선교 활동의 출발점을 가진 것입니다. 그는 예루살렘과 안디옥에서 나아와 소아시아를 거쳐서 기독교를 유럽으로 가지고 왔습니다. 아일랜드와 스코트랜드의 수도사들과 마찬가지로, 이탈리아와 프랑스에서 나아온 선교사들은 독일의 영역에다 기독교를 정착시켰습니다. 후에, 우리 교회들에서 나온 선교사들이 전 세계로 갔습니다.

오늘날 서유럽의 교회들은 점증하는 탈 기독교화를 한탄하고 있습니다. 신앙과 교회에서 끊어진 실타래를 어떻게 다시 사람들이 연결할 수 있을까요? 부모와 할아버지가 더 이상 교회에 예속되지 않았던 사람들이 어떻게 새롭게 예수를 위한 사람들이 되게 할 수 있을까요? 긴급하게 어떻게 하면 선교적인 사명이 이 독일 땅에서 다시 이루어지게 해야 할지에 대하여 숙고 되었습니다. 거기서 동독지역의 연방국에서의 기독인들이 수집했던 경험들이 중요합니다. 즉 동독지역에서는 수십 년간 공공(사회적)의 의식(意識)에서 기독교 신앙이 배격되었으며, 그 때문에 주민들 가운데 다수는 오늘날도 신앙에 대해 무지합니다. 오늘날에도 그 당시 구동독(DDR)지역 안에 아직 주민의 1/4이 기독교교회에 예속하고 있습니다. 이미 2-3세대 안에서 주민의 거대한 부분은 교회에 속하지 않은 채, 살고 있습니다. 동시에 교회의 단체에 소속된 학교들로 몰려오는 흐름이 있습니다.

"세상 속에 하나님에 대해 말하기 - 3천 년을 향한 문턱에서 교회의 선교적인 사명"이라는 중점주제를 가지고, 1999년 라이프치히에서 개최된 독일 개신교협의회(EKD)-총회와 함께 "교회의 심장박동"(E. Jüngel)으로서 선교의 재발견에 대한 한 자극이 설정되었습니다.

"만약 교회가 아직 뛰고 있는 심장, 그 하나의 심장을 가지고 있다면, 복음화와 선교는 교회 심장의 리듬을 높은 정도로 결정하게 될 것이다. 그리고 기독교회의 선교적인 활동의 결손과 그들 복음 증언에서의 결핍은 곧 무거운 심장박동 장애를 일으키게 될 것이다. 그리고 교회의 생명 순환은 저혈압 상태가 될 것이다. 교회 생명의 건강한 순환에 관심이 있는 자는 그 때문에 선교와 복음화에도 관심을 가져야 한다."(Eberhard Jüngel의 주제강연)

총회의 주제에 대한 발표는 "진리와 그리스도의 복음의 아름다움에 대해 인간의 눈을 열어주는 사명"을 세 가지 기초적인 확약으로 요약됩니다.

- 당신은 놀라운 존재입니다.(시139:4) 그것은 "하나님이 우리를 생명으로 부르셨으며,... 하나님이 우리를 존엄과 영예로 준비해 주었음을 뜻합니다. 우리는 그것을 자신의 노력으로 구하려고 힘쓰지 않아야 합니다." 교회를 위해 이것은 "긍정의 문화"를 증진하는 것을 의미합니다.

- 당신은 길을 잃은 것이 아닙니다 (눅15). "하나님은 우리를 결단코 포기하지 않으십니다. 그는 소망이 없는 경우들을 알지 못합니다. 그분은 예수 그리스도 안에서 모든 사람에게 은혜로우시고 그들의 죄를 사하여 주십니다. 그러므로 아무도 자신의 실수를 쫓아내거나 자신의 죄를 가릴 필요가 없습니다." 교회를 위해 이것은 "진리와 경종의 문화"를 증진하는 것을 의미합니다.

- 당신은 자유에로 부름을 받았습니다 (갈5:1). "예수님은 우리를 자유케 하십니다 - 이러한 세계 권세들의 통치로부터 자유 하며, 이 세상을 위한 책임에 자유합니다. 사람들과 상황에 의해 가해지는 강요들의 그 어떤 통치도 신적인 질을 가진 것은 아닙니다. 그것은 우리에 위에 최종적 권세로 주장될 수 없습니다. 이 세계의 일들은 그리스도 아래에서 그들 세상적인 기준만 가질 뿐입니다." 교회를 위하여 이것은 "계몽의 문화"를 증진하는 것을 의미합니다.

라이프치히 선교 총회는 선교적 교회의 관심을 교회 사역의 중심에서 두는 것을 강화하며, 더 이상 특별히 참여적인 그룹의 일로 이해하지 않는 것을 다루었습니다. 결과적으로 개별 지역총회는 라이프치히의 지극을 수용하였으며, 수많은 공동체와 교회 지역들은 선교적인 프로젝트를 발전시켰습니다.

형성

1. 세계연합의 공동체로서 선교적인 교회

하나의 세계를 위한 책임은 선교에 속한 것입니다.

축소화 안에서 하나의 세계: 우리가 이러한 순간에 지구의 전 주민들이 정확히 100명의 한 마을로 축소될 수 있다면, 이것들은 다음과 같이 보이게 될 것입니다:

- 57명은 아시아 사람, 21명은 유럽인, 14명은 남북 아메리카사람, 8명은 아프리카 사람
- 70명은 비 기독인이며, 30명은 기독인입니다.
- 세계 번영의 50%는 여섯 사람의 손 안에 있을 것입니다.
- 70명의 사람은 문맹(文盲)일 것이며,
- 50명의 사람은 영양실조로 고통받을 것입니다.
- 80명은 충분치 못한 숙박 환경에 살 것이고
- 단 1명만 대학교육을 받을 것입니다.

선교는 "거주하는 전 세계"를 포함합니다. 그렇게 선교적인 교회는 전 세계 공동체(그리스어 oikumene = 거주하고 있는 지구)로 이해될 수 있습니다. 교회는 전 세계 공동체로서 세계 여러 부분에서 중대하는 정치적, 사회적 불안정과 권력에 맞서고 있습니다. 예를 들면 이것은 분쟁 당파들 사이의 중재 가운데서, 그리고 더 정의로운 경제체계와 가장 가난한 나라들을 위한 부채탕감에 대한 진력 가운데서 표명합니다.

2002년 루터교회 세계연맹은 "경제적인 세계화의 변화"와 "연대의 세계화"라는 주제들과 함께 호소문을 공포하였습니다. 이러한 공포물은 다음의 것을 뜻합니다. "루터교회 공동체의 60,000,000만 구성원들은 아주 다양한 방식으로 경제생활에 참여합니다. 일부 구성원들은 경제적 세계화 범주에서 세계 여러 곳에 완전히 다른 조건으로 사는 사람들에게 직접적인 파장을 주는 영향력을 행사할 수 있습니다. 우리들 가운데 경제 세

계화 정책의 과정과 정책의 부정적인 파장을 겪는 사람들은 입을 열어 신고해야 하며, 기대와 함께 공동체 안에 있는 다른 사람들은 그들이 그들과 연대적임을 보이도록 대질해야 합니다. 상대적인 번영 가운데 사는 우리 가운데 있는 사람들은 다른 사람들에게 부정적인 영향을 가지는 경제적인 현실들에 무지해서는 안 됩니다. 즉 그들과 함께 우리는 이러한 공동체에 연결되었으며, 그들은 우리를 나머지 세계와 연결하게 합니다. 우리는 이러한 현실들에 우리를 내세워야 합니다. 우리는 다른 사람들의 외침을 흘려들어서는 안 됩니다. 그 이유는 하나님이 다른 사람을 우리의 일부로, 우리를 다른 사람의 일부로 만드셨기 때문입니다. 사적이고 공적인 관심사들은 전혀 새로운 방식으로 만나게 됩니다. 우리는 우리를 분리하는 경제적이며, 정치적인 나락을 넘어 나와, 서로 대화 가운데로 나와야 합니다. 그 대화는 변화 - 와 소망에 대한 - 가능성을 생성되게 할 수 있을 것입니다."

2. 선교는 사람들을 얻는 일입니다.

"복음을 먼 곳에 사는 사람들에게 가져가라, 그리하면 너는 가까운 사람들을 얻게 될 것이다."(W. Löhe). 많은 교회공동체가 해외에 있는 기독인들에게 동반자적인 관계들을 유지하고 있습니다. 이것은 자신들의 영적인 삶을 위해서도 부유해지며, 동시에 해외에 있는 기독인들을 돕게 됩니다. 선교는 말하자면, 그것을 통해 사람들을 얻는 것입니다. 우리는 다른 대륙에서의 기독인들의 만남에서 신앙은 새롭고, 매력적일 수 있음을 배우게 됩니다. 독일에 있는 기독인들 역시 그렇게 자신들의 신앙을 즐겁고, 참여적으로 증언하는 자극을 얻게 됩니다. 그리고 어떤 직접성과 자발성과 함께 하나님에 관하여 말하며, 일상에서 신앙을 실제화하게 하는 해외에서의 기독인들로부터 배우게 됩니다. 유럽의 기독인들이 세계를 한번 다른 시각에서 사귀게 되도록, 그들 역시 계속해서 얼마 동안 해외에 있는 교회 안에서 협력할 용의가 있음을 밝히게 될 때, 그것은 좋습니다. 그들은 오늘날 더 이상 "선교사들"로 불리지 않고, 교회연합운동의 남녀 협력자들로 표현되었습니다. 참여적이며, 일정한 짐을 견딜 수 있고, 그리고 배울 자세를 갖춘, 인내와 사랑으로 낯선 문화와 교회에서 생활하며, 일할 수 있는 개방적인 사람들, 뛰어난 손끝 감각과 긴 호흡을 가진 사람들은 찾고 있습니다.

3. 일상에서의 선교적 역량

1999년 라이프치히의 독일 개신교협의회(EKD) "선교 총회"는 선교를 온 교회와 전 그리스도인의 사명으로, "그리스도 복음의 진리와 아름다움에 대해 사람들의 눈을 열어주는" 일로 서술하였습니다. 몇몇 사람들을 위한 선교적 만남의 장소들은 많습니다. - 이미 "집 문 앞"에 있습니다. 바로 "비전문적인" 기독인들은 특별한 방식으로 먼 곳에 서 있는 사람들에게 다가갑니다. - 그들의 증언에서 기독교의 신앙은 교리에 갇혀있지 않았으며, 교회 직분으로 규정하지 않았으며, 오랜 전통을 통하여 복잡하지 않았으며, 삶에서 먼 종교가 아니어야만 함을 특별히 느끼게 합니다. 물론, 이해적이며, 자신의 신앙을 분명하게 증언하는 것은 항상 쉬운 것은 아닙니다.

우리는 선교적인 자질을 어디서 얻게 되는 것일까요? 첫걸음은 대체로 신앙을 대화의 주제로 삼는 거기에 놓여있습니다. 신앙의 질문들은 사적이며 공적인 대화 가운데에 잘 나타나지 않습니다. - 신앙은 "타부"시 된 것처럼 보입니다. 선교적인 자질은 실제 "하나님과 세계"에 관해 실제로 말하는 용기에 달렸습니다.

소그룹에서 예를 들어 신앙학습코스나 신앙에 대한 교회의 교육적인 행사들에서 경험들이 교환될 수 있습니다. 기초적인 신앙의 지식 역시 거기서 중재되었습니다. 다른 사람들과의 대화 중에 신앙의 거리감이 물러가고 자신의 그리스도인 됨에 대한 새로운 통찰이 생기는 경우가 드물지 않습니다.

중요한 점: 선교적인 역량은 내가 얼마만큼 어휘력이 좋은가로 결정되지 않습니다. 다른 사람들과의 대화에서 신앙의 낯선 감정은 사라지며, 자신의 기독인 됨에 새로운 통찰이 생겨납니다. 선교적인 자질은 자신이 얼마나 말씀에 힘을 입는지에서 결정하지 않는 것은 중요합니다. 역시 자신의 의심과 자신의 질문들은 신앙의 대화에서 하나의 자리를 가집니다. 특히 신앙에 관하여 말하기는 역시 경청할 수 있음을 뜻합니다.

4. 선교적인 프로젝트

선교는 여러 방면에서 다양한 형태들로 이루어집니다. 교회공동체의 사역 가운데서, 그리고 지역을 초월하는 복음화를 위한 집회들에서(예를 들면 Pro Christ), 선교적인 선포의 전통적인 형태들 외에, 항상 다시 개별적인 프로젝트들이 발전합니다. 그것들은 선교적인 공동체설립의 통합적인 구성요소에서 부분이 되었습니다.

몇 개의 사역 형태들과 프로젝트들은 여기에 모범적으로 거론되었습니다.

- 다양한 형태로 제공되었던 기독교 신앙에 대한 기초적인 코스들(예, 독일 개신교협의회(EKD)-주도의 "성장하는 믿음!")

- 특수한 예배들은, 예를 들면 "도마 미사"처럼 목표 그룹을 지향하여 이루어지며, 그리고 개방적인 요소들과 함께 복음의 선포를 연결합니다(예, 축복과 대담 시간). 그것들은 하나의 예배형식이 교회 회원의 모든 기대와 입장에 부응할 수

없다는 것을 진지하게 받아들이고 있습니다.

- 콘서트와 페스티벌: 높은 수준을 요구하는 고전적인 교회콘서트는 예나 지금이나 경탄할 정도의 호응이 있습니다. 청소년들을 위한 페스티벌은 선교적인 관심을 거듭해서 추구하지만, 교회 내에서 자리를 찾기 어려운 청소년 음악 단체들을 위한 협력의 기회를 제공합니다.

- 시 구역 카페와 교회 단체의 책방: 대체로 이들은 무보수 명예직 봉사자들의 참여운동으로 성립되고 있습니다. 이것은 한편으로, 비 관습적이고 환상을 자아내는 사역 형태에는 기꺼이 협력할 준비가 되었다는 것을 보여줍니다. 역시 다른 한편으로, 교회의 복음적인 전체 프로필을 강화하기 위해 새로운 것을 익숙한 것들과 연결하는 과제를 보여주고 있습니다.

- 복음송의 찬양이나, 또는 미리 공부한 칸타타를 주일마다 예배 때 공연하는 칸타타 주말처럼, 음악적인 동참 제안. 그것들은 사람들이 그들 참여의 시간이 쉽게 개관할 수 있게 되는 한, 특별히 그들의 시간을 교회 생활에 사용하도록 준비된 것을 위한 좋은 보기입니다.

- "단골 식탁의 대화": 삶에 대한 질문들을 주제로 – "내가 항상 질문하고 싶었던 것이 무엇인지?" – 지역 공동체 교회와 지방의 자치교회 간에 밀접하게 협력할 수 있습니다. 사람들은 음식점에서 목회자와 만나고 "교회" 관련에 대한 접촉 공포증을 피할 수 있습니다.

- 기초적인 신앙에 대해 말하는 출판물들(예, 소책자 "하나님으로 인하여");

- "열린 교회"라는 프로젝트와 교회 교육학적인 제의: "교회가 신앙을 말하다"(독일 루터교회 연합이 제공한 프로젝트 강의 중 한 주제); 건축된 교회 건물은 이런 것들을 보여주는 신앙의 장소입니다. 그 건축술에서, 건물이 지닌 상징으로써, 삶과 형태로써 교회 건물은 사람들에게 신앙의 접근로를 열어줍니다. – 그리고 어떤 경우는 아주 단순한 잠잠함의 장소로. 그래서 풀버트 스테펜스키 (Fullbert Steffensky)는 이것을 교회 교육학, 즉 "한 장면의 선교"라고 명명하고, 모든 선교적 행위에 유효적절한 것으로 서술합니다: "기독인은 다른 사람에게

그들이 어떤 보화를 가지고 있으며, 그것들이 무엇을 사랑하는지를 설명합니다. 선교란 사람이 사랑하는 것을 보여주는 것입니다. 사람은 사랑하는 것을 보여주고, 비밀한 것은 모서리에 숨겨두지 않습니다"(2003년 EKD-노회 강연).

[참고도서]
- 뵈메(Böhme,M. u.a.) 편집(Hg.): 대화로서의 선교(Mission als Dialog), 2003.
- 덴너라인/로트앙겔(Dennerlein,,N./Rothangel,M.)편집(Hg.): 하나님 때문에(Um Gottes willen). Überraschendes für Fragende, 2008.
- 선교?(Mission?) 선교!(Mission!) Hintergrundmaterial und Unterrichtsbausteine,1998.
- 네일(Neill,S.): 기독교 선교의 역사(Geschichte der christlichen Missionen), 1990.
- 파베르드(Pabst,M.):선교와 식민정책(Mission und Kolonialpolitik).
  황금해안과 토고에서 제1차 세계대전의 시작까지 북독의 선교단체(Die Norddeutsche Missions-gesellschaft an der Goldküste und in Togo bis zum Ausbruch des 1. Weltkrieges), 1988.
- 선교를 위한 변호(Plädoyer für Mission).
  세계선교 오늘날 35번(Weltmission heute Nr. 35), 1998.
- 베르너(Werner,D.): 삶을 위한 선교- 상황에서의 선교
  (Mission für das Leben – Mission im Kontext), 1993.
- 뷔츠케(Wietzke,J.) 편집(Hg.): 선교 해명한다(Mission erklärt).
  교회연합의 문서(Ökumenische Dokumente) v. 1972-92, 1993.
- 베젤(Wetzel,K.).:독일 선교역사(Missionsgeschichte Deutschlands), 2005.
- 베젤(Wetzel,K.): 주민의 발전과 선교(Bevölkerungsentwicklung und Mission), 2005.

6.5. 신앙의 실천

6.5.1. 영성의 토대

"모든 것은 기다릴 수 있다 - 단지 하나님을 찾는 일은 아니다."

게오르그 하리손(George Harrison)

인식

1. 우리 사회 안에서의 영성추구

점점 더 사람들의 많은 수는 항상 종교에 대해 다시 질문하며, 믿음에 상응하는 지탱능력이 있는 삶의 토대와 생활 설계를 찾고 있습니다. 그것은 지난 수십 년 안에 이러한 주제에 대한 다양한 행사 제시들에서처럼, 설문 조사와 수많은 도서발표가 보여줍니다. 순례자들, 침묵의 주말 행사들, 장·단기간의 수도원에서의 체류, 명상에 대한 안내들, 그리고 영적인 질문들에 대한 세미나 등에서처럼, 영적인 모임제공들은 영성 영역에서의 출판물들에서처럼 그렇게 활발한 수요를 보여주고 있습니다. 그것은 종교적인 삶의 설계를 찾음과 일상과 노동과 물질을 넘어섬을 뜻하며, 더 높은 의미를 지닌 삶의 형태, 즉 하나님과의 관계를 가능하게 하는 삶에서의 "더한 것"의 찾음과 같이 영성에 대한 널리 퍼진 관심을 보여줍니다. 그 배후에는 사람들이 세속적인 포스트모던의 조건들 가운데서, 그들의 삶을 어떻게 이끌어야 할지, 특히 그 방법에 대한 깨어나는 불쾌한 심기가 놓여 있습니다. 우리의 세계 안에서 눈부신 기술·과학적인 변화와 삶을 편안하게 해주어야 하는 물질적인 재화(財貨)의 생산량과 함께 무엇인가 아주 짧게 이루었거나, 또는 분명히 사라져 가버리는 일을 사람들은 더 많이 느끼게 되는 것으로 보입니다.

이러한 "무엇인가"(etwas)는 여러 각진 면을 가지고 있습니다.

- 우리 시대의 분주함과 불안의 한복판에서 사람들은 다시 자신에게로 돌아오고 싶어 합니다. 무엇인가 더 주의하며, 더 침착하고, 더 안정적으로 살고 싶어 합니다. 그들은 내적 세계의 "탈 가속화"를 외적인 세계 안에서의 영구적인 가속화에 반대하여 제시하고자 합니다. 영성(靈性)은, 명상의 한길이나, 또 다른 길에 관여하며, 침묵으로 걸으면서, 아무것도 행하지 않고, 오히려 숨결의 리듬에 자신을 맡긴 체 단순히 거기에 머무는 것을 뜻합니다.

- 고도로 기술화된 환경에서의 삶은 직접적인 경험들에서 더 가난하게 되었으며, 사람들을 행동반경이 점점 더 좁아지는 남녀소비자들로 만들고 있습니다. 특히 전자 매체들은 이용자들이 스스로 활동적일 필요도 없이, 체험의 가능성과 잠재적인 실재들의 대량을 자유로이 집(주거지)을 제공합니다. 많은 사람은 끊임없이 반복되는 타율에 의하여 활동한 것이 되는 것과 단지 기대들과 역할들이 자주 충족되게 해야 하는 것에 많은 사람은 압박에 시달립니다. 다시 살아 있는 본체로 자신을 느끼며, 자체의 내적인 체험에 대한 증대를 발견하려는 욕망은 영성(靈性)과 결합 되었습니다. 마찬가지로 영성의 삶을 통해 새로운 삶의 원천들을 발견하려는 희망이 이로써 결합 되었습니다. 즉 그것은 자신을 하나의 능력에서 제공할 수 있는 것을 뜻합니다. 그것은 오직 인간적인 것으로서 더 지속 가능한 것입니다.

- 동시에 우리가 구매하며, 경험할 수 있는 많은 아름다운 것들은 우리의 삶을 다만 제한적으로 더 행복하게 만드는 경험이 중요합니다. 그것들은 의미가 가득하기를 원합니다. 그러나 그들에게 적절한 삶의 행복과 삶의 의미를 향한 동경(憧憬)은 단지 제한적으로 만족 될 뿐입니다. 그것은 사회가 기대했던 성과들을 초래할 수 있기 위해, 우리가 습득하는 모든 전문지식과 자격들에 대해 역시 유효합니다. 업적은 중요합니다. 그러나 그것은 우리의 삶의 가치를 해결해 주지는 못합니다. 영성(靈性)은 무엇인가 구매하며, 인간에게서 만들어지게 하는

그것을 넘어서 나아가는 충족된, 귀중한 인간존재를 향한 동경(憧憬)을 신호하는 것입니다.

긍정적으로 말해서, 사람들은 영성의 여러 형태를 통해 우리 사회의 삶의 조건들하에서 쉽게 잃어버릴 수 있는 자신의 삶 속에 영적이며, 내적인 차원을 (다시) 발견하려고 노력합니다. 거기서 사람들은 예수의 질문에서 증거로 제시할 수 있습니다, "사람이 만일 온 천하를 얻고도 제 목숨(영혼)을 잃으면 무엇이 유익하리요"(마16:26). 지난 세기에 "세계를 얻고", 그 세계를 적극적으로 바꾸어놓았으며, 그 안에서의 삶을 편하게 해준 것은 의심 없이 성공하였습니다. 그렇지만, 마찬가지로 거기서 영혼, 즉 - 내적인 생명, 요약하여: "내적인 인간"은 - 아주 짧게 다루어졌다는 것도 논쟁의 여지가 없습니다. 영성 적인 삶을 찾음에서, 표면적인 세계와 일상적인 욕구들, 매번 삶 상황의 도전들에서 균형이 중요합니다. 그리고 한 인간의 내적인 세계에서, 신체와 영혼 사이에서, 물질과 영적인 것처럼 정신 사이에서 균형도 중요합니다. 양자는 상호 간이 없이 존재할 수 없습니다. 즉 우리가 몸을 유쾌하게 해야 한다는 것은 우리 영혼이 역시 같은 돌봄과 주의를 기울임이 필요하다는 것을 넘어 나아와 영성에 대한 추구를 인식하고 있음을 대개 우리가 알고 있는 것입니다.

2. 복수(複數)의 사회에서 영성

종전까지 우리의 문화권에서 영성에 대한 질문에 대해 기독 종교에 홀로 결정권을 지니고 있었습니다. 기독교는 축제일과 의식들, 그들의 거룩한 문서들, 그들 교회건축을 통하여 신앙에서 나아와 생활 설계를 위한 넓은 토대로 수용했던 범주들을 제공하였습니다. 여기서 신앙은 능력과 지향점과 일상을 위한 의미를 제공했던 하나의 언어를 발견했으며, 여기에 인간적인 삶이 매번 하나님에 연관될 수 있었던 하나의 경험공간이 있었습니다. 또한 더 이른 시기에 - 그리고 대부분 오늘날보다도 더 힘들고 수고스러운 - 외부 세계는 그들의 권리를 요구하였습니다. 기독교는 개인의 기도에서처럼 마찬가지로 그들의 공적인 예배들 가운데서 일상의 유익한 중단들을 위해 일요일을 배려하였습니다. 여기서 시대들은 내적인 삶을 위한 "열외시간"을 찾게 했습니다. 즉 육체와 영혼이 호흡하며, 자신에게로 돌아오게 하는 것과 영적인 차원의 접촉점을 발견하는 유익한 기회들을 찾게 되는 것이었습니다. 이것은 수고스럽게 학습되어야만 했었던 것 없이 일상과 주일, 세계의 것과 영적인 것, 내적인 세계와 외적인 세계, 요약해서 서로서로 결합한 육체와 영혼인 하나의 당연히 경험된 영성이 있었습니다. 거기서 이러한 영성 역시 중재의 방식으로 가족 내에 아주 당연하게 전달되었습니다. 지난 수십 년 우리 사회에서 전통의 감소의 한 면과 복수(複數)의 종교적 "풍경"의 다른 면이 각인되었습니다. 역시 상응하는 삶의 설계에서처럼, 기독교의 신앙 내용의 계속된 중재의 자명함도 사라져버렸습니다. 종교적인 삶의 설계에 대한 질문에서 기독교회들의 "독점"(獨占)은 단지 거대도시만 아니라, 특별히 거대도시 안에서 거의 엄청나게 커버린 종교적인 제공들의 다양함에 후퇴되었습니다. 영성적인 삶의 설계에 대한 모색에서 사람들은 오늘날 가장 다양한 종교적 유래의 수를 헤아릴 수 없는 제공들에 직면해 있습니다. 가장 구별되는 장들을 넘어서 그들의 모색은 다양한 것들을 이끌고 있습니다. 기독교를 위해서 - 동시에 어떤 종파에서 - 영적으로 제시할 것을 가진다는 것은 많은 동시대인에게 먼저 다시 해명해야 하며, 새로이 밝혀야만 함을 뜻합니다. 많은 사람의 영성 적인 동경은 거의 기독교회들 내에서는 접근되지 않았으며, 기독교의 소식은 여전히 낯 설어 있으며, 삶에서 거리가 있어 보입니다. 만일 내가 교회에서 단지 이전 시대들의 하나님 경험들에 관해 들을 때, 그러나 그 어떤 길을 보여주지 못한 채 무엇인가 스스로 이러한 하나님을 경험하기를 말할 때, 그것이 나에게 무슨 도움이 되는지? 많은 사람은 그렇게 물을 것입니다. 내가 믿어야 하는 것에 관해 나는 들을 뿐만 아니라, 나는 어떻게 살아계신 하나님을 발견하며, 내가 어떻게 나의 삶을 믿음에서 설계할 수 있는지를 듣고 싶어 합니다. 또는 다른 말들로써, 믿음의 내용이 중재되기를 원할 뿐 아니라, 삶을 형성하는 신앙 형태 역시 열리게 되기를 원합니다.

특별히 개신교회는 여기에 몇 가지 보충수요를 가집니다. 루터의 오직 말씀을 통하여(solo verbo)는 이따금 그쪽으로 가면서 설교를 통한 말씀의 교리적인 선포에 대부분 영역이 적절한 것처럼 오해되었습니다. 거기서 고유한 체험은 불리하게 됩니다. 사람들은 체험 안에서 열광주의와 경건한 행위를 통한 자신 스스로 구해내기를 원하는 시도로 보았습니다. 이점에 있어서 프로테스탄트의 전통 가운데 "영성", "명상", 또는 심지어 "신비"처럼 주제어들이 강한 오해들로써 입증되어 있었습니다. 그것들은 하나님 앞에서 자기 정당화를 향한 인간의 추구로서, 또는 자력 구원으로 이해되었습니다. 사람이 그가 하나님 앞에서 홀로 그분의 은혜로 의롭게 된다는 소식으로 사는 곳에서, 이러한 소식을 희미해지도록 지웠거나, 또는 한 인간은 자신 스스로를 그에게서 경험된 신앙 형태를 정당하게 할 수 있을 것이며, 그리고 스스로 구원을 이룰 수 있으리라는 심지어 그러한 인상을 일깨웠던 신앙 형태들과 의식들은 필요하지 않으리라는 것은 비판적인 뜻이었습니다. 이러한 비판과 문제 제기는 교회공동체 안에서처럼, 신학 안에서의 넓은 토대 위에서 "영성"(靈性)이 복음적인 칭의 소식에 결코 모순으로 이해하는 것이 아니라는 통찰에서 후퇴되었습니다. 오히려 바로 역시 이러한 영역 안에서 개신교 전통은 신앙전통들과 믿음에서 나아오는 생활 설계의 가능성에 대한 풍성한 보고(寶庫)를 제시하는 것을 가집니다.

↗ 말씀과 설교   ↗ 칭의

방향

1. 기독교적인 이해 안에서의 "영성"

　기독교 전통 안에서 "영성"(Spiritualitaet)이란 개념은 먼저 포괄적인 의미에서 신앙의 삶을 의미합니다. 한편, 신앙은 선포에 대한 내적 관계와 내적인 태도로서 그리고 다른 한편, 거기서 귀결되는 삶의 설계인데, 즉 그것은 인격적인 신앙의 습득과 우리의 일상에서의 신앙의 설계를 뜻합니다. "개신교 영성"이란 독일 개신교연합회(EKD)의 연구는 이러한 맥락에서 "일상의 존재 안에 믿음의 형상됨"에 관해 언급되었습니다. "영성"이란 개념과 함께 먼저 신앙은 영과 혼과 몸인 전인에 해당하는 생각과 - 우리 역시 우리의 총체성과 함께 신앙의 삶으로 부름을 받았다는 것이 고려되었습니다. 그것은 믿음 안에서 전승된 신앙 내용에 대한 지지의 정신의 행위가 아니라, 본질상 하나님으로부터 인간에게 선물한 은혜와 함께 전 인간을 감동케 하는 경험이 중요합니다. 즉 "온 마음과 온 정신과 온 뜻을 다하여 하나님을 사랑하는"(마22:37) 것이 중요하다는 것을 뜻합니다. 이런 고유한 "영성의 경험"은 한 사람의 다양한 실존적인 경험들 안에서 신앙의 지탱능력을 위한 결정적으로 자주 간주 되었습니다. 우리가 믿는 그것이 자체의 경험들에서 받쳐지지 않았을 때, 메마른 신조들(Glaubensaetze)만 남아 있게 될 것입니다.

　현재 "영성"이라는 개념 가운데 거론된 다른 종교적인 현상의 형태들과 구별하여, 기독교적인 영성에 대한 분명한 특징이 다음과 같이 거론되었습니다.

- 기독교적인 영성은 삼위일체와 관계에 있습니다. 그 영성은 삼위일체 하나님

에 대한 믿음으로 살게 되는 것을 뜻합니다. 이러한 삼위일체는 창조주 하나님의 인정(아버지)과 그의 단 한 분의 독생자로 나타난 사람과 죄책의 인정(아들), 그리고 우리 안에 내주하시는 하나님의 인정(성령) 안에서 자신을 보여줍니다. 성 삼위 하나님은 자기 안에서의 구별됨과 하나 됨을 지니고 계시기에, 기독교의 영성은 창조주와 피조물과의 구별이 분명합니다. 또한 기독교의 영성은 창조주와 피조물의 가까움과 그분의 인격적인 사랑으로 하나 됨은 가능한 일치(신비의 전통 가운데, "신비로운 연합"으로 불림)를 동경합니다.

- 기독교의 영성은 긴장과 대립 관계 안에 살아 있습니다. 하나님과 사람, 내면과 외면, 들음과 응답, 침묵과 말하기, 나와 너, 개인과 공동체, 기도와 노동입니다. 긴장들은 실제의 다양한 관점들에 대한 관계들입니다. 그 때문에 그것들이 느슨해지게 해서는 안 됩니다.

- 동시에 기독교 영성은 하나님과의 관계와 사람과의 관계가 분리될 수 없는 관계성을 알고 있습니다. 하나님에 대한 사랑, 성령에서 나온 생명은 이웃과 세계를 위한 책임 가운데 이르게 됩니다. 영성의 경험으로부터 형성된 일상의 관계와 저 고유한 책임성 들로 돌아감은 우리 안에 필수적인 후퇴와 하나님과 그의 능력에 대한 깊은 생각을 따르게 됩니다(관조/행동; 저편 여행/되돌아오는 여행).

개념의 말씀의미에 대한 되돌림의 관계는 "영성"의 기독교적인 이해를 위해 결정적입니다. 그것은 우리 안에서 하나님의 영의 활동에 공간을 만드는 신앙의 삶에 대체로 중요한 것임을 암시합니다. 프랑스 수도원 신학에서 기원한 '영성'이란 말은 사실 "성령 안에서의 삶"(리틴어, spiritus = 영)을 뜻합니다. 영성의 추구는 그것에 따라 하나님이 그의 영을 통하여, 우리 안에, 그리고 우리를 통하여 역사하게 하는 삶과 신앙의 모습을 향한 추구입니다. 『개신교 찬송곡』작가인 파울 케하르트(P.Gehardt)는 자신의 가장 잘 알려진 곡 "나가라, 내 마음이여"에서 "영성"에 대한 이해를 아주 간단히 말해줍니다. "내 안에 당신의 영으로 여지를 만드소서, 내가 당신에게 선한 나무가 되기를 원합니다. 나로 뿌리내리게 하소서." 그래서 "영성"은 하나님께서 마련하시고, 우리는 그분께 자신을 열어 드리며, 동시에 그로부터 자신의 삶을 위한 힘과 다른 사람들에 대한 책임을 얻는 삶 형식의 추구에 대한 것입니다. "영성"은 성령을 통하여 하나님에 대한 살아 있는 관계로 들어가는 것(비교. 롬8:14)을 의미합니다.

기독교적 전통에서 이러한 살아 있는 하나님과의 관계는 관례상 "경건"으로 표현되었습니다. 교회가 아주 세상 권력에, 또는 신학적 독선에 기울어져, 경건이 경직된 위험에 처했을 때, 그것에 상응하는 개혁들이 일어났으며, 그것은 살아 있는 경건의 발흥들이었습니다. 그것은 대략 17세기 경건의 갱신 운동에 해당합니다. 경건의 실천(praxis pietas)은 단지 머릿속에 연출하는 것이 아니라, 특히 "마음의 일"이며, "경건한 삶의 변화"와 "경건한 행위를" 통하여 보여주는 실천적인 경건(신앙)이 중요했습니다. 그런 점에서, "경건"은 "영성"이 뜻하는 것으로 온통 변화되었습니다. 양자는 단순한 확신과 인간을 형성하며, 그로부터 생생하게 형성되기를 원하는 내적인 관계와 태도보다 더한 것을 의미합니다.

물론, 오늘날 "경건성"은 먼저 부정적인 소리로 들립니다. 경건한 금언들은 삶에서 멀어 보이고 또한 사라져버린 것으로 여겨집니다. "경건하다" 지칭되는 사람은 약간 단순하고, 잘 믿으며, 또한 권위적으로 들리는 모습을 연상합니다. 즉, "양처럼 온순하다"는 뜻으로 들립니다. 거기서 경건이란 고유한 말씀은 한때, 아주 다른 의미가 있었습니다. 이른바: 유능하고, 우수하고, 용감하고 올곧은 의미를 지닙니다. 경건한 사람은 자신의 길을 하나님께로 시종일관, 또한 삶의 암울한 여정에서도 용감하게 걷는 누군가일 것입니다.

2. "성령 안에서의 삶"인 영성

세례는 기독교적인 이해를 위한 영(靈) 안에서의 삶(고전12:13)을 근거하며 그 삶을 열어줍니다. 성령은 하나님의 능력으로 세례받은 자 안에 역사하시는 분이시며, 세례 안에서 행하신 하나님과 그리스도와의 관계에 상응하게 내적으로 변화하게 하십니다. 바울에 의해서 "오직 성령의 열매는 사랑과 희락과 화평과 오래 참음과 자비와 양선과 충성과 온유와 절제"(갈5:22-23)로 불리게 됩니다. 신약성서에서, 세례받은 자들 안에 영의 현존에 대한 진술은 성령이 그리스도의 영이기 때문에, 이러한 그리스도 안에서 활동하시는 생각과 함께 같은 의미로 봅니다. "그런즉 이제는 내가 사는 것이 아니요 오직 내 안에 그리스도께서 사시는 것이라"(갈2:20). 성령은 세례 가운데 선물하신 하나님과 그리스도와의 관계가 살아 있게 되도록 보증해 주십니다. 사람이 그것을 원한다면: 성령은 우리의 길에서 그리스도와 더불어 우리를 항상 새롭게 감동하시고, 무력하고 하나님에 대한 신뢰가 약해질 위협을 당할 때, 영감을 주시기를 원하시는 그리스도교 영성의 에너지원이십니다. 그러한 점에서 그리스도교적 특색을 지닌 영성의 결정적인 증표는 영성이 자신의 영의 심연으로부터 힘을 길러내는 것이 아니라, 하나님과의 관계로부터 힘을 길러 올린다는 것입니다. 기독교의 영성은 "내 안에 그리스도"(갈2:20), "살아 있게 만드시는 성령"(고후 3:6)에 그 중심이 있습니다. ↗세례

남녀 기독인들은 자신의 힘으로가 아니라, "성령 안에서"(라틴어, in spiritu) 하나님의 은혜를 통해 살아갑니다. 그들은 "영적으로"(갈6:1) 생각하는 사람들입니다. 그렇게 본다면, 모든 기독인이 영적인 사람들입니다. 16세기 루터가 바울의 글에서 발견한 것은 바로 이것이었습니다. 그의 글 "기독인의 자유"(Die Freiheit eines Christmenschen, 1520)에서 "그것은 몇 마디 말인 '사제', '목사', '영적'입니다. 그리고 그 말들이 보편성에서 현재 우리가 영적인 직위라고 명명하는 작은 무리에게만 전용됨으로써 동일한 불법이 생겨났습니다. 모든 그리스도 사람은 영적인 직위의 자신을 위해 있습니다!" 그런 점에서, 루터는 남녀 목회자들이 아직도 여전히 "영적인 사람들"이라

고 지칭하는 것에 대해 분명히 동의하지 않을 것입니다. 그것은 - 종교개혁자들의 관점에서 - 운명적인 오해를 불러일으킬 수 있습니다. 교회 공동체 구성원들의 영적인 삶을 위해 성직자들의 직속 권한으로 남용될 수 있습니다. 그것은 각각의 그리스도인은 영적인 - 그러니까, 영성적인 - 삶으로 초청되었다는 것을 간과한 것입니다.

"너희는 성령 안에서 살아라!"(갈5:16)라고 바울은 말합니다. 너희가 그렇다면 - 번역하자면 - 그리스도를 통해서 영적으로 은사가 부여되었다! 이제 그것에서 무엇인가 행하라! "성령 안에 삶"은 신약에서는 한 길입니다. 그것은 믿음 안에서 항상 자라는 일입니다(비교. 고후10:15; 엡4:15). 세례는 성령 안에서의 삶의 토대가 되며, 그런 삶을 열어줍니다. 그렇다면, 세례받은 기독인이 바로 이러한 토대 위에서 자신의 믿음 가운데 계속 자라며, 신앙의 길을 지속하는 것이 마땅합니다.

루터는 바로 이점을 보며 말합니다. "기독교적인 삶은 단지 경건함이 아니라 경건하게 되는 것이고, 건강이 아니라 건강하게 되는 것이고, 존재가 아니라 이루어짐이요, 안식함이 아니라 연습하는 일입니다. 우리는 아직 완성자가 아닙니다. 그러나 우리는 이루어져 가고 있습니다. 그것은 아직 행해졌거나, 완성된 것이 아닙니다. 그러나 진행 가운데 있으며, 움직이고 있습니다. 그것은 끝이 아니라 길에 있습니다"(모든 교리의 근본과 원인, 1521). 음악적인 재능이나 스포츠 재능이 늘 상 연습 되지 않는다면, 둔해집니다. 이와 마찬가지로, 기독인의 "영적인 삶"은 "우리의 속사람은 날로 새로워지며"(고후4:16; 비교. 엡3:16), 인간적인 삶에서 하나님을 향한 삶을 여는 성령님께 공간이 제공되도록 영속적인 연습이 연습을 요구합니다. ↗성령

3. 신비적 영성

지난 세기 동안 영성추구 흐름 안에는 신비 전통과 표현양식에 대한 아주 강력한 지향("신비의 귀환")이 표현됩니다. 신비는 활력 있는 종교로서의 기독교의 존속을 위한 결정적인 토대로서 여러 번 평가되었습니다. "이다음 천년의 기독교는 신비적으로 존재할 것이며 - 또는 그렇지 않을 때, 기독교는 전혀 존재하지 않을 것이다"(D. Sölle). 그리고 요르그 징크(Jorg Zink)에게서는 "신비적 영성의 재 발견은 새로운 백년으로 가는 과정에서 기독교적 신앙과함께 일어나야 하는 저 변혁의 한 부분이며, 그는 미래에 과거의 종교들의 박물관에 진열된 것을 보기를 원하지 않는다." 두 사람 모두 20세기의 60년대에 저술한 로마가톨릭의 신학자 칼 라너(Karl Rahner)의 사상에 특히 기대고 있습니다. "...내일의 경건은 더 이상 한결같이 당연한 공적인 신념과 온갖 종교적인 관습을 통해 전달되지 않기 때문에, 내일의 경건한 사람은 무엇인가를 '경험한 신비가'이거나, 아니면, 더 이상 아무것도 아닐 것입니다." 여기서 결정적인 것은 신비에서 신앙인이 하나님과 함께 하는 자기 체험에 근거한 믿음이 중요하지, 전수된 전통에 대한 외적인 승인에 토대를 두지 않는다는 사상입니다. 그렇지만, 신비적인 영성의 윤곽들은 어떻게 서술될 수 있을까요?

"신비"라는 개념에 헤아릴 수 없는 정의들이 존재합니다. 그러나 먼저 기본진술은 확고합니다. 신비는 "신적이거나, 또는 초월적인 현실계의 직접적이고, 내적인 경험"으로서 이해하는 것입니다. 여기에 "초월" 가운데서 우리 의식을 넘어서며, 동시에 우리 존재에 기본토대에 놓여있는 저편의 현실(H. Kochanek)로 이해되었습니다. 진 거슨(Jean Gerson, 1363-1429)의 정의는 기독교적 전통에서 고전이 되었습니다. 그에 따르면 신비는 즉 경험에 토대를 둔 신지식(coginatio Dei experi- mentalis)입니다. 이것은 신앙인의 내면에서 하나님의 만남 가운데서 직접적인 하나님의 경험함을 통하여 생겨납니다. 하나님은 오직 믿게 된 것이 아니며 - 문서와 전통으로부터 "진실이라고 여기는" 의미에서 - 그것은 철학적으로 추론되는 것일 뿐 아니라, 그의 존재는 인간 안에서 경험되었습니다. 하나님과 마찬가지로 그리스도는 영혼의 가장 내면에 들어와서 그 안에서 자신을 계시합니다. 바울은 이러한 체험에 관해서 말합니다. "내가 사는 것이 아니요 오직 내 안에 그리스도께서 사시는 것이라"(갈2:20).

13세기 말경, 신비가 마이스터 에크하르트(Meister Eckhardt, 대략 1260-1328)의 설교에서 "아버지는 그분의 영원한 말씀을 영혼 속에 넣어서 (말씀하신다)"고 했으며, 20세기 중반의 닥 함마스키웨드스(Dag Hamamarskjöds)는 그의 일기에서, "영혼과 함께 하나님의 합일인 믿음 안에서 당신은 하나님과 하나이며, 하나님은 완전히 당신 안에 계십니다..." 라고 셨습니다. 이러한 언급들에서 하나님과 사람의 직접적인 만남이 가능하며, 사람은 자신 안에 무엇인가 - 자신의 영혼과 자신 안에 하나님을 체험하며 이러한 직접적인 경험에서 살아갈 수 있는 하나의 관계요소 - 가지고 있다는 것을 신념과 체험으로 표현합니다.

이런 경험은 기독교적 전통 안에서 아주 다양하게 서술되었습니다. 그것은 서로 다른 강렬한 반응과 과격성으로 경험되었고, 또한 오늘에도 그러합니다. - 하나님과 일시적인 일치("신비적 연합")의 경험에 이르기까지. 항상 이러한 경험이 어떤 모습을 취하든, 그것은 대부분 인간이 내면적으로 그것을 지향하고 있음을 전제합니다. 칼 라너(K.Rahner)는 이런 태도를 "하나님을 참조하는 근본체험으로" 표현했습니다. 그 안에서 인간은 하나님의 만남을 위해 "열려"있으며, 마이스터 에크하르트가 말했던 것처럼, 그 안에서 인간은 "홀로" 그 자체로 존재합니다. 만일 "의지가 하나님 안으로 들어가기가 중지되었다면", 만일 인간이 "태연함 가운데서 말, 이동과 활동을 하나님께로 정리되었다면", 영혼은 간청합니다: "주여 나에게 당신의 말씀을 주소서, 영원한 당신의 의지가 있게 하소서! ... 그런 다음 아버지께서는 영원한 당신의 말씀을 그 영혼 안에 넣어서 말씀하십니다." 하나님의 경험으로 이끌 수 있는 이러한 경건의 방식은 마찬가지로 신비적인 영성에 속합니다. 이러한 방식에 대한 주도적인 동기는 빈번히 신자가 하나님의 경험으로 앞서가는 길의 그림이 있었습니다.

서양전통은 이러한 길을 대체로 3단계로 묘사하였습니다. 정화(purgatio), 조명(illiminatio) 그리고 완성(perfect) 또는 합일(prugatio, illuminatio, perfectio, unio):

- 자기를 지킴, 금식, 경성, 침묵은 불안과 희망과 근심에서 벗어나야 하는 영혼의 정화에 사용되어 하나님이 그 안에서 경험될 수 있도록 합니다. 하나님이 들어오시려 할 때는 피조물은 나가야 합니다(마이스트 에크하르트). 거기서 "신비"란 개념이 유도된 그리스말 "Myo"(나는 눈을 감는다)가 암시하는 세계와 그들의 분산(分散)의 전향(轉向)과 기피(忌避)가 일어납니다.

- 조명단계에서는 외적인 삶의 상태로부터 독립적으로 만들어지며, 분산과 세계의 불안으로부터 등졌던 사람의 내적인 변화가 일어납니다.

- 합일, 또는 완성단계(신비로운 연합)에서는 인간이 영혼과 하나님 사이에 차이가 제거되는 가운데 발생하는 하나님과의 영혼의 연합을 경험합니다. 물론 이것은 단지 "드문 순간이요 잠깐"(Bernhard von Clairvaux, 대략 1090-1153) 일어납니다. 신비적인 길에 대한 기독교적 이해의 본질은 하나님과 사람의 존재에 적합한 차이가 현존해 있다는 것입니다. 그것은 단지 일순간 하나님으로부터 극복되었습니다.

이러한 신비적인 길의 단계는 인간의 공로나, 인간의 수행한 금욕의 결과로서 이해하는 것이 아니라, 항상 신적인 은혜를 통해서 중개되고 선물 되었습니다.

신비적 길의 목표는 하나님의 내적인 경험입니다. 그러나 하나님이 그 안에서 솟아오르는 것이 아니라, 오히려 그것을 넘어서 믿는 자의 삶과 행위 가운데서 표면적인 결과를 가리킵니다. 달리 말해서, 하나님의 내적인 경험과 이러한 경험에서의 활동 밖으로 나아오며, 하나님의 관조(觀照)와 윤리적 행위, "근본에서의 활동"(마이스터 에크하르트)은 신비적 영성 안에 함께 속하여 있습니다. 에크하르트는 이러한 연관 관계를 다음과 같이 기술했습니다. "이는 사람이 자신을 관조하는 삶에 맡길 때, 그는 순수한 충만에서 더 이상 자신을 붙들 수 없으며, 그는 쏟아부어야 하며, 행동하는 삶에서 활동적으로 나타내 보여야 합니다." 약 반세기가 지나서, 그것은 이탈리아의 여성 신비가 씨에나 카타리나(Katharina von Siena, 1347-1380)에 의해서 아주 생생하게 되었음을 뜻했습니다. "사람이 그것(하나님의 사랑)을 받아들이자 곧, 사람은 주저함 없이 이웃을 위한 사랑을 생산합니다. 왜냐하면 사람이 사실상 그 사랑을 영접했다는 것은 다르게 드러날 수 없기 때문입니다. 사람이 진정한 나(하나님)를 정말로 사랑한다면, 그는 역시 이웃에게 유익한 무엇이 있게 됩니다: 진정한 나에 대한 사랑과 이웃에 대한 사랑은 하나의 같은 사랑이기 때문에, 그것은 다르게 될 수가 없습니다: 영혼이 진정한 나를 사랑하는 만큼, 또한 이웃을 사랑합니다. 그 이유는 진정한 나로부터 영혼을 이웃에게로 운반하는 그 사랑이 거기서 흘러나오기 때문입니다."

하나님의 만남, 하나님과 함께 있음은 인간적이며, 사회적이며, 정치적인 관계들을 보이는 것처럼, 하나님이 원하는 것과 우리의 원하는 것 사이에 차이의 인식으로 이끌어줍니다. 하나님과 만남은 궁극적으로 하나님과 인간 사이에서 의지의 동질성을 목표합니다. 신자들은 "그들의 의지가 더 이상 자기의 것이 아니고" 하나님과 함께 있는 사랑을 통하여 하나이기 때문에, 하나님이 원하시는 것 외에 "다른 어떤 것"을 원하거나 소원할 수 없을 것입니다. - 씨에나 카타리나는 그렇게 생각합니다.

하나님과 세계, 하나님과 교회 사이에서 차이의 인식에서 신비적인 영성(靈性)은 이러한 차이에 대한 고통과 비판으로, 하나님으로서 상응하게 인지되었던 것에 대한 긍정적인 의미에서 참여로 인도합니다.

깊은 "신비로운 연합"(unio mystica)의 경험과의 관계에서, 신비는 몇몇 신자들만 공유하였고, 공유하게 될 배타적인 현상으로서 이해하는 것입니다. 내적인 하나님의 경험에 대한 헌신으로부터 귀결되는 생활방식의 결과에 이르기까지 신비로운 영성의 길을 볼 때, 그것은 원칙적으로 모든 신자에게 열려있는 하나의 평등한 현상입니다. 도르테 죌레(Dorthee Sölle, 1929-2003)는 다음과 같이 말했습니다. "우리는 전부 신비가들입니다" - 비록 우리가 이러한 사실을 밀쳐 몰아내었거나, 또는 잊어버렸다 할지라도 그러합니다. 그녀는 다른 것 가운데서 우리를 어린아이처럼 기묘하고도 되짚을 수 없이 보이는 확신과 함께 사로잡혔던 강렬한 체험의 순간을 가리킵니다. 그 고요한 감탄을 다시 배우는 것, 이로써 인간을 위한 신비의 길은 오늘부터 시작할 수 있을 것입니다. 이 세계에서는 그 어떤 것도 당연하지 않으며, 자연의 아름다움도, 이 세계 가운데 매일 매일 발생하는 경악스러운 것에 대한 무관심도 당연하지 않습니다. 전통에서 전수되는 신비적인 길(정화-조명-합일) 대신에, 감탄, 놓아둠과 저항을 넘어 오늘을 위한 하나의 신비적인 길은 계속될 수 있을 것입니다.

"신비"(神祕)는 종교 간의 현상입니다. 그것은 유대교와 마찬가지로 기독교에서도, 이슬람과 아프리카와 인도의 종교에서도, 특별히 신비 전통이 우리의 큰 관심을 불러일으키고 있는 극동 아시아의 종교에서도 발견됩니다. 이것은 현재 종교 간 대화에서 전적으로 큰 역할을 하고 있습니다. 그 이유는 모든 종교에 모두 지닌 신비에 관한 교류는 절실한 대화를 촉진할 수 있기 때문입니다. 그렇지만, 종교적 경험에 대한 자기 추구에서처럼, 타 종교의 표징과 특수성, 그리고 그들의 전통과 교류하기 위해서 자기 종교의 전통의 표징과 특수성을 아는 것은 매우 중요합니다.

기독교적인 신비의 특징들은 다음과 같이 설명될 수 있습니다:

- 하나님의 만남은 성서에 증언된 하나님의 만남으로 인격적으로 생각되었습니다. 여기에 하나님과 사람 사이의 차이는 여전히 존재합니다. 이러한 유신론적으로 이해된 신비와의 차이에서, 특별히 동아시아 종교들에서 신적인 존재근거 안에서, 비인격적으로 생각된 일자(절대자) 안에서, 떠오름에서부터 발견하는 일원론적인 신비로 나아갑니다.

- 하나님의 만남, 즉 하나님의 경험은 성서에서 증언된 것처럼, 그렇게 하나님의 계시에 결부되었습니다. 인간을 만나시며, 인간 안에서 경험된 그분은 삼위일체의 하나님이십니다. 그 때문에 기독교적 신비는 자주 예수의 고난에 관련된 고난의 신비이거나, 또는 그의 부활에 관계된 빛의 신비입니다.

- 하나님을 경험함은 윤리적인 결과들로, 즉 관상과 활동으로부터 목표한 세계 설계에 이르기까지 연합으로 인도합니다. 이러한 의미에서 기독교적인 신비는 그 안에서 하나님 사랑과 이웃사랑이 연결되는 사랑의 신비입니다.

- 하나님과 만남의 신비적 경험 안에서 구속의 필요성에 대한 의식 역시 여전히 머물러 있습니다. 신비적인 경험은 "미리 맛봄"이고, "미리 맛봄"(Vorgeschmack)으로 머물러 있으며, 아직 신자의 완성을 선물하지는 않습니다.

4. 개신교의 영성의 표현양식

신비적 영성, 그들의 전통들, 그리고 표현양식들은 그동안 여러 번 개신교 내에서 수용되었으며, 개신교 영성을 위한 신비적인 신앙의 길의 추진력이 되었습니다. 이러한 개신교의 신비 내면에 그것을 뛰어넘어 한 영성의 길을 위한 영감과 안내와 동행을 통한 제시된 여러 영역과 신앙 양식들이 존재합니다.

여기에는 다음과 같은 것들이 속해 있습니다.

- 교회연합적인 대화: 프로테스탄트는 대화를 통해 특히 축제로서의 예배의 차원을 재발견하고 예전적인 요소들에 더 강한 무게를 두는 것을 배우고 있습니다. 몸짓과 손짓, 의식과 상징과 표지(標識)라는 다른 교회들의 풍성한 전통은 개신교회의 프로필 상실 없이, 교회 자체를 풍성하게만 할 수 있습니다; 그것은 다른 교회와의 만남에서 특별히 개신교회의 교회음악과 합창에 뿌리내린 자체 영성의 풍부함이 해명됩니다. 신앙의 총체성은 개신교 예배의식에서 점점 더 많이 언급되었습니다. 지역교회에서 침묵의 시간, 관조적 찬양, 묵상(명상), 순례길 등 점점 더 많이 제시되었습니다.   ↗교회연합운동. ↗예배의식

- 개신교회와 교회 연합적인 교회의 날: 신앙생활의 다양함이 여기서 경험될 수 있습니다. 다양한 형식의 예배 가운데 음악과 춤, 연극을 통해, 토론과 현재 사회와 교회의 논의들을 결정하는 주제들의 포럼을 통해. 이곳에서 기독교적인 영성의 본질적인 내적 신앙의 자세와 외적인 참여 정신의 연관 관계, "관조와 행동"의 연결 관계는 분명하게 됩니다.

- 페미니즘적 영성. 그것은 수백 년에 걸쳐 남성적인 특징으로 정형화된 언어 양식과 경건의 표현양식들과 마주한 여성들에게 의로운 언어와 경건성의 탐색입니다. 여기에서는 배척당한 기독교의 전승들 - 예를 들면 기독교 신비의 여성 주자들 - 뿐만 아니라 타문화와 종교의 영성 적인 요소들이 중요합니다. 페미

니즘적 영성과 신학 증거의 한 실례로 출판물, "의로운 언어의 성서" 입니다.

- 의사소통과 자매결연: 20세기 개신교회에서 생겨난 의사소통과 수도원 공동체는 시종 일관된 청빈과 복종에 대한 수요, 그리고 부분적으로 비혼(非婚)에 대한 가능성을 상기시킵니다. 로마가톨릭의 수도원처럼 그들의 집과 센터는 객으로 소통적 삶에 참여하기 원하는 사람들을 위한 영성적 배움의 터전입니다. ╱영적인 삶

- 개신교회의 성인교육: 단지 성찰하고 논의하는 것이 아니라, 오히려 영성 적인 배움과 수련으로 초청하는 더 많은 제안이 있습니다. 그동안 관조와 묵상을 수련할 수 있는 프로그램은 개신교회의 교육 사역의 고정적 요소에 속합니다.

- 경건주의와 카리스마적 그룹들은 인격적 신앙체험뿐만 아니라 구속력 있는 신앙생활을 강조합니다. 국민교회는 이들 양자에게 충분한 주의를 주지않고 있습니다. "성령의 교회갱신"이 찾아낸 반향은 국민교회의 결손을 지적하고 있습니다.

교회가 하나님의 영을 마음대로 지시할 수 있는 것이 아니기에(요3:8), 개신교와 기독교적인 영성의 모습은 표준적인 결정으로 제정되었습니다. 위에 언급된 특징들의 범주 안에서(1. 우리 사회의 영성추구), 대체로 개인적인 경험들에서처럼, 각 시대 환경들로부터 각인된 기독교 영성의 다양한 형태들이 개신교회 내에서 발견됩니다. 하나의 영성의 교회는 다양한 영성의 표현양식들과 스타일을 위한 넓은 지붕을 제시합니다. 그 교회는 실험들에 대한 용기를 가집니다. "성령을 소멸하지 말며"(살전5:19).

형성

영성의 길의 단계들

교회가 영성을 자극하고 장려하는 것은 역시 중요하며, 영성의 삶을

발견하고 그 안에서 훈련하는 것 역시 항상 개인적인 과제로 머물러 있습니다. 여기에 몇 가지 활성화 방안이 있습니다:

- 영성의 삶을 살기를 원하는 사람은 일상의 분주한 일들의 압박에서 자신을 내려놓고, 휴식과 평정 안에서 자신을 발견하기를 배워야 합니다. 게다가 일상에서 거리를 두는 일이 중요하기에 고정된 시간이 필요합니다. 사람들이 더 깊은 영성의 경험들을 만들 수 있기 전에 육체와 영혼은 먼저 이따금 휴식을 취해야만 합니다. 하나님이 말씀하실 수 있도록 사람은 침묵해야 합니다. 대체로 호흡의 리듬을 조심스럽게 행하며, 생각의 흐름이 유동하게 하며, 아무것도 원하지 않으며, 아무것도 강요하지 않는 거기서 많은 것에 도움이 됩니다. 단순히 여기, 지금 거기에 있는 것입니다. 모든 명성은 이러한 목표를 맴돌며, 매일 새롭게 연습이 이루어지기를 원합니다.

- 이러한 고정된 시간이 규칙적이며, 가능한 매일 계획된 것이 중요합니다. 한 편의 사람들에게는 이른 아침 시간이 적절한 순간이며, 또 다른 편의 사람들은 늦은 저녁 시간이 적합할 것입니다. 나는 이러한 한적한 시간을 내 집 거실에서 가지거나, 또는 차분한 바깥 산책과 연결할 수도 있습니다. 훈련된 사람들은 더 이상 내면적인 신중한 상태에 이르기 위하여 무조건 은둔이 필요한 것은 아닙니다.

- 이러한 경각심을 가진 태도에서 나는 대략 성서 구절(예를 들면 매일 기도문이나, 또는 내가 선택한 성구)을 나에게 말하게 하거나, 또는 아주 천천히 그리고 의식적으로 주기도문을 기도할 수 있습니다. 심오한 신학적 사고들이 질문되는 것이 아니라, 단지 그 한마디의 말씀이 나에게 영향을 미치게 되는 것이 중요합니다. 기독교의 수도자들은 이것을 되새김질(Ruminatio)이라고 불렀습니다. 그러한 동반자가 반드시 성구일 필요는 없습니다. 한 편의 시나, 한 마디 기독교의 기본말씀인 "평화", "신뢰" 또는 "은혜"일 수도 있습니다. 특히, 구약의 시편들은 명상적인 관찰에 적합합니다. 비록 처음에 진기한 느낌을 줄 수 있을지라도, 그러한 말들과 문장들을 낮은 목소리로 자신에게 말하며, 아마도 자신의 말로 기도하기에 이르는 것이 중요합니다.

- 이러한 조용한 시간을 위해 나에게 맞는 "예배의식"을 발전시키는 것도 중요합니다. 아마도 나는 표면적인 조율에 촛불과 성상, 또는 짧은 음악이 필요합니다. 다른 사람들은 그들의 수행을 서서 시행하는 동안, 어떤 이들은 등받이가 없는 명상의자에 앉습니다. 내적인 소장품의 수집단계 후에, 나는 성서 한 단락(상응하는 제안들은 헤른후트(Herrnhut)가 발행한 매일 성서 읽기 소책자를 제시합니다)을 읽을 수 있거나, 또는 하나님 현존의 말씀 없이 나를 위탁하며 - "관상으로" 명명된 - 대상 없는 명상 안에서 연습하기를 시도합니다.

- 영성의 방식에서 얻은 경험들을 일기장에 기록하는 것이 도움을 줄 수 있습니다. 여기에 고무적인 경험들의 자리이며, 역시 같은 궁핍 기간의 자리이기도 합니다. 그것은 긴 논의들이 아니라, 간략한 메모나, 우리의 내면적 길을 확고히 했던 주제들이어야만 합니다.

- 영성의 남녀 대가들로 여겨지는 사람들이 말해주는 책들에 몰두하는 것도 도움이 될 수 있을 것입니다. 그것은 중세기의 기독교 신비의 남녀 대변자들일 수 있습니다: 빙겐의 힐데가르트(Hildegard von Bingen), 마이스터 에크하르트(Meister Eckhart), 아빌라의 테레사(Teresa von Avila), 또는 다른 사람들 등입니다. 또한 시모네 바일(Simone Weil), 핸리 나우엔(Henri J.M. Nouwen), 또는 요르그 칭크(Jörg Zink)와 같은 우리와 동시대의 남녀 작가들도 자신의 영성의 길을 위해 중요한 도움을 줄 수 있을 것입니다.

- 비록 사람마다 영성의 길이 각자로부터 대신 걸어지는 것이 아니라 할지라도, 때때로 그룹 가운데서 자극을 받는 일과 명상의 주말에서나, 또는 성인교육의 범주에서 규칙적인 만남에 의해서 자극을 받는 것이 중요합니다. 매 주일의 예배에 참여는 잊지 말아야 합니다! 예배는 그 자체의 요구로부터 나오는 공동체의 영적 생명의 중심이며, 중심에 머물러 있습니다.

이러한 여정에 이르는 것은 영성의 시장에서 이따금 약속된 영혼의 온전히 거대한 하늘 여행이 아니라, 그러나 시편131:1-2에서 인상 깊게 그것을 설명하고 있는 것처럼, 전적으로 하나님 안에서 경험하는 하나의 내적인 보호입니다.

"내가 큰일과 감당하지 못할 놀라운 일을 하려고 힘쓰지 아니하나이다
실로 내가 내 영혼으로 고요하고 평온하게 하기를
젖 뗀 아이가 그의 어머니 품에 있음 같게 하였나니
내 영혼이 젖 뗀 아이와 같도다."

[참고도서]
- 베르그(Berger, K.): 무엇이 성서적인 영성인가?(Was ist biblische Spiritualität?), 2000.
- 달그륀(Dahlgrün, C.): 기독교적 영성(Christliche Spiritualität), 2009.
- 덴어라인/로드강게(Dennerlein,N./Rothgangel,M),.
    출판자(Hg.):개신교의 삶 동반자(Evan-gelischer Lebensbegleiter), 2007.
- 딘첼 박허(Dinzel Bacher, P.): 서방의 기독교 신비(Christliche Mystik im Abendland).
    시작에서 중세기 말까지의 그들 역사(Ihre Geschichte von den Anfängen bis zum Ende des Mittelalters, 1994.
- 두프레(Dupré,L.):심연의 삶(Ein tiefes Leben).
    신앙의 신비적 경험(Die mystische Er-fahrung des Glaubens), 2003.
- 카스만(Käßmann, M.): 마음과 입과 손(Mit Herzen, Mund und Händen).
    일상에서의 영성으로 살기(Spiritualität im Alltag leben), 2007.
- 코찬넥(Kochanek,H.) 편집(Hg.): 세계 종교들 가운데서 신비의 소식
    (Die Botschaft der Mystik in den Religionen der Welt), 1998.
- 뫼데(Möde, E.): 기독교적 영성과 신비(Christliche Spiritualität und Mysti)k.
    조직적인 지도(Eine systematische Hinführung), 2009.
- 나우엔(Nouwen,H.): 아래로 향한 그리스도의 길(Christi Weg nach unten).
    우리 시대를 위한 영성(Eine Spiritualität für unsere Zeit), 2009.
- 루바흐/주드브라흐(Ruhbach,G./Sudbrach,J).
    편집(Hg.): 위대한 신비가 - 삶 - 활동(Große Mystiker - Leben und Wirken), 1984.
- 슈츠(Schütz, Chr) 편집(Hg.): 영성의 실제적 사전(Praktisches Lexikon der Spirituali-tät), 1995.
- 죌레(Sölle, D.): 신비와 항거(Mystik und Widerstand).
    너 조용한 외침(»Du stilles Geschrei«), 1999.
- 침머링(Zimmerling, P.): 개신교의 영성, 뿌리, 접근
    (Evangelische Spiritualität. Wurzeln und Zugänge), 2008.
- 칭크(Zink,J.): 가시들은 장미꽃들을 운반할 수 있다.(Dornen können Rosen tragen).
    신비(Mystik). 기독교의 미래(Die Zukunft des Christentums), 1997.

6.5.2. 기도

"하나님은 우리와 멀리 떨어져 계신 하나의 기도이다."

Nelly Sachs

인식

기도는 스스로 생명처럼 그렇게 다양합니다. 한편의 사람들은 그들이 고난 가운데 있기에 기도합니다(고난은 기도하기를 가르칩니다). 다른 한편의 사람들은 감격하고 감사하기 때문에 기도합니다. 사람들은 말로써, 또는 말없이, 혼자서 또는 함께, 만들어진 문구들로 확정된 기도나, 또는 매 상황에서 나오는 자유롭게 기도합니다. 어떤 때는 확신에 차서, 어떤 때는 의심 가운데서 기도합니다. 우리의 세속화된 사회 안에서 일반적으로 상상하는 것보다 사람들은 더 많이 기도합니다. 그렇지만, 기도는 쉽거나 당연한 주제가 아닙니다. 기도와 함께 많은 질문이 관계됩니다. 적절한 말들은 어떤 것들인가? 나는 단순히 하나님을 "당신"이라고 부를 수 있는가? 나의 기도는 어떤 의미를 지니는가? 내가 기도하면 무엇이 바꾸어지는가? 기도를 위한 특별한 시간이 있는가? 나는 하나님 앞에 내 "어두운" 면을 보일 수 있는가? 나는 기도로 탄식하며 고발할 수 있는가? 기도는 대화 주제로 까다롭게 보이지만, 그 어떤 사람도 공개적인 자리에서 거의 알아듣도록 기도하지 않습니다. 그렇지만, 실존적인 물음들 안에서 상대를 그분 안에서 찾기 위해, 고유한 삶과 질문들과 두려움들, 그리고 희망들과 꿈들을 하나님 앞에 가져가려는 갈망은 여러 가지로 드러납니다. 바로 가족적이며 직업적인 위기에서, 병상에서나, 또는 임종의 침상에서, 기도에 대한 표면적인 주저함은 더 빨리 사라지게 됩니다. 인간적으로 직접 그들의 삶의 고난을 사람들에게 간명하게 표명하며, 고난의 전환과 위기 가운데서의 동행을 간청하게 됩니다. "나를 위해, 내 아이와 내 파트너를 위해 기도해 주세요." 이전에 신앙에 대해서 거리를 두었던 사람들 역시, 만일 누군가가 위급상황과 질병이나 실직 가운데서 있는 그들에게 "나는 당신을 위해 기도합니다"란 말을 약속할 때, 어떤 관심과 돌봄이 그 안에서 생기는지를 감지할 수 있을 것입니다.

방향

1. 기도의 다양함

다양하게 그리고 여러 가지 형태 안에서 남녀 기독인들은 교회가 시작한 이래로 기도하고 있습니다.

- 명시적인 방식과 명시적이지 못한 방식으로 기도는 이루어질 수 있습니다. 기도의 명시적인 형태들은 교회의 공중 가운데 인정되고 함께 수행된 기도의 형식들입니다. 예를 들면 예배의 시작에서 헌금 수집 기도나, 또는 예배의 마지막에 간청의 기도, 그리고 아침기도, 식탁과 저녁기도가 헤아려집니다. 기독교적인 기도의 명시적인 형태는 특정한 교회문화를 위한 언어 형태와 소리의 영역 안에 있으며, 교회에 연결된 것에 친숙하고 위로가 있습니다. 그것은 다른 사람들에게는 낯 설게 작용할 수 있습니다.

- 기도의 명시적이지 못한 방식은 그 특이성에 관하여 설명하기가 어렵습니다. 사람들은 다른 이들에게 헌정하는 좋은 생각들을 기도로 이해합니다. 교회 안에서나, 또는 길가에서 십자가를 바라봄도 기도입니다. 모든 것이 잘 되기를! 특별히 건강하세요! - 넓은 의미에서 행운기원은 기도로서 이해될 수 있습니다. 그 이유는 그 상황에서 명시적인 기도가 가능하지 않아 보이기 때문에, 축하하는 자는 관습적인 언어형식들을 취하지만, 그러나 함축하여 기도합니다.

- 기도는 말과 신비의 내적인 행태 안에서 이루어질 수 있습니다. 개신교회들은 전통적으로 말씀에 특별한 주의력을 기울입니다. 믿음은 들음에서 생겨나기 때문에, 선포는 중심적인 의미에 관한 것입니다. 개신교의 기도형식들은 그것에 상응하게 발전하였습니다. 루터의 소요리문답서 안에 있는 아침과 저녁의 기도는 사용하기에 아직도 모범적입니다. 기도는 하루의 방향설정이며 해석입니다. 기도는 말로 시작하며, 그것들로 인도합니다. 기도가 잘 훈련되지 않은 신앙의 표현양식 때문인지, 아니면 삶의 상황이 그에게 "말문을 막게 되든지" 간에, 기도에서 고유한 말이 결핍하는 곳에서, 우리가 말하는 기도에서 내세울 수 있으며, 풍성한 교회의 전통에서 처리할 수 있는 말들이 있습니다. 첫 번째 것으로서 그것은 당연히 주기도문을 말하는 것입니다.

- 이외에도 또한 말들이 없는 기도하는 방식은 기독교회의 오랜 전통입니다. 특별히 수도원의 삶의 형식은 침묵의 요구로 살았습니다. "수도사들에게 침묵은 마음의 정결과 내적인 순수성, 그리고 올바름을 위한 투쟁 수단으로 사용되었습니다." 마찬가지로, 다른 기독인들은 말없는기도와 함께 경험들을 만들었습니다. 그것들은 키에르케고르(Kierkegaard,1813- 1855)의 문장과 함께 요약하게 합니다: "나의 기도가 점점 더 경건하고 더 내적으로 되었을 때, 나는 말할 것이 점점 더 적어졌고, 종국에는 전적으로 침묵하게 되었습니다." 침묵하는 기도는 하나님의 현존에 대한 주의력의 발전을 목표로 합니다. 기도는 매 순간 혼합으로부터 전적으로 정화되는 주의력이며, 홀로 하나님에 대한 청취입니다. "그러나 나는 기도가 단순히 침묵이 아니며, "들음"이라는 사실을 배우고 있습니다"(Kierkegaard). 침묵하는 기도의 형태는 전인(全人)이 육체와 영혼으로, 감정과 마음과 이성으로 기도한다는 것을 알리는 것입니다. 기도를 위한 침묵의 한 공간이 찾아져야 한다는 것이 그 안에 내외적으로 서로 상응해야 할 것입니다. 하나님의 현존에 대해 깨어있게 되는 것은 신체적 긴장들을 통하여 해결하며, 자체의 호흡에 대해 주의를 기울이는 몸의 자세와 함께 시작합니다. 그 때문에 신비의 전통은 기도의 몸짓과 숨결에 특별한 의미를 부여하였으며, 그리고 말할 수 있을 것을 지닙니다. 모든 사람은 숨을 쉬기 때문에, 기도합니다. 몸의 호흡은 신체적인 기도입니다. 육체적인 사람은 간청하며 호흡과 함께 생명의 신적인 선물을 받아들입니다. 그는 숨을 내쉬는 것과 함께 마셨던 것을 되돌려 주며, 감사합니다. 그것은 멈추지 않는 육체의 기도입니다. 영(靈)은 신체인지의

수단으로서 이러한 비밀이 풍성한 자연적인 과정에 때때로 연결할 때, 역시 영혼이 그들의 의식 가운데서, 그렇습니다. 마침내 무의식 가운데서 기도합니다. 거기서 그것은 "내적인 기도"이며, 우리가 이따금 그리고 기꺼이 함께 있는 한 친구와 나누는 대화보다도 아무것도 다른 것이 없습니다"(Teresa von Avila, 1515-1582).

- 마침내 기도와 자기인식의 연관성과 차이를 생각합니다. 말이 없는 기도의 전통은 기도가 자세를 통해 결정되는 것이지, 형식을 통해서는 아니라는 것을 기억합니다. "후미리타스"(humilitas)란 라틴어 단어는 - 이에 해당하는 독일어 단어의 "겸손" 보다 더 분명하게 - 무엇이 더 중요한지를 말합니다. 그것은 땅과 관계가 있는 후무스(humus)입니다. 그것은 이와같이 용기를 고유한 진리로 힘쓰며, 자체의 그림자에 저항하려고 용기를 가지는 태도를 목표합니다. 여기에 "고난은 기도하기를 가르친다"는 문장의 기독교적 진리가 놓여있습니다. 기도는 우리들의 고난의 심연에서 솟구쳐 오릅니다. 고대교회의 수도원의 전통의 한 고전적인 문장은 다음과 같이 말합니다: "당신이 하나님을 알고 싶다면, 그 이전에 당신 자신에 정통해야 합니다." 그렇지만, 자신의 현실을 그들 심연(深淵)에서 자세히 관찰하기는 종종 어렵습니다. 사람은 자기 자신 스스로에 이러한 집중적인 접촉과 가까움으로 대할 때, 놀라 넘어집니다. 오히려 그는 자기 자신과 하나님 앞에서 숨기고 싶어 합니다. 여기에 기도와 자기인식 사이에 고유한 상응(相應)에 이르게 됩니다. 개인적인 기도 앞에서의 두려워함은 고유한 사실을 인식하는 부끄러움과 상응관계(相應關係)로 보이게 될 수 있습니다. 고난에서 나아오는 기도는 이중적 자비를 열어줍니다. 먼저 기도자에게 자신과 함께 스스로 자비를 가지는 능력을 선물합니다. 자신의 어두운 면을 부정하는 가운데서 인간은 자신에 관해서 현재보다 스스로 더 잘, 그리고 달라지기를 요구합니다. 그리고 다른 자비의 경험은 첫 번째 것을 붙들게 됩니다. 하나님에 긴급한 부르짖음은 아주 먼 곳에서 반응되지 않았습니다. 오히려 우리는 우리 스스로 있거나, 또는 있기를 원할 때, 어떤 다른 이가 아니라, 우리와 가까이 있는 그 어떤 분과 함께 말하게 됩니다. 사도 바울 역시도 앞서 서술했던 자기 기도에 대해 당혹감을 알고 있습니다: "우리는 마땅히 기도할 바를 알지 못합니다". 그리고 바울은 그것에 대해 비밀스러운 대답을 합니다: "오직 성령[그의 영]이 말할 수 없는 탄식으로 우리를 위하여 친히 간구하시느니라"(롬8:23).

그의 영은 자신을 뒤흔들어 생명을 선물하시며, 변화시키시는 권세를 가지신 하나님의 현존에 대한 또 다른 표현입니다. 그래서 우리가 하나님께 기도할 때, 우리를 통해 기도하시는 분은 하나님 자신이십니다.

2. 성서와 함께 기도하기

a) 하나님은 말씀하시며, 아브라함은 대답합니다.

구약의 첫 성서 가운데서, 아브라함의 방랑 생활에 관한 이야기(창12)는 창조역사와 원(原) 역사를 포함합니다. 이러한 이야기의 엄청난 것은 하나님과 인간 사이에 새로운 소통방식 안에 놓여있습니다. 하나님은 말씀하시고 아브라함은 대답합니다. 그는 거룩한 자의 말씀의 현재에 대하여 아주 민감하며, 그리고 동시에 말씀의 매체 안에서 대답합니다(창15:1-5). 이리하여 아브라함은 그가 유일한 사람으로서 하나님에 대한 관계에 등장하는 한 기도의 시조(始祖)이며, 믿음의 원형입니다. 이러한 역사는 종교 역사적으로 새롭고, 의미깊은 것입니다. 그 이유는 말씀을 수단으로 하여 인격체로서의 하나님의 관계가 확립되었기 때문입니다. 거기서 아브라함 역시 다른 사람들을 위하여 등장합니다. 그는 이방의 소돔을 위하여 기도합니다. 여기서 기도는 타인을 위한 기도이며, 겸손하며 동시에 다른 사람을 위한 개입이며, 그들의 도덕적인 특성으로부터 독립적입니다.

b) 시편들 - 이스라엘의 기도서

아브라함이 기도의 원형이라면, 회당과 교회는 시편으로부터 기도의 방법을 배웠습니다. 시편의 시는 이스라엘의 기도서이며, 기도와 노래, 찬미와 교대 찬송을 수집한 특유한 모음집입니다. 시편의 자리는 의식이 있는 예배였고 이스라엘 연중 대축제 때 노래로 불렀습니다. 시편들은 먼저 기도자의 개인적인 경건의 표현이 아니라, 그렇지만 이따금 놀라운 방식으로 개인적인 배움을 허용하는 보편적인 예전 형식 안에서 찬양과 탄원을 간명하게 표현합니다. 그렇지 않으면, 그 어떤 것도 믿는 자들이 그들의 하나님과 어떻게 말하며, 그들이 그분에게 어떻게 감사하며 기쁨이 넘치게 되며, 어떻게 그분 앞에 탄원하며 의심하게 되는지를 여기 사람들은 경험할 수 없을 것입니다.

시편 기도의 많은 것들은 오늘날까지 탄원, 찬양, 감사 안에서 가장 다양한 삶의 경험들이 언급된 채 발견되는 인간적인 기도의 근본형식들로 보입니다. (예를 들면 시편23편, "여호와는 나의 목자시니 내게 부족함이 없으리로다", 시편103:2, "내 영혼아 여호와를 송축하며 그의 모든 은택을 잊지 말지어다", 시편51:10 "하나님이여 내 속에 정한 마음을 창조하시고 내 안에 정직한 영을 새롭게 하소서.")

c) 위대한 성서의 기도자들

구약성서 가운데는 또한 오늘날까지 우리에게 기도를 가르치고 있는, 많은 성서의 인물들이 있습니다. 찬양하는 미리암, 눈물 흘리는 한나, 대담한 유디트, 밤중에 축복을 위해 하나님과 씨름한 속인 자 야곱, 탄식하는 예레미야, 고발하는 욥 등입니다. 3천 년 전 성서 시대의 남녀들이 얼마나 "현대적"이며 "개인적으로" 기도하였는지, 참으로 놀랍습니다.

만일 루터가 다음과 같이 기도했다면, 그 역시 이러한 기도의 사람들에 관계됩니다. "신앙은 자신의 갈망을 곧잘 말하자, 성령은 기도합니다. 성령은 하나님이 그것을 들으실 줄 알기 때문에, 그런 영원히 쓸데없는 말을 하지 않으십니다. 성서 가운데 엘리야, 엘리사, 다윗과 같은 인물들은 간략하지만, 힘 있고 강한 말로 기도하였습니다."

d) 예수 - 기도의 대가

나사렛 예수는 복음서들 가운데서 기도 생활의 대가로 묘사되었습니다. 그는 성전에서의 기도에 참여하였으며, 기도하기 위해서 자주 한적한 곳을 찾으셨습니다(막1:35). 예수는 근심이 가득한 채 겟세마네 동산에서 기도합니다. 그리고 생명 위기의 절정인 십자가에서도 기도하였습니다: "나의 하나님, 나의 하나님, 어찌하여 나를 버리셨나이까"(마27:46, 시22:2) 그리고 하나님의 현존 앞에서 "아버지 내 영혼을 아버지 손에 부탁하나이다"(눅23:46, 시31:6).

e) 주기도문

예수는 "우리의 아버지"(Vaterunser, 주기도문)라는 아주 간략하고 본질에 지향된 기도의 형태를 그의 제자들에게 추천하였습니다. 주기문의 특별함은 그 첫 마디에 있습니다: "아버지여! 당신의 이름이 거룩히 여김을 받으시오며"(눅11:2-4; 마6:9-13). 예수 기도의 본질은 벌써 하나님의 호칭 안에 놓여있으며, 특이하며, 신성하지도, 복잡하지도 않으며, 부드러우며 신비롭기도 합니다. 아바(ABBA), 사랑하는 아버지! 여기 안에 사랑하는 자와 사랑받는 자의 내적이며, 인격적인 의지 통일의 신비가 표현되었습니다. 인격적인 '아버지'란 호칭 안에서 또한 모성적인 요소도 인지됩니다. 요한복음은 이것을 그렇게 표현했습니다. "아들은 아버지에게서 나오신다."(요1). "독생하신 아들" 아버지와 하나입니다. 기독교적인 기도는 이러한 직접적인 자녀 관계 안에서의 한 기도입니다. 이러한 호칭을 통하여 하나님은 모든 두려움, 모든 신뢰와 모든 사랑을 약속으로 말해질 수 있는 현재 가까이 계신 하나님이 됩니다. 반대로, 모든 고난을 바꾸며, 생명에 필요한 것들이 사랑하는 아버지로부터 나아옵니다.

주기도문의 이러한 첫 번 간청은 "아버지여 이름이 거룩히 여김을 받으시오며"라는 표현과 함께 양자가 뒤따르는 간청으로부터 수용된 것이 강조됩니다. 즉 그것은 "당신의 나라가 임하시오며, 당신의 뜻이 이루어지이다"란 기도입니다. 예수의 기도는 자신의 이름을 영화롭게 하는 부담을 덜어내며, 그분(하나님 아버지)의 이름이 영화로움으로 인도합니다. 이러한 간청들은 인간이 결정하고 지배하는 일들로부터 시선을 떼고, 그분의 나라를 목표하며, 그분의 뜻에 복종하기를 돕습니다. 주기도문은 그 첫 호칭의 첫 간청에서 사람의 시선을 새롭게 정리하여 다음에 이어지는 청원에서는 구체적인 삶의 과정을 말합니다. 매일의 양식(빵), 죄(실수), 시험과 악의 실제 등에 관한 것입니다.

이러한 기도는 - 기도처럼 대체로 - 예수에게서는 하나님의 가까이하심에 머무는 방식이며, 생각과 말과 활동안에서 유혹을 벗어나며, 시험들에 저항하는 방식입니다. 이러한 태도는 예루살렘에서 예수가 체포되기 전날 밤에 분명하게 됩니다. 예수는 제자들에게 깨어서 기도하여 시련에 대항하여 싸우고 그의 곁에 서 있기를 요구하였습니다. "시험에 들지 않게 깨어있어 기도하라 마음에는 원이로되 육신이 약하도다"(막14:38). 예수는 세 번씩이나 그의 뜻이 받아들여지도록 하나님과 강렬하게 씨름하였습니다: "내 아버지여 만일 할 만하시거든 이 잔을 내게서 지나가게 하옵소서"(마26:39).

f) 기도의 안내들

기도의 집중력과 - 간청으로서 - 기도 응답의 약속은 신약성서 가운데 여러 번 표명되었습니다. 예를 들면 누가복음의 "간청하는 친구"라는 표제 가운데 "구하라, 그러면 너희에게 주실 것이요 찾으라, 그러면 찾아낼 것이요, 문을 두드리라, 그러면 너희에게 열릴 것이니"(눅11:9).

마태는 산상수훈에서 예수의 기도를 요리 문답의 방식으로 요약하였습니다(막5:5-15). 선생은 그릇된 3가지 태도에 경고합니다. 많은 말을 해야 한다는 견해, 하나님께 알려야 한다는 견해; 다른 사람에게 인상을 남기려고 하는 의도 등.

첫 기독인들은 "예수의 이름으로" 기도합니다. 왜냐하면 부활하시고 높이 되신 분이 그들에게는 기도확신의 출발점이자 근거였기 때문입니다. 요한복음에 따르면 예수는 다음과 같이 선언합니다. "지금까지는 너희가 내 이름으로 아무것도 구하지 아니하였으나 ..그날에 너희가 내 이름으로 구할 것이요"(요16:24,26). 그들은 그들의 주인이신 그에게 간청하는 것입니다(행4:29; 7:58이하; 계4:11). 기도는 모든 그리스도교의 예배의식의 부분입니다: "그들이 사도의 가르침을 받아 서로 교제하고 떡을 떼며 오로지 기도하기를 힘쓰니라"(행2:42)

3. 교회의 전통 가운데서 기도들

성서의 자극들에 연결하면서 교회 역사의 과정에서 기도의 다양한 형식들이 발전하였습니다.

첫 세기의 동양적인 기독인들은 사도 바울의 지시에 적절하게 "쉬지 말고 기도하라(살전5:17)와 그들 종교적인 환경의 관상적인 전통에 상응하게 신비의 기도 방식을 발전시켰습니다. 호흡의 리듬 안에서 이러한 내적인 기도는 '예수의 기도', '마음의 기도', 또는 '안식의 기도'(침묵 주의적인 기도)로 칭해졌습니다.   ╱**묵상**

그러나 신비적 기도방법은 기독론적 지향점만 가지고 있는 것이 아니라, 피조물의 전 우주가 기도한다는 의미에서 창조신학적으로 확대되었습니다. 기도(찬양과 탄식으로서의 기도-)는 존재의 본질표출입니다. 창조된 모든 것이 하나님의 말씀, 영원한 로고스로 만들어졌다는 것이 사실이라면 모든 피조물은 창조하신 분의 '메아리'입니다. 그렇게 본다면, 창조주의 부름과 피조물의 응답 사이의 대화 구조가 존재합니다. 시편 150편의 마지막 구절은 "호흡이 있는 자마다 여호와를 찬양할지어다 할렐루야"를 외치고 있습니다. 동양인들은 "하늘은 기뻐하고 땅은 즐거워하며 바다와 거기에 충만한 것이 외치고 밭과 그 가운데에 있는 모든 것은 즐거워할지로다 그때 숲의 모든 나무들이 여호와 앞에서 즐거이 노래하리니"(시 96:11-12를 노래합니다. 삶의 의욕에 붙잡혀 사는 것이 찬송입니다. 그러나 삶의 짐을 지고 사는 것, 그것은 사멸(死滅)에 대한 탄식입니다. "피조물이 다 이제까지 함께 탄식하며 함께 고통을 겪고 있는 것을 우리가 아느니라 그뿐 아니라 또한 우리 곧 성령의 처음 익은 열매를 받은 우리까지도 속으로 탄식하여 양자 될 것 곧 우리 몸의 속량을 기다리느니라"(롬8:22-23). 사랑의 칭찬뿐 아니라 그리움의 탄식에도 입을 다문다면, 사람은 이 땅과의 연을 끊어야 할 것입니다. 찬양하거나 한숨짓는 기도의 침묵은 지상에서 지옥이 될 것입니다. 더 이상 기도하지 않는 곳에 하나님의 흑암이 지배합니다. 그러나 그 흑암 속에서, 저주조차도 생명의 하나님에 대하여 알지 못했던 지식이 있습니다: "이반, 당신의 영혼은 기도하고 싶어해요. 당신은 왜 그렇게 하지 않습니까?". 침례교도 알리요샤가 장기 수감 끝에 스탈린의 형무소에서 채찍에 맞고 있던 자기 동료, 이반 데니소비치가 무신론자로서 하루를 "천만다행이다!"(Gott sei Dank!)라고 한숨 쉬며 마무리할 때, 그에게 말하고 있습니다. 창조가 지나간 날, 양심의 근심과 세상 끝날 종말적인 산통에서도 우리는 "성령도 우리의 연약함을 도우시나니 우리는 마땅히 기도할 바를 알지 못하나 오직 성령이 말할 수 없는 탄식으로 우리를 위하여 친히 간구하시느니라"(롬8:26)라고 말할 수 있습니다. 먹먹

한 기도 위에도 하나님의 약속은 있습니다: "하나님은 말 없는 기도, 마음의 소원과 갈망도 들으시도다. 우리가 마음속에 한숨짓는 한, 우리가 기도하는 한, 입으로가 아니라 끊임없는 부르짖음으로"(Martin Luther).

- **시편기도** : 교회는 그들의 예배에서 유대교 회당의 기도를 배웠습니다. 예배의 도입송(Introitus)이 말해 주거나, 또는 교대 찬송이 이를 증언하고 있습니다. 로마가톨릭과 성공회, 정교회와 개신교의 수도원 공동체, 테제의 교회 연합의 형제단은 매일 여러 번 시편을 노래하고 있습니다. 시편 기도는 "성무일과(역자 주: 교회력에 따른 매일 성서 읽기)"라고 부릅니다. 성무일과는 전형적인 기도 시간의 현대 노동시간의 휴식시간과 같은 전형적인 자리에 있습니다: 아침 시간, 점심시간, 저녁-또는 밤시간.

- **중보기도** : 중보기도는 옛적부터 예배의식 중 설교와 성례전 사이에 자리하였습니다. 개혁교회의 중보기도는, 설교 말씀 이후 따라오는 기도하는 회중의 응답입니다. 그러므로 중보기도는 세상에 대한 기독인의 임무를 공식화하고, 개별 청원에서는 사람과 사회의 궁핍함에 대한 관심사들을 "기도 안으로" 가지고 들어옵니다. 또 다른 기도들도 예배의식 가운데 중보기도로 들어옵니다. 병자와 임종자를 위한 중보기도는 옛 전통에서 신자들의 병상과 임종침상의 기도를 받아들인 것입니다. 중보기도에는 또한 사회와 정치 책임자들을 위한 기도의 외침이 있습니다. 정치적인 기도는 구체적인 것을 요구합니다: 중보기도는 하나님을 향하고 있으며, 사회정치적인 기획을 공고히 하기 위해 사용되는 것이 아니라, 도리어 권리가 없는 자들과 가난한 자들을 위한 하나님이 편드심에 부합되어야 합니다.

- **성만찬의 기도** : 기독인 기도의 정점이자 중심은 성만찬의 예식입니다. 주 후 1세기 이래, 이것을 "성만찬 기도", "축사"라고 불렸습니다. 왜냐하면 예수님이 그의 식사에서, 특별히 고별식탁(최후의 만찬)에서, 빵(떡)과 고기, 또는 빵과 포도주를 축복하였습니다. 예수는 그 희사품을 "취하고, 감사하시고, 쪼개시고 넘겨주셨습니다." 성찬 예식에서 감사기도는 기독인들의 매일의 식사시간이나 특별히 보존과 보호에 대한 체험으로부터 나오는 감사기도에서 그 대응 관계

를 찾을 수 있습니다.

- **방언기도** : 20세기의 1960년대부터 카리스마 운동은 알아듣지 못한 언어의 기도를 다시 연습하였습니다. 방언에는 절대 무아지경에서 더듬는 말이 중요한 것이 아닙니다. 방언 기도는 합리적인 이성이 없이도 사랑과 기도하는 마음에서 흐르는 발음의 교합의 한 종류입니다. 그러나 이러한 발음의 교합은 정확한 발음으로 들리지는 않습니다. 바울은 각 기독인이 단지 "이성으로"(국역: 마음으로)만 아니라, 또한 "성령 안에" 자신의 방언으로 기도하기를 소원하였습니다. 그러나, 그 방언은 회중 중에 해석의 은사를 가진 사람들에 의해서 해석되고 번역되어야 합니다(고전14). 방언은 마음 가운데 무의식의 '언어'이며, 다른 종교에서도 존재합니다. 그것은 모든 사람에게 있는 자연적인 소질입니다. 만일 그것이 성령의 감동으로 기독인에게 나타나고 있다면, 사람들은 그것을 은사(Charisma), 문자 그대로 성령 은혜의 선물이라고 말합니다. 방언은 교회의 역사에서, 억압되고 비밀리에 시행될지언정, 단 한 번도 사멸된 적이 없었습니다.

4. 기도 응답의 질문

사람들은 그들의 기도가 응답 되리라는 희망 가운데서 기도합니다. 성서는 하나님이 기도한 것들을 응답한다는 확신에 관하여 가득 채워져 있습니다. "구하라 그리하면 너희에게 주실 것이요"(마7:7). 이로써 신약성서에 여러 번 등장하는 하나님에 대한 기본 신뢰가 표현됩니다(막11:24). 반면에, 인간이라면 매번 시대마다 하나님이 기도를 성취하지 않으시거나, 또는 적어도 기대하고 간청했던 바와는 다르게 성취하신다는 경험들도 있습니다. 마르틴 루터는 기도응답의 문제에 아주 많이 몰두하였습니다. 루터에게 있어서, 기도는 하나님 응답의 허락에 토대를 두고 있으며, 사람이 이를 의심하지 않는다면, 기도는 선한 것입니다: "기도가 올바르며 선하고 응답되기 위해서, 두 가지가 꼭 필요하다: 첫째, 하나님으로부터 약속이나 승낙이 있어 사람이 이를 먼저 생각하고, 그것을 하나님 앞에 내어놓고 확신하며 기도하는 것이다... 두 번째는 사람이 진실하고 신실하신 하나님의 승낙을 의심하지 않는 것이다"(1517년 성령 강림절 전 기원절 주간 기도와 수난에 대한 설교). 그렇지만, 결정적인 것은 그 기도를 통해서 사람이 하나님을 특정 행위로 움직일 수 있다거나 강요할 수 있는 것이 아니라는 것입니다. 도리어 기도 응답은 간청했던 것과는 달라 보일 수도 있다. "왜냐하면 사람이 하나님께 궁핍한 필요를 기도로 요구하더라도, 그분께 정도, 방법, 기간 그리고 장소를 지시하는 것이 아니라, 우리가 생각하는 것보다 더 낫거나 다르게 주실지, 아닐지는 하나님께 위탁해야 한다"(1520년 성령 강림절 전 기원절 주간 기도와 수난에 대한 설교).

기도의 응답은 우리가 머릿속에 그리고 있는 것보다 완전히 다르게 보일 수도 있습니다. 루터는 그를 통해 우리를 위한 하나님의 선한 의지가 표현된다는 것을 말하고 있습니다: "그리고 여러분은 하나님으로부터 뭔가를 기대하는 것이 좋습니다: 여러분의 청원이 성취될지 그렇게 되지 않을지, 그리고 성취되는 것이 여러분들에게 좋고 유용했는지"(선한 사업을 위한 설교). 우리 소원들에 대한 고통스러운 불성취 뒤에는 우리를 향하신 하나님의 선하신 뜻 외에는 아무것도 없다는 확신! 디트리히 본회퍼는 그 확신을 국가 사회주의자들에 의한 감옥살이 체험 가운데 분명하게 언급합니다: "하나님께서는 우리의 모든 소원은 아니지만, 그분의 모든 약속을 성취하신다"(저항과 복종).

그렇지만 기도 응답의 질문에서 확고한 것이 있습니다. 바로 우리가 사람의 기도를 성취하지 않으심으로 표현되는 하나님이란 분의 생소함을 따라잡을 수는 없습니다. 이러한 믿음과 기도에 대한 인식은 선지자 이사야에게서 읽을 수 있습니다: "이는 내 생각이 너희의 생각과 다르며 내 길은 너희의 길과 다름이니라 여호와의 말씀이니라"(사55:8) 우리가 예수 그리스도의 길로 눈길을 돌려본다면, 기도로 하나님께 아뢰었던 근심은 또 다른 빛 가운데 드러납니다. 예수 그리스도는 그의 고난 중에 모든 세대의 고난당 하는 자 편에서 나타나시며 그들의 기도를 자신의 고난으로 말하고 계십니다: 하나님은 그리스도를 통하여 모든 생명을 통과시키는 틈 안에서 자신을 스스로 내어주십니다.

형성

개인의 기도는 하루의 일과나 생애 주기에 있어 아주 다양한 형식과 장소가 있습니다. 여기에는 고유한 기도의 실천을 위한 몇 가지 지침이 있습니다.

1. 두세 사람의 기도

마태의 공동체에 따르면, 예수는 공동체가 함께 하는 공동의 기도에 특별한 응답 약속을 주셨습니다(마18:19): "진실로 다시 너희에게 이르노니 너희 중의 두 사람이 땅에서 합심하여 무엇이든지 구하면 하늘에 계신 내 아버지께서 그들을 위하여 이루게 하시리라" 가장 작은 단위의 수의 사람, 이른바 서로 다른 두 사람이, 땅 위 어딘가에서 그들의 간청을 하나 되게 한다면, 그것이 이미 작은 기적입니다. 예수는 고별기도에서 아버지 하나님께 "그들도 다 하나가 되어 우리 안에 있게 하사 세상으로 아버지께서 나를 보내신 것을 믿게 하옵소서"(요17:21)라고 중보기도를 하고 계십니다. 한 뜻이 된다는 것은 화해의 징표이기에 하나님께서는 분열된 세상 속에 화해의 방을 마련하시기 원하시기 때문에 상황을 변화시키는 능력이 두세 사람이 함께하는 기도로부터 이루어집니다.

2. 삶의 길에서의 기도

사람의 기도는 매번 삶의 정황마다 동일한 것은 아닙니다. 신앙처럼, 기도 생활 역시 사람의 생의 일대기마다 뚜렷이 구별되게 발전합니다. 기도는 어린이 기도이든지, 성인 기도이든지, 삶의 도상 중에 있는 것입니다. 어떤 특색과 강조점이 있든지 늘 온전한 것이며, 인간의 존엄 사상으로 축소될 수 없는 것이 기도입니다. 사람이 어떤 말과 생각으로 기도하든지, 기도란 하나님께서 실제로 가까이 계신 분이시며, 사람이 호출해야 비로소 나타나는 분이 아니라는 것을 사람들에게 알려줍니다.

3. 하루 동안의 경과 안에서의 기도

하루 동안 언제든지 할 수 있는 기도는 일과를 하나님과의 "대화" 가운데 만들기 좋은 기회를 제공합니다. 아침이나 저녁이나, 또는 식사 전, 기도를 위해 각각 정해진 시간이나 작은 경건회 장소를 예약해 두는 것이 좋습니다. 루터는 말합니다. "이른 아침에 기도가 첫 번째 일이 되고, 저녁에 기도가 마지막 일이 되는 것이 중요하다. 그릇되고 기만적인 생각으로부터 열심히 자신을 지키라! 이런 종류의 생각을 통해 기도는 분잡한 것이 된다: 이러한 분잡함은 한 사람을 붙잡아 둘러싸고는 그날의 기도에서부터 아무것도 일어나지 않게 한다"(단순하게 기도하라, 1535). 낮에 기도하는 시간을 준수하는 것은 또한 훈련의 문제이며, 사람마다 다르게 보일 수 있는 적합한 형태가 있습니다. 예를 들면, 고유한 양식의 형태를 모색함에는, 『개신교 찬송집』에 있는 루터 아침 축복과 저녁 축복, 현대의 기도문들(참고. 6. 여러 기도문)이나 상징(십자가, 양초, 천사)이 도움이 됩니다.

4. "골방"에서의 기도

사람이 전적으로 홀로, 닫힌 채, 방해받거나 어떤 누구의 관찰 받음도 없이 자신의 마음을 흐르게 할 수 있는, 그러한 장소가 있어야 합니다. "골방"은 예수 당시에 가난한 자들의 개별 장막에 있는 독방의 저장고였습니다. 그곳은 소시지나 치즈가 걸려있는 곳이었고, 유일하게 잠글 수 있는 창문이 없는 방이었습니다. 그런 은폐된 곳은 인격적인 기도를 위한 큰 공간을 마련합니다. 그러나 사람마다 항상 본래의 "골방"을 지니고 있는데, 그것은 자신의 마음에 있습니다. 이러한 의미에서 중세의 신비주의자였던 "씨에나 카타리나"는 그녀가 성령을 통해 "자기 영으로 고요한 쪽방을 마련하는 법"에 대한 가르침을 받았다고 전합니다. 이것은 언제라도 실행할 수 있는 침묵 기도나 마음의 기도를 위한 "공간"입니다.

5. 기도의 몸짓

기도의 치유하고 위로하는 능력은 홀로 말에만 있는 것이 아니라, 또한 몸짓에도 있습니다. 사람들은 신체와 영혼으로 기도합니다. 그들의 자신과 하나님에 대해 품고 있는 생각은 그들의 자세로 표현됩니다. 우리는 서서 기도할 수 있습니다. 우리는 앉아서도 무릎을 꿇고서, 때로는 하늘을 향하여 두 손을 들거나 펼친 손으로, 십자가 표시로 기도할 수 있습니다; 우리는 다른 사람을 위해 기도할 때, 그 사람의 머리에 두 손을 올리거나 촛불의 불을 밝히고 기도할 수 있습니다. 기도할 말이 없을 때, 여러 몸짓은 우리의 상황을 하나님 앞에 또 다르게 표현하는 일에 도움을 줍니다.

6. 여러 기도문

우리는 자신의 말로 기도할 수 있습니다. 우리는 교회 전통이나, 또는 옛날이나, 지금의 기도 모음집에 의존하여 기도할 수도 있습니다. 각기 삶의 정황에 따라, 그리고 고유한 상황설정에 따라, 한 편의 사람들은 자신의 말을 사용할 것이며, 또 다른 편의 사람들은 전래 되거나 또 다른 사람에 의해서 공식화된 기도 가운데 "자신의 자리를 앉히는 것"을 선호할 것입니다. 근심과 위기에 직면해서 자신의 말을 할 수 없다면, 바로 그때 다른 기도문으로 하는 기도는 도움이 되고 짐을 가볍게 합니다.

우리가 다른 남녀 기독인들과 더불어 한 "기도 공동체"로 연합시키는 중심적인 기도는 주기도문(원문. '우리 아버지')입니다. 그리고 기독교의 전통에 기본토대를 이루며 가장 잘 알려진 기도문들에는 여러 시편(시 23:121), 루터의 아침 축복과 저녁 축복, 그리고 디트리히 본회퍼의 작시인 "선한 능력으로"(Beten – Wie geht das? 등)가 있습니다. 매일 한 가지 기도에 참여하고 싶은 사람은 헤른후트 공동체의 기도 책자를 펼치면 아름다운 많은 기도문이 있을 것입니다. 이에 더 나아가 자기가 작성한 기도문을 동기를 자극하거나 다른 사람을 위해 "나서도록" 하는 기도문집이 점점 더 많아지고 있습니다(예, 삶을 형성하기, 시간에 기도들, Leben gestalten. Gebete zur Zeit).

[참고문헌]
- 쿨만(Cullmann, O.): 신약에서의 기도(Das Gebet im Neuen Testament), 1994.
- 덴너라인/한((Dennerlein,N./Hahn,U.): 기도 - 영성의 마음 부분
    (Das Beten–Herzenstück der Spiritualität), 2005.
- 레벤트로프(Reventlow, H. Graf): 구약에서의 기도(Gebet im Alten Testament), 1986.
- 로린/단네라인/한(Röhlin,K.-H./Dennerlein,N./b Hahn,U.): 기도 - 그것은 어떻게 하는가?)
    Beten – Wie geht das? Eine Einführung, 2006.
- 쉔하우어(Schoenauer,H.). 삶을 형성하기,
    시대에 기도들(Leben gestalten. Gebete zur Zeit), 2007.

6.5.3. 명상

"침묵하고 들으라, 당신의 마음에 귀를 기울이라! 평화를 찾으라!"

Kanon (누르시아의 베네딕트 규범서의 말 중)

인식

현대의 불안과 분망함의 한복판에서 많은 사람은 다시 자신 스스로에게로 다시 돌아오기를 원하며, 더 주의 깊게, 침착하고 평안하게 살고 싶어 합니다. 그런 삶의 설계로 향하는 길이 바로 명상입니다. 즉 침묵 가운데로 나아가며, 어떤 것도 행하지 않고, 단지 그곳에 있는 것입니다. 그 배경에는 지속적인 실적의 압력이 없이 그리고 하나님 안에서 "존재 근원"의 더 의식적인 인지 가운데 한 존재의 동경이 놓여있습니다. 명상적인 길의 학습에 대한 제안들의 내면에 하나의 거대한 다양함이 존재합니다. 특별히 먼 동방 지역의 종교들은 요가와 참선과 함께 명상의 방법들이 제시되고 있습니다. 그것들은 많은 사람에게서 우리들의 "서구적인" 삶의 방식에 대립적인 설계로 느껴지게 되었습니다. 그렇지만 기독교적 전통은 명상에 대한 풍성한 길들을 열어주고 있습니다.

방향

라틴어에서 파생한 "명상"(Meditation)이란 말은 먼저 "곰곰히 생각하다, 숙고하다, 감상하다"는 것을 의미합니다. 이것은 해체되는 사유(思惟)가 아니라, 감지(感知)와 깨닫게 되는 것이 생각되었습니다. 명상(冥想)은 여러 많은 종교와 문화에서 수행된 영성의 실천입니다. 인간의 영혼은 주의력의 훈련이나 집중력의 훈련을 통해 안정되며, 정신을 집중해야 합니다.

기독교적인 영성의 내면에서 우리는 말하게 될 수 있을 것입니다. 명상은 하나님의 만남을 위한 문을 열기를 원하며, 그 안에서 스스로 우리와 함께 하기를 원합니다.

먼저 구별하게 하는 매우 다양한 명상의 형태들이 있습니다:

- 대상연관의 명상: 이것은 자연의 사물들, 그림들, 조형적인 예술작품들, 상징체들에 의하여, 기독교적인 상황에서 본문들, 특별히 "마음에 감동을 주는 성서"(눅2:19)의 말씀을 조용히 바라보면서 머물러 있는 것입니다. 기독교적인 전통은 그것을 위한 적합한 표현인 "되새김질하다"(라틴어, ruminatio)라는 말을 사용합니다. 하나님의 말씀이 "음미하고 맛보게 되며", 낮과 밤으로 "읊조리게 되었다"(시1:2). 그리고 그렇게 말씀이 우리 안에 작용하는 것이 기억되었습니다. "명상과 사유는 두 가지 다른 종류입니다: 왜냐하면 명상은 진지하게 깊고, 세심하게 생각하는 것이며, 실제로 마음 가운데서 되새김질을 뜻합니다. 명상하는 것은 한가운데 머물러 있(중간 지점에)는 것과 같거나, 또는 중심과 가장 깊은 내면으로부터 움직여진 것을 의미합니다"(루터).

- 무대상의 명상: 대상이 없는 명상, 즉 관상(觀想)은 그 자체가 하나님 숭배의 처소("성전")가 되는 방법으로 이해되었습니다. 라틴말 '콘템플라리'(contemplari)는 '관찰하다'는 것을 뜻합니다. 거기서 모든 생각과 관념들과 상(像)들로부터 마음을 비우는 것이 중요하며, 신적인 영(靈)의 활동에 자신을 내맡기기 위해, 자신의 호흡에 집중을 통하여 이따금 한 말씀이나, 또는 간단히 반복된 기도의 도움과 함께 뒤를 받치게 됩니다. 기독교 전통에서 특별히 소위 '예수의 기도'가 여기에 속합니다.

- 첫 세기의 근동지역의 기독인들은 "쉬지 말고 기도하라"(살전5:17)는 사도 바울의 지시에 따라 명상적인 기도의 방식을 발전시켰습니다. 거기서 그들은 호흡의 기도를 명칭기도와 함께 연결했습니다. 예수의 이름은 숨을 들이쉬면서 함께 칭해졌습니다. 그 이름의 첫음절 JE (예) 안에서, 히브리어 명의 하나님 이름이 숨겨져 있는데, 번역하면, "나는 나이니라", 더 정확하게는 "나는 존재하

는 자로 늘 새롭게 여기 있게 될 것이다"입니다. 예수라는 이름은 신적인 자비의 중단없는 현존을 위한 상징입니다. 그리고 동방교회의 예수 기도의 완전한 형태는 "주 예수 그리스도, 살아계신 하나님의 아들이시여"(숨을 들이쉼에서) – "자비를 베푸소서!"(숨을 내쉬면서). "쉬지 말고 기도하라!"라는 말씀의 신비에 대한 감각을 찾으려 하는 러시아의 한 순례자의 역사는 보기로 영성의 삶의 실제로서 예수의 기도에 관하여 이야기해 줍니다. 그는 예수 기도의 비밀 가운데로 그를 지시하는 그곳에 이르기까지 여러 사제에게 묻습니다. 그는 간단한 말, "주 예수 그리스도 하나님의 아들이시여, 나에게 자비를 베푸소서!"를 매일 수천 번, 수만 번을 말해야 하는 일이었습니다. 그리고 그는 이것을 자신의 호흡과의 조화 가운데서 말해야 했습니다. 그 기도가 스스로 자신 안에서 기도하기 시작할 때까지! 계속해서 반복된 호흡의 기도는 역시 마음의 기도이거나, 또는 침묵의 기도(그리스어, 침묵의 기도)로 붙여졌습니다.

- "일상에서의 심령수행"; 일상을 위한 명상의 길을 익나티우스의 심령수행이 설명해줍니다. 익나티우스 로욜라(Ignatius von Loyola, 1491-1556)는 예수회 수도원의 설립자이며, 그는 영적인 훈련법, 즉 심령수행법을 개발하였습니다. 지난 수년간 개신교회 안에 발을 들여놓았던 "일상에서의 심령수행"이 이러한 전통에서 유래합니다. 그것은 여러 주간에 걸친 기독인의 경험의 길을 제공하며, 거기서 참여자들은 주간 동안에 개별적으로 연습하며, 전문가의 동행 가운데, 안내받으며, 계속 지도되었으며, 명상적인 교류에 격려를 받기 위해 주간마다, 또는 월마다 만남이 이루어지게 됩니다. 매일 같은 단계를 거치는 이 길의 명료한 구조는 유용합니다.

- 의식적인 시작점 만들기 (나는 내 침묵 시간을 촛불을 점화하며, 십자가 표시와 허리 숙임의 인사로 시작합니다).

- 시작의 기도, 침묵함에 대한 인지 연습, 명상의 자극, 종료(몸짓. 예를 들어 허리 숙임)

- 되돌아봄(그것이 나에게 지금 어떻게 영향을 미치게 되었는가? 나의 날에 나는 무엇을 가지게 되는가?)

• 일상의 되돌아봄으로 애착을 가지는 관심의 기도

그러나 이 모든 것에서 신비의 원칙이 중요합니다. 많이 아는 지식이 영혼을 만족시키지 않으며, 내적인 바라봄과 사물의 맞봄이 만족을 줍니다(익나티우스 폰 로욜라)

• 동아시아의 길들: 동아시아의 명상의 길들인 요가나 참선 역시 우리들의 사회 안에서의 영성추구에 중요한 역할을 합니다. 20세기에 기독교 명상 안에 여러 가지 자극들이 이러한 것들에서 흘러들어옵니다(H.M.Enomiya-Lassalle, Karlfried Graf Dürckheim, Thomas Merton, Willigis Jäger). 그것들은 물론 먼저 대부분 그들의 종교적인 원천으로부터 나온 인간상과 연결되었습니다. 그 상은 인격성의 기독교적인 이해와는 긴장 관계에 있기도 합니다. 그것들이 넘겨 받아진 곳에서, 그것들은 분명한 분별을 위하여 기독교적인 맥락과 경험된 명상안내가 필요합니다.

형성

명상의 경험들은 일상의 한복판에서도 생겨날 수 있을 것입니다. 즉 그것들은 놀이에 빠진 아이들 모습, 산악풍경을 바라보며 감탄하는 일, 아름다운 꽃송이들에 찬탄, 하늘에 구름이 지나가며, 사람이 단지 거기에 머물면서, 바라보는 동안 초장에 누워있음, 형상의 관찰, 음악의 청취, 시의 독서, 사랑의 몸짓 등에서입니다. 우리가 목표를 정하여 노력하지 않고, 그러한 충족의 순간들은 우리에게 선물로 주어졌습니다. 그 외에도 명상을 위한 방법론적 도움에는 수많은 것이 있습니다. 이것들은 심령수행과 자기성찰의 주간에 의한 훈련과정들의 범주에서 학습되며, 심화할 수 있습니다.

- 명상을 위한 가장 중요한 전제는 조용함, 은거의 가능성, 특정 시간 방해받지 않는 공간 등입니다. 그것은 해명과 정결과 본질적인 것들의 통일에 놀랄만한 능력이 침묵 안에 놓여있습니다"(D. 본회퍼). 상징체들인데, 예를 들면 십자가, 화상, 촛불 등은 내적인 통일에 도와줄 수 있습니다.

- 명상의 시점과 지속은 자체의 삶의 상황에 상응하게 구별될 수 있을 것입니다. 영적인 전통은 이른 아침(또는 늦은 저녁)을 선호하며, 규칙성을 강조하며, 매번 개인적인 분위기로부터는 독립적입니다.

- 몸의 태도로서 반듯이 앉는 자세나, 명상의자나, 또는 명상쿠션에 앉는 것이 적합합니다. 서 있는 것과 걷는 것, 무릎 꿇는 것 역시 명상하는 자세일 수 있습니다.

- 명상은 준비 기도로 시작합니다. 우리는 그것을 통해 하나님의 현존에 자신을 열어놓으며, 중심에서 그분에게로 향합니다. 우리가 의식적으로 인지하고, 긴장을 늦추며, 숨결을 느끼는 신체적인 감각이 따를 수 있습니다.

- 그런 다음, 명상의 "대상"에 대한 몸을 돌림이 이루어집니다. 예를 들면 성서의 말씀으로 향합니다. 우리는 내면적으로 그것에 응하며, 특별히 우리에게 일러주는 말씀에 머무릅니다. 우리 안에서 "올라오는" 상(像)들에도 그러합니다.

- 명상은 마지막에 기도 가운데로 들어갈 수 있으며, 아마도 신체적인 몸짓(허리 숙임)과 함께 이루어질 것입니다.

[참고도서]
- 그레멜레(Gremels,G.): 당신의 손안에서 나의 시간(Meine Zeit in deine Händen).
  개신교 영성의 7가지 기둥(Sieben Säulen evangelischer Spiritualität), 2003.
- 훗(Huth,A.u.W.): 명상의 핸드북(Handbuch der Meditation), 1996.
- 야릭스(Jalics,F.): 관상의 길(Der kontemplative Weg).
  익나티우스의 자극(Ignatianische Impulse), 2006.
- 케홀(Kehl,B.): 침묵의 명상들(Meditationen der Stille).
  우리 시대를 위한 프란치스카너의 각인된 영성)Franziskanisch geprägt Spiritualität für

       unsere Zeit, 2007.
• 폴러(Pohler,G.):명상의 기본지식(Grundwissen Meditation).
       원천(Ursprünge), 실천적인 훈련의 형식들(Formen, praktische Übungen), 2001.
• 주드브락(Sudbrack,J.):명상의 경험(Meditative Erfahrung)
       - 종교들의 원천근거(Quell-grund der Religionen), 1994.

6.5.4. 공동체들 안에서의 영적인 삶

"두세 사람이 내 이름으로 모인 곳에는 나도 그들 중에 있느니라"

(마 18:20)

인식

"7개월 동안 손님이 아니라 한 수도사처럼, 트라피스트 수도원에 사는 나의 소원은 밤을 넘기지 않고 받아들여졌습니다. 쉼 없는 추구가 시작된 여러 해 후에 그는 항복하였습니다." 1976년 대학 강사직에서 트라피스트 수도원 발생의 은거지로 돌아와, 수도원의 규율, 침묵, 수작업, 관상에서 본향을 찾은 헨리 나우엔(H. Nouwen)은 그렇게 기록합니다. 비록 트라피스트 수도원과 동일한 것은 아닐 수는 있겠지만, 우리 사회에서 영적인 공동체를 향한 동경은 그 이래, 더욱 커졌습니다. 수도원에서의 주간, 공동 단체에서의 자기성찰 시간, 그리고 휴식을 위하여 찾는 프로그램들은 청소년과 젊은 성인들을 위한 테제(Taizé)안에 부루군드 수도단으로의 여행처럼 바로 그렇게 강하게 요청되었습니다.

방향

1. 선교 단체와 형제자매의 단체

대략 60년 이래, 새로운 개신교의 수도원의 공동체들이 독일에 있습니다. 그들의 뿌리가 교회의 초기에까지 거슬러 올라가며, 그것은 항상 다시 선교의 각성과 교회갱신의 자극들로부터 나아온 삶의 형태를 뜻합니다. 수도원 생활이 종교개혁을 통하여 경험했던 철저한 비판에 따라, 개신교회의 공간에 선교 단체의 공동체들이 단지 어렵게 유지될 수 있었으며, 그러나 거의 발전할 수는 없었습니다. 더욱이 이러한 방향에서 대한 개별적인 시도들이 있었습니다. 그렇지만, 먼저 19세기에 봉사하는 집들의 설립과 함께 이러한 삶의 형태는 그들의 섬김의 활동들 때문에 새롭게 평가되었습니다. 가족과 직업의 한복판에서 구속력을 지닌 영적인 생활을 힘썼던 형제단들이 제1차 세계대전 이후에 형성되었습니다. 예를 들면 예배와 개인적인 경건의 갱신에 많은 동력을 발생시켰던 개신교의 미하엘 형제단이 있습니다.

부분적으로는 교회의 투쟁과 제2차 세계대전의 경험에서, 그리고 부분적으로는 부흥 운동의 시작에서 20세기 중반, 의식적으로 고전적인 서약식을 지향했던 선교 단체들의 설립되었습니다. 즉 겸손한 생활양식의 의미에서 청빈, 그리스도에 대한 헌신으로 미혼 독신, 구속력 있는 공동체의 방침에 순종, 규칙적인 공동의 기도, 이따금 시간의 기도전통에서 그리고 개인적인 침묵의 시간이 노동일을 구조화합니다. 영혼 돌봄, 참회, 감사의 성찬은 높이 평가되었습니다.

교회와 사회의 혁신은 대부분 선교 단체들, 즉 대체로 공동체들로 불리는 수도원들의 형제단들에게 특별히 마음에 두고 있었습니다. 그들은 구속력 있는 질서를 보호함으로 우선 두 가지 상반된 목표에 도달하기를 시도합니다.

- 그들은 개인주의와 익명의 시대에 새로운 형제-자매 공동체를 실천해 보기를 원합니다.

- 그러나, 동시에 그들은 구속력 있는 공동체에서 단순성을 피하며, 각개별 구성

원의 인격적인 특수성이 발전되게 하기를 원합니다.

그런 공동생활의 재발견은 점점 더 독일 개신교회의 상에 속하게 됩니다. 그 사이에 30개가 넘는 그러한 선교 단체들이 있으며, 그것을 넘어서 여성과 남성들이 구속력 있는 규정을 따라 섬김의 기초공동체처럼, 가족과 직업에서 분리되지 않은 체, 그들의 기독인 됨을 형성하는 형제자매 단들의 주목할만한 수가 존재하게 됩니다. 예를 들면 다름슈타트에 있는 개신교 마리아자매단, 젤비츠/Ofr.의 선교를 위한 그리스도 형제단, 슈반넨백/Ufr.의 카스텔 링의 선교단체, 그나덴탈의 예수 형제단, 인스하우젠 선교단, 티펜슈타인/Ufr. 의 그리스도 선교단, 오트마링의 교회연합의 생활센터, 앙스베루스-선교단체와 빵과 장미의 섬김의 기초공동체 등이 있습니다. 선교단체들은 침묵을 추구하는 사람들, 영혼 돌봄의 동행, 신앙의 심화와 기독교 영성의 형태들 안에서 수련을 경험하는 장소들입니다. 이것은 자기성찰의 시간, 심령수행, 수행코스들, 세미나들, 공동체 안에서의 공동생황로 이루어집니다. 예를 들면 대화 안에서와 같이 시대의 수도원들에서입니다. 여러 선교 단체들은 외부의 선교기지를 가지고 있는데, 그것은 대략 아프리카와 아시아에서 사회적 초점을 받는 다른 나라들에서 부분적으로 역시 그러합니다. - 많은 선교 단체들은 교회의 통일을 위한 기도와 활동에 특히 의무화된 것을 알고 있습니다. 그리고 그 때문에 다른 신앙 고백들의 수도원 공동체들에 집중적인 교회 연합의 접촉에 열중하고 있습니다.

한편으로는 세속화로, 다른 한편으로는 종교적 추구로 특색 지어진 시대에, 영적인 생활을 경험할 수 있는 장소들과 사람들은 방향성을 찾고 힘을 퍼낼 수 있는 장소들이 중요합니다. 선교 단체들은 그런 영성의 전문지식을 구할 수 있는 그러한 장소들입니다. 아주 특별하고 강렬한 영성에 대한 그들의 길은 사람들을 두 가지 방향으로 인도합니다. 한편으로, 내면의 자기 존재의 근원에 이르는 기도와 묵상이며, 다른 한편으로는 하나님의 사랑의 이름으로 세계와 자신을 변화시키기 위한 가장 가난한 자들에게로 향하는 외부의 참여입니다. 그들은 이러한 방식으로 교회와 사회의 중요한 사역을 감당하고 있습니다.

2. 테제 공동체

테제 공동체는 전 세계적으로 알려졌습니다. 그 공동체는 여기에 비슷한 경험들이 방문자들에게서 이루어지기를 기다렸던 많은 작은 선교단들을 위해 본보기로 존재합니다.

2005년 테제 미사 중에 살해된 스위스인 로저 슈츠는 1940년, 프랑스 클루니(부르군드) 마을 테제에 세계대전 시련의 한복판에 있던 형제들을 위하여 작은 공동체을 만들었으며, 그들은 "형제 사랑의 징표와 기쁨"을 지향하면서 하나의 새로운 삶의 형태가 추구되기 시작하였습니다. 거기서 나아와 교회 연합적인 기독교에 대한 그 공동체의 영향력은 유럽교회를 넘어선다고 높이 평가해도 부족한 경건의 중심이 되었습니다. 그 사이에 이러한 공동체는 거의 100명에 달하는 형제들로 성장하였으며, 해마다 십만 명 이상의 방문자들을 수용하고 있습니다. 그밖에도 청소년들은 해가 바뀌는 2000년에 한 거대도시에 소위 '유럽의 만남'에 함께 참여하고 있습니다. 그리고서 사람들이 집으로 가서 나타내는 것은 모두가 작은 공동체 안에서 단지 공적인 선언(라틴어, professio)에 결합되어 소수자들의 개인적인 참여로부터 사는 것입니다. 이런 결정의 힘은 에너지 센터처럼 작용하며, 그리고 그렇게 테제는 현대 기독교 세계의 "누룩"이요, "발효 효소"가 되고 있습니다. 오늘날 25개국 보다 더 많은 출신의 형제들 즉 그들은 기독교인과 모든 사람들의 화해에 대한 희망으로부터 서로 상부상조하며 사는 작고 허약한 공동체에 속하여 있습니다(로저 슈츠).

형성

개신교의 선교 단체들은 그들의 범주 안에서 하나님을 향한 집중된 목표와 함께 하는 삶과 하나님의 만남이 가능하게 하는 장을 마련해 주려고 합니다. 게다가 일상의 기도시간을 지향했던 구조화된 하루의 과정은 바로 그렇게 침묵처럼 과도히 넘치는 것들에서 계속 자유로운 삶을 기여합니다. 많은 선교 단체들 역시 손님들에게 짧고 긴 시공간을 위한 그들의 삶의 형태들에 대한 가능성을 제공합니다. 그들은 침묵과 휴식 장소와 하나님과 함께하는 저마다의 고유한 길을 위한 개인적인 영적 동행 심령수행을 제공합니다. 기도시간과 예배들에의 참여는 손님들을 위해 대부분 언제든지 가능합니다. 자기성찰의 날들과 주말들은 저마다의 삶의 형태와 선교 단체의 영적인 특색을 배우는 것을 가능하게 할 것입니다.

[참고도서]
- 독일 개신교회협의회-텍스트 88([EKD-Texte 88]: 구속력 있게 살기(Verbindlich leben).
  선교단체들과 독일 개신교 내에서 있는 영적인 공동체들(Kommunitäten und geistliche Gemeinschaften in der Evangelischen Kirche in Deutschland), 1997.
- 프레레 로거르(Frère Roger): 테제의 원천(Die Quelle von Taizé), 1996.
- 그륀/알트만(Grün,A./Altmann,P.): 명료함, 질서, 침묵(Klarheit,Ordnung,Stille).
  우리는 수도원의 삶으로부터 무엇을 배울 수 있는가?(Was wir vom Leben im Kloster lernen können), 2009.
- 요에스트(Joest,Chr.): 개신교 선교단체들의 영성
  (Spiritualität evangelischer Kommunität-en). 오늘날 개신교 선교단체들 내에 고대교회적이며-수도(Altkirchlich-monas-tische Tradition in evangelischen Kommunitäten von heute), 1995.
- 말린크로드트-나이드하르트(Mallinkrodt-Neidhart,S.): 오늘날의 하나님의 마지막 모험자
  (Gottes letzte Abenteurer. Anders leben in evangelischen Kommunität-en von heute), 1998.

- 나우웬(Nouwen,H.): 나는 침묵으로 듣습니다(Ich höre auf die Stille).
  트라피스텐 수도원에서의 7개월(Sieben Monate im Trappistenkloster), 1978.
- 스핑크(Spink,K.): 프레레 로게르(Frère Roger) - 테제의 창시자 - 화해를 위한 삶
  (Gründer von Taizé. Leben für die Versöhnung), 2007.

www.ekd.de/EKD-Texte/kommunitaeten_1997_kloster10.html

6.5.5. 음악

> "음악은 말할 수 없는 것을 표현하며,
> 그것이 불가능한 것에 대해서는 침묵하는 것이다."
>
> Victor Hugo

인식

함부르크 성 미하엘 교회에서 연주된 세바스티안 바흐(J.S.Bach)의 "마태 수난곡" 연주 휴식 중에, 한 여성 방문객이 한 일본 남성 방문객에게 모든 청중들이 기독인들이 아니라는 것과 동시에 음악과 텍스트로부터 감동된 것도 아니라는 것을 말해 줍니다. 이러한 말 속에 기독교적 전통과 신앙, 그리고 교회에 낯설거나, 거리를 두고 있는 자들에게 음악은 고유한 접근이 중재될 수 있음을 반영합니다. 많은 사람은 미사와 수난곡과 칸타타의 청취에 대하여, 또는 교회합창의 노래에 대하여, 처음으로 또는 새롭게 신앙에 대한 고유한 관계를 위한 접촉점을 발견합니다. 현재 아주 대중적인 그레고리안 음악(예를 들어 찬트 - 파라다이스 음악, 성막 성십자가 치스터넨 수도사)은 기독교의 팝음악(예를 들어 Amy Grant, Xavier Naido)처럼 마찬가지로 많은 사람에게 신앙으로 향하는 출구를 열어주고 있습니다.

방향

1. 하나님의 영광에 대한 음악

신앙의 중재를 위한 교회음악의 위대한 의미는 음악이 교회의 전통에서 특별한 역할을 하는 개신교 안에서 분명히 보여 졌습니다. 그래서 2006

년 "자유의 교회"라는 팜플렛에서 다음과 같이 말합니다: "교회음악은, 그 예술-공연의 고급 양식과 대중적인 형태로, 2030년에 개신교회 경건의 인식표가 될 것이며", 그 배후에 프로테스탄트 주의 안에 깊이 뿌리내린 인식이 서 있는데, 그것은 신앙은 말씀뿐 아니라 음악을 통해서도 선포되었음을 말해 줍니다. 루터에게 예를 들면 "하늘로부터 높이"란 그의 성탄 노래에서 처럼 말하는 것과 노래하는 것의 전파들이 한번 표현되었습니다. "나는 그 좋은 이야기에서 노래하며, 말하기를 원하는 많은 것을 가져옵니다." 신앙은 생각하며, 쓰거나, 말할 뿐 아니라, 특히 노래하게 합니다. 하나님의 만남은 말씀이 소리가 되며, 공적으로 말해져서 내적인 충동에서 나아와 노래로 불리도록 밀어붙입니다. 그 때문에 - 마태와 누가가 이야기하는 것처럼 - 천사들은 성탄의 소식을 노래하며, 그리고 그 때문에, 사람들은 감사와 탄원, 간청을 음성들 안에서 파악합니다. 복음을 음악으로 듣는 자는 하나님을 감각적으로 경험합니다. 그 이유는 소리의 울림 안에서 하나님은 우리에게 신체상으로 말하는 것을 만나게 되기 때문입니다. 그것은 마치 부모가 유아에게 그들의 목소리로 항상 거듭 그들의 사랑을 알려주는 것과 같습니다. 들으면서, 하나님의 소식에 감각적으로 붙들린 사람은 모든 감각을 동원해서 하나님께 사랑을 표현합니다. 그렇게 음악은 선호했던 신앙의 표현 양식이었으며, 양식입니다. 그것은 벌써 성서 가운데서 보이는데, 예를 들면 시 57:8에 표현된 것처럼 찬송이 하나님의 찬양을 위한 특별한 역할을 하게 됩니다. "내 마음이 내가 노래하며, 찬양하기를 준비합니다."

- 성서의 가장 오래된 말씀들은 노래들 입니다. 여성 선지자 미리암은 홍해에서 이스라엘 사람들이 구원받은 이후 그들의 감사를 노래합니다. "너희는 여호와를 찬송하라 그는 높고 영화로우심이요 말과 그 탄 자를 바다에 던지셨음이로다"(출15:21)

- 성탄절 전, 울려 퍼지는 마리아의 찬송 곡의 환히는 결코 이보다 더 적지 않습니다: "마리아가 이르되 내 영혼이 주를 찬양하며 내 마음이 하나님 내 구주를 기뻐하였음은 그의 여종의 비천함을 돌보셨음이라 보라 이제 후로는 만세에 나를 복이 있다 일컬으리로다 능하신 이가 큰일을 내게 행하셨으니 그 이름이 거룩하시며"(눅1:46-49)

구약과 신약 성서의 이들 두 가지는 하나님의 찬양과, 그의 행위에 대한 감사라는 것을 보여줍니다. "시와 찬송과 신령한 노래들로 서로 화답하며 너희의 마음으로 주께 노래하며 찬송하며"라고 사도 바울은 말합니다(엡5:19).

기뻐하는 칭송은 "높은 곳에서는 하나님께 영광이요"라는 부름과 회중의 글로리아-합창의 진행과 함께 주일 예배 안에 확고한 자리를 찾았습니다.

『개신교 찬송집』(EG)은 "찬양과 감사"라는 표제 아래 일련의 알려져 있고 사랑받는 노래들을 제시합니다. "너희는 전능하신 왕, 주님을 찬양하라"(EG 316), "나는 마음과 입술로 당신께 노래합니다"(EG 324), 또는 "크신 하나님, 우리는 당신을 찬양합니다"(EG 331). 돌림 노래 "너희 민족들아, 주를 찬양하며 찬송하라"(EG 337)는 가정 사역에서 떨어질 수 없는 곡이다. 그 사이 고유한 음악 장르가 카리스마적인 경건의 색채나 그와 유사한 경건의 색채가 응축된 대중적인 "찬송-음악으로"부터 발달하게 되었습니다(비교. "주를 찬양합니다. 내 마음을 다해", EG 272).

"지고하신 당신이여, 주님께 감사하고 당신의 이름을 찬송하는 것이 귀중합니다"(시92:2; EG 285). 유대인과 기독인의 처음 기본토대를 놓은 찬송집은 구약성서의 시편 곡들이었습니다. 시편을 옛날 시편 음색과 새로운 본문으로 노래하는 사람은 누구라도 그 말씀을 종종 전혀 새롭게 만나게 되고, 그 말씀을 읽거나 말할 때 보다 더 깊이 인지하게 됩니다. 회중 예배에서 테제의 새로운 멜로디와 복선율의 시편 노래는 고난도 그레고리안의 시편 노래에 대한 하나의 대안을 제시하고 있습니다. 시편이 낡은 것이 아니라는 것을 후대 노래작가들의 시편에 대한 매력은 입증하고 있습니다. 『개신교 찬송집』의 "시편과 찬송곡"이란 난은 이 노래들 가운데 가장 잘 알려져 있고 가장 아름다운 선고들을 보여주고 있습니다: "온 세계여, 너희는 이제 주님께 기뻐 소리치라"(EG 288) 또는 "너희는 주님을 찬양하라 그는 매주 다정하심이라"(EG 304); 테제의 돌림 노래 "내 영혼이 주님을 찬양하기 기뻐합니다"를 사랑하는 계층은 단지 젊은 사람만이 아닙니다.

물론, 때때로 찬양할 수 있는 것이 사실상 아무것도 없는 경우도 있습니다. 장례, 아픔과 절망 때는 또 다른 음색으로 하나님께 향하는 길을 찾고 있습니다. 아메리카의 흑인들은 종교적 색채가 가미된 리듬엔 블루(가스펠)를 창작하였습니다. 역시 우리의 찬송집에도 두려움 중에 생겨나거나 하나님 존전에 탄원으로서 노래 되었던 수많은 노래가 있습니다. 루터가 자신의 멜로디로 번역한 시편 130편, "깊은 곤란에서 나는 당신께 부르짖었습니다"(EG 299)는 많은 사람이 두려움을 하나님께 말하며 그분에게서 위로를 찾게 하였습니다. 동시대의 노래 "하나님, 나의 하나님, 어찌하여 나를 버리셨나이까"(EG 381)는 더 가혹하고 하나님과 멀어진 경험을 급진적으로 정형화해 내고 있습니다.

이렇게 찬송 곡은 하나님과의 다양하고 모순적인 경험들이 반영하는 2천 년 동안 노래들의 보고입니다. 그것은 궁핍한 시기임에도 하나님을 찬양하도록 이끌었던 경험들입니다. 모든 시대의 신자들은, 만약 우리에게 찬송할 노래가 없다면, 이들의 경험으로부터 "미리 말할 수 있습니다". 우리는 홀로 노래하고 기도하지 않습니다.

2. 들려지기 위한 노래

노래하는 자는 누구든지 하나님이 들으시고 사람에게 들려지기를 소망합니다. 그것은 기도와 노래를 묶어주고 기도에 감성적인 깊이를 부여합니다. 그 때문에, 초기 교부인 아우구스티누스는 "노래하는 자는 두 번 기도하는 것이다"라고 단정적으로 말할 수 있었습니다. 하지만 기도는 항상 단순한 것은 아닙니다. 일부 사람들은 기도를 잘 못 배웠습니다. 그래서 노래들은 기도를 새롭게 가르쳐 줄 수 있습니다.

영적인 노래들은 오로지 하나님만이 아니라 또한 동등된 사람들을 향하기도 합니다. 그 노래들은 기독교 교리의 선포에 봉사하고 있습니다. 1523년 두 명의 젊은 루터의 제자들이 브리쉘의 시장(市場)이 불탔을 때, 개혁가 루터는 복음에 대한 원수들에 저항하는 곡을 지었습니다. "사랑하는 그리스도인들이여, 너희는 이제 기뻐하라"(EG 341)란 노래는 그의 교리를 요약하고 있습니다.

오늘날 복음화 운동은 그들의 목적을 위해 음악의 힘을 사용하고 있습니다. 복음주의 팝뮤직의 전체 시장이 형성되었고, 그 시장은 독일 국민교회 안으로까지 영향을 미치고 있습니다. 한 노래작가는 스스로 레파토리를 창작하였고, 그것은 『개신교 찬송집』에 수록되게 되었습니다. 청소년 사역 연맹체(CVJM, EC 등)도 자신들의 노래책이 있습니다. 게다가 YMCA(CVJM)은 소위 Ten-Sing 운동으로 열린 청소년 사역의 고유한 양식을 개발하였습니다.

공중 저변에는 교회 큰 명절인 성탄절, 부활절과 성령 강림절에 불리는 전통적인 선포 노래들이 더 잘 알려져 있습니다. 루터도 여기에 중요한 노래들을 기부하였습니다: "예수 그리스도여, 당신은 찬송을 받으소서"[EG 23], "하늘 높은 곳에서 나는 이리로 오는도다"[EG 24], "그리스도께서 사망의 떼들에게 있도다"[EG 101], "이제 우리는 성령께 청합니다"[EG 124]. 19세기의 성찬절 노래들은 민속적이며, 오늘날에도 즐겨 불려지고 있습니다: "오, 명랑한 당신이여"[EG 44], "고요한 밤, 거룩한 밤"[EG 46], "너희 목자들아 오라"[EG 48]. 이 노래들은 성탄 절기의 특색을 만들어내고 있으며 성탄절기의 문화 표시로 국민정서에 자리 잡고 있습니다. 마지막으로 디트리히 본회퍼[1906-1945]는 "그 선한 힘들이 신실과 고요로 감싸며"라는 시 한편으로 해가 바뀔 때마다, 우리에게 감동적인 노래를 남겨주었습니다. 이 시는 교회에서 여러 가지 음색으로 노래되고 있습니다[EG 65].

3. 노래하는 공동체(회중)

음악은 개인적인 감정표현 외에 역시 인간적인 공동생활의 표현입니다. 음악 안에서 공동체는 자기 모습을 가집니다. 이러한 의미에서 노래 부르기는 공동체 안에서 말씀선포에 대한 공동의 응답입니다. 노래 부르기에서 회중은 스스로 전파하며, "예배의 공동소유자"가 될 것입니다. 루터의 회중 찬송의 재도입은 그런 의미에서 개신교 예배의 본질적인 역할을 하게 됩니다. 그는 세기가 흐르는 과정에서 합창들로부터 전해 받았던 예배의 부분들을 회중 찬송들의 형태로 되돌려 주었습니다. 그 배후에 신학 다음에 "두 번째 자리를" 내 주기를 원했던 루터의 원칙적인 음악의 높은 존중이 서 있었습니다. "나는 음악을 사랑합니다. 첫째, 그것은 하나님이 주신 선물(재능)이며 사람의 것이 아니기 때문입니다. 둘째, 그것은 영혼을 기쁘게 해주기 때문입니다"(음악에 대하여, 1530). 기쁨의 소식으로서 복음의 내용에 상응하게 이것 역시 그에게 음악적인 형태로 들리게 되도록 요구된 것으로 보였습니다. 이것은 특별히 회중의 책무로 여겨졌습니다.

예수 그리스도의 영 안에서 전파하는 회중은 개인의 목소리들의 다양함으로 찬송이 되게 할 것입니다. 초기 기독교에 대한 가장 오래된 이방의 증거들에서 다음과 같이 말합니다. "그들은 하나님으로서 그리스도에 대한 노래들을 부르고 있습니다"(주후 약 110년, 황제 트라이안에게 플리니우스). 공동체에서 노래하는 사람은 이전의 다른 세대들이 이미 살았으며, 형성했던 영성의 경험공간에 발을 들여놓습니다. 거기서 사람들이 지금까지 넉넉한 관계를 발견하지 못했던 신앙의 교리들을 잘 함께 노래하는 것이 가능하게 됩니다. 음악은 시대를 넘어서는 교량을 놓는 일에 도움이 됩니다.

청소년들은 근래에 테제 공동체에서 단순한 곡들(EG 178.12; 181.6)을 가지고 왔습니다. 그들은 그 명상적인 음향 속에서 보호받음과 영성의 고향을 찾을 수 있을 것입니다. ↗ **영적인 생활**

개신교인들의 대회로 모일 때 공동체의 감성을 불러일으키는 일부 교회의 날(Kirchentag) 노래들은 더 강한 선율적인 색채로 만들어졌습니다. "주여! 우리에게 평화를 주소서" 또는 "하늘이 모든 사람 위에 열리도다." 유대인들과 그리스도인을 결부시키는 곡과 돌림 노래에는 평화의 공동체가 언제나 중요시 됩니다: "헤베누 샬롬 알레켐"(EG 433) 또는 "샬롬 하베림"(EG 434). 그 밖에 동작과 춤으로 교회의 새로운 노래들은 항상 더 많이 초대합니다.

4. 『개신교 찬송집』

『개신교 찬송집』은 기쁨과 근심 가운데 있는 교회 회중과 개인의 길라잡이이며, 위안자이며, 특별히 함께 노래 부를 때 없어서는 안 될 조력자입니다. 『개신교 찬송집』은 개관이 불가능한 수많은 노래책, 악보집과 개별 악보와 나란히, 기독인들 노래의 핵심을 제공해줍니다. 개신교의 교회들 - 특별히 루터교회들 - 은 영적인 노래가 얼마나 신앙을 구체화하며, 얼마나 잘 복음을 주석하고 설교에 강조점을 부여하는지 인정합니다. "하나님의 복음을 음악으로 설교하신다" 라고 루터는 그의 탁상대화에서 말하였습니다.

사람들이 추정하기로는 종교개혁 이후 약 10만의 교회 노래들이 생겨난 것으로 봅니다. 1993년 『개신교 찬송집』(EG) 가운데 독일 개신교협의회(EKD)와 연합한 교회와 스위스와 엘사스-로링엔의 개신교 교회권에서 사용하고 있는 535개의 찬송 곡들이 있습니다. 개신교 찬송집은 이전의 찬송집에 비해서 노래의 여러 다양한 형태들을 담고 있습니다: 돌림 노래, 노래 격언, 다성부, 후렴곡, 테제곡, 노래 부르기에 적합하지 않은 곡과 다른 나라와 다른 언어권의 곡 다수. 현재 노래 자산은 이전 시대의 교회 찬송곡보다 훨씬 더 방대한 분량이 되었습니다. 여러 다른 주연방교회의 찬송집은 소위 "줄기 단락"과 나란히, "지역 단락"이 있습니다. 이 지역 단락은 주연방교회 여기저기에서 특별히 사용되고 있거나 방언으로 된 노래들을 담고 있습니다.

이뿐만 아니라, 찬송집에는 다량의 "ö"(외)로 표기된 노래들이 있는데, 그것은 "교회연합 사역공동체 노래 자산"의 개정곡과 일치하며, 로마가톨릭의 찬송집 "하나님 칭송"에 수록된 곡들도 이곳에 자주 나타납니다.

항상 그랬었지만, 찬송집 또한 개인적인 개도를 안내하고 도움을 주었던 기도서입니다. 그리고 노래의 가사는, 비록 그것이 노래란 형식으로 불리지 않았을지라도, 사람을 일으켜 세우고 위로하였습니다. 그래서 『개신교 찬송집』은 각양의 생활환경에 대한 광범위한 기도 단락이 있습니다.

교회노래의 역사에 대한 정보를 알고 싶은 사람은 "노래학"에서 지적인 가치가 있는 많은 것들을 발견할 것입니다. 『개신교 찬송집』은 그렇게 주일마다 회집하는 교회 회중에 봉사할 뿐만 아니라, 가정의 경건한 모임에서, 그룹 합창에서 인격적인 교양과 즐거움에 사용되도록 고무시키기 원하고 있습니다.

형성

1. 일상에서 노래하기

영적인 노래를 부르기는 교회의 공간과 결부되지 않았습니다. 개별 소절이나, 멜로디 또는 노래 전곡이 일상에 동반될 수 있습니다. 찬송집은 매장들에서, 더 깊은 관찰로 우리를 초대합니다. 홀로, 가족이나 모임 가운데, 소리를 내거나 낮은 소리로. 주간 어느 때에든지 가능합니다. 각 일상의 기간을 위해 각자의 동기를 위해 자체 영성의 온상이 될 수 있을 노래들이나, 또는 본문들이 발견됩니다.

아침부터 한 절의 노래로 시작하게 됩니다. "주님의 은혜는 매일 아침 아주 신선하고 새롭도다 / 그리고 큰 신실함이로다 / 그것이 오랜 낮 동안 끝이 없도다 / 사람마다 이를 의뢰하시기를 원하도다"(EG 440) 또는 "그분이 매일 아침 나를 깨우시도다"(EG 452). 그리고 저녁을 '좋은 밤 노래'로 마무리 할 수 있습니다. "나는 곧

하여, 이제 쉽니다"(EG 484).

역시 노래는 한해를 동반해 주기도 합니다: 파울 게하르트(Paul Gehardt)의 "내 마음이여, 나가서 기쁨을 찾으라"(EG 503)라는 노래보다 여름 아름다움에 대한 즐거움을 더 잘 표현할 수 있는 곡이 또 있겠습니까? 노래 부르는 것을 즐거워하지 않은 분들에게는 옛날과 현대 노래들을 담은 녹음된 CD도 있습니다. 그런 음원들은 특별히 어린이와 청소년들을 영적인 음악으로의 안내에 적합합니다.

2. 영혼을 위한 음악

음악은 영혼을 강하게 하고 위로하여, 새로운 삶의 용기를 중개해 줍니다. 그 때문에『개신교 찬송집』에 험난한 시절을 헤쳐 나오도록 돕는 곡들이 "두려움과 신뢰", "죽음과 영생"이란 단락에 수록되어 있습니다. 병상에서는 "당신을 명하소서"(EG 361)란 노래를 추천합니다. 젊은 사람들은 "두려워하지 말라"(EG Bay 630, Wttbg. 629) 또는 "돌 하나가 물속에 떨어집니다"(EG, NEK 620)에서 위로의 문을 찾습니다. 말로 표현되는 것이 가교역할을 하지 못하는 경우, 예를 들면 치매를 앓고 있는 사람을 동반할 경우, 일대기 적인 관점을 가진 노래 구절은 기억을 되새기게 하고 잠시 친족, 파트너, 상담자의 관계를 만들어줍니다(예, "그렇다면 내 두 손을 잡아요", EG 376). 임종 자리에서 부르는 노래는 강렬한 체험을 주고 있습니다; 만약에 완전히 외우고 있는 구절들을 되짚어 볼 수 있다면 좋을 것입니다: "예수여! 생명의 길로 먼저 가소서! 그리고 우리는 지체하지 않고 당신을 신실히 따라가기를 서두를 것입니다; 우리를 손에 붙잡아 주사 아버지 나라까지 인도하소서"(EG 391).

3. 참여적인 음악과 종교적인 교육

음악이 세상을 바꾸어놓을 수 없더라도, 음악은 믿음을 강화하고, 새로운 확신에 이르도록 도우며, 의식변화에 평화, 정의와 창조세계의 보존을 위한 책임에 동기를 제공합니다. 이와 같은 개신교 찬송집의 현대적인 노래들("주여, 내 인생을 도우소서", EG 419; "가난한 자에게 떡을 쪼개소서", EG 418)과 나란히, 다른 노래집에 출판된 새로운 곡들(예, "우리가 나눈 빵이 한 송이 장미로 꽃필 때도") 많이 있습니다.

영적인 노래를 부르는 것이 종교적으로 아이들의 양육에 얼마나 크고 중요한 의미를 제공하는지, 아무리 높이 평가한다 해도 부족합니다. 불렀던 노래가 말했던 말보다 더욱 깊은 감명을 줍니다. 멜로디와 율동감은 어린아이들의 마음을 신앙의 세계로 열어주어 복음이 단순한 정보로 축소되는 것을 막아줍니다. 특별히 1970년 이후로 생겨난 폭넓은 종교 음악들(예, D. 요커, L. 에델괴터)은 "바른 음정"을 찾도록 부모와 양육자들을 도와주고 있습니다.

완전히 암기하는 것을 좋아하지 않는다면, 새롭게 깨어난 관심사로 영성 분야가 추천될 것입니다. 누군가 완전히 암기할 수 있다면, 영국 사람들은 "To know by heart"(마음으로 알기)을 말합니다. 우리는 그 무엇인가 마치 긴 자동차 여행의 준비물이나, 캠프파이어나, 또는 산악여행에 필요하며, 병상에서나, 또는 항상 우리가 우리나, 다른 이를 위해 노래하며 기도하기를 원할 때 필요합니다.

[참고도서]

- 베커(Becker,H.):영혼의 기적의 뿔(Geistliches Wunderhorn).
  위대한 독일교회찬송(Große deutsche Kirchenlieder), 2001.
- 부브만(Bubmann,P.): 거룩한 것 안에서의 조율(Einstimmung ins Heilige).
  음악의 종교적인 능력(Die religiöse Macht der Musik), 2002.
- 에버트(Ebert,A.): 어린이 찬송가(Das Kinder-Gesangbuch), 2007.
  개신교 찬송집에 대한 핸드북(Handbuch zum Evangelischen Gesangbuch), 1995ff.
- 야쉰스키(Jaschinski,E.): 교회음악의 작은 이야기(Kleine Geschichte der Kirchenmusik),2005.
- 카부스(Kabus,W.):대중음악과 교회-입장, 요구, 모순
  (Popularmusik und Kirche-Positionen, Ansprüche, Widersprüche), 2003.
- 묄러(Möller,Chr., 편집자(Hg.): 나는 마음과 입으로 당신을 노래합니다
  (Ich singe Dir mit Herz und Mund). 개신교 찬송집에 대한 연구서(Arbeitsbuch zum EG,)1997.
- 라이히(Reich,Chr.): 복음: 소리로 울리는 말씀(Evangelium: klingendes Wort), 1997.
- 뢰쓸러(Rößler,M.): 찬송가 안에서의 작곡가(Liedermacher im Gesangbuch).
  삶의 사진들 가운데서 노래의 역사(Liedgeschichte in Lebensbildern), 2001.

6.5.6. 조형 예술

> "예술은 말로 표현할 수 없는 것의 중개자이다"
>
> 괴테(J. W. von Goethe)

인식

그림들, 조각들, 건축물들은 하나님을 예감하는 한 길일 수 있습니다. 수없이 많은 사람이 고딕 양식의 대성당과 놀랍도록 아름다운 유리 창문들과 성서적인 동기의 예술적 표현들을 통해서 깊은 감명을 받습니다. 비록 그것들이 아마도 믿는 신앙으로서 전혀 표시되지 않을지라도 그렇다고 생각합니다. 쾰른(Köln), 샤르트레(Chartres), 슈트라스부르그(Straßburg)와 라임스(Reims)의 돔 성당과 대성당들, 마크 샤갈(Marc Chagall)의 창유리, 틸만 리멘슈나이더(Tilman Riemen-schneider)의 제단들, 루카스 크라나흐 역시 감동케 하는 "말 없는 언어"를 말해주고 있습니다.

조형 예술의 표현양식들은 신앙의 "구체성"의 한 부분을 따라 믿음을 형성하는 그것들의 가시화를 향한 많은 사람의 욕구에 상응합니다. 조형물들이 사람들에게 오직 더 총체적인 말씀들로서 그것을 감동되게 할 수 있는 한, 그것들은 그렇게 신앙의 만곡(彎曲)을 초래할 수 있을 것입니다. 성 화상들, 개인적인 명상의 조각들, 사람들이 그들의 길에 동반하는 작은 "청동으로 만든 천사"는 이러한 관계에 속하여 있습니다. 그것들은 영성의 자극과 강화에 도움을 주게 됩니다. 동시에, 조형 예술의 형태들은 그것을 넘어서 그것들 안에서 보여주는 인간적인 자질들의 기원을 가리키며, 그 안에서 또한 창조자의 탄성과 찬양에 한 길을 열어줄 수 있을 것입니다.

방향

1. 교회와 만드는 예술

 "복음", "하나님의 말씀", "성서", "선포와 설교" - 이 모두는 들음을 암시하는 주제어들입니다. 말씀 외에 예술에 관계된 것 가운데 음악만이 프로테스탄트 안에서 놀라운 개신교 음악전통이 증명하는 것처럼, 영예의 자리를 얻었습니다. 오늘날 많은 사람은 그 안에서 개신교의 경건은 인간의 모든 오감을 감동케 할 수 없는 결핍을 인식합니다. 그리고 사람에게 믿음을 위하여 필요한 감각기관은 귀(Ohr) 외에 아무것도 갖지 않은 것처럼 생각합니다. 모든 것이 주도적으로 시각화되고 있는 시대에 교회들도 상응한 요청을 받고 있음을 알고 있습니다. 종교개혁 이후 사람들의 지향점을 마련해 주었던 서방의 말씀 문화는 이제 변화하고 있습니다. 그 당시 프로테스탄트의 성서 말씀의 발견은 단지 신학적인 새로운 통찰을 의미할 뿐만 아니라, 가장 혁신적인 인쇄술과 목판의 최신 기술을 또한 사용하게 됩니다. 그렇게 오늘날 교회 소식의 매체들을 검토하는 일이 새롭게 이루어졌습니다.

 교회는 한때 예술의 주요 과제의 위임자였습니다. 예술과 종교의 협연은 거기서 충돌이 없지 않았지만, 그러나 예술과 종교가 자매들처럼, 함께 추구하는 저 내외의 자유를 조성하였습니다. 양자는 모두 지속적인 대화를 포기하지 않아야 하며, 문화 전체와 함께 넓은 정신의 논의를 이끌어가야 합니다. "기독교의 예술"이란 개념은 과거의 많은 개념 혼잡에 대한 염려가 있었기 때문에, 단순히 아주 일반적인 질서 개념으로 존재할 수 있을 것입니다. 만일 각자의 예술에 의해 "능동적인 형성 능력"(R. Volp)이 중요하다면, 예술작품을 단지 우리 교회의 장식품으로 진열하는 것은 더 이상 충분하지 않습니다. 오히려, 예술은 삶과 그의 축제들의 구성요소가 되어야 합니다 - 그리고 특히 하나님을 축하는 일에서 또한 그러합니다. 예술적인 관점과 함께 신학적인 관점들과의 의사소통은 신앙과 신앙의 회화적인 주제들이 "축하"되게 하는 예배 형식들을 발전시킬 수 있을 것입니다. - 그것은 예술과 문화와 교회 사이의 흥미진진한 과정을 발전하게 할 것입니다.

2. 역사에서의 교회와 예술

교회의 역사에서 경건을 위한 예술의 의미가 아주 다양하게 보이게 되었음에도 구원을 축하하고, 생명을 새롭게 하려고 모든 예술은 기독교의 예배에서 수집됩니다.

- 고대교회의 예전은 의식과 신약의 소식에 관한 말의 기술로부터 나아갔으며, 그리고 그것들은 학습이나, 또는 설교의 요소들과 결합했습니다. 기독교의 구원 드라마들에서처럼, 세례와 성찬의 의식들은 점점 고대의 극장을 대치하였습니다. 중세기 이래로, 그들의 편에서는 연극들에 영향을 미치는 선포의 연기들이 등장합니다.

- 고대 기독교의 건축술은 신성한 건축물(성전)에 연결할 뿐 아니라, 재판의 홀과 시장 홀(Basilika)처럼 세상의 건물과도 연관됩니다. 건축물들은 세례와 성찬의 장소들 사이에서 회중의 집회와 다른 움직임들의 공간을 생각하게 됩니다. 서방교회는 이후에 설교나, 또는 영적인 음악 청취에 집중하였으며, 그들의 고정석을 가진 교회 공간들과 갖추게 되었습니다.

- 그림들은 일찍이 카타콤들(지하동굴)과 사적인 것들을 공개적인 모임 장소처럼 꾸몄습니다. 그것들은 예수와 초대교회의 역사에서 어떻게 구약성서의 신탁들과 헬레니즘 시대의 신화적인 기대들을 충족했던지를 설명해줍니다. 그렇

게 그림들은 글을 알지 못하는(Biblia Pauperum) "가난한 자들의 성서"가 될 것입니다. 물론, 신앙 교육적인 가르침의 목적에 사용되는 경향과 함께 그러했습니다. 주후 5세기에 그림들/성화상의 숭배에 대한 논란이 싹트기 시작합니다. 그림들은 하늘 원형의 모사이며, 스스로 숭배에 대한 정당한 권리를 가집니까? 그럼에도 불구하고 중세의 절정기부터, 벽화들과 성서의 그림과 그려졌거나, 또는 조각된 제단들 외에 비잔틴 역시 서방으로 온 제식에 쓰는 화상을 유입합니다.

- 고딕시대 이래로 서방은 "자연의 빛을 인간과 하나님의 우주의 중심적인 기본형상으로 인정하여 아우구스티누스의 형이상학의 의미 안에서 교리와 신비 사이의 채색한 그림 세계를 구축하기 위해" 특별히 유리기술을 장려하였습니다; 여기서 성서의 역사와 성자들의 역사가 일상체험과 세계의 경험과 함께 연결합니다. 1215년에서 1240년까지 샤르트의 노트르담 성당(Notre Dame de Chartres)에 176개의 창문이 생겨났습니다. 성서와 성자들의 전설들에서 나온 역사들이 빛을 밝히는 색채로 2000 평방미터 벽면에 이야기되었습니다. 유리 창문들은 19세기 안에서 두 번째 번영의 시기를 체험하게 되었습니다. 특히 제2차 세계대전 이후 기간에, 신고딕의 교회들의 설비에 의해서 그러합니다. 여러 화가는 20세기에 게오르게스 브락(Georges Braque), 말크 샤갈(Marc Chagall), 헨리 마티세(Henri Matisse)와 스토하우젠의 한스 곤프리드(Hans Gottfried) 등에게서 교회의 창문들이 설계되었습니다.

- 춤, 문서와 조형 예술은 중세 전체를 관통하여 신앙의 섬김 가운데 서 있었습니다. 먼저 르네상스와 종교개혁과 계몽주의는 그들의 독립성을 제정합니다.

- 예술의 새 시대적인 개념은 예술가들이 수공업자들로 이해했던 수 세기의 세월이 지난 후, 먼저 예술가들의 인간성의 개인화와 함께 초기 르네상스(14세기와 15세기) 안에서 생겨날 수 있습니다. 넓게 18세기 안에 이르기까지 구속력이 있는 핸디캡들과 함께 기독교 예술의 통일적인 양식의 표준이 유효했습니다. 그 이후 예를 들면, 라파엘이나, 또는 고대교회의 예술과 연결했던 흐름들이 교회의 예술을 지배하였습니다. "나사렛 사람들"이 그것들의 건축풍이 "아이제나흐의 규정"(Einsenacher Regulativ, 1861)으로 대부분 신고딕으로 보존되

었던 교회 제단의 모습을 정형화하였습니다. 카롤스펠드의 율리우스 슈노르(Julius Schnorr von Carolsfeld)는 성서 삽화의 미학을 지배하였습니다. 그렇지만, 1800년 이후 초기 로만틱(Romantik)은 종교적인 예술에 새로운 패러다임을 열어주었습니다. 즉 자연의 고귀함에 대한 관심이었습니다. 프리드리히 슐라이에르마허(Friedrich Schleiermacher)는 신학적으로 완성했습니다. 그리고 예술적으로는 그의 친구 카스파르 다비드 프리드리히(Caspar David Friedrich)가 수행했습니다. 대략 폴 세잔(Paul Cézanne)과 빈센트 판 고흐(Vicent van Gogh)의 현대 복고풍은 그것을 계속 이어갔습니다. 늦어도 후에 사람들은 원리상 사회와 교회에 이면에 예술의 자율성으로부터 나아와야 합니다.

3. 그림들의 의미를 둘러싼 논쟁들

- **동방교회의 성화상** : 고대교회 이래, 기독교의 역사는 본질상 그림들에 대한 여러 다른 이해에 바탕을 둔, 그림들의 의미를 둘러싼 논쟁으로 점철되었습니다. 고대 후기의 사상에 있어, 그림은 서술된 사람의 실제적인 대리로 한 상(像)이 유효했습니다. 가시적인 모상(模像)과 비가시적인 모상 사이에 심오한 존재적 관계가 존재하였습니다. 그림에 대한, 특별히 그리스도 표상에서, 그림들에 대한 기독교 안에 현저한 불신에 따라, 5세기 이후부터 증대하는 종교적인 그림의 대중적인 수용이 발전하게 되었습니다. 이를 옹호하는 사람들은 먼저 하나님의 육신이 되심과 그림들을 통한 가르침과 교화의 가능성과 함께 논증하였습니다. 반대자들은 성서의 형상금지(출20:4-6)와 연관시켰습니다. 게다가 하나님의 영광됨을 모사하는 일은 불가능하다는 것이었습니다. 그래서 그렇게 그림의 정당성에 대한 신학적인 물음이 나타났습니다. 다마스쿠스의 요한(Johannes von Damaskus, †750)은 그것에 대답합니다: "나는 그리스도의 인간적인 모습을 보았으며, 내 영혼이 구원받게 되었습니다." 예수 그리스도 안에 하나님의 사람이 되심은 그림의 묘사가 가능하다는 것이었습니다. 그에 따르면 하나님의 비가시성에 근거를 두고 있는 성서의 형상금지는 훼손 받지 않을 것이라고 말했습니다. 하나님이 스스로 가시적인 그리스도 안에서 그것을 깨뜨렸기 때문이라는 것입니다. 그리스도 안에 육체가 되심은 그림 안에서 계속된다는 것입니다. 이로써 다마스쿠스의 요한은 그림들의 영적인 의미가 근거를

가지게 해줍니다. 성화상(聖畵像)을 모사(模寫)로서 경배하는 자는 실제로 그 배후에 서 있는 불가시적인 하늘의 원형상(原形像)을 경배하는 것입니다. 오랜 논쟁들 후에, 787년 니케아 회의는 물론, 이런 경배를 그리스도의 신적인 본성의 "참된 경배"로부터 예리하게 분리된 "정중한 경의를 표하는 경배"를 교리화하였습니다. 이러한 토대 위에서 동방교회들 안에는 성화상들의 풍성한 전통이 발전하게 되었습니다. 그것들은 시공간 안에서 영원의 창문들로 이해되었으며, 신적인 예전 가운데서 천상세계의 현존함을 공인하게 되었습니다.

- **종교개혁의 그림 논쟁** : 고대교회적인 그림들의 적대감은 하나님을 단지 영적인 존재로 알기를 원하는 개혁파 교회의 전통 안에 돌아옵니다. 칼빈(새시대에 그와 함께 칼 바르트)은 강조합니다: 유한은 무한을 파악할 수 없다(finitum non capax infiniti). 그것은 오늘날까지 개혁파 교회 내의 공간장식에 시종 일관된 인상 깊은 원리로 머물러 있습니다. 16세기 예술의 측량할 수 없는 가치를 파괴한 "성상 파괴 열풍"은 "화상 파괴적" 전통에 불을 붙였습니다.

먼저 루터는 스스로 성상 회의주의자였습니다. 그는 특히 성상 세움의 관습 안에서 그가 반대하여 싸웠던 공로(행함의 의)주의 흔적들에 저항하기 때문이었습니다. 그러나 그는 특별히 "화상파괴자"들이 만든 폐단에 직면하여, 이후 친 그림들 편에 서게 되었고, 그림들 사용의 자유를 최상위 구호로 삼게 되었습니다. 루터는 그의 소요리문답에서 10계명 중 그림 금지 조항을 삭제합니다. 루터의 친구인 루카스 크라나흐(Lucas Cranach)는 그림을 장식한 성서출판을 계획하였습니다. 교회의 규범 정경에서 예술을 방출시킨 것은 심각한 분쟁의 시발이 되었습니다.

4. 오늘날 "자율성"의 예술

동시대의 예술은 존재하는 것만 모사하는 것이 아니라, 새로운 것을 창안하고, 그럼으로써 사람들이 예술의 "자율적인" 자기 이해에 관여하도록 요청하고 있습니다. 오늘날 교회와 예술 사이의 새로운 만남을 모색하는 핵심에는 다음과 같은 질문이 있습니다. 미학적이고 종교적인 경험은 어떤 관계에서 서로 돕고 의지하는가? "연출과 현장화"는 어떻게 서로 융합되는가(1997, 카셀의 X. Dokumenta)? 박물관과 대성당, 세속과 영적인 "예전"은 어떤 관계에서 서로를 마주 보고 돕고 있는가? 거의 2000년간 교회와 예술에 검은 그림자를 드리우고 있는 오늘날의 실어성(失語性)과 무 관계성을 극복하고자 하는 사람은 누구든지, 각기 고유한 전제와 기획을 통해 독립적인 동반자로서 양자 사이의 자유로운 만남을 시도해야 합니다.

너무나 오랜 기간 일반적으로 교회는 현대 예술과 대화를 거부하였습니다. 단지 개인들이 기독교 신학과 공연 예술 간의 접촉을 유지하고 서로 간의 이해를 더 하려고 노력하였습니다: 그러는 동안 현대예술과 교회를 위한 "신적 예술"(artheon)이란 회사가 생겨났고, 수많은 주 연방 교회들에서는 예술 사역과 예술품 수탁자와 예술 연맹이 생겨났습니다.

교회 쪽에서 "만남의 장소" 개방을 통해, 그리고 예술과 교회(공간) 간의 만남을 통해, 예를 들면 전시회나 진열된 예술품과 연관된 예배를 통해, 남녀 예술가들 측면에서도, 또한 신앙의 전수라는 측면에서도 상호 간에 나눌 수 있는 풍부함의 다양성이 생겨날 수 있다는 인식이 인정을 받게 되었습니다.

형성

교회들, 그들의 건축의 모습, 그리고 그들 안에서 발견되는 예술작품들, 유리 창문들, 그림들과 조각상들은 수백 년에 걸쳐 아주 다양한 표현양식을 발견하였던 기독교 신앙의 증거물입니다. 교회를 방문하는 사람은 -

예배를 위해서든지, 조용한 기도에 머물든지, 또는 관람의 범주에서 - 이러한 증거물들을 만납니다. 그 모든 것들은 다양한 방식으로 신앙에 대한 "이야기해 줍니다". 그리고 신앙을 "가시적으로" 만들어줍니다. 거기서 수백 년 동안 생겨난 신앙의 예술적인 형태 구성에 대해 더 이상 같은 방식으로 접근할 수 없으며, 이해할 수 없는 오늘날 현대인들이 우리에게 있습니다.

교회 교육학은 지난 수년간 교회 장소와 형태 구성을 방문자들에게 열어주는 과제를 더욱 강하게 집중하고 있습니다. 그 목표는 여러 교회에 있는 신앙과 기독교 문화의 흔적을 발견하도록 돕고, 이와 동시에 이러한 흔적들을 자신의 신앙을 위해 의미심장하게 제시하며, 방문자의 삶의 지평과 관계시키려는데 있습니다. 교회 교육학으로 학습된 남녀 교회안내인들은 자기 교회 방문자들에게 예술품 가운데서 발견되는 신앙의 증거라는 측면이 이를 생각하게 하며, 동시에 방문자 스스로 이러한 증거와 대화하며, 그들 가운데 있는 일종의 자기 신앙의 일부분을 재발견하며, 교회 공간을 영성에서 그들 자신을 위한 중요한 장소로 받아들이게 합니다.

인식론적 접근을 가능하게 하는 예술사적이고 건축사적, 신학적인 상황과 나란히 교회 교육학에서는 개별적인 만남을 위한 다양한 형태가 방문자와 교회 장소 간에 이루어집니다. 그것은 합창과 오르간 감상, 벽돌 감촉, 그림 그리기, 자기 생각과 경험 기록하기가 있습니다. 또 다른 말로는, "전 감각을 동원한" 배움과 만남입니다. 그간 수많은 교회에서 제공된 교회 교육학적인 탐색은 특별히 어린이들과 청소년들을 향하고 있기는 하지만 결코 교회 장소를 자기 자신들을 위한 장소로 발견하는 기회를 열어주지 못하고 있습니다. 교회 공간은 건축술과 상징체, 그리고 설비를 통해서, 이들에게 자신의 신앙관과 연관된 무엇인가 "말한 것"이 있게 됩니다.

[참고도서]

- 빌즈(Bilz,J.)편집자(Hg.): 교회들은 신앙에 관하여 이야기합니다(Kirchen erzählen vom Glauben). 교회의 남녀 안내자들을 위한 교회교육학(Kirchenpädagogik für Kirchenführerinnen und Kirchenführer), 2004.
- 펠미(Felmy,K.Ch.): 그리스도-성화상들의 책(Das Buch der Christus-Ikonen), 2004.
- 피셔(Fischer,H.): 예수로부터 그리스도의 성화상에 대하여(Von Jesus zur Christusikone,)2005.
- 룩크(Lück,W.): 말씀의 교회 안에서의 상(Das Bild in der Kirche des Wortes). 개신교회의 그림세계 안에 안내(Eine Einführung in die Bilderwelt evangelischer Kirchen), 2001.
- 노이만/로세너(Neumann,B./Rösener,A.): 교회교육학(Kirchenpädagogik), 2009.
- 노르만(Norman,E.R.): 하나님의 집(Das Haus Gottes). 기독교회의 역사(Die Geschichte der christlichen Kirchen), 2005.
- 나우웬(Nouwen,N.): 너 마음에 그의 상을 취하라(Nimm sein Bild in dein Herz). 탕자에 관한 상의 영적인 해석(Eine geistliche Auslegung des Bildes vom verlorenen Sohn), 2007.
- 만남의 공간- 개신교회의 관점에서 종교와 문화
  (Räume der Begegnung – Religion und Kultur in evangelischer Perspektive) (EKD-Denkschrift), 2002.
- 루프(Rupp,H.) 편집자(Hg.): 교회교육학의 핸드북(Handbuch der Kirchenpädagogik), 2006.
- 윌리암스(Williams,R.): 빛이 거하는 곳(Wo das Licht wohnt). 그리스도의 성화상의 관찰(Betrachtungen zu Christus-Ikonen), 2006.

7. 목표를 향한 모든 길 : 영생

7.1 죽음과 사망

인지

연방 통계청의 발표에 따르면 2007년 독일에서의 사망자 수는 827,155명에 달합니다. 그 가운데서 대략 20%는 거주지인 집에서 사망하였고, 절반은 병원에서, 25%는 양로원에서 사망하였습니다. 2%는 극빈자의 수용소에서, 3%는 다른 장소에서 사망하였습니다.

모든 사람은 죽음을 맞이하게 됩니다. 이러한 진술은 보편적으로 유효하면서도, 동시에 쉽게 이해되지 않는 일입니다. 모든 인간은 자신의 생존기간이 한정되어 있다는 것을 알고 있음에도 불구하고, 사망은 낯 설며 결코 당연한 것으로 여겨지지 않습니다.

영국의 왕위 계승자 찰스 왕자와 이혼한 여인인 다이아나 부인이 1997년 파리의 밤거리에서 자동차 사고로 죽음을 맞은 희생자가 되었을 때, 전 세계가 충격을 받고 애도의 물결을 만들었습니다. 이러한 많은 사람으로부터 열광적으로 존경받았던 아름다운 젊은 여인이 세계의 한복판에서 갑자기 사망했다는 것은 도무지 이해할 수 없는 것처럼 보였습니다. 전 세계적으로 연결된 사회는 웨스트민스터 사원에서 거행된 장례예배에 참여했습니다. 이해할 수 없는 것을 극복하도록 도와야 하는 새로운 장례문화의 요소들이 가시화되었습니다. 2009년에 팝의 황제 마이클 잭슨의 죽음을 계기로, 또한 독일 축구 선수단의 골키퍼 로버트 엠케의 자살에 따라 비슷한 현상들을 확인하게 했습니다.

개신교인 사망자의 대략 84%가 2007년에 교회에서 장례 되었습니다.

그것은 약 297,000명에 이르며, 또한 중요한 의미와 교회의 구성원하에서 교회의 장례가 이루어지고 있음을 보여줍니다. 그렇지만 장례문화는 변화합니다. 한편으로 익명의 장례들이 증대하고 있으며, 다른 한편으로는 장례행사들의 개별적인 형태에 관한 관심이 성장하고 있기도 합니다. 2001년 이래, 공동묘지의 장례 외에 자연에다 묻히게 하는 장례가 선택적으로 허용되고 있습니다. 즉 2001년 가을에 헤센(Hessen)지역의 라인하르트(Rheinhard)에 처음으로 평화의 숲이 만들어졌습니다. 그사이에 전 연방지역으로 여러 곳에서 평화의 숲, 안식의 숲, 안식의 산림 등을 발견하게 됩니다. 2007년 이래, 개신교의 소유로 프랑켄 지역 '백조의 산' 위에 '평화의 숲'이 만들어졌습니다.

방향

1. 역사적이며, 사회적인 관점

사망의 한계는 인간의 삶에서 엄격한 경계선입니다. 이러한 경계선의 경험은 여러 가지로 무의미하며 파괴적입니다. 그것은 예를 들면 사망에 가까이 이르고 있는 사람들에게 유효한 것입니다. 즉 가족들은 남녀 중 한 사람이 그 경계선을 마침내 떠났다는 것을 이따금 오래 믿을 수는 없을 것입니다.

현대사회는 사망의 무 이해성을 첨예하게 경험합니다. 대체로 수천 년간 - 그것은 여전히 오늘날도 인류의 큰 부분에 해당합니다. - 생명은 사망의 지속적인 현재를 통해 특징지어졌습니다. 그렇지만, 문서나 종교에서 나아온 증거들이 보여주고 있는 것처럼, 일상적이며 현재의 사망 역시 이해되지 않으며, 고통스러웠습니다.

"아, 사망의 창고 안은 그렇게 어두우며
사망이 작동할 때, 그렇게 슬프게 소리냅니다.
그리고 지금 무거운 망치를 높이 들며
그리고 운명의 시간이 다가옵니다."

마티아스 클라우디우스(Mattias Claudius)

사망은 모든 나이에 다 해당하며, 일상에서 일어나며, 재빠르게 다가옵니다. 중세 후기에 사망한 자들의 춤은 공동묘지와 교회의 벽면에다 이것을 대담하게 묘사했습니다. 즉 사망은 무한한 힘을 지니며, 곳곳에서 일어나며, 사망 앞에서 모두는 동등하며, 그 누구도 보호받거나 안전하지 않습니다.

"화살을 가진 격분한 사망은 생명을 향하며 겨눕니다.
사망은 그의 활을 서둘러 쏘며, 놀이를 허용하지 않습니다.
생명은 연기처럼 바람으로 흩날리며, 어떤 육체도 사망에서 벗어날 수 없습니다. 어떤 재물과 보화도, 사망에 견딜 자리가 없습니다. 당신은 사망과 함께 그쪽에 있어야 합니다."

생명의 가르침은 분명했습니다. 즉 "죽음을 기억하라"(meneto mori) 당신은 언제나 죽을 수 있다는 것을 알고 그렇게 살아라! 1875년에 평균 수명의 기대는 대략 35세로 여겼습니다. 첫 생명의 해를 살아남기 위한 그 개연성은 2대 1 정도였습니다. 그것은 아홉 살이나, 더 많은 나이에 이르기 위해 1대 1로 옮겨졌습니다. 그것에 반하여 오늘날 수명의 기대는 80세 이상과 함께 배 이상 넓게 계산됩니다.

서방 문명은 사망의 상재(常在)를 뒤로 밀어 놓았습니다. 현대 의학과 현대적인 돌봄은 사망에 대립하는 몇 가지를 내놓는 상태에 있습니다. 사망은 중대하면서도 일상에서 밀어 내버렸습니다. 그 이유는 현재 단순히 15-20년 전의 모든 사람은 밀접한 가족 환경에서 죽음을 맞이하기 때문입니다. 사망은 특히 노인의 현상이 되었으며, 병원과 요양원과 같은 기관들에서 발생합니다. 즉 독일인들의 약 50%는 병원에서 죽으며, 계속해서 25%-30%는 구호시설과 양로원에서 죽습니다. 그러나 바로 그 때문에 죽음과 사망은 이전의 세기에서보다도 더 이해할 수 없게 되었습니다. 그것은 특별히 아이들이나, 젊은 사람들이 죽을 때, 남자의 죽음에서는 바로 은퇴에 들어갔던 60대 중반에 또한 해당합니다. 마침내 주목되는 것은 공개적인 장례의식이 이루어지는 곳에서 스스로 이러한 시공간적으로 이따금 현저히 더 큰 감격 안에서 사망에 이름이 나타나는 것과 상(喪)을 당한 자들을 위하여 첫 협력자로 장례기관과 같은 다른 시설들이 많이 설립되는 곳에서, 그 일은 다시금 특별한 교회의 도전들로 이끌게 됩니다. 이러한 관계에서 1970년과 2000년 사이에 교회의 장례는 가톨릭 편에서 11.5%이며, 개신교 편에서는 25%정도 감소 되었다는 것이 분명합니다.

사망의 경계에서 인간에게 제기되는 근본 주제들은 새 시대의 조건에서 변화과정들이 온통 지나가게 합니다.

- 거기에 사망경험의 강화로 불리는 것이 하나로 있습니다. 즉 한 사람이 고통을 겪는 죽음은 현대인의 구상과 자아 목적과 자율성의 근본 동기에 맞지 않습니다. 죽음은 스스로 책임지며 스스로 형성한 삶의 무의미한 돌발적인 모습으로 나타납니다.

- 다르게는 오늘날에 영원을 위한 생각들은 명백함을 상실해 버렸습니다. 저편의 관념들은 질문되었으며, 의심에 처하여 있으며, 비현실적인 허황된 꿈보다

아무것도 달리 존재하지 않습니다.

이른 초기 세기들은 삶 이후에 따른 생명에 대하여, 하늘과 지옥에 대하여, 저편과 영원에 대하여 말하는 많은 것을 알고 있었으며, 게다가 폭력적이며 선동적인 관념의 세계들을 구상하였습니다. 그것에 비하여 오늘날 우리는 더 조심스럽게 되었습니다. 이미 종교개혁 안에서 저편의 관념들의 하나의 실존적인 해석방식을 전면에 내세웠습니다. 예를 들면, 루터의 95개 조항에서입니다. "지옥과 연옥과 하늘은 절망상태와 거의 절망과 안전함을 구별하는 것처럼, 서로 구분한 것으로 보입니다."(주제16).

저편에 관한 말은 더 많이 해석되었습니다. 이것은 계몽주의와 연결하여 첨예하게 되었습니다. 즉 기독교적인 저편의 희망들은 비현실적인 희망으로서 목표들이나, 개별적이거나, 집단적인 투영도들과 마찬가지로 세계 내적으로 해석되었습니다. 그 이래로 - 적어도 개신교회의 공간에서도 - 저편의 그 어떤 지형학도 더 이상 존재하지 않습니다. 이것은 전적으로 인간들을 두려움 앞에서(예, 지옥의 두려움들) 그리고 저편의 두려움을 해방시켰습니다. 그렇지만 그것에 대한 대가는 이러한 저편의 세속화 이래 동시에 지평이 사라졌으며, 인간이 홀로 자체만 남게 되는 침묵과 무상이 확대되었습니다. 고전적인 죽은 자의 미사는 - 사람들이 1791년의 모차르트의 진혼곡(장례미사곡)을 생각하는데 - 영원한 빛의 가구로 인도합니다. 즉 "영원한 빛이 그들에게 비추었으며, 오 주님.... 당신은 자비로우시며, 하나님은 그들에게 쉼을 주시며, 영원한 빛은 그들에게 비추셨습니다." 약 100년 후 요한 바흐의 독일 진혼곡은 마침내 그들의 노동에서 쉼을 가진 죽은 자들에 의하여 끝났습니다. 그들의 작품들은 그것들을 따랐기 때문입니다. 영원에 대하여 현대인은 말할 것을 또한 알고 있습니다. 즉 우리의 아는 것은 대답으로는 충분하지 않습니다[Ernst Juenger]. 어떤 이들은 이러한 상(像)들과 언어(言語)의 손실은 더욱이 죽음의 불안의 상승에 기여하는 것을 말하게 됩니다.

- 우리의 땅에서 기독교 전통의 세속화와 종교적인 다원화는 유일하고 유효한 생명의 의미구상으로 있는 자기 이해성을 계속해서 취하고 있습니다. 기독교적으로 형성된 종교적인 해석의 전형들은 독백의 입장을 상실하고 있습니다. 즉 동시에 전 세계적인 정보문화와 미디어 문화들은 초기에 도달할 수 없이 멀고 실감 역시 나지 않았던 다른 문화들의 종교적인 의미체계와 장례형식들을 사람들에게 중재하게 됩니다. 그렇게 기독교적인 세계해석과 삶의 해석은 다른 의미체계에 대한 경쟁 관계에서 외면되지 않고 있으며, 기독교의 초기 시대에서처럼 비슷하게 - 여기서 주장해야만 합니다.

- 마침내 현대는 개별화로 진보하는 경향을 통하여 형성되었습니다. 삶의 설계와 삶의 경과들이 더 초기 세대들의 것들에 반하여 개별화되었습니다. 혈통과 가족과 종족은 전기(傳記)를 오랜 기간 이상 통상적이었던 만큼 더 이상 그렇게 한정하지 못합니다. 인생 경로와 생의 결과는 점점 더 개인의 결단들과 실적들에 의존합니다. 그것 때문에 사람들과 그들의 역사는 항상 비교될 수 있는 것이 아닙니다. 각자는 선택해야 하며 온전히 여러 관점에서 결단해야 합니다. 이러한 결단들은 이러한 개별화의 문화 안에서 스타일 형성과 모범과 환경이 있음을 더욱이 완화하였습니다. 그럼에도 불구하고 자유와 선택과 고유한 결단에 강요는 남아있습니다. 결단의 상황들은 거기에 속한 역사들과 관계들이 오늘날 더 이상 당연히 기대되지 않으며, 더 이상 사회의 모든 구성원에 의하여 공동으로 전제될 수 없도록 덧붙여 무겁게 하였습니다. 기억과 공동적인 보증의 문화 역시 전망하기 어려운 작은 세계 안에서 풀어집니다.

현대의 개인화와 주체화의 과정들은 죽음과 사망에 대한 관점을 바꾸게 합니다. 세계는 새로운 의식들을 위해 개방될 것입니다. - 대략 다이아나(Diana)부인을 위한 장례식에 의한 것처럼 - 이러한 전 세계에 중계한 예배를 통하여 수백만의 사람들이 한순간에 다른 이들에게 기대된 대중음악가 스스로 작곡한 노래를 연주할 때, 그것은 공중의 중심에 서 있지 않은 다른 장례예식을 위한 영향력을 또한 지니게 됩니다. 다이아나 부인을 위한 장례식 역시 이 사람의 삶에서 아주 독특하고 의미를 지녔던 것은 장례예배의 모습에서 다시 빛을 발해야 한다는 요구를 분명히 하였습니다. 동시에 지금까지의 의식들이 그들의 자명함을 상실하며, 배후가 질문이 될 것입니다. 항상 새로운 결단의 상황들은 그 대신에 초래한 자명함이 만드는 전통의 손실은 물론 바로 위기상황에 처한 사람들에게 부당하게 요구합니다. 그 때문에 현대적인 삶의 감정에 모순되는, 그러나 어린 날들에서 기대된 태도에서 이따금 위기에서 붙잡혀졌습니다. 즉 반항, 비애, 분노, 탄식, 체념 등입니다. 사람들과 죽어가는 자와 슬퍼하는 자들은 그것에서 자태를 나타내 보여야 합니다.

2. 의술의 관점

a) 건강 - 질병 - 죽음

- 건강은 완전한 신체적이며 정신적이며 사회적인 무탈의 상태로서 세계보건기구(WHO)가 정의합니다. 이러한 최대의 정의는 그렇지만 인간적인 삶의 실체에 상응하지 않습니다. 디트리히 뢰슬러(D.Roessler)는 그것에 대하여 WHO의 정의에 다른 공식을 제기하였습니다. 즉 "건강은 장애들의 부재가 아니라, 그것들과 함께 살아가는 능력이다." 이러한 설명은 먼저 일상의 경험과 함께 발견하며, 의술적인 요소와 함께 더 정확히 아주 많이 적합한 것입니다. 그것은 윤리적 방향을 위한 근거점을 제시할 수 있습니다.

- 질병은 건강으로부터 항상 그렇게 간단히 구별하는 것이 아니라, 먼저 대화의 파트너처럼 이해하게 합니다. 건강을 위한 본질적인 전제는 온전한 조절의 기관장치입니다. 유기체는 정상적인 짐의 변동폭이 과하거나, 또는 미달하는 새로운 요구들에 대한 이러한 기관장치의 도움과 함께 조화시킬 수 있습니다. 오

랜 기간 이상 하중이 지속하거나, 또는 명백하게 나타나게 되었다면 유기체의 조절기관장치들은 과도해질 수 있을 것입니다. 즉 먼저 퇴화력을 지닌 조절 장애들이 생겨납니다. 그리고서 비가역성과 질병으로 넘어갈 수 있거나, 또는 죽음으로 이끌어질 수 있을 것입니다. 건강과 질병은 고립되거나, 예리하게 한계에 이르는 현상이 아니라, 계속해서 서술되어야 하는 복합적이며, 다양하게 서로 뒤섞여 붙잡히는 과정입니다. 죽음에 의한 심리적 과정들의 정확한 이해와 의학 기술적인 진보는 사망 정의의 새로운 변화와 이해를 요구합니다. ╱**질병과 치유**

- 사망은 몇 해 전까지 그의 정의에서 어떠한 어려움을 야기하는 것으로 보이지 않았습니다. 심장박동과 호흡이 멈춘 후에 인간은 그렇지만 그의 총체성 안에서 결코, 즉 모든 그의 유기체 안에서 곧 사망한 것이 아니었습니다. 생명현상의 중단은 오히려 점진적으로 그리고 바로 유기체들과 조직방식에 따라 단계적으로 일어납니다. 거기서 신경조직과 이처럼 뇌와 가장 예민한 것으로서 척수가 증명합니다. 뼈들과 근육들처럼 다른 기관들, 또는 피부들은 많은 시간 살아남을 수 있습니다. 사망의 전 과정은 스스로 하나의 지속하는 사건이기 때문에, 총체적인 개체와 그의 개별적인 기관과 조직을 위해 예리한 분리 선상의 의미에서 생명과 죽음 사이에 한계가 없습니다. 즉 과도기는 흘러가고 있는 것입니다. 적어도 사망 시작의 한순간은 생물학적으로 존재하지는 않습니다.

b) 죽음

죽음(Agonie)의 과정은 여러 가지로 재빨리 차례로 일어나는 여러 단면에서 도식적으로 나누게 하지는 않습니다. 즉 생명에서 죽음으로 넘어가는 과정은 긴급성의 위기와 함께 시작되었습니다. 예를 들면 장기기능(간, 신장)의 결손이나, 호흡의 정지상태를 통해서입니다. 긴급성의 위기는 모든 신체 기관들의 완전한 파기와 함께 뒤따르는 것입니다. 그것은 심장의 정지상태를 통하여 특징지어졌으며, 사람들의 입으로 또한 "가시적인 죽음"으로 표시되었습니다. 이러한 단계에서 재생의 조치들은 가능하며, 물론 다만 7-10분에 이르기까지 후에 뇌사가 시작되며, 그것은 뇌줄기와 마찬가지로 크고 작은 뇌의 되돌릴 수 없는 파괴를 뜻합니다. 뇌 기관의 사망은 심장이 재생조건들 가운데서 계속 작동하며, 중요한 조정의 중심체로서 회복할 수 없는 상태가 된 중요하게 조정하는 신체의 기능들이 기계적으로 대체되었다면, 개인의 사망이 될 것입니다. 개인적인 신체기능들이 규칙적으로 서로 맞물린 개인의 생명은 지금 더 이상 가능하지 않습니다. 다만 아직 짧은 시간을 위해 하나의 "중간매개적인 생명이" 개인적인 사망을 뒤따릅니다. 소위 말하는 초 생체적인 반응들의 이러한 상태는 시작된 병원의 사망에도 불구하고 여러 가지 유기체들의 생물학적인 생명의 지속을 통하여 특징지어졌습니다. 대략 20시간 이후에 생물학적인 사망을 통하여 중간매개적인 생명은 끝나게 되었습니다. 이러한 시점에 모든 유기체와 조직은 신체적으로 사망에 이르게 되었습니다. 거기서 "사망 이후의 단계"가 초기에, 또는 후에 주검의 현상들과 함께 따르게 됩니다.

사망의 시점을 가장 가능한 대로 정확하게 결정하는 것은 비록 죽음이 스스로 하나의 과정을 묘사하더래도, 의학적으로, 법적으로, 그리고 또한 윤리적인 근거들을 필요로 합니다. 즉 (1) 환자의 사망과 함께 의사에게는 계속적인 처치의 의무가 없어지기 때문이며, (2) 사망의 시점이 유산과 다른 법적인 질문들을 위해 표준적인 의미를 지니기 때문이며, (3) 비록 한 사람의 품위를 보호하는 일이 원칙적으로 사망을 넘어 성립된다고 할지라도 죽은 자와 죽어가고 있는 자 사이에 대략 장기 절취에서 윤리적 판단은 구별하기 때문입니다. 물론 사망시간 결정을 위한 기준에 의하여 자연 과학적인 분명한 사실이 중요한 것이 아니라, 문화적인 전통들과 자연 과학적인 인식들과 또한 의학적인 요구들에서 성립하는 경험의 가치들이 중요합니다. 그것은 뇌사(腦死)가 밝히는 보기에서 계속적으로 보이는 것처럼, 이러한 개별적인 요소들은 대체로 서로 모순 가운데 있게 될 수가 있습니다.

이러한 시간에 사망을 초래하는(예를 들면 계속된 암의 질병) 과정과 고통의 정도에 따라 진단의 발견을 통하여 알려진 대상화된 고난이 적용되었다면, 또는 상응하며 어렵고 표면적이며, 인식할만한 상처들이 계속 생존의 불가능을 분명히 증명한다면 시작된 사망의 확정에서 불확실한 사망의 시간(피부의 소포, 냉각과 함께 체온 하강, 맥박 미확인, 호흡 정지 상태와 무반응 상태)은 충분합니다. 그 이면에서 분명한 사망의 표시(사망의 뻣뻣함, 사망 시반(屍斑) 부패의 출현)는 분명하며, 사망이 시작된 후 얼마의 시간은 식별될 수 있을 것입니다. 호흡과 순환행위가 더 오랜 시간의 공간을 넘어서 기계적으로 또한 바르게 보존될 수 있는 현대 응급의술의 조건들 아래서 전통적인 사망기준들은 불충분한 것으로 드러나고 있습니다.

c) 뇌 사망

의사들과 법률가들과 철학자들과 신학자들로 구성된 한 위원회는 1968년 미국에서 뇌사의 기준을 발전시켰는데, 그것 역시 독일 연방 의사 위원회가 적용하려고 수용하였습니다. 뇌사(腦死)는 뇌가 퇴행할 수 있는 효력상실의 총체적인 기능의 상태로서 더 이상 정의되지 않았습니다. 집약적인 의학의 조건들 아래서 시작된 단지 뇌사의 확실한 표시들이 사망의 확정에 표준적입니다. 거기서 개별적이며 인간적인 장기들이 뇌를 제외하여, 뇌-사망-정의 역시 생물학적인 기능적 자질이 있는 시간 간격으로 표시합니다. 심장박동, 폐 기능, 내적 장기들의 기능은 계속해서 존속합니다. 이러한 상태에서 정기들은 장기이식(臟器移植)이 취해질 수 있을 것입니다. 이런 경우에 뇌사 정의는 이식(移植)의학을 위한 전제이기도 합니다. 1997년 통과된 장기이식법[TPG]은 뇌사를 인간 전체의 사망이 아니라 장기 절취가 가능하다는 그 같은 시점으로 인정합니다.

뇌사의 확정은 최고의 가능한 진단의 확실성을 함께 제시하는 중요한 관점들에 기인합니다. (1) 그것은 결정적인 전제들을 성취해야 하며, (2)

전형적인 병상의 증세들(무의식, 호흡의 정지상태, 뇌간 반응손실)이 전제되어야 하며, (3) 감소증상의 되돌릴 수 없음의 증명이 제시되어야 한다는 것입니다. 긴급하고 심각한 뇌 손상이 뇌 사망 진단의 전제로서 요구되었을 경우, 대략 중독들, 강한 체온 하강 상태, 혈액 순환 쇼크, 또는 염증 질병들에 의한 무의식 등과 같은 다른 기능들을 통해서는 아니지만, 그러나 병상의 증세들이 실제로 뇌의 기능상실을 통하여 발생하게 된 것은 분명하게 제시되었습니다. 긴급하고 심각한 뇌 손상들로서, 대략 사고를 통해서나, 또는 두개골의 상처의 피흘림과 마찬가지로 부수적인 뇌 손상, 즉 산소결핍을 통하여 문제가 되기도 합니다.

뇌사 진단을 위한 전제들과 이러한 진단들을 위하여 요구되었던 모든 병상 증상들의 성취는 일치해야 하며, 자격을 가진 두 명의 의사들에 의하여 독립적으로 확정되어야 하며, 문서화 되어야 합니다. 제출과 모든 이러한 증세들의 되돌릴 수 없음은 첫 12시간(원초적인 뇌 손상에 의하여) 내에서, 그리고 36시간(부수적인 뇌 손상에 의하여)에서도 계속적인 관찰을 통해서 증명되어야 합니다.

d) 무 진통 증후군

무 진통 증후군은 심각한 뇌 기능 장애들을 통하여 야기되었습니다. 그것은 유지되고 있는 깨어있음에도 중지된 인지능력을 통하여 두드러졌습니다. 해당하는 환자들에 의하여 자신의 인격이나 환경의 의식된 인지능력에 대한 이러한 암시들이 결핍됩니다. 언어이해나, 언어능력은 상실되었습니다. 그러나 잠자며-깨어남의 리듬은 존재합니다. 그러므로 환자들은 얼마간 깨어있으며, 눈도 뜨게 됩니다. 그러나 순간은 텅 빈 상태의 지속입니다. 이러한 무진통 증후군은 일시적으로 나타나거나, 또는 더 이상 퇴행 될 수는 없습니다. 모든 논증의 신중한 검토에 따라 전문가그룹은 무진통 증후군은 긴급하지만, 외상으로 생긴 뇌 손상에 따라 3개월이나, 또는 머리 다침에 의한 손상으로 12개월 정도 존재하지 않을 때, 더 이상 퇴행할 수 없는 것으로 보는 이해에 이르게 됩니다. 만일 개별적으로 모든 기준의 신중한 평가에 의하여 무 진통 증후군의 퇴화는 환자들을 위하여 수용할만한 삶의 질과 함께 기대될 수 있다면, 완전한 범위에서 집중적인 의술의 조치들이 취해질 수 있을 것입니다. 그것에 비하여 진단들이 모든 대부분 경우에서처럼, 불리한 것으로서 평가되었다면, 사람들은 속한 가족들과의 상세한 상의에 따라 조치가 제한될 것이며, 새롭게 된 인공호흡과 소생(蘇生)과 같은 조치들이 포기될 수 있을 것입니다. 치료요법은 돌봄의 조치에 따라 액체의 주입과 음식을 넣어주는 것에 한정될 것입니다.

e) 사망의 시간

어떤 경우들에서 고유하고 특별한 하나의 법적인 의미가 사망시간의 검토에 다가갑니다. 여기서 사람들은 하나의 대략 시간적인 사망시간의 한계를 처리할 수 있을 것입니다. 하나의 확실한 목적은 진행하는 실험실의 진단들 없이는 가능하지 않습니다. 환자들의 사망과 함께 의사들의 진단 의무가 끝나며, 동시에 사망한 자에 대한 의사의 과제는 아닙니다. 검시는 의사의 권한에 달린 것입니다. 주(州) 정부 법을 통해서 각 사람의 시신이 사망과 사망 종류와 사망원인들의 확정에서 의사로부터 진단하는 것이 규정되었습니다. 이에 대하여 의사는 사망증서(검시증명)를 규정된 견본(見本)에 따라 발급하게 됩니다. 검시(檢屍)는 시체의 장례를 위한 전제입니다. 관청의 인지와 동의 없이 시체를 매장하거나, 없애는 자는 처벌을 받게 됩니다.

사람이 죽을 때는 관청의 호적담당 부서에 시체 검시 증명서를 제출하여 사망을 입증해야 합니다. 환자를 치료했던 담당 의사는 시체 검시를 수행할 수 있을 것입니다. 그 검시는 엄격한 규정의 토대 위에서 처벌될만한 행위들이나, 또는 일반적으로 위험스러운 질병들과 관계없는 사망인지를 분명하게 해야 합니다. 검시의 관철과 사망 증명서 기록 전에 의사는 진단하는 사람이 실제로 죽었는지, 아직도 살아 있는지, 또는 도움이 요구되는지 분명히 해야 합니다. 지체행위는 나태한 협력 조치가 비난받게 될 수가 있을 것입니다.

3. 성서의 관점들

기독교적인 전통에서 사망은 이중적인 모습을 가집니다. 즉 그는 삶을 선하고 창조에 적합하게 최후에 이르는 하나님의 봉사자입니다. 그리고 그는 동시에 하나님과 인간의 마지막 반대자입니다. 기독교 신앙의 이해 지평에서 그 때문에 평온한 죽음은 어렵고 무의미하며 고통이 가득한 죽음처럼 그의 자리를 가지게 됩니다. 복음서는 십자가에 달리신 예수의 죽음을 항거와 복종으로 묘사합니다. 그리스도는 죽음에서 권세를 취했습니다. 그러나 죽음에서 당하는 괴로움은 아니었습니다. 십자가에서 죽으신 예수의 사망은 하나님에 대한 관계에서 바로 쓰라린 사망과 연관됩니다. ╱영원에서의 생명

a) 구약

구약 증언의 중심에서 생명은 사망이 아닙니다. 생명은 창조주 하나님의 최고의 선물입니다. 그 생명은 생존에 시간을 선물하며, 그의 손안에서 보호됩니다. 그러므로 오랜 생존은 축복이며, 그것에 비하여 이른 사망은 중단이요, 저주입니다. 모든 피조물을 위한 것처럼, 사람에게도 역시 유효합니다. 즉 죽음은 사람들이 많은 말들을 만들지 않는 무엇인가 자연스러운 것입니다. 그것은 출생처럼 생존에 속합니다. 그렇게 사망은 예를 들면

곡식이 익는 것과 비교되었습니다. 인간은 창조의 부분입니다. 창조의 질서에서 인간은 피조물의 특이성의 겸손으로 - 환호 없이, 또한 비통함의 외침 없이, 내적으로 가득하게 합니다. 이러한 사망은 아주 미미한 놀람을 경험하는 일입니다. 옛 하나님의 백성은 사망의 현실을 견딥니다. 예를 들면 고대 이집트인들이 행했던 것처럼, 사망을 베일에 가려 감추어두지 않습니다. 인간은 티끌로부터 취해졌고, 다시 그리로 돌아갑니다. 구약은 아브라함과 야곱에 관하여 말할 수 있으며(창25:8, 35:29), 그러나 역시 "늙고 나이가 차서 죽었더라"(욥47:17)고 한 욥에 관해서도 말할 수 있습니다.

생명은 하나님의 선물이기 때문에, 그의 본질은 그 생명을 주신 자와의 관계에 달린 것입니다. 하나님은 살아 있는 자들의 하나님이십니다. 인간의 이러한 근본 관계와 근본 목적에서 드러납니다. 그것이 죽음의 최후의 난관을 결정합니다. 생명은 구약의 사람들을 위하여 하나님에 대한 관계에서 성립됩니다. 그러나 죽은 자들은 관계가 없습니다. 그러므로 사망이 있는 것은 가장 깊은 의미에서 하나님으로부터 분리된 존재를 뜻합니다. 사망한 자는 더이상 어떤 관계에도 있지 않으며, 그는 단절되었거나, 관계가 상실되었습니다. 생명은 당신(사람)이 인간과 하나님께 말하는 것을 뜻합니다. 죽는 자는 전적인 고독으로 들어가는 것입니다. 그것이 사망의 참혹한 일을 해결합니다. 사망으로 인간은 더 이상 하나님을 찬양할 수 없습니다(사38:18이하). 구약은 초기의 문서들에서 그 어떤 부활의 희망을 알지 못합니다. 사망으로 모든 것이 끝나게 됩니다. 그러므로 사망 가운데 각자 생명의 의미를 성취하는 가장 깊은 위협이 놓여 있습니다.

"내가 말하기를 나의 중년에 스올(사망의 나라)의 문에 들어가고 나의 여생을 빼앗기게 되리라 하였도다. 내가 또 말하기를 내가 다시는 여호와를 뵈옵지 못하리니 산자의 땅에서 다시는 여호와를 뵈옵지 못하겠고,

내가 세상의 거민 중에서 한 사람도 다시는 보지 못하리라 하였도다."(사 38:10이하).

생명은 충만한 의미에서 죽음을 견디지 못하며, 그러나 생명 안에 있는 사망은 튀어나오게 할 수가 없습니다. 질병과 붙잡힘과 적대감과 육체적이며 영적인 고난은 사망의 징후들로 나타납니다. 사망은 동시에 하나님이 한 인간을 떠나며, 침묵하며, 하나님에 대한 생명의 관계를 풀어버리는 곳에서 생명의 강을 넘어 등장할 수 있습니다.

먼저 구약의 후기 문서들에서 사망의 관계 안에서 어떤 변화들에 이르게 됩니다. 그것들은 하나님에 대한 믿음이 사망에 관하여 침묵 상태에 이르게 하는 것이 아니라, 항상 계속적인 희망을 싹트게 하는 것을 보여줍니다. "여호와는 죽이기도 하시고 살리기도 하시며"(삼상2:6)란 하나님의 찬양이 이미 구약에서 개인적이며 영원한 생명에 대한 관심이 인식되기 전에 발견됩니다.

"그럼에도 불구하고 내가 항상 주와 함께하니 주께서 내 오른손을 붙드셨나이다. 주의 교훈으로 나를 인도하시고, 후에는 영광으로 나를 영접하리니, 하늘에서는 주 외에 누가 내게 있으리요, 땅에서는 주 밖에 내가 사모할 이가 없나이다. 내 육체와 마음은 쇠약하나 하나님은 내 마음의 반석이시오, 영원한 분깃이시라"(시73:23-26).

사망은 이와같이 하나님과 함께 기도자의 생명 교제를 제거하는 권세를 갖지 못합니다. 더욱이 생명은 그리로 향하여 가며, 사망은 다가옵니다. 그러나 하나님과 기도자 사이에 교환된 당신(Du)이라 부르는 그것은 머물러 있습니다. 즉 "나는 항상 너와 함께 함이니라"는 그것입니다. 개별적으로 이러한 머물러 있는 하나님과의 생명의 교제는 그렇게 표현되었습니다. "그가 사망을 영원히 멸하실 것이라. 주 여호와께서 모든 얼굴에서 눈물을 씻기시며, 자기 백성의 수치를 온 천하에서 제하시리라 여호와께서 이같이 말씀하였느니라."(사25:8). "……그러나 당신의 죽은 자들이 살아나며, 그들의 시체들은 일어나리이다."(사26:19, 비교 단12:2, 잠3:1-4).

b) 신약

신약은 구약의 근본원칙을 전제합니다. 역시 여기에 가장 깊은 질문과 생명의 위협으로서 인간의 보편적인 죽음이 경험될 것입니다. 사망은 모든 사람에게 던져진 운명입니다(마22:24, 요6:49). 그렇지만 그것은 더 이상 간단히 자연의 과정으로서 간주할 뿐 아니라, 생명의 적으로 관찰되었습니다. 그러므로 사망에 대한 두려움은 사망과 결합되어 있습니다. 사망의 이러한 통찰은 두 가지 관점에서 신약에서는 깊게 변화하게 되었습니다. 즉 사망은 인간의 죄와 관계가 되었으며, 그리고 그리스도의 부활을 통하여 사망과 함께 스스로 무엇인가 이루어졌습니다.

- 사망은 인간에 대한 모든 관계를 단절합니다. 사망은 가장 깊은 고립 가운데로 추락합니다. 그것은 하나님에 대한 관계에도 유효합니다. 즉 사망은 죄로부터 그려진 우리의 인생에 대한 심판을 말합니다. 이로써 사망의 경계가 바꾸어 집니다. 인간의 죄에 대한 사망의 심판과 함께 사망은 우리의 인생의 마지막에 육체적인 죽음과 간단히 동일시 되지 않습니다. 오히려 사망은 결정되며, 삶의 전체를 덮어버립니다. 그들이 사망과 생명을 섬기지 못하기 때문에, 그렇게 예수는 이미 산자들을 "죽은 자들"로서 표현할 수 있을 것입니다. 자연적인 사망은 대체로 상대화되었습니다. 사망의 실제적인 두려움은 - 자연적인 사망에서 무한히 분명하며 - 우리가 하나님을 놓칠 때, 우리의 생명을 놓치는 것 안에 있습니다. 하나님과 생명은 함께 속한 것입니다. 하나님을 부인하는 자는 생명을 부인하는 것이며, 사망에 떨어진 것입니다(눅9:60, 마8:22, 비교 5;21, 롬7:10). 사망 가운데 망각함의 심연은 활짝 열려있습니다. 그 이유는 사망은 하나님과

인간 사이에 연결을 궁극적으로 단절하고 있기 때문입니다.

- 물론 구약을 위하여 가장 나쁜 것이 아직 사망에 놓여 있었던 것은 말하자면, 하나님에 대한 마지막과 전체적인 고립인데, 신약에서 그 고립은 그리스도를 통하여 제거되었습니다. 즉 그의 죽음에서 예수는 우리의 사망을 자신이 취하시고, 그것을 그의 부활을 통하여 극복하였습니다. 그는 죄가 없는 자로서 사망 가운데서 세계의 죄를 짊어지셨으며, 우리를 사망으로부터 구원해 주셨습니다. 우리의 생명에 대한 사망의 선고(심판)는 제거되었습니다. 그 이유는 예수 그리스도에게서 이루어진 그것이 우리에게 그대로 적용되었기 때문입니다(딤후1:10, 히2:14, 고후5:21, 롬8:3, 갈3:13이하). 이로써 사망은 무효와 되었으며, 그의 권세는 깨뜨려졌습니다. 그렇게 예수의 죽음은 그러한 사망과 함께 스스로 대략 이루어졌습니다. 즉 십자가는 죽음의 사망입니다. 부활하신 자가 사망과 지옥의 열쇠를 가진 것입니다(계1:18). 그는 죽은 자들의 첫 탄생자입니다(골1:18, 계1:5, 롬8:29), 사망의 실존은 스스로 "하나님으로부터 분리된 존재"로 더 이상 불리지 않아야 합니다.

항상 사망이 우리의 삶을 이와 같이 계속 고발하는 곳에서, 사망의 고발들에서 그 효력을 빼앗은 자가 더 많이 우리 옆에 나타나십니다(비교, 독일개신교 찬송 124장 4절). 사망은 죽은 자들을 위하여 그의 두려움을 상실하였습니다. 그러나 반대로 그에게 희망이 놓여 있습니다. 그것은 시험받으신 자의 희망이며, 그렇지만 확고히 서 있습니다. 즉 바로 우리의 변호사인 그리스도에게 그리스도인의 결합은 온통 사망을 통하여 짊어진 것입니다. 즉 "나는 부활이요, 생명이니, 나를 믿는 자는 그가 죽는다 할지라도 살게 될 것이며, 살아서 나를 믿는 자는 영원히 죽지 않게 될 것이다. 너는 이것을 믿느냐?"(요11:25이하).

그러므로 지금 바울이 다음과 같은 말씀으로 말해 주는 생명과 사망의 저 고유한 상대화에 이를 수 있을 것입니다. "우리가 살아도 주를 위하여 살며, 죽어도 주를 위하여 죽나니, 그러므로 우리가 사나 죽으나 주님의 것이로다. 이를 위하여 그리스도께서 죽었다가 다시 살아나셨으니, 곧 죽은 자와 산 자의 주가 되려 하심이라."(롬14:8-9).

c) 신약에서의 심판과 구원

신약 전체를 위해서 세계는 최후의 심판을 향하여 가고 있다는 것은 당연합니다. 이미 구약의 선지자들에 의하여 이러한 "주님의 날"에 관하여, "최후의 심판 날"에 관하여 언급되었습니다. 마지막에 있을 이러한 하나님의 심판에서 그 어떤 사람도 지나칠 수가 없습니다. 그것은 모든 백성에 대하여 행하여집니다. 심판 역시 각각 개인에게 해당합니다. 즉 "우리는 선이든 악이든 간에 살아 있는 기간에 행한 것에 대하여 각자가 대가(보수)를 받게 되도록 그리스도의 심판대 앞에서 모든 것이 분명하게 되어야 합니다(고후5:10). 심판 날에 하나님은 궁극적으로 그의 의를 이루시며, 그의 법을 관철하게 될 것입니다. 그는 그의 언약들을 반대되지 않게 성취하게 될 것이며, 세계의 완성을 초래하게 될 것입니다.

d) 부활과 영생

이미 그리스도에 대한 믿음을 통하여 현재의 삶이 새로운 질을 유지했음에도 불구하고, 바울은 본질적인 것이 아직 밖에 있음을 강조합니다. 즉 죽은 자들의 부활입니다. 우리는 그리스도와 함께 이미 장사 되었으며(롬6:4) - 그러나 우리는 먼저 그와 함께 부활하게 될 것입니다. 부활에 대한 희망은 성서 전체에서 사람에게서가 아니라, 하나님에게서 확증되었습니다. 그것은 무엇인가 인간에게서 죽지 않으며, 그러므로 사망을 극복하게 되리라는 것에 근거한 것이 아니라, 오직 그리스도가 부활하셨으며, 그의 죽음과 그의 부활이 전 인류를 위하여 효력을 가진 그 안에서 근거를 가지는 것입니다. 부활이 언제 어떻게 이루어지는 것인지에 대해서 신약은 거의 말하지 않습니다. 우리가 대답할 것을 가지는 사망 앞에서의 삶이 생명과 사망 이후에 따른 사건에 대한 모든 사색하는 것보다 더 중요합니다.

4. 유한성의 문화

교회는 왜 죽은 자들과 상(喪)당한 자들에게서, 그리고 사망자들의 장례가 쇠퇴하고 있음에도 불구하고 언제나 중심적인 의미를 가지는지? 그것에 대한 이유는 바로 각 세대로부터 새롭게 생각해 내지 않아야 했던 수천 년 동안 세대를 이어오는 삶의 지식이 유효하게 유지하는 교회가 그 같은 제도였던데 있습니다. 교회 안에서 생명은 항상 가시적이며, 증명할만하며, 계산할만한 것들에서 생기는 것이 아니라는 지식이 유지되었습니다. 그것은 바로 죽음에서도 감염될 것입니다. 적절한 실천에서 이러한 지식은 "옮기는 것", 죽은 자와 상을 당한 자들을 동행하는 것, 그들의 언어를 이해하는 것, 감정이입 적으로 청취하며, 올바른 순간에 스스로 올바른 낱말들을 발견하는 것, 그것은 교회를 위하여 그리고 그들의 이름으로 행동하는 자들을 위하여 하나의 거대한 도전으로 머물러 있습니다. 인간의 내적인 체험과 표면적인 실상이나, 사실 이들 사이에 교량들은 항상 가볍게 명료하지는 않습니다. 기독교 전통의 언어는 여기서 헤아릴 수 없는 도움을 제공합니다.

"우리가 죽어야만 한다는 것에서 지혜롭게 되도록 생각하기를 우리에게 가르치소서"란 말은 시편 90편에서 말해 줍니다. 생명의 획득을 증명하기 때문에 자체의 유한성에 대한 숙고는 전체의 깊은 의미에서 지혜롭게 합니다. 그렇게 죽음애 대한 준비와 삶의 한복판에서 자기의 죽음과 함께 논쟁은 시작합니다. 그것은 우리의 현재 안에서 유한성과 자기 한계의 윤리를 발전시키려는 과제 앞에서 자신을 보는 삶의 기술입니다. 유한성의 윤리는 자신의 경계선 인정이 인간존재에 속한 것임을 강조합니다. 즉 삶의 시간과 능력과 정신적이며 신체적인 자질들의 경계선을 의미합니다. 노쇠함의 경험과 앞으로 밀쳐진 사망의 경계선들이 인간존재에 속합니다. 유한성의 윤리는 우리의 자아 이해 안에서 삶의 고난의 편을 통일시키기를 가르칩니다. "우리는 우리가 어떤 존재인지, 말하자면 그렇게 살도록 기간이 붙여지게 되면,....삶을 더 좋게 살 것입니다. 만일 우리가 죽음을 생각한다면, 무엇이 삶에서 자신을 변하게 할까요? 많은 것을, 그러나 모든 것은 아닐 것입니다. 시편 기자가 말하는 것처럼, 우리는 지혜로운 마음을 얻게 될 것입니다. 우리는 더 조심스럽게 시간과 대화할 것이며, 만일 그들이 원하고 더 인내하며 - 그리고 모든 자유 앞에서 더 충만한 사랑으로 더 조심스럽게 다른 것들과 교제하게 될 것입니다."(Peter Noll).

"우리가 유한성을 인식하며, 지혜로운 마음을 얻는다는 것"(Noll)은 대략 죽음의 파멸처럼 오늘날 경험하면 할수록 더욱더 필요한 것입니다. 원래 죽음은 매개체들과 사적인 삶의 공간확대에서 이루어지기 때문입니다. 그것에 반하여 공중의 일상은 한 사람의 죽음에 관하여 이따금 중지하게 합니다. 그것은 공적인 일상이 실제로 죽음과 슬픔의 극복에 충분한 도움을 제시할 수 있는지를 묻는 것입니다. 어쨌든 교회는 삶의 예술의 범주에서 죽음의 예술을 중재하고, 연습하도록 적용된 장소입니다. 특히 예배에서 죽음과 사망, 유한성에 따른 질문이 사망을 넘어서 또한 희망을 포함하는 그들의 다양한 가지들 안에 있는 의미의 물음이 여기서 유지되었습니다. 각자의 기도는 사망의 경계선을 넘어 나아오는 말입니다. 즉 주기도문(우리의 아버지)은 나라와 권세와 하나님의 영광에 대한 전망으로 끝납니다. 그렇게 사망은 예배에서 항상 다시 선취 되었으며, 하나의 더 큰 사건으로 해석되고 땅에 묻었습니다. 개별적인 경험은 개인을 뛰어넘는 의미의 관계들과 함께 연결되었습니다. 상징체와 의식을 동반한 예전의 언어에서 죽음의 한문화가 보존되었습니다.

5. 안락사(安樂死), 또는 죽음에 대한 협력

현대의 수많은 발전처럼, 또한 의술의 진보는 야누스의 얼굴을 지니고 있습니다. 의술의 성과들은 외면할 수 없으며, 지난 세기에 이미 수명기대의 분명한 상승으로 이끌었습니다. 바로 의학적이며 기술적인 가능성들은 치료할 수 없는 질병의 경우에 다만 아직 가능한 모든 것이 실제로 시도되었던 기술화된 치료기술의 대상으로서 기능을 발휘하기를, 그러나 백성의 성장하는 계층들이 두려워하게 하는 그것입니다. 사람들이 적어도 스스로 준비할 수 있는 상황에서, 다른 이들의 행위에서 도움 없이 공급되는 것을 비록 이들이 좋게 생각한다 해도, 불안은 지난 세기에 항상 다시 안락사를 위한 토론을 살렸습니다. 논쟁은 두 가지 이어지는 요소들을 통하여 보충적으로 불을 붙였습니다.

- 생명은 자체에서 최고의 가치를 항상 적게 묘사하는 것이 아니라, 생명의 가치를 위한 기준으로서 생명의 질을 점점 더 많이 묘사합니다.

- 시민의 권리들에 대한 보편적인 감각화(感覺化)와 함께 환자의 권리들이 중심에 등장하게 됩니다. 이로써 집중적인 의술의 조치들 자체의 역동성 이면에 불신이 강화됩니다. 물론 동시에 의사와 그의 윤리 이면에 환자들과 공중성의 정당한 요구 사상이 상승합니다.

이러한 전제들은 안락사를 위한 독일연방적인 논쟁들의 한 분석을 위해 결정적인 의미에 관한 것입니다. 그것들은 말하자면, 현재 논쟁들의 윤곽을 자유롭게 해 주며, "안락사"란 문제 분야의 여러 가지 영역들을 차별화하는 것을 허락합니다. 거기서 다음과 같은 것을 보여줍니다. 즉 사람들은 오늘날 의도적인 살해행위로서 안락사의 질문이 우선하여 토론되지 않습니다. 그것은 행동이나, 또는 단념을 통해서가 아니라, 중환자를 위한 적절한 치료요법의 가능성이라는 것입니다. 이러한 논쟁은 핵심에서 환자 자율성의 모범상에서 각인(刻印)되었습니다.

a) "안락사"(安樂死)란 무엇인가?

더 이른 시기에 같은 경우에 간접적인 안락사의 논란의 여지가 없지 않은 개념이 추가되어, 능동적이며 수동적인 안락사 사이를 구별하는 공적인 토론 가운데서 통용되었습니다. 개신교협의회(EKD)의 위원회와 가톨릭의 독일 감독 컨퍼런스의 "기독교의 환자처리"에 대한 권고는 기독교회의 노동단체(ACK)와 연결하여 분명한 입장을 제시합니다.

- "수동적인 안락사"는 인간의 품위에 맞는 죽음허용을 목표합니다, 특히 대체로 생명을 연장하는 조치(예를 들면 인위적인 영양분의 포기, 인위적인 흡입, 또는 투석, 예를 들면 항생물질과 같은 약품들의 제공)가 치료되지 않는 환자에게 계속 투입되지 않거나, 또는 먼저 수용되지 않는 것에 목표를 두고 있습니다. 수동적인 안락사는 그의 동의가 전제되며, 법적이며 윤리적으로 허용합니다.

- "간접적인 안락사"는 의도하지 않았던 부수적인 결과들로서 사망의 등장을 가속화 할 수 있는 죽어가는 사람이 의사가 처방한 고통을 덜어주는 약제가 주어졌을 때, 시행되었습니다. 그러한 간접적인 안락사는 의사의 이중의무의 평형(平衡)에서 - 생명을 견지하기와 고통을 감소하는 것 - 법적으로 윤리적으로 허용이 유지되었습니다.

- "능동적인(또는 직접적인) 안락사"는 한 인간의 겨냥된 죽임을 뜻합니다. 예를 들면 사망을 유도하는 제제(製劑, 정제, 주사 주입) 등입니다. 그것은 독일에서는 법으로 금지되었으며, 법적으로 처벌받게 됩니다. 만일 그것이 남녀 환자들의 자세한 동의가 있을 때만 이루어집니다. 네덜란드나 벨기에 등에서 능동적인 안락사의 합법화는 제한적인 조건 아래 이 나라들에서 심각한 질병과 죽어가는 사람의 죽임이 허용됩니다. 농동적인 안락사는 그렇지만 인간에 관한 기독교적인 이해와는 일치되는 것이 아닙니다.

능동적이며 수동적인 것 사이의 경계 설정은 물론 선택도가 높은 것보다는 모든 것이 다릅니다. 결정적인 치료요법의 중단은 능동적인 행위일

수 있습니다. 그러므로 여러 가지 원인성을 구별하기는 더 낫게 보입니다. 즉 치명적인 주사는 건강한 자의 것처럼, 바로 그렇게 환자의 생명을 끝내는 것입니다. 그것에 반하여 치료의 중단은 중환자에 의하여 죽음에 이르게 하지만, 건강한 자에게는 그 어떤 영향을 미치지 못할 것입니다. 흡입기의 차단이 중환자에 의하여 비록 사망의 결과를 초래한 행위라 했더라도 실제로 살해입니까? 사람은 의도적이며 계획적인 살해와 한 중병환자를 위하여 적절한 치료의 가능성을 찾는 사이를 구별하지 않아야 합니까? 마침내 우리는 거기서 단지 의사의 행동방식과 결과를 질문하는 것이 아니라 행위의 동기에 대하여 질문하는 것이 아닙니까?

두 번째 의미로 특히 안락사가 중요합니다. 그것은 중환자에게는 적절한 치료방법이 중요하며, 집중적인 의술의 생명을 연장하는 조치들의 경계선을 위해서도 중요합니다. 논쟁의 배경에 독일의 형사법과 같이 국가사회주의의 경험들이 놓여 있습니다. 이러한 경험들은 정치적이며 경제적으로 원했던 안락사의 생각들을 자체로부터 금하고 있습니다. 즉 언제나 순수한 생각처럼, 중환자에 대한 의사의 모살 행위의 의미에서 하나의 도덕적이거나, 또는 의사가 지시한 안락사의 이면에 존재하는 일입니다. 요구에 따른 죽임의 질문이 유일하게 현재의 토론 가운데서 탁월한 역할을 하고 있습니다. 특히 예를 들면 네덜란드에서 합법화되었던 이래로 그러합니다. 물론 의사의 신분법의 현저한 다수는 StGB 216조에서와 마찬가지로 대립 관계에 놓여 있습니다.

b) 의사를 위해서 어떤 경계들이 있습니까?

의료신분법의 거절하는 태도를 위해 선한 근거들을 말하게 됩니다. 세계관의 중립적인 한 국가는 자살에 대하여 유사하게 절망적 상태의 고통을 끝내려는 개인적인 소원을 적법한 것으로 해명할 수 있을 것입니다. 그렇지만 안락사의 경우에 - 자살과 구분하여 - 의사의 행위가 중요합니다. 그 때문에 환자의 자율권이 여기서 결정적이어야 한다는 논증은 간략하게 붙듭니다. 의사는 살해행위 시행자로서, 또는 협력자로서 요구를 취하게 되자 곧 그의 자기 결정권과 그의 품격은 손을 대게 되었습니다. 의사의 자기 이해는 그러함에도 근본적으로 생명 유지를 힘쓰게 됩니다. 이러한 책무의 유연성이 곧 의사의 이면에 커다란 신뢰 손실로 이끌 수도 있을 것입니다.

물론 이러한 논증은 다만 요구에 의한 살해에서 의사의 협동 이면에 유효한 것은 아닙니다. 그것은 표면적으로 치료요법의 결정에 따른 표준으로 환자 생명의 질에 대한 질문과 함께 주저하면서 피하려는 것 역시 의사에게 스스로 경고합니다. 그는 결과적으로 생명의 변호인으로서 자신을 이해하여야 합니다. 그는 자신을 더 빠듯하게 되어가는 자원들에서 상승하는 사회적인 압력을 벗어날 수 있는지? 또는 그가 중환자의 돌봄의 비용문제들이 계속해서 상승할 때, "권리를 견디지 못하게 될 것"(Hans Kueng)이며, 이로써 안락사를 공격적으로 대변하지 못하게 되는 것이 아닌지? 질문입니다.

c) 기독교의 환자처치(권한)

안락사에 대한 현재 논쟁의 주된 문제는 중환자들을 위한 적절한 치료 가능성에 따른 질문이 그 이면에 놓여 있습니다. 그것은 생명 연장을 의도한 집중적인 의술 조치들이, 어떻게 실제로는 죽음 연장에 이르게 되었으며, 억제하게 하며, 개인적인 자기 결정권이 고유한 생명의 한계상황에서 아직 바르게 유지될 수 있게 할 수 있는지, 자기 결정적인 사망에 대한 요구에 이르기까지가 언제나 질문입니다. 예방책과 돌봄의 권한들과 환자 규칙들에 대한 집중적인 토론은 진정제와 호스피스운동의 거대한 공감처럼 그와 같은 것을 위한, 즉 의술의 증상감소와 진통과 임종 동행에 대한 공감을 뜻하는 것으로, 그것들은 분명한 간접적인 증거입니다. 그것은 환자 처지의 의의와 가능성에 대한 강화된 진상규명 역시 진정제의 이어지는 해체(解體)와 마찬가지로 안락사를 위한 토론을 진정시키며, 다른 것들의 빛 가운데 나타나게 할 수 있기를 바라는 것입니다.

과학적인 진단들은 임종의 소원을 위한 주된 동기가 의존성과 훼상(毀傷)과 품위 상실의 근심에 있다는 결과를 내놓습니다. 호스피스의 경험들은 이웃의 뒷받침과 적절한 의술과 배려의 돌봄은 고통과 죽음의 환자 입장을 적절한 조치로 영향을 미칠 수 있으며, 불안들을 감소시킬 수 있음을 보여줍니다. 예를 들면 기독교회들에서 시도되었던 것처럼, 환자 처지들은 단지 의술의 기술 외에 해결 방법이 없는 상황에서, 또는 다른 이들의 의지에 내맡길 수밖에 없는 염려들을 덜어주고 있습니다. 여기서 의술의 정황에 대한 성숙한 사고와 충분한 진상규명에 따라 생명을 연장하는 조치들이 더 이상 우선할 수 없다는 것을 결정하는 자는 그러한 결단이 유효한 법에 따라 존중받는 것입니다. 독일 법에서 기본법은 - 환자가 표현할 수 없는 비상의 경우 외에 - 진단에 대한 포기가 아니라, 각자 의사 진단의 수용이 의무적으로 동의 되는 것이 효력을 가집니다.

2009년 9월 1일에 효력을 갖게 된 보호법(190조 1항과 1904년 BGB)의 변경은 이러한 기본법을 참작합니다. 환자처치가 승인의 능력을 갖춘 성인에게서 작성된 문서로 제출되며, 그러한 형식에서 적중된 확정들은 활동적인 생명의 상황과 건강의 돌봄에 일치할 때, 그것은 간호사들을 위한 것처럼, 진료하는 의사들을 위해서도 구속력을 가집니다. 한 환자의 처지는 오직 한번 작성되어야 하며, 그것은 반복적인 검토나 공중의 신임을 필요로 하지는 않습니다. 그것은 언제든지 절차 없이 이의를 제기할 수 있을 것입니다. 한 환자의 처치는 환자가 그의 질병을 인정하게 되면, 당연히 효력을 가집니다. 한 환자의 처치는 환자가 그의 질병을 통하여 동의가 이루어지지 않을 때 당연히 유효한데, 그것은 이와 같이 총체적인 건강 돌봄(간강 상태의 진단들, 치료 진단들과 의사의 수술)을 뜻하는 것으로, 그것들이 불가피해지기 전에 질병의 종류와 병의 시기가 독자적으로 의사와 간호의 조치들을 통하여 승인되거나 거절될 수 있는 해당된 건강에 관계된 예방조치입니다.

이러한 건강 돌봄과 함께 성년이 된 사람은 예방책의 권한을 통하여 선거에서 한 사람이나, 또는 더 많이 신뢰하는 인물들(예방책 전권대표)에게 건강상태가 환자의 의지를 동의할만한 상태에 있지 않을 때, "표현과 효력을 마련해 주도록" 위임할 수가 있을 것입니다(190조 1항 BGB). 자격을 부여받은 자가 지정되었다면, 돌봄의 법정은 어떤 보호자를 주문할 수 없습니다. 자격을 부여받은 자는 거기서 한 사람 돌보는 자처럼, 같은 권리들과 책무를 가지게 될 것입니다. 즉 양자는 돌보게 되는 사람의 의지를 관철하게 될 것입니다. 보호의 법정은 의사(또는 돌봄인)와 권한 부여받은 자가 일치하지 않을 때, 다만 고소할 수 있습니다. 그렇게 그 어떤 의술의 행위도, 비록 그들이 의사의 시각에서 생명의 보존에 꼭 필요하다 할지라도, 환자의 찬성 없이, 또는 그로부터 건강 돌봄과 함께 권한을 부여받은 사람을 대신하여 이루어지게 하지 않아야 합니다.

독일 개신교협의회와 독일 가톨릭의 감독 컨퍼런스는 기독교회의 노동단체(ACK)와 연결하여 인터넷에서 불러낼 수 있는 "기독 환자예방책"이란 협력처를 2010년 12월에 발표하였습니다(ekd.de/download/pazientenvorsorge.pdf).

6. 장기이식(臟器移植)

1960년 중반 최초의 신장 이식들이 시행된 이후, 2006년 대략 4000명 정도 신장 이식들이 독일에서 이루어지게 되었다는 것에서 계속적인 발전이 있었음을 인식하게 됩니다. 의술적으로 판단할 때, 그 시기에 이루어진 이식(移植)은 그 어떤 양자택일이 성립되지 않았습니다. 처음에 특별히 태아와 성인의 골수조혈세포에서 장기를 배양하는 시도들이 있었습니다. 유럽의회의 방향을 따르는 배경에서 2007년 이식법은 "인간적인 조직과 세포(조직법)의 질(質)과 안전에 대하여 법"을 통해서 수정되었습니다. 거기서 기증, 조달, 테스트, 가공, 인간의 조직과 세포들의 저장에 해당하는 질의 표준처럼 그렇게 안전의 표준 등등이 공식화되었습니다.

a) 유기체로서의 몸

의술의 진보는 오늘날 실제로 인간의 몸의 기능적인 시각에 근거하고 있습니다. 몸은 서로 밀접한 관계를 맺고 있는 복합적이며, 그러나 규칙적으로 순환하는 과정의 유기체로서 살아 있습니다. 이러한 자연적으로 흘러가는 규칙의 범주에서 현대 의학은 가능한 한 잘못된 조정작용을 평준화하거나, 또는 감소하기 위하여 정확하게 개입합니다. 혈압조정에 대한 약품들이나, 또는 심박조정기의 설정은 그것을 위한 확대된 예들입니다. 인간의 신체에서 하나의 유기체가 장애를 일으키면, 그것은 대체 가능성을 찾는 이러한 의술 이해에 상응하는 것입니다. 사람들은 여러 가지로 장기 대체로서 기계들로 시도했습니다. 부분적으로 이러한 기술들은 예를 들면 혈액 투석기나, 또는 인슐린 펌프 연습의 적용에까지 성숙해졌습니다. 그렇지만 인공적인 심장이나, 별도의 허파와 같은 다른 대체 기술들에서 오늘날까지 지속적인 성과는 만족하지 못하고 있습니다.

b) 법적인 질문들

모든 3가지 영역에서 이식법(1997)과 함께 법 부여는 인간의 조직에 대한 조직법(2007)이 확대되었던 분명한 하나의 법적인 방향의 범주를 확정하지 못했습니다.

- 이식법(移植法)은 유효한 사망의 표준으로서 전체 뇌사를 수용하며, 그리고 연방의료국이 불가역적이며, 그러나 대뇌와 소뇌, 뇌줄기의 총체적인 기능의 제거할만한 고장의 확정을 위하여 설계한 기준들을 넘겨받습니다. 결핍하는 자의식이 아니라, 유기적으로 집중된 개인의 생명을 위한 모든 전제의 궁극적인 손실은 사망의 표준으로 삼게 됩니다.

- 이식법은 아직 생존 기간에 장기 절취에서 장기기증 증명을 통해서 찬성했던 자들의 범주에 한정하지 않습니다. 그들의 동의가 아직 제시되지 않은 가상의 장기기증자로서 질문이 제기되는 뇌 사망 환자의 경우를 위해 법은 원칙적인 승인 의무로부터 예외를 예견하며, 이것은 엄격한 조건들과 연결합니다. 장기 절차를 시행해야 하는 의사에게 문서의 승인도 가능한 장기기증자의 문서로 된 이의제기도 제출되어 있지 않다면, 그가 장기기증에 대한 사망자의 밝힘을 알고 있는지 다음 가족 구성원에게 확인하는 일입니다. 그런 경우가 아닐 때, 의사가 문의 가운데 나타나는 장기 절취를 가족 구성원들에게 알려주고, 이것이 그들에게 승인된다면, 절취는 가능한 것입니다. 가족 구성원이 그의 결정에서 장기기증자의 추측성 의지를 따르게 됩니다. 가장 가까운 가족 구성원에게 온전히 특별한 개인적인 방법으로 사망에 이르기까지 장기기증자와 관계되었던 성년 이상의 사람이어야 합니다.

- 장기 분배의 질문에서 법은 먼저 두 가지 선 결정들을 마주치게 됩니다. 하나는 각 장기매매는 엄격히 거절되었으며, 법 위반입니다. 다른 하나는 엄격히 장기매매의 문제와 연결되면서, 새로 생겨날 수 없는 기증의 절취를 뜻하는 것으로, 산자의 기증 가능성이 아주 엄격히 제한되었습니다. 즉 살아 있는 사람들에 의하여 장기기증은 첫 번째, 또는 두 번째급의 친척이나, 또는 기증자에게 온전히 특별한 개인적인 결합에 가까이 있는 부부, 약혼자, 그 외의 다른 사람들에 대

한 양도의 목적에 다만 허용합니다. 이러한 사람들 범주에 제한을 통하여 장기 매매는 미리 앞서 예방되어야 합니다.

사후에 취해진 장기들을 위해 규정된 분배방식은 첫 자리에 동일원칙을 제시합니다. 그것은 체외에서 배양된 장기들이 수술팀이나, 또는 장기이식센터의 소유물이 아니라는 것을 뜻합니다. 소위 "중재 의무의 장기들"로서(심장, 신장, 간 허파, 췌장, 장) 그것들이 독립된 중계소를 통하여(네덜란드 라이덴 소재의 유럽 이식센터) 중재 되어질 때, 그것들은 이제 전달되어도 좋을 것입니다. 이러한 방식에서 먼저 의술의 긴급성과 면역성의 타협처럼 순수히 형식적인 기준들이 기증자와 수용자로부터 역할이 이루어져야 할 것입니다. 그것을 넘어서 법은 그렇지만 다만 의술의 긴급성을 정의하지 않고, 대략 사회적인 범주의 조건들 역시 다른 표준들과 관계합니다.

c) 윤리적인 질문들

장기이식은 결과적으로 현대 의학의 근본원칙을 적용하며, 그것이 생명에 유익을 주기 때문에, 그러한 것으로서 먼저 윤리적으로 정당합니다. 양자의 거대한 교회들은 장기이식에 대한 그들 공동의 해명에서[1990] 이것을 원칙적으로 인정했습니다. 그렇지만 장기이식들에 관한 윤리적 허용을 위한 비판적인 토론은 바로 교회의 공간에서 끝나지 않았습니다. 중심에 놓여 있는 질문들은 3가지 문제들의 범주들로 갈라지게 합니다.

- 첫 번째로 이식의학은 대체로 창조 안에서 허용되지 않는 개입으로 비판되었습니다. 이러한 이의(異意)는 거기서 이따금 두려움과 연결되며, 생소한 장기의 이식과 함께 특히 뇌의 부분들이 중계하려 할 때, 수용자의 정체성이 변경될 수 있을 것입니다.

- 두 번째 질문영역은 이식의학의 특수한 전제에 해당합니다. 즉 쌍의 성질을 가진 장기주변에 대략 신장이나, 또는 후에 성장하는 조직의 부분들, 대략 피부나, 또는 골수가 움직이지 않는 곳에서, 장기기증자로서 사망자는 분명 문제가 된다고 봅니다. 그러나 순환기능의 장애에 따른 기증된 장기는 이미 표면적으로 짧은 시간에 돌이킬 수 없도록 파괴되었기 때문에, 그들에 의한 뇌 사망이 진단되었던 사람들은 장기기증자로서 문제가 되는 것입니다. 표면적으로 빠뜻한 시차가 중요하며, 게다가 이러한 사망 정의의 윤리적인 문제를 통하여 부담을 주게 되는 것입니다.

- 세 번째 문제의 범주는 결과적으로 그것들이 실제로 이루어질 때, 언제나 더 많은 장기가 필요 되었던 거기서 나타납니다. 이러한 관계에서 모든 경우에 장기적출(摘出)이 생존 기간에 기증자가 표방한 승인에 따라 허용되었는지의 질문과 마찬가지로, 장기기증의 정당한 분할의 어려움이 거론되는 것입니다.

d) 윤리적인 대답의 시도들

비록 이러한 법의 전 분야에서 표면적으로 논쟁이 벌써 지나갔으며, 비판적인 논란이 멈추어진다고 할지라도 의술 실제의 특수한 경우를 위해 거기서 발견된 규칙들은 윤리적으로 대변할만한 것이 나타납니다.

- 이식의학은 더욱이 의술 발전에 힘입고 있으며, 하나의 새로운 방법론을 따르게 됩니다. 그러나 그것은 어떤 경우에라도 하나의 완전한 의학의 새로운 질을 초래하지는 못합니다. 장기이식을 위하거나, 또는 반대하는 결정은 자연적인 과정이나, 또는 하나님의 창조에서 개입이 인간에게 허용된 것인지, 그러므로 원칙적인 질문과 함께 연결하게 합니다. 우리는 이러한 이식의학과 함께 현대적인 집약의학의 문제영역에 머물게 됩니다. 그것은 고통을 감소하며 생명을 지원할 수 있기 때문에, 그것은 - 현대 의학이 일반적인 것처럼 - 긍정적으로 평가하는 것입니다. 물론 의술의 기술적인 조치들의 응용이 실제로 개별적인 고통을 얼마나 감소시키며, 더 나은 삶을 가능하도록 돕는 것인지는 각 개인의 경우를 위해 비판적으로 검토해 보아야 합니다.

• 사망 정의의 문제에 대해서도 위에서 이미 언급된 것들을 넘어서 분명하게 합니다. 즉 "전체 뇌 사망-표준"에 따라 인간은 죽음의 과정에 있으며, 다른 생명의 중요한 기능들이 - 심장-대순환 - 의학기술을 통하여 올바르게 유지되었다면, 빠듯한 시간의 긴장에 따라 사망이 결정적일 수 있을 것입니다. 이식의학의 문제영역을 위해서 이로써 질문이 제기됩니다. 즉 사망이 시작된 한 사람에게 장기를 절단하는 것이 허락되었는가? 최후의 자연과학적인 안전성과 함께 이러한 질문은 대답 되는 것은 아닙니다. 즉 사망 시점의 확증은 궁극적으로 하나의 결정적인 행위입니다. 사망에 처하여 있는 한 사람에게서 장기 절취가 윤리적으로 정당하다고 생각하는지는 사람이 사망의 결정에 찬성할 수 있는지에 달린 일입니다. 이러한 인정은 먼저, 그리고 특히 각자가 자신을 위하여 줄 수 있을 것입니다. 지금 발견한 법적인 규정은 상응하는 관점을 참작합니다. 그것은 동시에 근거로 삼았던 예외의 경우들에서 장기기증자의 결핍하는 승인이 가족 구성원들의 찬성을 통하여 대체될 수 있다면, 가능한 장기 수용자의 생명 관심과 함께 균형을 이루기를 시도하는 것입니다.

• 분배 정의의 모습으로써 다음과 같은 것이 효력을 가집니다. 즉 장기이식의 긴급성에 대한 질문은 홀로 의술 요소들에 근거하여 결정되게 할 수는 없습니다. 사회적인 필요성은 마찬가지로 하나의 기준으로서 유효한 것인데, 그러나 고유한 직업회복에 영향을 미치는 수용자의 준비성입니다. - 그것은 기증 장기들에 대한 거대한 결핍이 수용하는 장기와 함께 표면적으로 신중한 대화에서 확약하는 것을 뜻합니다. 물론 얼마간 결정의 기준들이 개방되어 진 것에 가치를 놓아두어야 했습니다. 장기매매의 엄격한 금지를 고려하여, 실제로 각각 기증자의 보상이 윤리적으로 부도덕한 것인지, 또는 신장기증 후에 전적으로 상승한 건강의 위험이 재정적으로 보상하는 것을 생각할 수 없는 것인지의 질문이 제기됩니다.

이식의학의 특별한 도전은 기증자와 수용자 두 사람의 관심이 언제나 대립하는 거기서 생겨납니다. 양 해당자들의 품위와 관심들을 유지하며, 특별히 기증자의 관점도, 역시 수용자의 것도 수용하지 않는 것이 유효합니다. 장기 절취의 가능한 거절 전에 존경심은 장기기증자의 품위 보존에

만 속한 것이 아닙니다. 인간의 품위 역시 사망을 넘어서 이르기 때문에, 그것 역시 장기 절취와 그것을 연결하는 조치에 의해서도 존중하는 것입니다. 장기기증자의 시체는 품위를 인정하는 정황에서 장례식으로 넘겨져야만 할 것입니다. 그의 생명의 관심사를 원칙적으로 인정하는 것은 수용자의 품위 앞서 존경에 속한 것입니다.

e) 인간의 인품에 다음과 같은 논쟁적인 질문들이 제기됩니다.

이식은 개별적인 정체성의 영향을 미치게 되는가? 인간의 인품에 있어 그의 몸의 개별적인 부분들이 약화 되는가? 그것은 개별적인 장기에 결부되지 않은 복합적인 공동작용을 통해서 오히려 형성되는 것이 아닌지?

결코 이해력(오성)이, 또는 장기로서 두뇌가 간단히 일치하는 인간의 정신의 옛 개념은 인간의 전체성에 관하여 현대적인 개념이 표현하는 것처럼 마찬가지로 이러한 통찰이 아주 분명히 표현합니다. 개인적인 정체성은 이식과 같이 그리고 생명이 하나의 생소한 장기와 함께 속할 수 있도록 우리 자체의 생애 기록과 함께 공동작용 안에서 우리의 물리적이며 신체적인 전제들에서 형성됩니다.

7. 자살

살아 생존하는 일이 강제되지 않아야 한다는 것은 인간의 품위와 무거운 짐에 속합니다. 더욱이 생명은 인간에게 모든 피조물처럼 부여된 것이며, 그는 실제로 그것을 인정하고 보존하기를 힘씁니다. 그렇지만 인간은 그의 생명에 충동적으로 결합하여 있지 않으며, 책임성과 자유로운 결단으로 행동할 수 있으며, 행동해야 합니다.

자살을 생각하게 되는 것은 전체적으로 보면, 여러 가지 배경들이 있습니다.

- 질문 없이 당연히 살아가는 시대들 외에도, 많은 사람은 과도기와 위기의 시대에 더 이상 존재하지 않으려는 가능성을 반복해서 공상합니다. 대개 그들은 그런 후에 생명을 더욱 의식하여 인정합니다. 스스로 가진 이러한 경험들은 자살 생각의 계속적이며 집중적인 압박을 받게 된 사람들과 깊은 이해를 나누는 일을 도울 수 있을 것입니다.

- 생명을 해치거나, 위험스럽게 하는 삶의 방식을 통하여(소위 말했던 역(逆)자살) 간접적으로 죽음에 도전하는 자들은 자살에서 다르게 현저히 의식되지 않은 관계를 갖습니다. 이러한 경향들은 자신을 의식화하는 것이 책임을 다한 삶의 품위에 상응하며, 위험에 사로잡히는 것입니다.

- 결과적으로 우리는 - 심리적인 질병들을 통하여 극단의 경우에 제한되어, 많거나, 적게 강한 자살 행동에 위협받는 노력과 관계합니다. 한 사람을 위협하는 생각들과 감정들이 나타나게 된다면, 자기 결단에 대한 자유가 얼마나 큰지는 그런 경험이 없는 자들에게는 전혀 예측할 수가 없습니다. 우리는 그 양쪽을 주시해야만 하는 다양성 내에서 항상 움직이게 될 것입니다. 즉 자살-신호들은 적절한 도움과 관심을 나타내 보이는 호소이며, 동시에 자립적인 생명의 품위와 각 사람이 자신 스스로와 - 그 이면에 또한 하나님이 - 계신 고유한 책임성에 존경심을 가지는 것이 중요합니다.

우리의 환경에서 서로 신뢰했던 사람이 생명을 끊었거나, 그러한 행위를 시도했을 때, 우리는 깜짝 놀라는 일 없이 선택된 하나의 양자택일로 삶에 받아들일 수 없는 무엇인가 엄청난 것을 만나는 우리의 반응들을 감지합니다. 멍하게 바라보면서, 이따금 헛되이 우리는 자살에 관한 이유를 묻기도 합니다. 안타까운 생각들과 감정들은 고통스러울 수 있으며, "나에게 그것이 가해진" 것처럼 실망과 분노로 반응할 수 있을 것입니다. 그것은 그러한 종류의 당사자들에게 심적인 도움을 주는 일이 습관이 되어야 할 것입니다.

우리는 자살 이후에 결과적으로 그로부터 한정된 처리와 함께, 또는 부담을 주었던 상황에서 하나의 위태롭게 된 매력이 사람에게서 나타날 수 있다는 것을 생각해야 합니다. 이러한 책임성에서 교회는 일찍이 "자살자"의 장례식에서 경고하는 의식들로써 상응하는 행동을 시도하였습니다. 그것은 오늘날 우리에게 사자(死者)에 대한 이해할 수 없는 하나의 명예훼손으로 보입니다. 그리고 자살하려는 생각들로 몸부림치는 사람들에게 복음의 영(靈)으로 도움을 제공하여 생명을 구해야 한다는 과제가 우리에게 주어져 있습니다. 그것이 가능한 만큼 자살의 현상을 이해하는 것 역시 거기에 속한 것입니다.

a) 해명의 시도들
다음과 같은 해명들이 제시되었습니다.

- 사회적인 관점(Durkheim, 1897)은 규범과 가치들 안에 사회 변혁의 상황들과 불확실성에 그 배경이 놓여 있는 것을 짐작하게 됩니다.

- 심리 분석적인 이론들은 자기 자신을 향하여 마지막에 잘못 유도된 일에서 공격당함을, 뜻밖에도 견딜 수 없는 모욕감으로 인식하고 그것을 모면하려는 희망 역시 자살로 보는 것입니다.

- 사람들은 학습 이론적으로, 불행하게도 아무런 도움을 얻지 못한 지나간 학습 사건에서 종착지를 그 안에서 봅니다.

- 치료가 필요한 정신적이며 신체적인 요소들의 전체 한 묶음이 의술의 정신 병리적으로 문제가 됩니다.

- 신경 생화학적인 해명모델에 따라 예를 들면 호르몬의 결핍, 또는 두뇌 안에 실수들이가망이 없는 상태로 이끌 수 있을 것입니다.

모든 해명은 단편적으로 머물러야 하며, 이러한 인간이 바로 무엇 때문에 이 시점에 자살을 감행하는지의 질문은 거의 대답할 수 없을 것입니다. 하나의 정확한 예견은 존재하지 않습니다. 그렇지만 우리는 우리 주위의 사람들이나, 또는 우리 스스로에게서 인지하는 징후들을 아주 신중하게 주목해야 합니다. 링겐(E.Ringen)은 선 자살의 증세와 함께 몇 가지 중요한 암시를 제시합니다.

(1) 생명은 많거나, 적건 간에 강한 압박감을 경험합니다.

- 객관적으로 주어진 삶의 상황들은 변화합니다. 예를 들면 직장은퇴, 실직, 노년, 질병, 또는 주거지 이전 등에서 삶의 다양함과 관계들이 손실됩니다.

- 그것 없이 대상적으로 존재하는 사람은 주관적으로는 고독함을 느낄 수 있습니다. 또한 스스로 몰고 온 고립은 동시에 고난을 의미할 것입니다.

- 역동적인 압박감은 먼저 습관화된 기도했던 일들의 손실과 활동성과 휴식, 동행과 홀로 존재함의 활동적인 전환이 중단되거나, 또는 쇠퇴해질 때 그 앞에 놓여 있습니다.

- 더 가치 있는 삶은, 만일 구별 없이 모든 것이 부정적인 판단들로 인식되었다면 좁아지게 됩니다.

(2) 한 사람은 그의 공격적인 욕망을 적절히 살아 있게 할 수는 없습니다.
그것은 그에게 공동생활과 삶의 보호를 보증하지 못하며, 그가 그것을 숨긴 채 과민하게 근거 없는 삶의 방식으로 확대할 수 있으며, 또한 그는 자체 내면에서 아마도 모욕적인 손 움직임들과 스스로 무가치한 말들로써 자기 스스로를 내팽개침에 이르기까지 그것은 숨기는 것을 뜻합니다.

(3) 자살에 대한 환상들

그렇게 괴로움을 가진 사람들과의 대화에서 갑작스럽게 생각들이 우리에게도 이를 수가 있을 것입니다. 그들 남녀는 무엇인가 행할 수 있을 것입니다. 위기에 직면한 사람은 이미 자기살해의 환상들로부터 괴롭힘을 당하게 된 것이, 단연 일어날 것입니다. 당사자에게 예의 바르게 그것을 해명하려는 과도한 요구를 많은 사람에게 나타내 보일 것입니다. 상황과 신뢰 관계와 자체의 정신적인 자질과 능력이 그것을 가능하게 할 때는 - 물론 자체의 언어방식에서 - 자살의 위험 정도에 따라 질문될 수 있을 것입니다.

(4) 자살의 발전하는 경과 (Poeldinger에 따르면)

- 감행의 상태. 즉 자살 생각이 일어났지만 다시 안정하면서, 당황함에서 자신의 힘으로 단념하게 할 수 있을 것입니다.

- 반대 감정의 양립상태. 즉 거기서 이미 삶의 희망과 사망의 생각이 서로 탈출 길로서 마음에서 씨름하게 됩니다. 위험은 증대하였습니다.

- 결단의 상태. 즉 갈등이 끝나고, 스스로 자기살해가 이해되었을 때, 해당자는 해결되고 정리된 환경에서 앞서 - 최고의 위험이 발생하게 할 수 있을 것입니다.

만일 앞서 나타나는 표시들에서 그를 신뢰하는 인지적인 자질과 감정이입의 능력이 있는 사람이 비밀을 아주 예의 바르게, 그렇지만 불쾌감이 없이 일러주는 용기를 가질 때, 내면적으로 위협받고 있는 자의 생명을 구할 수 있을 것입니다. 즉 질문으로 시작하는 것이 아니라 - 이따금 아주 긴급하게 느껴졌을 때 - 다른 이의 태도에서 인지했던 것을 아주 예의 바르게 진심을 말해 주기를 추천합니다. 그의 마음의 고민된 것을 표현하는 사람은 무엇인가 마음에 있는 자기의 것과 자기 자신을 내어놓게 됩니다. 매 반응에 따라 사람들은 고통스러운 것 앞에서 어떤 냉정함을 통하여 보호할 수 있는 질문을 연결할 수 있을 것입니다. 우리들의 관심은 결과적으로 다른 사람의 말뿐만 아니라, 또한 그의 표정과 총체적인 몸의 표현 역시 해당합니다.

b) 자살의 빈번함과 위험 그룹들

독일 연합공화국에서 매년 약 11,000명에서 12,000명까지 자살을 통하여 죽음에 이르고 있습니다. 자살 경향은 감소 되고 있지만, 이것은 주민 100,000명당 평균 14명이 사망하는 경우입니다. 이러한 비율은 교통사고사망자들의 수를 계속 넘어서고 있습니다. 자살을 기도한 자들의 수는, 그러나 치명적으로 진행되지 않은 자살행위들은 101-5배 정도 높으며, 실제 수치가 분명히 더 높게 나타나고 있습니다. 더 높은 연령대에서도 빈번한 자살의 증대가 나타나고 있습니다. 남성과 여성들의 비율 관계는 자살-사망자 수가 3대 1 정도입니다. 위험 그룹들에는 알콜 중독과 다른 약물 중독자들 역시 심리적인 환자들이 속해 있습니다. 그렇지만 이러한 그룹들의 다른 편의 사람들 역시 위험하지 않으리라는 것은 쉽게 가정될 수 있을 것입니다.

c) 자살과 기독교의 신앙

- 성서에는 자살에 대하여 그 어떤 상세한 입장이 나타나지 않습니다. 구약은 모든 자살에 관한 판단이 없이, 어떤 이해가 표현되고 있습니다. 거기서 자살의

동기가 중요하지 않을 수는 없습니다(심한 상처와 위협받는 포로, 전투적인 전쟁에 의한 희생자의 사망 등). 신약은 유일한 자살행위로서 유다의 사망에 대해 더욱이 혐오로써 알려줍니다(마27:3 이하).

• 초기교회는 - 고대의 여러 가지 평가들과 연결하면서 - 이러한 질문에서 분명한 이해를 가지고 있지 않았습니다. 여러 교회의 교부들은 예를 들어 여성들이 능욕과 폭력행위에 의하여 당했을때, 자살을 승인할 수 있었습니다. 자살의 엄격한 부정이 다음 시대를 강하게 영향을 미치게 했던 어거스틴은 다릅니다. 생명의 거룩함과 그것에 대하여 홀로 하나님이 마음대로 처리하는 능력은 지배하는 관점들 이었습니다.

• 이러한 상황에서 자살의 위기와 복음에 대한 깊은 이해를 마틴 루터는 보여줍니다. 그는 악한 행위로서 자기 죽임에 대한 거절을 의심하지 않으며, 사람을 여기서 현저하게 사탄의 권세에 사로잡힌 희생제물로서 보지만, 그를 판단하지 않습니다. 특히 그는 위험스러운 자에게 가까이함과 관심을 보내며, 소위 사망을 비웃으며, 신앙의 능력으로 그것이 무력해지도록 그를 도와야 할 것을 강조합니다. 사망중독의 근본 능력은 하나님에게서 나오는 생명의 허락과 아직 더 강한 능력을 상대화되게 하며, 약해지게 할 수 있습니다.

• 20세기에 칼 바르트는 자살을 인간의 믿음 안에서 불가능한 가능성으로 불렀습니다. 믿음과 사망의 성향이 생명처럼 사망 이면에 놓여 있습니다. 그렇지만 하나님의 길들 역시 이러한 사망 안에서와 사망을 통하여 인간과 온통 동행할 수 있을 것입니다. 그리스도의 십자가에서 신비스러운 사망은 말씀하고 계시는 표시입니다. 예수 그리스도를 통하여 나타내게 된 하나님의 사랑은 고난받는 자는 자에게 이러한 사랑에서 분리할 수 없다는(롬8:38이하) 것과 수치와 죄와 삶에서 가시적으로는 극복할 수 없는 다른 것들 역시 신적인 용서로부터 상대화되었으며, 힘을 잃게 되었다는 것을 보여줍니다. 하나님에 대한 믿음에서 가지는 이러한 확실성을 퍼내는 일은 직접 개인 혼자서 성공할 수 있는 것이 아닙니다. 이러한 능력은 진리와 사랑과 함께 고난받는 자와 결부될 수 있는 기독교의 공동체로부터 나아올 수 있을 것입니다. 우리의 믿음과 조력의 한계성이 생겨날 수 있으나, 항상 다시 그리스도의 부활은 삶의 한복판에서 그것을

제공해 줄 것입니다.

형성

1. 죽음을 맞이한 자와 동반하기

a) 한 인간은 그의 생의 최종 단계를 어떻게 경험하는가?

생의 최종 단계에서의 죽음은 보편타당한 서술이 존재하지 않습니다. 삶이 아주 다양한 것처럼, 죽음 역시 다양합니다. 즉 모든 사람의 생이 단회적인 것처럼 - 죽음도 그렇습니다.

- 예를 들면 한 사람은 종일 분투하다가 갑자기 그에게서 변화가 일어납니다. 투쟁이 끝나고, 죽어가는 사람은 얼굴의 표정들이 긴장되면서 대체로 조용해지게 됩니다.

- 또는 한 병자는 거의 말이 없었습니다. 그는 눈을 감은 상태에 이르렀습니다. 그렇지만 잠시 죽기 전에 다시 한번 눈을 뜨게 됩니다. 순간은 분명합니다. 죽어가는 자는 그와 함께 하는 사람들을 알아봅니다.

- 한 사람은 사고의 결과로 몇 분이나, 몇 시간 후에 죽게 됩니다.

- 그에 비해 불치의 질병으로 죽음은 오랜 기간 지속할 수 있습니다(종종 여러 해 동안 고통받는 모습).

- 한 사람은 "늙어서 생을 다 채우고" 갑작스럽게 사망합니다. 아마도 가족들이 지켜보는 가운데서 죽게 됩니다.

각 사람마다은 달리 죽음에 이르게 되며, 자신의 고유한 죽음을 맞이합니다. 각 사람은 그의 죽음을 다르게 체험합니다. 그렇지만 상황들이 여러 가지며, 그들 모두가 한가지 공동적인 것이 있는데, 죽음 그것은 사망의 시점이 아니라 향하여 가는 그 길입니다. 죽음은 발생하며, 그 죽음은 하나의 과정입니다. 사람이 어떻게 죽으며, 그가 스스로 그의 생의 이러한 마지막 단계를 어떻게 겪게 되는지, 죽어가는 자의 인간성과 환경과 나이와 인간적인 관계들과 그의 신앙과 질병의 상태에 대체로 의존되어 있습니다.

인간은 그가 살았던 것처럼, 이따금 그렇게 죽는 것이 온전히 발생합니다. 인간이 자신의 삶에서 자신과 홀로 이루며 홀로 살았다면, 그는 홀로 - 그의 옆에 한 사람도 없이 - 죽는 일이 그렇게 이루어질 수도 있을 것입니다. 한 다른 사람은 가족의 모임 가운데서 운명(殞命)합니다. 한 사람이 삶에서 위기를 극복할 수 있었다면, 삶에서 많이 억압받았던 자보다 그의 죽음을 받아들이기가 아마도 더 쉬워지게 될 것입니다. 임종하는 사람들의 반응들은 저항하는 모습에서 수용하는 모습에까지 다양하게 나타나며, 임종 과정의 내면에서도 달라질 수 있을 것입니다. 1969년 엘리자벧 퀴블러 로쓰(E. Kuebler-Ross)가 처음으로 죽음의 과정의 원칙적인 구분을 자체의 죽음과의 씨름하는 5가지 단계로 제시하였습니다. 이러한 5단계들은 죽어가는 사람들의 여러 반응의 이해에 도움이 될 수 있었습니다. 그렇지만, 그것을 절대화하지 않아야 하며, 보편적인 유효성의 주장에 경고가 주어지고 있습니다. 한 가지로 죽음과의 씨름은 결코 일직선으로 지나가지 않으며, 항상 꼬불꼬불한 길로 진행된다는 것입니다. 다르게는 그 단계들이 뛰어넘게 되거나, 또는 반복적으로 나타날 수 있습니다.

퀴블러 로쓰는 다음과 같은 단계를 말합니다.

(1) 인정하지 않음과 고립의 단계 : "나는 아니야, 그것이 사실일 수는 없어" - 치료가 불가한 질병이 있다는 소식은 이해할 수 없습니다. 죽어야만 하는 사실에 대한 논쟁은 배제되었습니다. 지금까지의 삶의 관계들, 즉 마침내 친구와 가족의 관심은 감소하며 죽어가는 자는 온전히 자기 자신으로 움추려듭니다.

(2) 진노의 단계 : "하필 왜 나인가? 왜 다른 사람이 아닌가?" 그들이 말할 때 보다 더 많이 아는 가족들, 간호사들, 의사들, 또한 하나님을 향하여 분노와 항거와 불신을 던집니다. 모든 것과 각 사람이 분노하며, 분을 격발하는 계기가 될 수 있을 것입니다.

(3) 담판하는 단계 : 죽어가는 자는 거래방식을 통해서 불가피함을 연기하기를 시도합니다. "만일...., 그럴 때 ..." 그렇게 그는 의사와 또는 하나님과 그의 생명을 "흥정"합니다.

(4) 저기압의 단계 : 죽어가는 자는 자신 앞에 위협적으로 다가와 있는 자기 생명의 상실감, 즉 "처참한 상실감"을 느끼게 됩니다. 이러한 상실감은 다양한 방식으로 알리게 됩니다. 예를 들면 신체적인 능력이 위축되며, 자기 자신과 다른 이를 위하여 염려하는 가능성들이 제한됩니다. 그렇지만 아직 건강해 지리라는 희망도 위축됩니다. 죽어가는 자는 스스로 그가 사랑하는 모든 것에서 작별해야만 합니다.

(5) 동의의 단계 : 죽어가는 자는 그의 사망을 받아들입니다. 그는 더 이상 화를 내거나, 내려치지 못하며, 피곤해하며, 휴식하게 됩니다.

"나는 사망을 두려워하지 않습니다. 그러나 그곳으로 가는 길에 있습니다"라고 병원에 있는 한 환자는 상담사에게 말했습니다. 그리고 사망의 시간에 홀로 있는 두려움과 같은 그 옆에서 항상 증대하는 신체적인 제한들을 고통받아야 하는 그 아픔들을 생각했습니다.

죽어가는 사람들은 생명에 대한 것들에 상응하는 소원들을 가집니다. 그들은 생명의 모든 4가지 차원들을 하나로 모읍니다. 즉 심리적이며, 사회적이며, 영적인 차원과 마찬가지로 육체적인 차원의 것들입니다.

(1) 사회적인 차원 : 죽어가는 자는 가장 빈번하게 집과 같이 익숙한 환경에서, 가족의 범주에서, 또는 그들과 가까이 있는 다른 사람들에게서 죽어도 좋다는 소원을 표현합니다. 그러나 그 배경에는 생명의 마지막 단계에 홀로 남겨지지 않으려는 욕구가 숨겨져 있습니다. 즉 죽음을 견지하는 거기에 누군가 있기를 바라는 마음입니다.

(2) 신체적인 차원 : 고통에서 자유스럽고 가능한 한 다른 신체적이며 정신적인 감소들 없이 죽으려는 소원을 포함합니다.

(3) 심리적인 차원 : 죽어가는 사람에게서 이따금 아직 마지막 일들을 정리하려는 욕구가 생겨납니다. 그는 사망을 예상하며, 늦출 수 있기를 희망합니다. 또한 다른 사람들, 즉 가족 구성원들이나, 친구들과 동행자들로부터 늦추어지게 되기를 바라는 것이 나타납니다.

(4) 영적인 차원 : 생명과 죽음의 의미에 대한 질문, 하나님에 대한 질문이 제기되었습니다. 죽어가는 자는 삶의 결산 방식을 정리하며 "그 이후에 대한 것"을 질문합니다. 사망 이후에 무엇이 나타나는지? 대체로 "그 이후"가 있는지?

b) 우리는 어떻게 죽음을 맞이하는 자와 함께 할 수 있을까?

"남편의 침상에 아내는 오랜 시간 간편하게 거기에 앉아서, 이따금 그녀는 그 남편 양 볼을 만졌습니다. 종종 그녀는 그 볼에서 손길의 가벼운 압력을 느낍니다. 그 남편은 그의 아내가 거기 있다는 것을 인지했습니다. 동시에 간호사들이 다시 들어오게 될 것입니다. 그렇지만, 지금 시간은 오직 그들 둘만이 있습니다. 그리고 그는 - 간청하는 것 없이 이미 그는 오래 더 이상 말할 수 없었으며 - 그의 아내는 온 밤을 머물게 되리라는 것을 알았습니다."

예수님은 "자비의 행위를" 헤아림에서 병자들의 방문을 언급하였으며, 그 방문들이 자기 자신을 방문한 행동과 동일시했습니다. 즉 "내가 병자였을 때, 너희가 나를 돌아보았다"(마25:36). 죽음을 맞이하는 자와 동행하는 것, 그들을 찾아보는 것, 그들과 함께 하는 것, 그들을 방문하는 것은 모든 기독인의 원래 고유한 과제에 속한 일입니다. 죽음을 기다리는 자와 동행하는 많은 가능성이 있습니다. 사람들 대부분은 거주하는 환경이나, 그들에게 신뢰받는 사람들의 함께 하는 모임인 가정에서 죽고 싶어 합니다. 죽어가는 한 사람 곁에 머무르는 가족 구성원들이 함께하는 일은 그렇게 흔하지 않습니다(다수가 여성들입니다). 죽어가는 자와 동반하는 일은 동시에 의사들, 간호사들, 그리고 상담사들과 같이 전문적인 동행자들의 과제이기도 합니다.

(1) 죽음을 맞이한 사람이 중심점입니다.

모든 그와 관계된 것들, 즉 그의 모든 분노와 염원들 안에서 그는 모든 동반의 주된 사람들을 머물러 있게 합니다. 그것은 인간 관계적인 관계 안에서, 즉 만남으로 이루어집니다. 대화, 또는 단순한 참석과 가까이함을 통하여 위로와 권고처럼, 돌봄과 신체적인 조치들과 도움들이 거기에 속합니다. 죽어가는 자는 청취력이 아직 길게 죽음의 고통에까지 들어와 유지되고 있음을 아는 것이 중요합니다. 그러한 하나의 총체적인 동반은 인간 생명의 반대 감정의 병존을 인지하며(믿음과 의심 사이), 그것을 허용하며 조화롭게 하지는 못합니다. 동반자는 죽음에 임한 자와 가까움을 보이며, 그렇지만 그와는 거리를 두고 머물게 됩니다. 그는 아마도 "나는 집에 가기를 원합니다……지금 몇 시나 되었나요?"라는 등의 상징적인 언어로 표현하는 말로 한 여행의 언급을 죽음에 이른 자에게 이해시키려고 합니다. 죽음에 임하는 자의 언어들에서 여행, 시간 그리고 집에 간다는 표현은 이따금 죽음에 대한 비유들입니다.

"대담은 중단되었습니다. 침상에 있는 아내와 영적 보호자 사이에 무엇인가 표현할 수 없었던 것이 있었습니다. 그녀가 영적으로 그리워했던 그 무엇입니다. 양자는 그것을 알아차렸습니다. 그리고 그렇지만 그가 지금 말하게 된다면, 잘못된 음성을 만나게 되리라는 것을 알았으며, 대답은 끝났을 것입니다. 그 아내는 대담의 끈을 스스로 다시 받아들여야 했습니다. 그는 다만 머무르며, 그녀와 함께 침묵을 유지할 수 있었습니다."

(2) 경청과 화해

임종하는 사람을 동행하는 일은 적극적인 경청과 이해 가운데서 이루어집니다. 필요로 하는 것과 바라는 것들 의미와 신앙에 대한 질문들은 임종하는 자로부터 대화에 등장하였고, 동반자로부터 선동되지는 않았습니다. 다만 그렇게 신뢰가 자랄 수 있으며, 그것과 함께 동반자는 그의 상대를 실제로 진지하게 생각하는 확실성이 그와 함께 생기는 것입니다.

동반자는 거기서 죽어가는 자가 의견충돌 가운데 있는 사람들에게 연결을 다시 갖도록 도울 수 있을 것입니다. 또는 그는 임종자의 소원을 가까운 가족 구성원들을 부를 수 있을 것입니다. 특히 기독교 신앙은 죽음과 애도 안에서 도움을 줍니다. 그 이유는 신앙이 하나님을 통한 죽음의 극복에 대한 믿음이 때문입니다. 유대교적이며 기독교적인 전통은 인류에게 보호와 위로와 신뢰를 열어주는 애도의 언어 형태들을 제공합니다.

(3) 성서의 언어 - 영혼의 형상들

영혼은 그들 자체의 언어를 가진다는 것에 대해 이미 암시되었습니다. 이러한 언어는 성서 언어와 기독교 전통의 많은 것에서 예상됩니다. 그 때문에 죽어가는 자의 동행에서 시편과 찬송과 성서 비유들의 언어가 처음에 낯 설게 나타나는 모습이지만, 그러나 갑작스레 신뢰와 도움이 되는 모습의 가능성이 있습니다. 그것에 관계하는 자는 종종 기대할 수 없는 중한 질병이 있는 사람들에게 또한 접근을 발견합니다. 종교적인 그림들은 정확하게 이해된 언어에서 시작하는 위로하며 지향된 능력을 구해냅니다. 그 때문에 종교적인 그림들의 언어는 바로 영혼 돌봄의 상황들에서 포기되지 않았습니다.

죽어가는 자와 슬픔에 빠진 자들의 동행에서 성서의 슬퍼하는 자들의 동행에서 신뢰 된 특히 그림들의 의미를 얻게 됩니다. 즉 엠마오로 향하던 청년들에 의한 것처럼, 밤 근무, 겟세마네 동산에서의 예수처럼, 담판, 풍랑이는 호수에서처럼 슬픔 가운데 가라앉는 것, 탄원. "하나님이여 나를 도우소서! 물이 나의 목에까지 이르고 있기 때문입니다. …나는 지쳐서 소리치나이다. 나의 목이 잠기나이다. 나의 눈이 흐려졌나이다"(시69). 모든 탄원의 근원적인 탄식은 시편 22편에서 우리가 만나는 것처럼, 그것이 죽음 가운데 있는 예수에게 가지게 했던 것처럼, "나의 하나님, 나의 하나님, 왜 나를 버리셨나이까?" 하나님의 떠나심에 대한 호소입니다.

죽어가는 자와 슬퍼하는 자들의 동행에서 이러한 동기는 적절한 것으로 이해됩니다. 그것들은 동시에 특별하며 기대하지 않았던 경험들과 함께 대화하기를 배우기 위하여 길 안내자요, 지원입니다. 간단히 계속 진행하며, 모든 것을 능가하도록 하는 소원이 어떤 슬퍼하는 자들에 의한 슬픔에 그렇게 속하여 있습니다. 탈출 길이어야 하는 이러한 길에서 마침 슬퍼하는 자들과 종종 우리에게 완전히 낯 설게 보이며, 갑자기 우리들의 삶의 상태를 당연한 것처럼 이해하며, 우리가 슬퍼하는 자의 길의 마지막에 그들을 초대하기를 원하는 것을 그렇게 잘 이해하는 사람들 안에서 신실한 동행을 만나게 됩니다.

더 이른 세대들은 그들이 삶의 경계선에 만들었던 삶의 경험들을 이따금 시적이며 음악적인 언어로 표현하였습니다. 수많은 저녁의 노래들은 농축된 슬퍼하는 자들의 경험들을 그렇게 비유들로 표현하였습니다. 삶의 위기 가운데 있는 사람들은 추상적인 진술보다도 더 쉽게 접근합니다. "달이 떴습니다"란 노래 가운데서 그들의 시적인 표현을 발견하는 슬퍼하는 자들의 경험들은 모범적입니다. 즉 밤, 우주적인 먼 곳, 어두움, 깊은 심연의 침묵, 뒤덮힌 햐얀 안개, 질병과 과오, 부활에 대한 희망의 마지막에서 등입니다.

"하나님 당신의 구원을 우리에게 보이소서
아무것도 없는 무상함을 신뢰하며
무가치한 것으로 기뻐하지 않습니다.
우리를 순진하게 하소서
그리고 아이들이 경건하며 즐거워하고 있는 것처럼
당신 앞 여기 땅 위에서"

마티아스 클라우디아(Matthias Caludia, 개신교 찬송집 482장)

(4) 손의 언어 - 축복 : 인간은 죽음에서 특히 신앙의 의미가 내포되고 명료한 확인에 의존되었습니다. 그 때문에 동반자는 죽어가는 사람에게 말씀과 함께 다만 동반할 뿐 아니라 그는 손으로 그를 붙들고 그의 손을 잡습니다. 죽어가는 사람에게 앉아 함께 하는 것은 시간이 좀 길어질 수 있습니다. 사람들이 손을 떼 놓으려 할 때, 죽음의 고통 가운데 있는 환자는 곧 손의 자세를 조정하기 때문입니다. 그것은 그가 손이 붙잡혀진 상태를 아는 것이 얼마나 환자에게 중요한지를 보여줍니다. 중환자나 죽어가는 사람은 보호와 보살핌에 따른 필요를 지닙니다.

하나님의 애정의 명료한 표시는 안수로써 축복하는 일입니다. 거기서 축복은 목사의 특권이 아닙니다. 즉 남녀목사는 다른 한 사람을 축복하는 것입니다. 죽어가는 자의 이마에 손을 얹고 축복을 말합니다. 고유한 축복의 말씀이 있는데, 그 말씀으로 죽어가는 자를 하나님의 손길에 넘겨주는 작별의 축복입니다(Valetsegen, "잘있어!"란 작별의 축복 인사). 사망자가 죽어갈 때, 또한 "발레트 축복"의 인사를 할 수 있습니다.　　／축복

"그의 형상으로 만드신 아버지 하나님 너를 축복하소서
고난과 죽음을 통하여
너를 구원하신 아들이신 하나님이 너를 축복하소서
너를 그의 성전으로 준비하며
거룩하게 하신 성령 하나님이 너를 축복하소서
신실하시며 자비로우신 하나님이 그의 천사를 통하여
선택받은 자들이 그를 영원히 찬양하는 그 나라로
너를 인도하기를 원합니다.

우리 주님이 너를 보호하시도록 너와 함께 하시기를
성령께서 너를 새롭게 하도록 너 안에 함께 하시기를..
삼위일체 하나님
(여기 종종 죽어가는 자 위에 십자가의 표시를 손으로 표합니다)이
너에게 심판에서 은혜로우시기를,
그리고 너에게 영생을 축복하소서 아멘!"

발레트 축복(죽어가는 자 머리 위에 안수하면서 말하는 것,
독일개신교 찬송집 949장)

가족 중에 한 분이 죽어가는 할머니 곁에 함께 있었습니다. 영혼의 돌봄자(목사)가 항상 다시 지나가면서, 가족들과 함께 대화를 나누었으며, 죽어가는 자의 침상 곁에 앉았습니다. 매일매일 그녀는 약해져 갔습니다. 삼키는 것과 말하는 것이 그녀에게 힘들었습니다. 노인 여성은 삶에서 항상 온전히 의식적으로, 기꺼이 성찬에 참여하였습니다. 영혼의 돌봄자(목사)는 그렇게 가족에게 할머니가 함께 집에서 떡과 잔을 서로 나누기를 원하는지를 질문합니다. 가족은 먼저 할머니가 이러한 제안을 받아들이게 될지를 염려하였습니다. 그때, 거의 말할 수 없었던 할머니는 그의 아들이 목사님의 이러한 제안을 자신에게 설명했을 때, 찬성의 표시로 머리를 끄덕였습니다. 자녀들과 손자들과 함께 성만찬이 개최되었습니다.

(5) 성만찬 : 그들이 성만찬을 - 가족들과 함께 제시된 경우에 - 영접할 수 있을 때, 그것은 죽어가는 자를 위한 하나의 큰 영적인 힘을 강화하는 일입니다. 떡과 잔은 - 그리스도의 임재의 표지 - 생의 마지막 길을 위한 여정의 양식입니다. 이러한 성례는 병자에게 이미 병실에 머무는 동안 항상 다시 제공되었으며, 은혜가 선물 되었습니다. 목사에게 전화로 연락

하면 충분합니다. 질병으로 고통받고 있는 고독함에 환자는 특별히 그리스도와 공동체와 함께 교제하는 것은 필요합니다. 어떤 기독인들은 성찬을 작별의 성례로 생각하여, 후에까지 밀어 두기도 합니다. 목사는 사망의 심부름꾼처럼 여겨집니다. 그렇지만 떡과 잔을 추천하는 것은 죽어야만 하는 것을 의미하는 것이 아니라, 다가오는 것에 대한 영적인 강화입니다. 즉 초청에의 수용을 뜻합니다. 당신은 혼자가 아닙니다. "내가 사망의 음침한 곳을 다닐지라도 해를 두려워하지 않을 것은 주께서 나와 함께 하심이라. 주의 지팡이와 막대기가 나를 안위하시나이다. 주께서 내 원수의 목전에서 상을 베풀어주시고, 기름으로 내 머리에 바르셨으니, 내 잔이 넘치나이다."(시23:4-5). 성찬의 상에서 동시에 삶에서 무질서했던 것 가운데 마침표가 찍히게 되었습니다("죄인들의 용서" - 성찬 제정의 말씀). 한 기독인이 삶에서 성찬이 필요한 것처럼, 그렇게 그는 먼저 죽음 안에서도 그것을 필요로 하는 것입니다. 병자는 성찬을 가능한 한 의식적으로 함께 개최할 수 있어야 합니다. 그것은 그가 영적인 능력의 완전한 소유 가운데 있어야 함을 뜻하는 것은 아닙니다. 그가 성찬을 입으로 받아 먹을 수 있는 상태에 있다면, 그리고 무엇이 이루어지고 있는지를 느끼기만 한다면 충분합니다. 그가 액체의 음식을 삼킬 수 있다면, 목사는 그렇게 잔의 선물에 한정합니다.

"우리에게 우리 날 계수함을 가르치사 지혜의 마음을 얻게 하소서"(시90:12). 죽어가는 자들에게 영혼의 돌봄으로 함께 있기를 원하는 자는 자체의 죽음과 함께 동시에 일어나는 모든 것에 연관된 두려움들과 질문들에 논쟁하게 될 것이며, 대답들을 찾게 될 것입니다. 기독인들은 죽으셨으며, 죽은 자들 가운데서 부활하신 예수와 함께 사람들의 중단없는 교제를 믿습니다. 그와의 이러한 교제는 영생을 약속하는 하나님과 교제에로 인도하십니다(비교, 살전1:13이하).

c) 죽어가는 자와 동반하는 것 - 호스피스-운동

호스피스는 장소나, 또는 자리의 의미는 적지만 오히려 그의 최후의 삶의 시간을 체험하는 특정한 방식입니다. 즉 이처럼 삶의 관점의 한 방식입니다(Cicely Saunders).

"죽어가는 자에게 한 집을 제시하기" 란, 이러한 좌우명 아래 근년에 독일에서 호스피젠과 호스피즈 주도권들의 한 진영이 만들어졌습니다. 특히 중병으로 죽어가는 사람들의 필요한 것을 주목하고, 현대적인 수단과의 관계에서, 그리고 자유롭게 기꺼이 명예직으로 협조자들의 가능성에 따라 이러한 필요를 만족하게 하는 것들을 과제로 만들었습니다.

"호스피스"(Hospiz)의 개념은 라틴말 "호스피티움"(hospitium)에서 유래합니다. 원래는 이 말은 중세기에 수도승들로부터 설립된 여행자들이나, 또는 배회하는 수도자들을 위한 숙박시설들을 가리켰습니다. 그곳은 가난한 자들을 받아들여, 병으로 죽어가는 사람들을 돌보아주었습니다. 현대의 호스피스 운동은 영국과 아일랜드에서 시작되었습니다. 그것은 고대 기독교 전통과 연결합니다. 1967년 사운더스(C.Saunders)란 여의사를 통하여 런던에 성 크리스토퍼의 호스피스가 설립되었습니다. 협조와 동반의 새로운 구상이 한 병원의 현대적인 자질과 기술과 함께 손님에게 친절과 자비의 성 크리스토퍼의 종교적인 전통들과 연결했습니다. 이러한 새로운 시작은 안락사 논쟁에서 반대 운동으로 이해합니다.

호스피스운동의 기본사상과 목표들은 다음과 같습니다. 즉 호스피스는 초교파적으로 활동하며, 그들의 도움은 원칙적으로 모든 사람에게 유효합니다. 그들은 죽어가는 사람들이 품위있게 인간적인 삶을 마지막까지 가능하게 하는 것에 목표를 두었습니다. 또한 그들과 함께 속한 자들은 넓은 의미에서 도움의 현주소입니다.

죽음은 삶의 부분으로 이해되었으며, 오늘의 사회에서 다시 통합되어야 합니다. 이로써 호스피스 운동은 환자들을 고립에서 해방되기를 시도합니다. 그것은 인간의 삶과 죽음의 4가지 근본요구들의 근본상태를 위해 행하게 됩니다.

호스피스 운동은 사람들에게 집에서의 죽음, 즉 - 그들에게 친숙한 장소, 친숙한 사람들 가운데서 - 맞이하기를 원합니다. 응급의 호스피스 봉사는 돌보는 가족 구성원들을 부담을 경감하게 하며, 돕기를 시도합니다. 그것은 상담의 행위를 넘겨받아 다른 사회적인 섬김들에 접촉을 중계하며, 자리 지킴을 조직합니다. 이미 현존하는 제공들은 그렇게 보완되었습니다. 그렇게 불린 이러한 가정의 돌봄 봉사는 독일에서 모든 호스피스 주도자들의 작업의 중점을 형성합니다. 그는 병원과 집에서의 돌봄과 동반을 넘겨받아 수행합니다.

집에서의 돌봄이 가능하지 않을 때, 병실에서의 호스피스가 제공될 수 있습니다. 그것들은 독자적인 호스피스 형태 안에서, 그리고 잠깐 정지시키는 장소, 또는 자체의 연결된 건물, 즉 병원의 한 병실로서, 병원의 공간 안에 있습니다. 매 시설에 따라 낮이나, 잠깐, 뜨는 긴 시간의 체류가 제공되었습니다. 가능한 한 가정적인 분위기를 만드는 것이 주목되었습니다. 호스피스 안에서의 낮 동안이 경과는 환자의 요구들 계속 맞추게 됩니다.

2. 교회의 장례

죽은 자들의 무덤은 모든 문화와 종교들 안에서 자비의 행위에 속합니다. 기독교의 전통은 중세기에 이것을 먼저 자비의 6가지 행위에다 7번째로 첨부하였습니다. 기독교 공동체는 - 사랑의 표현으로서 바로 남아있는 자들에 반하여 -그들 죽은 자를 마지막 현세적인 장소로 동반합니다. 교회의 장례의식들은 더욱이 문화적인 영향을 통하여 형성되었으며, 지역적으로 차별이 있습니다. 본질에서 그것들은 복음이 삶과 죽음에 대하여, 시간과 영원에 대하여 말해 주는 것을 통하여 경정되었습니다. 적게 의식되었거나, 또는 무의식적인 인간의 심층들 안에 이르게 되는 몸짓과 행위들과 말들과 함께 의식은 슬퍼하는 자와 작별의 개인적인 모습을 위하여 열린 공간을 제공합니다. 마지막에 각자의 지나간 삶이 단 한 번이었으며, 속한 자들의 삶과 가족 상황이 보편화 되지 않을 수 있기 때문입니다. 장의사의 역할은 다행히도 지난 수십 년에 장례식의 준비와 형성에서 낙관적이었습니다. 목사들과 장의사들 사이에 의미 있는 협력이 인간적이며 시대에 적합한 장례의 모습에 유익이 되었습니다.

a) 교회의 장례예식은 경건 예배나, 또는 죽은 자의 집에서 사망자와의 마지막 축복예배와 함께 가능한 사망이 이루어진 후에 곧 시작할 수 있습니다. 그리고 시신이 안치되는 장소로 운반되기 전에 해야 합니다. 그것은 죽어가는 사람과의 동행이 끝나고, 기독교공동체가 사망한 자와 함께 가는 장들의 온전한 순서에 따라 과정을 보여줍니다. 이러한 고별의 축복 예배는 남녀목사, 다른 교회공동체의 구성원이나 가족 구성원, 또는 이웃이나 친구가 준비할 수도 있습니다.

b) 공동묘지에서의 장례예배는(교회에서나, 화장터에서) 교회의 지도자(목사)로부터 기도와 찬송과 성서 말씀의 낭독과 함께 형성되었습니다. 이때의 연설은 죽은 자와 함께 한 번의 하나님의 역사로서 마지막에 이루어진 삶을 서술하며, 해석 될 것입니다. 그 안에서 인간적인 삶의 존엄이

표현될 것입니다. 무덤에서 남녀 목사(장례 집례자)는 3번 흙을 던짐으로써, 다시 한번 죽은 자의 이름을 부르며, 축복의 말씀과 함께 은혜로운 하나님의 손길에다 그를 넘기게 됩니다. 마지막에 모든 참여자가 차례대로 흙을 계속 던질 때, 그들이 죽은 자의 형제자매들의 함께 무덤에 참여하게 됩니다. 그리고 - 다만 상징적으로 - 자비의 행위가 이루어지게 됩니다. 땅에 매장하는 일 외에, 유골 항아리의 매장에서 화장이 공동묘지에서 이어졌습니다. 여기에도 교회공동체는 죽은 자와 그의 가족과 같이 동행합니다.

c) 교회의 장례는 죽은 자들이나, 또는 애도하는 자들에게서 더 많이 준비되어 있어야 하는가? 선택의 문제는 예를 들면 이러한 질문이 교회에서 탈퇴한 사람의 작별에서 날카로운 것이 될 수 있기에, 여기에서 다루지 않았습니다. 만일 교회의 구성원이 교회의 장례 행위를 더 이상 원하지 않는 것을 알려주었다면 원칙적으로 교회는 장례식을 거절합니다. 이러한 뜻은 공동체로부터 존경하는 것입니다. 물론 사망한 자는 비록 교회로부터 멀어졌다 할지라도, 그가 받은 세례는 잃어버리게 되지는 않습니다. 거기에서 이따금 자신 스스로 교회공동체의 수에 속하는 가족 구성원들로부터 교회의 장례가 이루어진 후에 교회와 더 이상 관계하지 않는 교회탈퇴의 소원이 발표되었습니다. 교회는 이들에게 전파와 동행과 위로의 섬김을 거절해도 좋을까요? 모든 기독인과 모든 사람에게 제공된 자비의 행위와 교회의 장례 사이에서 마침내 어려운 결정이 어떻게 마주치게 할까요? 이러한 질문들은 공동체의 지도부와 교회의 범주와 함께 투표로 결정해야 할 남녀 목회자들의 책임상의 일이 될 것입니다. 만일 다른 기독교회들의 구성원들이 장례 하는 일이라면, 비슷하게 설명될 것입니다. 실제로 항상 다시 다음과 같은 해결이 유지됩니다. 즉 탈퇴한 자의 뜻의 존중과 기독교적인 장례를 거행하지 못하는 것, 그러나 동시에 교회의 전파와 장

례예배의 초대에 따라 속한 자들의 소원을 존경하는 것입니다.

    d) 아직 세례를 받지 않은 기독교 부모의 아이들은 장례예배와 함께 교회의 공동묘지에 매장될 수 있습니다. 마찬가지로 사체로 출생된 아이들도 마찬가집니다. 여기에 부모의 동행과 이러한 어려운 상황에 함께함은 특별히 중요합니다. 몇몇 교회들에서 교회구성원들의 세례받지 않은 아이들 또한 공동체의 지체들로서 종교 성숙에 이르기까지 효력이 적용됩니다.

    e) 자살은 어떤 경우에도 장례에 대한 예배를 거절할 근거가 없습니다. 교회는 자살을 거절합니다. 그러나 막다른 골목에 빠진 사람들에게는 아닙니다. 그 이유는 자살이 여러 가지의 많은 원인이 있을 수 있기 때문에, 이러한 사람들의 작별은 다양하게 형성될 수 있을 것입니다. 그러나 특별히 여기에 남아있는 자들의 동행이 공동체를 위한 큰 과제를 설명합니다.

    f) 프리드발트(Friedwald)의 구상에서처럼 새로운 장례형태들을 고려하여, 신학적인 판단을 위해 매번 특별한 상태를 주목하는 것이 있습니다. "개신교 장례문화의 도전들"이란 독일 개신교협의회(EKD)의 토론문서에서처럼, 독일루터교연합회(VELKD)의 비숍컨퍼런스(2004) 이후에 특히 다음과 같은 3가지 관점들이 표준이 되고 있습니다. 첫째, 공개적인 접근이 보증되어 있어야 하며, 특별히 공동묘지의 구역으로서 숲 부분이 의존되어 있어야 합니다. 둘째, 사망자의 이름이 그의 불변적인 인격성의 표현으로서 나무에 매달려 있는 것이 가능하게 되어야 합니다. 셋째로 기독교적인 상징체(예를 들면 십자가, 물고기, 잔)나, 또는 성서구절이 분명히 인식할 만큼 표시되어야 한다는 것입니다.

[작별의 말씀들]

우리는 ○○○ (이름)으로부터 작별하기를 원하며, 우리가 그(그녀)와 함께 연결되어 있음을 생각합니다.

그(그녀)를 사랑하고 존경했던 자는 이러한 사랑과 존경을 계속 짊어집니다. 그(그녀)가 사랑했던 자를 모든 사랑으로 그(그녀)에게 감사합니다.

그(그녀)에게 무엇인가 빚이 남아있는 자는, 그의 사랑에, 말씀에, 행위에 대하여, 하나님께 용서를 간청합니다. 그리고 고통을 가했던 자(그와 그녀)는 하나님이 우리를 용서하신 것처럼, 우리는 그를 용서해 주기를 간구합니다.

우리는 그렇게 모든 존재했던 자들을 위한 감사와 함께 평화 가운데서 작별을 취합니다.

[남아 있는 자들에 관한 기도]

전능하시며 자비로운 하나님
우리는 (이름○○○)을 위해 애도합니다.
그(그녀)는 우리와 더 이상 함께 하지 못합니다.
그러나 우리는 그(그녀)를 당신의 손안에다 넘겨드립니다.
그리고 그(그녀)를 당신의 사랑 안에서 보호하실 것을 압니다.
우리는 죽음 앞에서 두려움을 가집니다.
우리의 고통 가운데서 우리를 위로하소서
우리가 반드시 죽어야만 한다면, 우리를 위로하소서
당신은 우리를 붙드시며
일어날 수 있는 것에서 또한 넘어지게 하지 마소서

아멘.

3. 슬퍼하는 자를 동행하는 것

엘리자벧 퀴블러 로쓰(E.Kuebler Ross)는 죽어가는 자들의 정신상의 과정을 위해 후에 가족 구성원과 해당자들의 장례과정들에서 그들의 단계모델을 전달하였습니다. 여기에 그들이 인정한 5단계가 유효합니다. 인정하지 않으려 함, 화냄, 상의하는 일, 우울과 찬성. 이러한 것들은 의심 없이 지니고 있으며, 요릭 스피겔(Y.Spiegel)의 수확처럼, 다른 모델도 이런 것들을 지닙니다. 그들은 선한 근거와 함께 비애의 한 과정의 성격을 두드러지게 하며, 그리고 예를 들면 진노가 비애의 상황에서 정상적인 현상일 수 있다는 것에 대한 다른 이해를 중재합니다. 그렇지만, 이러한 모델의 단점들이 중대되어 드러납니다. 케르스틴 람머(K.Lammer)에 따르면, 단계모델에서 특히 다음과 같은 점들은 준제입니다.

- 그것들은 가능하며 실제적인 슬픔의 반응들의 다양함에 정당하게 되지 않기 때문에, 아주 단순합니다.

- 그것들은 도식 주의가 "당신은 올바르게 애도하지 않았습니다"란 좌우명에 따라 슬퍼하는 자에 대한 기대의 모범으로서 제시될 수 있기 때문에, 너무 도식적이며/ 표준적입니다.

- 그것들은 너무 진단적입니다. 그것은 돕는 자들이 한정된 단계에서 애도하는 자들을 정리하는 것을 뜻합니다. 그리고 다음 단계에 대한 진보에 도달하기를 원합니다. 그 아래서, 영혼 돌봄의 태도는 고통을 받을 수 있습니다.

- 그것들은 슬퍼하는 자의 동행이 가능하지 않거나, 필요하지 않은 시간으로서 충격 단계가 유효했을 때, 그 때문에 문제입니다. 충격 반응들이 당연히 존재해 있음에도 불구하고, 이미 가장 짧은 시간에 가장 여러 가지의 슬픔의 반응들을 관찰하기 때문에, 여기서 질문이 되는 구조가 문제라는 것입니다. 충격 단계의

신화는 슬퍼하는 자의 동행의 불리한 지연에 기여했습니다.

케르스틴 램머(K.Lammer)에 연결하여 다시 다음과 같은 슬퍼하는 자의 연구의 새로운 발견물을 제기할 수 있습니다.

- 슬픔의 반응들은 사랑하는 사람들의 죽음을 통해 결단코 해결되지 않았으며 오히려 그 어떤 방식에서 각자를 위해 의미 있었던 사람들로부터 더 원칙적이었습니다.

- 슬픔의 과정의 목표는 사망한 자들로부터 결단코 완전한 해결이 아니라, 새로운 명령입니다.

- 슬픔의 반응들은 본질에서 오랜 시간 수용되었을 때, 보다 더 다양하며, 또한 더 개인적입니다.

- 슬픔의 과정은 이따금 긴 시간으로 생각했던 것보다도 더 길게 지속합니다. 즉 2년 동안까지는 아니지만 - 3년, 또는 더 많은 해가 개인의 경우 생명이 길게 지속합니다.

- 슬픔의 영향들은 초기에 생각했던 것보다도 심리의 신체적이며, 사회적으로 더 포괄적입니다. 그것들의 가능한 결과들은 심리적인 영역(예를 들면 마음의 질병)에서처럼, 심리적인 영역(우울증세) 안에서 현저히 높은 질병의 위험입니다. 그것에 상응하게 평균 300% 안에, 자살율 500% 안에 사망의 위험이 상승합니다.

- 바로 그것에 따라 - 오래 오해했던 것의 - 의미는 가능한 대로 이른 슬픔의 동행이 분명할 것입니다. 넓은 슬픔의 과정을 위해, 초기 슬픔의 반응들이 억압되었거나, 또는 그들의 공간을 주었는지는 어느 정도 중요합니다. 이것은 죽음의 시간이 이미 예방의 첫 개인들이 가까이 놓여 있다는 것이 계속됩니다.

이러한 배경에서 왜 증대되면서, 슬픔의 동행 안에서 단계 대신 과제에 관하여 말하게 되었는지가 분명하게 될 것입니다. 그것들은 슬픔의 과정의 복합성이 감소됩니다. 그렇지만 그것들은 적게 규범적이며, 개별적인 슬픔의 경험들에 더 많은 공간을 제공합니다. 램머의 모델은 다음의 과제들을 통하여 특징지어졌습니다.

- 사망을 이해하기를 돕습니다(분명한 인식)
- 반응들에 공간을 제공함(비결 전수)
- 손실의 인정을 표명하기(유효선언)
- 과도기를 지지함(진보)
- 기억과 이야기를 평가함(재구성)
- 물적 자원과 위험들을 평가함(평가, 예방)

이로써 소위 슬픔의 과정의 단계들이 배경에서 더 강하게 영혼 돌봄의 동행을 위해 더 초기의 슬픔 동행에 대한 차이 안에 나타납니다. 그것들은 동시에 개별적인 경과들을 위한 의미를 보호하는 발견적 방법으로서 유익합니다. 그 이면에 슬픔의 동행을 위한 그들의 의미에서 슬퍼하는 자들의 과제들이 제기됩니다. 남녀 영혼의 돌봄 자들은 계속 적인 전문교육과 진보교육과 계속 교육이 필요합니다.

4. 내가 죽음을 준비하도록 어떻게 그렇게 살 수 있는가?

사람의 마지막에 그리고 삶으로부터 나와 자체의 정체성에 따른 질문, 삶의 전체에 따른 그리고 이러한 살았던 삶의 의미에 대한 질문이 제기됩니다. "인간이 무엇인지, 죽음에 이를 때, 분명하게 될 것입니다". 격언은 말합니다. 죽음은 인간을 동시에 무(無)를 통한 위협으로 이끌게 되며, 그를 살았던 삶의 이러한 정체성의 보존에 대하여 질문하게 합니다. 죽음은 우리를 우리의 유한성과 함께 대질하게 합니다. 그것은 사랑하는 사람들을 분리하며, 실수를 가진 사람들과 실수의 감정들을 되돌리게 합니다. 그것은 우리를 완성을 향하여 소리치며, 그렇지만 자신 스스로 완성할 수 없는 각자 생명의 미완과 미종결을 알아차리게 해 줍니다. "끝내지 않은 비즈니스" 죽음 안에서 알리며, 해결되기를 원합니다. 그것은 인간들이 언제나 기한이 정해진 기간과 한정된 가능성 들의 지평에서 산다는 것은 간과할 수 없이 분명해질 것입니다. 먼저 그것을 보는 자는 다른 것을 또한 발견할 수 있습니다. 성취의 기적 그리고 모든 허약함과 유한성 안에서 그렇지만 보존된 존재로 있는 기적입니다.

마지막에 현세의 저편에 대한 질문이 제기됩니다. 종교적인 주제의 접촉 없이 사망에 관해서 말하게 하지 않습니다. - 그것을 막아내기 위해서 그것은 다만 그러합니다. 그 때문에 죽는 자와 슬퍼하는 사람들은 분리, 불안, 의미와 무의미처럼, 또한 보호와 용서와 구원처럼 논쟁해야 합니다. 사망과 죽음은 실존적이며 동시에 종교적인 주제들입니다.

사망에 따라 대체로 질문을 제시하는 자와 발가벗은 사실성 앞에서 침묵하지 않는 자는 종교적인 질문을 제기하며, 이러한 것은 교회의 공간에서 청취 되지 않았을 뿐만 아니라, 인간 남녀가 사망과 죽음과의 대화에서 개인적인 도움을 경험하지 못한 것을 아주 정당하게 기대합니다. 그러한 도움들 역시 해석하는 대답들을 포함합니다. 그 때문에 기독교적 종말론의 고전적인 주제들의 목록 가운데서 사망 한계의 경험들을 발견하게 됩니다. 즉 사망, 세계의 종말, 죽은 자들의 부활과 최후의 심판, 지옥과 영생 등입니다. 물론 믿는 자들을 위해서 특성적이며, 정의적인 이러한 리스트의 요약은 유효합니다. "우리는 죽은 자들의 부활과 도래하는 세계의 생명을 기다립니다."(니케아 콘스탄티노플의 신조).

[참고도서]
- 에비셔-크레톨(Aebischer-Crettol,E.): 영혼 돌봄과 자살(Seelsorge und Suizid), 2000.
- 바이어(Byer,B.u.a.)편집자(Hrg.): 아이들과 청소년 호스피스 작업
  (Kinder und Jugendhos-pizarbeit), 2009.
- 베크만/키르스테/슈라이버(Beckmann,J.P./Kirste,G./Schreiber,H.-L.):
  장기이식(Organplan-tationen). 의학적이며 법적이며, 윤리적인 관점들
  (medizinische,rechtliche und ethische Aspekte), 2008.
- 부라이트-케슬러(Breit-Kessler,S.u.a.)편집자(Hg.): 당신은 매일 나에게 가까이 계십니다.
  (Jeden Tag bist du mir nahe), 2009.
- 괴링 에크하르트(Goering-Eckhardt, K.):편집자(Hg.),
  마지막까지 품위 있게 사는 것(Wuerdig leben, bis zu letzt).
  죽음을 돕기-죽음에서 도움(Sterbehilfe-Hilfe beim Sterben)-죽음에서의 동행-
  논쟁 문서(Sterbebegleitung – Eine Streitschrift), 2007.
- 그로네 마이어/ 핑크/ 글로비쉐/ 슈만(Gronemeyer, R./Fink,M./Globisch,M./Schumann F.):
  생의 마직막에 도움(Hifen am Ende des Lebns).
  호스피스작업과 유럽에서의 진정시키는 돌봄(Hospisarbeit und Palliative Care in Europ),
  2004.
- 케트러(Kettler,D.u.a.): 편집자(Hg.),생의마지믹에 자아목적(Sebstbestimmung am Lebens-ende),
  2006.
- 독일개신교협의회 본부(EKD), 편집자(Hr.),
  인간들이 죽기를 원할 때(Wenn Menschen sterben wollen),
  자살에 대한 의사의 협력 문제에 대한 방향설정의 도움(Eine orientierungshife zum Problem
  der aerztlichen Behilfe zur Selbsttoetung), EKD 텍스트 97, 2004.
- 퀴블러 로쓰(Kuebler Ross, E.) 편집자(Hr.),
  성취된 삶-존엄한 생명(Erfuelltes Leben-wuerdiges Leben), 1999.
- 램머(Lammer,K.): 사망을 이해하기(den Tod begreifen).
  장례동행에서의 새로운 길(Neue Wege in der Tauerbegleitung). 2.Aufl. 2004.
- 릴리에/즈비어라인(Lilie,U./Zwierlein,F.).
  편집자(Hg.):통합된 죽어가는 자와의 동행(Hand-buch Integrierte Sterbebegleitung, 2004.
- 샤르딘(Schardien,S.):편집자(Hg.): 마지막 생명과 함께(Mit dem leben am Ende).
  유럽에서 안락사에 대한 교회 토론에서의 입장(Stellungnahmen aus der kirchlichen
  Diskussion in Europ zur Sterbehilfe, 2010.
- 쉬빌스키(Schibilsky,M.): 장례의 길(Trauerwege), 1989.
- 쉘퍼(Schoelper,E.): 죽어가는 자와의 동행을 배우기(Sterbende begleiten lernen).
  죽어가는자와의 동행에서 명예직의 준비에 대한 쉘의 모델(Das Celler Modell zur
  Vorbereitung Ehrenamtlicher in der Sterbebegleitung). 2.Aufl..2007.

- 쉬비카르트(Schwikart, G.): 세계종교들 안에서 사망과 슬퍼하는 자 (Tod und Trauer in den Weltreligionen), 1999.
- 루터교회연합회(VELKD): 선한 희망- 해의 마지막(Gute Hoffnung - Jaehes Ende), 1999.
- 루터교회연합회-텍스트 125/2004(VELKD-Texte 125/2004):
  슬픔 연구의 발전들(Fortschritte der Trauerforschung).
  슬퍼하는 자의 동행의 교회적인 실천에 대한 도전들(Herausforderungen an die kirchliche Praxis der Trauer-begleitung).
- 빌케닝(Wilkening, K.): 우리는 마침내 살아 있다(Wir leben endlich).
  죽음과 사망과 슬픔과의 대화(Vom Umgang mit Sterben, Tod und Trauer).2000.
- 뵐러레르트/쉬미데바흐(Woellert,K./Schmidebach,H.-P.): 죽음의 현력(Sterbehilfe),2008.

7.2 희망 - 영원에서의 삶

모든 것이 사라졌다면 무엇이 남아있는가? 지평의 배후에 무엇이 있는가? 우리의 면전 시야의 저편에 무엇이 있는가? 태양의 불이 꺼지고, 지구가 허물어져 버리면 무엇이 일어나는가? 생명은 목표와 의미와 본집의 모항(母港)을 가지고 있는가? 우리는 어디에 이르게 되는가? 또는 삶을 향하여 죽음을 향하여 사망을 향하여 단지 침묵과 혹한과 무한한 텅 빈 없음을 향하고 있는가? 냉철한 우주의 침묵인가?

인식

1. 젊은이들과 노인들에 의한 사후(死後)의 희망

교회 방문에 대한 설문 조사에서처럼, 예배에서 매 주일의 관찰은 젊은이들보다 노인들이 더 자주 교회를 방문한다는 점을 보여줍니다. 노인들이 자주 기도하며, 이따금 종교적인 주제들에 대해서도 깊이 생각합니다. 그것에 상응하게 젊은이들보다 노인들이 죽음 이후의 생을 믿으며, 죽음 이후에 생이 있다는 것에 대한 짐작이 가깝게 놓여 있습니다. 그렇지만 2008년 베르텔스만(Bertelsmann)재단의 종교모니터(Religionsmonitor)는 바로 그 반대의 경우가 있음을 보여주고 있습니다. "사후에 생명이 있다는 것을 - 예를 들면 영혼 불멸, 죽은 자들의 부활, 또는 환생에 관하여 당신들은 얼마나 강하게 믿고 있습니까?"란 질문에서, 18-29세의 젊은 세대의 41%는 인정하는 반면, 60세 이상의 노인 세대는 약 32%가 찬성하였습니다. 이러한 조사결과는 반대로 사후의 존재를 "전혀 믿지 않는" 자들에 대한 전망을 확인시켜 줍니다. 즉 단지 18-29세의 19%만 이것을 인정하는 반면, 60대 이상의 많은 수가 거의 배(37%) 정도로 찬성합니다. 그것에 상응하게 "노인 세대일수록 더욱더 많은 수가 경건하다"는 생각은 적어도 저편의 희망에 대한 전망에는 해당하지 않습니다. 더 가깝게 관찰하면 노인 세대보다 더 젊은 세대와 관련하여 특수한 도전들을 보여줍니다.

오늘날 60세 이상의 세대는 이전 1953년 청소년연구에서 "회의적인 세대로"(H. Schelsky) 표현되었던 것은 결코 우연적인 것으로 짐작되지는 않습니다. 국가사회주의가 끝난 이후에 이 세대는 그 어떤 정치적인 유토피아에 자신을 바칠 더 이상의 준비가 되어있지 않았습니다. 이러한 세대에서 종교적인 희망의 신념들의 중대하는 훼손에 대한 이유가 무엇이 있습니까? 노인 세대가 젊은 세대처럼 선택적인 저편의 사상들에 쉽게 관계하지 않을 때, 이점에 있어서 무엇이 노인세대에게 근본적인 의심으로 인도할 수 있었는지를 현대의 다원적인 사회가 일반적으로 종교적 신념들의 명백한 손실에 공헌했을 것이라는 짐작은 정당할까요?

특별한 청소년 연구의 한 전망(Feige/Gennerich, 2008)은 사후에는 "간단히 아무것도 존재하지 않는다는" 것을 청소년들의 거의 70%의 다수가 상상할 수 없다는 차별화된 조사결과를 내놓게 됩니다. 마찬가지로 긍정적인 관점에서 단지 상대적으로 가장 구별하는 저편의 사상들에서 미미한 찬성의 비율이 발견됩니다. 즉 믿는 자는 하늘로, 불신자는 지옥으로 간다는 것을 11%가 찬성하며, 12%는 중생을 인정하며, 17%는 낙원에서의 삶을, 18%는 영혼의 계속 적인 존재를, 그리고 21%는 하나님의 만남을 인정하고 있습니다. 저편의 삶에 대한 구체적인 기독교적 희망의 매력에 관하여 청소년들이 확신하는 것이 어떻게 성공적일 수 있을지가 여기서 또한 질문입니다.

2. 희망은 희생을 각오하는 일

　개인적이며 그리고 우주의 사망은 신앙과 지식을 위한 최후의 경계를 끌고 있습니다. 사람들은 세계와 모든 생명의 미래에 대하여 대체로 무엇인가를 말할 수 있을까요? 사망은 또한 모든 말과 생각들의 마지막이 아닌가요? 희망은 이러한 최후의 경계를 넘어서 분명히 홀로 도움을 줍니다. 그 희망은 인간이 그 안에서 최후의 본체로서 자신을 스스로 극복하는 동안, 사망을 넘어 나아와 영향을 미칩니다. 그렇지만 이러한 진술은 증명되지 않습니다. 믿음처럼 희망 역시 인간의 능력은 아니지만, 하나님에게서 그 안에다 놓아둔 하나의 선물입니다. 희망이 공간으로 이해되었다면, 믿음의 이러한 쌍둥이 자매는 이 세계와 저 세계 사이에, 현세와 저편 사이에, 하나님과 인간 사이에 길을 준비한다는 것을 더 쉽게 설명하게 합니다. 희망은 찾아내는 것과 가능한 것 사이의 과도기 공간을 열어줍니다. 희망 가운데 사는 자는 지식과 세계, 사망과 죽음의 경계를 뛰어넘게 합니다.

- 희망에 관한 해석은 온전히 이편과 인간적으로 증명하게 하며, 관찰하게 합니다. 즉 희망 안에서 인간은 그가 처한 모든 상황, 즉 그의 인간존재를 실현하기 위하여 그가 뛰어넘어야 하며, 자신을 뒤로해야 하는 장소로서 인식하게 됩니다. 그것은 인간이 본성으로부터 전위예술가나, 또는 혁명가이어야 할 것을 뜻하지 않습니다. 그러나 그것은 그가 확정적인 경험을 아는 것이 아니라, 현저히 새로운 항거와 자극과 기회를 인지하며, 자신을 그의 육신 안에서 리듬에 맞추어 붙들며, 경험하기 위하여 일체가 되어야 하는 것을 의미합니다. 그는 현저하게 지금까지 그의 현존재의 총체로서 스스로 자신을 뛰어넘는 것입니다. 희망의 공간으로 들어가기를 물론 감행하지 않는 자는 병자가 되도록 위협하는 것입니다. 많은 질병이 종교적인 배경들을 가진다는 짐작은 희망의 손실로 자체의 유한성에 대한 극복되지 않았던 질문을 인식할 때, 확인합니다. 우리 가운데 그 누구도 세계의 경계선의 배후를 실제로 보지 못하며 - 그리고 그의 유한성 가운데서 살아갈 수 있기 위해서, 그렇지만 그것을 행해야 합니다. 만일 미리

찾아내는 것 가운데 있는 생명은 - 특별히 사라진 것 안에서 - 그의 경계를 발견한다면, 다시 충전할 수 없는 배터리처럼 생명의 에너지를 소모하게 됩니다.

• 사람들은 희망 가운데서 하나님의 이면에 제시된 것을 발견하며, 그의 오심에 관하여 새로이 받아들입니다. 우리는 믿음 안에서 하나님의 손길에서 나온 생명을 받아들이며, 그가 매일 새로운 것에서 우리에게 가까이 계심을 신뢰합니다. 희망하는 자들로서 우리는 하나님의 선물을 과거와 현재의 것으로 경험할 뿐만 아니라, 미래의 것으로서 경험합니다. 믿음과 희망이란 개념과 함께 기독교적 현존의 긴장 곡선들에 표현되었습니다. 한편 현재 적인 그리스도의 신앙으로 인도하며, 다른 한편, 그의 재림에 대한 희망으로 인도합니다.

이러한 그리스도 신앙과 희망의 공생과 뒤섞임은 적어도 두 가지 근거들에서 중요합니다. 주기도문의 기도 부름에서 "나라가 임하시오며"는 첫째로 자체 생명의 수수께끼가 벗겨지게 되었으며, 하나님의 숨겨지심이 벗겨진 사람의 열정적인 동경이 울리게 됩니다. 둘째로 이러한 간청은 모든 세계 앞에서 그리고 모든 피조물을 위하여 하나님의 정의가 활동하게 된다는 사람을 넘어서 희망의 표현입니다.

방향

1. 남녀 조상들의 신앙과 함께 바라는 희망

신구약성서는 전쟁과 평화 가운데서, 망명 생활과 회의 가운데서 그들의 희망을 오직 하나님께 두었는데, 그 희망은 그들의 귀를 하나님의 약속들에 대하여 활짝 열리게 했으며, 하나님 약속의 성취를 동경하게 했습니다. 바로 최후의 일들에 대한 광경에서, 즉 역사의 목표와 하나님의 다시 오심에 대한 것에서, 구약과 신약 사이에는 밀접한 연결선들이 있습니다.

많은 생각과 예수가 선포한 말씀의 비유들은 구약으로 거슬러 올라갑니다.

    기독인들은 바라는 것들로서 유대 백성에 대한 하나님 약속들의 범주 안에 속하여 있습니다. 이러한 언약들의 성취는 여러 가지로 설명되었으며, 믿었습니다. 기독인들과 유대인들은 미래의 고유한 생각들 안에 신실하게 머물기를 힘쓰고 있으며, 동시에 그들 희망의 근거에 밀접하게 서로 의존하고 있습니다. 그것은 하나님이 중단없이 사람들에게 가까이하시며, 그들에게 그의 의도들과 목표들을 항상 새롭게, 그리고 항상 분명하게 눈 안에 드러내시는 처음부터 매 경험의 지속으로서 실행하는 하나님의 계시입니다. 이러한 역사는 언약과 성취들로부터, 실수와 좌절로부터 오는 하나의 역사입니다. 환상에 대하여 돌연변이가 이루어지기를 원치 않는 희망은 역사를 뛰어넘지 않아야 합니다. 과거의 추한 모습 안에서 미래를 희망하며 사는 것은 오늘날 유대인과 기독인을 위해서 하나의 영적인 과제입니다. 기독인들의 것과 함께 유대인의 미래의 신앙의 하나의 밀접한 연결은 후기 구약과 신약의 묵시적인 텍스트들 가운데서 보여줍니다 (단2:7, 막13, 살전5, 계). 그것들은 대부분 그 시대의 상세한 예언적인 해석들입니다. 즉 마지막 시대 하나님의 통치가 지금 암시적으로 예고합니다.

    메시아가 오리라는 것을 유대인들이 희망하고 있는 동안, 기독인들은 그가 다시 오심을 기다립니다. 이러한 핵심적인 진술과 함께 기독인들과 유대인들 사이에 차이점과 마찬가지로 연결점들 역시 논의되었습니다. 밀접히 공유하는 것이 어떤 것인지, 기독인들과 유대인들이 함께 메시아를 희망하는지에 대한 질문이 결정합니다. 신약의 전승은 그것이 세례 요한의 질문을 증언한다면 방향을 제시합니다. "당신은 오실 그분입니까? 아니면, 우리가 다른 분을 기다려야 합니까?"(마11:1-6). 예수는 스스로 세례 요한의 질문을 제거하지 않고, 오히려 그것을 열어줍니다. 그는 유대교의 희망의 지평에서 발원되는 그 질문을 인정하며, 그는 그의 계승의 길에서 자신의 미래로 데려갑니다. 그는 그렇게 세리들과 죄인들과 함께 나눈 그의 식탁공동체 안에서, 또한 예루살렘에서 그의 최후의 만찬과 함께 모든 백성이 이스라엘과 함께 가지게 될(사25:6-9), 마지막 시대의 기쁨의 만찬과 배부름의 만찬을 미리 알려주었습니다.

바울은 그것에 관하여 그의 갈라디아서에 기록합니다. 그리스도는 유대인과 그리스인 사이에 미움을 취하고, 주인들을 통한 종들의 약탈과 남자와 여자 사이에 소외를 끝냅니다. 즉 세계 모든 백성과의 화해가 그리스도 안에서 이루어집니다(갈3:28). 그리스도 안에서 기독 공동체와 이스라엘과 세계를 위한 거대한 미래의 희망이 빛을 발하기 시작합니다. 하나님의 약속은 그것 역시 미래적으로 백성들과 우주 가운데서 그들의 장소를 갖도록 그리스도 안에서 그들의 장소를 갖게 됩니다. 그리스도가 세우신 희망은 목표가 설정되었으며, 그것은 그를 따름 안에서 실현됩니다. 이에 관해서 그리스도의 현존은 희망 가운데서 활동의 존재이며, 그리스도의 강림에 대한 활동적인 기대입니다.

메시아에 대한 유대인의 기다림은 동시에 그리스도 안에서 이미 모든 언약이 성취되었다는 생각으로 고유한 미래 기대를 포기하는 기독인들에 대한 경고로서 이해될 수 있을 것입니다. 하나님의 나라는 그리스도 안에 완전히 거기에도 있지 아니하며, 성례를 통하여 구원된 영혼 안에도 아니며, 이미 교회 안에서도, 또는 기독교적 시민의 세계도 있지 않습니다.

만일 그리스도의 오심과 함께 이미 모든 언약이 성취되었다면, 죽은 자들로부터 그의 부활은 거기서 고립되어 있을 것입니다. 그는 오히려 죽은 자들에게서 나아온 첫 출생자입니다(골1:18). 그 때문에 바울은 다음과 같이 말합니다. "만일 죽은 자가 다시 사는 것이 없으며 그리스도도 다시 사는 것이 없었을 터이요 그리스도께서 다시 사신 것이 없으면 너희 믿음도 헛되고 너희가 여전히 죄 가운데 있을 것이요 또한 그리스도 안에서 잠자는 자도 망하였으리니 만일 그리스도 안에서 우리의 바라는 것이 다만 이생뿐이면 모든 사람 가운데 우리가 더욱 불쌍한 자라"(고전15:16-19). 죽은 자들로부터 예수 그리스도의 부활에 대한 믿음에서 이와같이 또한 믿는 자의 영원한 미래가 결정됩니다.

2. 그리스도와 함께 바라는 희망

기독인들은 나사렛 예수와 함께 지금까지의 역사가 모든 사람을 포괄하는 하나님의 미래 안에서 열리게 되는 것을 믿습니다. 그리스도가 다시 오실 때, 질병도, 기근도, 고난도 더 이상 있지 않을 것입니다. 그럴 때 사망 역시 더 이상 존재하지 않을 것입니다(계21:4). 그 사망은 최후의 "적"으로서 제거될 것입니다(고전15:26). 빌2:10 이하에서 그리스도의 찬송이 뜻하는 것처럼, 그럴 때, 다만 적은 수가 아니라 하늘과 땅과 땅 아래에 있는 모든 사람의 무릎이 꿇게 되는 일이 일어날 것이며, 모든 입이 예수 그리스도가 주님이심을 시인하며, 하나님 아버지께 영광을 돌리게 될 것입니다. 그리고서, 요한 역시 그렇게 영광스러운 전망 가운데서 보게 되며, 하나님의 장막이 사람들과 함께 있으며, 하나님이 저희와 함께 거하게 될 것입니다(계21:3). - 이러한 희망은 예수그리스도의 활동과 고난과 부활 안에서 그 근거를 갖는 것입니다.　　↗ 예수 - 그리스도

a) 하나님의 나라

예수가 전파한 가장 첫 번째 복음은 하나님 나라의 오심에 관한 소식입니다.

이스라엘이 하나님이 왕이신 한 시대를 기다리는 사상이 배경에 놓여 있습니다(삿8:23). 하나님이 다스리는 곳에서, 그분 외는 그 누구도 다스리지 않는 것입니다. 그의 나라는 이러한 시각에서 궁극적으로 인간들에 대한 인간들의 통치가 주어지지 않는 결과로써 이러한 세계로부터 존재하게 됩니다. 이스라엘은 하나님이 홀로 왕으로 다스리시는 나라가 언제 임하게 될 것인지를 질문합니다. 이러한 기대와 함께 이스라엘은 역사의 과정을 관찰합니다. 그리고 이러한 전망 가운데서 개별적이며, 역사적인 사건들이 말하자면 평화에 대한 성장을 초래하는지를 판단하게 되었습니다. 먼저 구약의 역사기록자들은 홀로 이스라엘 안에서의 평화를 봅니다. 그러나 곧 그 전망은 이스라엘을 넘어서 확대됩니다. 백성들의 세계는 한 분 왕, 곧 평화와 정의를 가져올 하나님으로부터 기름 부음 받은 자인 메시아를 기다립니다. 그분 안에서 이스라엘 역사는 세계역사 안에서 한계를 없애버립니다(사49:1-6).

신약은 먼저 규약의 진술들을 받아들입니다. "하나님의 나라는 너희 가운데 있느니라"(눅17:21). 그러나 이러한 나라에서 무엇이 이루어지며, 지금 현재에 있게 될 것인가? 분명한 표현은 다음과 같은 장면을 제시합니다. 세례 요한은 그가 자신의 생의 마지막에 감옥에 다가오는 미래를 보았을 때, 예수에게 제자들을 보내어, 당신이 하나님으로부터 보내심을 받은 왕이요 하나님의 나라가 시작되는 메시아인지를 묻게 합니다(마11:2이하). 예수는 그 질문에 대답하지 않습니다. 그는 무엇이 일어날지를 가리킵니다. "소경이 보게 되며, 앉은뱅이가 걸으며, 병자들이 치유함을 받을 것입니다"(막11:5). 하나님 나라의 표지들은 사람들이 치유되며, 그들이 보지 못하는 것에 참여하게 되도록 세계의 소경들과 유색들과 경건한 자들을 묘사하도록 준비한 곳에서 이루어집니다.

하나님 나라에 관한 예수의 선포는 현재에 관련된 이러한 강조점을 가지며, 동시에 하나님 나라의 완성이 아직 이르지 않은 기대에 특정되었습니다. 예수는 그의 제자들에게 이러한 궁극적인 성취에 대하여 주기도문 가운데서 기도하기를 가르쳤습니다. "나라가 임하시오며"라는 기도의 부름은 하나님과 그들 자체의 역사 앞에서 사람들의 장소를 반영합니다. 사람들을 위한 평화와 백성들 가운데 정의가 초래하게 될 하나님의 오심은 아직 이르지 않았습니다.

한편 임재하는 그리스도와 다른 한편 도래하는 하나님 사이에 긴장은 기독교적인 희망의 한 특성입니다. 예수는 사람들에게 시작에 대한 전망과 우리들의 현재에 미래의 도래를 열어줍니다. 즉 직관적인 파악과 감지와 구원 표지들의 알아차림 등입니다. 그리고서 다시 그는 하나님의 온전히 다른 그리고 멀리서 오시는 도래에 관하여 말씀합니다. 그렇지만 우리에게서 멀리 떨어져 계실 도래하는 하나님의 멀리 있음의 하나가 아니라, 우리에게 평화를 세우시면서 손을 이끌기를 원하시는 하나의 멀리 계심입니다.

b) 영생에 대한 일깨움

마지막 시대의 기다림의 토대는 기독인들을 위해서 죽은 자들로부터 예수 그리스도의 부활입니다. 그것은 모든 생명의 마지막의 나타내 보이심으로 이해되었습니다. 사망의 극복은 앞서는 것입니다. 그것은 모든 사람과 모든 피조물에 대한 앞선 행동 안에서 영향을 미치게 되었음을 뜻합니다. 부활의 신앙은 모두를 위해 미래가 열린 확신과 함께 결부되어 있습니다. 그것들은 아직 이르지 아니한 그들 현존재의 역사적인 완성에 의존되었습니다. 부활의 희망은 인간적인 생명과 역사의 통일과 정체가 목표에 이르는 인간학적인 근본가정의 표현입니다. 마지막 일들에 관한 가르침인 종말론은 먼저 마지막에 분명히 알기 쉽게 될 전체를 이와 같이 목표합니다. 하나님이 그의 구원을 드러내어 나타나는 동안에, 우리의 생명은 완성될 것이며, 우리가 희망했던 것을 우리는 바라볼 수 있을 것입니다. 즉 우리의 역사가 의미 있는 통일 안으로 마지막에 이르게 되는 것을 볼 수 있을 것입니다.

이러한 확신들은 예수 그리스도의 죽음과 부활 안에 그들의 근거를 가집니다. 부활절에 생명의 주님은 죽음의 세계 안에 그의 생명의 원리를 도입합니다. 그것은 지금부터 기독 공동체의 희망 가운데서 발표하는 현저한 새롭게 됨인 것입니다.

죽음은 끝이 아니라, 시작입니다. 그것은 4번째 복음서가 십자가에서 예수의 말씀과 함께 증언합니다. "다 이루었다"(요19:30). 그는 예수의 죽음을 종말론적으로 모든 시대로 확장하는 생명의 높이심과 시작으로 해석합니다. 그 이유는 예수가 십자가로부터 그의 죽음을 새로운 생명으로 통과하는 장으로서 증명하며, 그가 부활하신 자로서 자신을 그에게 속한 자들에게 보여주시는 한, 이것을 확인시키는 관계들을 세우십니다.

기독교의 공동체는 부활의 경험에서 고유한 부활에 대한 희망을 확고하게 만들었으며, 물론 이러한 것을 여러 가지 표상들로 표현하였습니다. 바울이 빌1:23에서 그가 곧 그의 죽음 이후에 그리스도에 함께 있으리라는 것을 생각할 수 있었다면(눅23:43, 계6:9-11), 그는 다른 한편 먼저 최후의 심판 날(고전15:20이하, 살전4:13이하)에 죽은 자들의 부활에 관하여 그렇게 말하는 것입니다. 이러한 진술들 사이에 사색적인 평준화는 신약 가운데서 주어지지 않았습니다. 그 이유는 부활 가운데서 예수의 행위는 우리들의 시대 생각들을 붕괴시키기 때문입니다. 또한 부활의 "어떻게"에 대해서 단지 은유들 안에 언급되었을 수 있기 때문입니다. 신약은 그것을 이따금 그의 시대의 유대교에서 빌려옵니다(막12:25). 거기서 가시적으로 모순적인 두 가지 관점들이 나란히 등장합니다.

- 한편, 바울은 우리의 현존재의 불연속을 강조합니다. 그것은 모든 것의 근본이 변화되었고, 새로이 되리라는 것입니다, 혈과 육은 하나님의 나라를 상속받지 못하리라는 것입니다(고전15:50). "죽은 자들이 썩지 아니할 것으로 부활하게 되며, 우리는 변화하게 되리라. 이 썩을 것이 불가불 썩지 아니할 것을 입겠고, 이 죽을 것이 죽지 아니함을 입으리로다. 그럴 때, 기록된 것처럼, 말씀이 성취되리라(사25:8,호13:14). 사망이 승리로부터 삼켜졌으며, 사망아 너의 승리가 어디 있느냐? 사망아, 너의 쏘는 것이 어디 있느냐?"(고전15:52-55).

- 다른 한편, 바울은 우리 인간존재의 연속성에 존속시키며, 함께 머무는 나와 사람들을 분명하게 하기를 시도합니다. 하나님은 나의 과거와 살았던 나의 생명과 함께 나의 인격을 새로운 생명으로 부르십니다.

c) 그리스도의 재림

하나님 나라에 관한 성서의 기대와 죽은 자들의 부활에 대한 고백은 고대교회에서 확고한 교리적 진술이 되었으며, 신앙고백 가운데로 들어오게 되었습니다. 니케아-콘스탄티노플의 신앙고백은 공식화합니다. "그(그리스도)는 아버지 우편에 앉으시며, 영광 가운데서 산 자와 죽은 자들을 심판하기 위하여 다시 오실 것입니다. 그의 통치(나라)는 끝나지 않을 것입니다." 이러한 신앙고백의 3번째 항에서 "우리는 죽은 자들의 부활과 도래하는 세계의 생명을 기다립니다."라는 것을 고백합니다. 사도신경 안에서 상응하게 언급되었습니다. "나는 ... 죽은 자들의 부활과 영생을 믿습니다. 고대교회의 신앙고백 가운데 두 가지 사고의 방향, 즉 두 개의 종말론적인 주된 주제들이 있습니다. 즉 그것은 주님의 다시 오심과 속한 자들의 영원한 운명, 또는 간단히 말해서, 한편 모든 사람에 대한 통치와 심판을 위해 아버지의 우편으로부터 예수 그리스도의 새로운 오심이며, 다른 한편, 그들의 미래로서 죽은 자들의 부활과 생명에 대한 고백하는 자들의 기다림입니다.

d) 하나님의 심판

하나님의 나라와 죽은 자들의 부활에 관한 근본 동기들은 예수의 선포 가운데서 그것들의 일치점을 가지는 동안, 그리스도의 재림과 영생과 심판에 관한 광범위한 사상들이 대부분 이러한 종말론적인 전망 가운데서 초기 공동체를 통한 예수 전승의 수정 보완이나, 변형으로 되돌아가는 모습을 지니게 됩니다. 하나님의 심판에 관한 예수의 고유한 직관은 본질에 있어서 공관복음서 안에서 그의 소식의 중심적인 것과 그것의 반영들에 대하여 재해명되어야만 합니다.

예언적인 구원선포로서 이해하는 것인 직접 가까워지는 하나님 왕권통치의 발표는 예수의 활동을 위해 특징적입니다. 예수는 하나님이 모든 사람에게 은혜로운 분으로서 가까이 오시며, 그의 진노를 연기하셨다는 것을 일러줍니다. 가까워지는 하나님의 나라가 상응하게 수용되지 않았다면, 심판의 사건은 그의 자리를 붙들게 됩니다. 하나님의 나라가 완전히 현존(現存)을 변화하는 은혜의 선물로서 수용하지 않는 자는 그 나라에 들어오지 못하게 될 것입니다(막10:15).

물론 먼저 복음서들과 첫 기독 공동체들 안에서 인자의 다시 오심에 관한 생각은 예수 그리스도에 관계되었으며(마25:31-46), 심판 사상도 하나님 나라의 사상과 결합 되었습니다(눅17:20-37). 그러나 인자가 그의 영광 가운데, 모든 천사가 그와 함께 오게 될 때는 그가 영광의 보좌에 앉을 것이며, 모든 백성이 그 앞에 모이게 될 것입니다(마25:31이하). "또 내가 크고 흰 보좌와 그 위에 앉으신 자를 보니 …또 내가 보니 죽은 자들이 무론 대소하고 그 보좌 앞에 섰는데, 책들이 펴있었다"(계20:11이하), 다만 예수그리스도의 편에서 우리는 재판장의 의자 앞에 서게 될 것입니다. "저를 믿는 자는 심판을 받지 아니하는 것이요, 믿지 아니하는 자는 하나님 독생자의 이름을 지 아니함으로 벌써 심판을 받은 것이라"(요3:18).

특히 바울은 그의 편지에서 그리스도의 재림과 모든 죽은 자들의 부활과 영생의 시작에 관하여 말합니다(살전4:13-5:11). 그는 기다렸던 그리스도의 재림 전에 죽었던 자들과 함께 일어날 일이 무엇인지를 묻는 물음에 대답합니다. "우리가 주의 말씀으로 너희에게 이것을 말하노니, 주 강림하실 때까지 우리 살아남아 있는 자도 자는 자보다 결단코 앞서지 못하리라"(살전4:15).

3. 종말론적인 문제들

a) 모든 것들의 화해(和解)에 대한 질문에

모든 것들의 되돌림의 사상은 타락된 창조의 움직임이 하나님께로 향하며, 하나님 안에서 원천적인 통일의 완성을 설명합니다. 세계가 하나님 창조의 순간(찰나)에 있었던 것처럼, 그렇게 그것은 회복될 것입니다. 이러한 회복을 위한 그리스 말은 "아포카타스타시스"(apokatastasis)입니다. 그것은 그리스도 안에서 하나님의 지도를 통한 죄에 대한 심판 이후에 모든 것이 영원한 원천으로 되돌아가야 하는 것을 말하는 것입니다.

그렇지만 이러한 희망에 대한 신약 안에서 직접적인 근거는 발견되지 않습니다. 종종 인용된 롬11:32은 다음과 같이 말합니다. "하나님이 모든 사람을 순종치 아니하는 가운데 가두어 두심은 모든 사람에게 긍휼을 베풀려 하심이로다."

모든 것들의 화해에 대한 사상은 교리로서 이해되어서는 안 될 것입니다. 그러나 다음과 같은 질문들은 거부할 수는 없습니다. 만일 하나님이 사랑이라면, 영원한 저주가 주어질 수 있는가? 하나님은 궁극적으로 모든 것을 구원하지 않을까? 물론 대답은 미해결상태로 머물러 있어야 합니다. 마지막에 모든 것이 좋아지리라는 보증은 존재하지 않습니다. 우리의 전망으로 우리는 다만 다음과 같이 말할 수는 있을 것입니다. 하나님이 나의 믿음의 대답을 기다리시며, 내가 나의 행동에 대한 책임을 짊어지기를 원하십니다. 그렇지만 사람들이 하나님의 은혜에 관하여 생각한다면, 희망은 하나님이 인간적인 거절보다도 항상 더 크심이 크게 되기를 바랄 수 있을 것입니다. 모든 것의 화해에 대한 사상은 세계의 완성에 대한 열정적인 부르심과 하나님의 은거(隱居)에 관한 해제(解除)에 대한 간청처럼, 단순히 최후의 가장 표면적인 희망의 말씀입니다.

b) 그리스도 재림의 지연?

신앙고백에서 그들 가르침의 최종적인 것을 발견했던 미래사상들에 관한 변화는 항상 다시 아직 이루어지지 않은 그리스도의 재림에 대한 반응으로서 해석되었습니다. 믿는 자들은 먼저 가까운 기다림에 관하여 성취되었다는 것과 그리스도의 임박한 재림과 함께 예측 하였을 것입니다. 그럴 때, 시공간들은 항상 계속해서 확대하였을 것이며, 막연한 미래 안으로 사라졌습니다. 최후의 날과 마지막 심판과 그리스도의 다시 오심, 그리고 기독인의 영생에 관한 상(像)들은 실망한 현재 희망들의 숙고(熟考)한 성취로서 간주 되었습니다.

이러한 해석은 종말론의 분류와 함께 앞서갑니다. 예수의 제자들과 초대교회공동체의 부분들 안에서 현재의 종말론을 특정 지우면서 있었던 반면, 초대 기독교 이후에 벌써 곧 그렇게 미래적인 종말론이 확정되는 해명 모델로 이루어졌다는 것입니다. 이러한 해석과 종말론적인 사상들의 분류는 아주 간단히 그리고 스스로 하나의 순차적인 시간 이해에 기인합니다. 이미 예수의 선포 안에서 하나님의 나라는 현재의 것이며(눅17:21), 동시에 도래하는 크기(마6:10)로 이해되었습니다.

공관복음서의 전통에서, 요한에 의하여 그리고 바울의 편지들에서 미래의 세계와 아버지 하나님과 예수 그리스도와 함께 중단하지 않은 공동체의 희망에 대한 진술들은 변화하게 됩니다. 사람들은 이러한 사상의 넓이를 동시에 발전의 역사로서 해석하는 것이 아니라, 오히려 인간들의 저마다의 사고와 경험의 배경들 앞에서 하나님의 구원행위의 여러 가지 학습들로서 해석되어야 합니다. 마지막 시대의 사상들이 더 다른 상들의 시대 과정에서 도움을 제공하는 것은, 먼저 재림의 지연과 관계된 것이 아니라, 첫선에서 유대교의 상황에서 형성된 마지막 시대의 사상들이 헬레니즘의 사상 세계 안에서 변형되어야만 했던 것으로 해명합니다.

넓은 지평에서 초대교회적인 미래사상들이 그려지게 하는 유대교의 묵시 사상은 시대들의 전환으로서 세계의 종말을 기대했었습니다. 구원의 시대로부터 비 구원시대의 엄격한 구분이 전제되었습니다. 구원시대는 하나님의 통치에 대립하는 모든 항거는 극복되었던 하나님의 묵시적인 기적을 통하여 스스로 시작합니다.

c) 플라톤 사상의 영향 가운데서

방금 말한 것에 비하여 기독인들은 그들 미래사상을 표현하기 위하여, 헬레니즘의 만남에서 아주 재빨리 중도적인 플라톤 사상의 모델을 적용하기를 시도하였습니다. 이러한 모델은 이편의 세계와 초월의 세계와 배경의 세계 안에서 실체의 분리로부터 나아가는 두 공간의 형이상학으로서 특징짓게 합니다. 희망은 과거와 시간적인 것들의 저편에서 한 공간에 이르도록 현상들의 저편에서 이편의 경계를 뛰어넘는 데로 지향합니다. 이러한 사고모델은 유대교의 묵시론의 것처럼, 하나님의 숨겨지신 본질과 역사에서의 그의 활동의 동시성을 엄격한 시대의 도식으로서보다 더 잘 표현하려고 그 당시 기독인들에게 적용한 것으로 나타났습니다.

결과에서, 실체에 관한 이러한 이분법적인 모델에 대한 인간의 기독교적인 상(像)은 동화되었으며, 인간은 영혼과 육체 가운데서, 후에 혼과 영과 몸 안에서 나누어졌습니다. 결과적으로 종말론적인 진술의 중점이 바뀌었습니다. 성서의 목표를 지향했던 역사적인 사고는 개체영혼의 운명을 종말론의 주된 테마로 만들었던 철학으로부터 덮어 씌워진 형태가 되었습니다. 영혼의 불멸성에 대해서도, 멀리 저편의 하나님에 대해서도, 마찬가지로 세계의 통치자(Pantokrator)로서 먼 저편의 그리스도에 대해서도, 저편에서의 속죄와 보복과 함께 사망 이후에 생명에 대해서도, 지옥의 벌과 하늘의 기쁨에 대해서도 사색 되었습니다. 그리스 철학의 영향 아래서도 하나님을 통한 공동의 세계 완성에 대한 희망은 개인화되었으며, 정신적인 것으로 만들었습니다. 그것은 예수가 시작했던 것으로부터 먼 길로 이끌고 말았습니다. 교회가 이러한 사상의 유산을 넘겨받았을 때, 종말론의 유래들은 구약과 신약의 중심에서 퇴색되고 말았습니다.

d) 종말론적인 사상들의 변화

종말론적인 사상들의 이러한 변화는 넓고 풍성해졌으며, 하나님과 역사의 이해에 영향을 미치게 되었습니다. 어거스틴(Augustinus)은 플라톤주의자의 넓은 선상에 머물러 있었으며, 희망의 성서의 상들을 조직적으로 새로운 사상의 체계 안에다 중계하였습니다. 희망은 존재론과 은혜론, 그리고 윤리와의 연결 안에서(존재의 가르침) 인간의 생명을 하나의 길로서 서술하기 위한 그에게는 열쇠입니다. 즉 인간은 그의 구원을 아직 손에 쥐는 것이 아니라, 그는 그것을 향한 길에 있습니다. 이러한 길은 온전히 기독교적인 삶을 자체적으로 파악하는 과제가 될 것입니다. 토마스 아퀴나스

(Thomas von Aquin)는 구원과 영생에 관한 이러한 어거스틴의 가르침을 윤리적인 미덕의 한 체계로 확대하였습니다. 믿는 자는 그 희망 가운데서 하나님으로부터 설정된 인간의 목표를 바라보며, 말하자면 하나님에게서 제정된 세계의 질서와 일치에 이르는 것입니다. 하나님께 헌신은 희망자가 겸손 가운데서 세계의 존재에 복종하는 것입니다. 그는 자체 안에 벌써 몸을 미래로 들어가기를 원하는 깨어있는 영혼을 지탱하는 것입니다.

어거스틴적이며 스콜라주의적인 희망에 관한 이해는 다만 전체적으로 중세기적인 신학을 결정했을 뿐 아니라, 부분적으로 새 시대적인 희망의 구상과 함께 자체적으로 은폐합니다. 중세기에 깊은 사색(思索)은 다음의 질문을 향했습니다. 개인은 사망 후에 그리스도의 심판을 극복할수 있을 것인가? 그의 영혼은 구원받았는가? 최후의 심판 날은 사망전에 생명을 극복한 자가 단지 벗어나는 진노의 날로서 지금 효력을 지니게 됩니다. 하나님 나라에 관한 사상은 온전히 저편으로 옮겨졌습니다. 땅은 시험의 영역이 되었으며, 그 안에서 인간은 악의 권세를 통하여 지속적인 위협 안에 살아야합니다. "우리가 삶의 한복판에서 사망에 둘러 쌓여 있다면, 우리가 은혜에 이르도록 도움을 주는 그 누구를 찾아야 합니까? 그분은 홀로 주님 당신입니다. 주님 당신을 진노하게 했던 우리의 불행은 우리에게서 후회됩니다." 보복과 벌줌의 불안에 사로잡힌 전망은 여러 중세기적인 찬송가들 가운데서 느끼고 있으며, 믿는 자들을 모든 면으로부터 둘러싸인 그물망 안으로 강제합니다. 즉 사면과 연옥입니다.

e) 마틴 루터

죄와 사망의 권세는 그리스도 안에서 극복되었습니다. 믿음은 지금 승리에 대한 몫을 가집니다. 루터는 사랑하는 최후의 날에 관하여 말합니다. 이것은 지금 시작하는 새로운 희망 안으로 미래에서 시작으로 향한 표지

(標識)입니다. 루터는 인간 자체의 가능성에서 세우는 것이 아니라, 오직 그것에 대한 포기 안에서 얻어지는 한 희망을 말합니다. 루터는 중세기와 구별하여, 마지막 기다림의 우주적인 관점을 강조합니다. 즉 육체의 부활과 창조 세계 전체의 갱신입니다. 그런 후에 다시 개인적인 운명이 중심에 다시 등장합니다. 먼저 경건주의와 19세기의 신앙각성운동은 하나님 나라의 우주적이며 전 세계적인 차원들을 위한 순간을 새롭게 가지게 됩니다.

f) 계몽주의와 새 시대

계몽주의는 의심 가운데서 고전적인 마지막 시대의 기다림을 이끌었으며, 대체로 미래에 특별한 사건이 기다리고 있는지, 하나님이 실제로 이 세계를 표면적인 종말을 제정하게 될지를 물었습니다. 산 자와 죽은 자를 심판하러 그리스도가 다시 오게 되리라는 진술은 더 강하게 질문되는 것으로 보였습니다. 신학은 역시 스스로 지금 이러한 질문들 앞에서 피하며, 실제의 미래적인 종말을 포기합니다. 그 대신에 사람들은 "마지막 일들 안에서" 신적인 진보의 역사 내적인 과정을 보든지, 또는 사람들이 그것을 믿음 안에서 취하고, 그것과 함께 현재 안으로 들어오는 것을 봅니다. 사람들은 종말론적인 것을 확고히 붙들고 싶어 하지만, 그러나 사람들은 장소적이며 시간적인 모든 생각으로부터 그것을 벗겨냅니다. 사람들은 언제나 항상 현재적이며 여기와 오늘 믿은 안에서 경험될 수 있을 하나님의 정의에 관하여 말합니다. 종말론은 지금 믿음의 행동 가운데서 실행됩니다.

근본 확신들의 이러한 변화는 깊게 파악하는 시대 이해의 변화 없이는 생각할 수 없습니다. 과거와 미래는 그들의 특수한 비중을 잃어버렸습니다. 경과된 시간은 결정적인 시작을 통하여 기초된 마지막을 통하여 한정된 것에 그것들의 의미 있는 통일에 기인하는 역사적인 시대의 성격을 잃어버립니다. 그 대신에 시간은 변화들에서 확정되며, 헤아리며, 측정하게 될 수 있을 지금 순수한 가능성이 될 것입니다.

임마누엘 칸트(Immanuel kant)는 "감각적인 직관의 순수한 형태"로서 시간의 강을 묘사했기 때문에, 표면적인 현상들의 어떤 목적도 존재할 수 없는 시대 단계의 그러한 평가 절하를 함께 준비했습니다. 그의 해명에서 다른 것이 새로운 치수를 제정하는 기술적인 세계성취가 언급됩니다. 그 외에도 칸트는 물론 인류 역사의 목표에 대한 생각들을 발전시킬 수 있었으며, 그렇지만 그의 양시대 개념과 함께 단지 새 시대적인 실체이해의 해결 불가능성을 폭로하였습니다.

먼저 죄렌 키에르케고르(Soeren Kierkeggard)와 프리드리히 니체(Friedrich NItsche)는 함께 시대성에 대한 손실을 비판하며, 과거와 미래의 불화를 서술했기 때문에, 이러한 아포리(해결 불가능성)를 각색했습니다. 역사적인 이전 존재는 미래적인 되어짐처럼 마찬가지로 우리에게 직접적인 접근이 많지 않았습니다. 키에르케고르에게 그 해결은 영원의 표준적인 출현 방식으로서 과거, 전통, 기억을 관찰하는 것이 아니라, 미래를 주시하는 거기에 놓여 있습니다. 키에르케고르를 위해 그리고 역시 다른 방식으로 니체를 위해서도 미래는 과거 앞에서 객관적인 우위를 얻게 됩니다. 결과적으로 그들은 지식에 앞서 희망이 실천적 사고를 위해 비중을 얻어야 한다는 것을 요구합니다. 그 이유는 미래가 가능성의 큰 저수지로서 모든 사고와 행동에서 암시적인 강요를 행사하기 때문입니다. 희망은 이러한 가능성에서 나아오는 매력을 느끼게 됩니다.

양자는 성서적이며 묵시적인 세계관, 플라톤적인 이데아론과 새 시대적이며 자연과학적인 세계관계의 해명되지 않은 뒤섞임에서 나타나는 역사적인 사고의 모순들과 거기서 자란 근본적이며 인간학적인 해결 불가능성이 해결되기를 요구합니다. 이러한 배경의 근본 동기는 확고히 붙들어야 하며, 존중되어야 합니다. 그 이유는 미래의 주제선택 안에서 인식론과 인간학과 역사철학의 중심적인 질문이 오늘날까지 반영되고 있기 때문입니다.

이러한 암시는 미래의 우위에 관한 주제가 빈번히 구별되지 않은 채, 사회적 이상론의 희망의 상들과 함께 동일시했기 때문에 필요합니다. 이 상적인 사고의 대변자들인 예를 들어 에른스트 블로흐(E.Bloch)와 마틴부버(M.Buber)처럼, 후자들은 그들의 이상론을 한정된 사회적인 모범들에서 전제하고 있습니다. 이러한 차별화는 사회적인 유토피아의 대체로 어떤 신학적인 포기를 뜻하는 것이 아니라, 단순히 미래상들 앞에서 스스로 미래의 신학적인 우위를 뜻하게 됩니다. 이러한 표준은 벌써 취급된 종말론적인 질문들에 대한 숙고 안에서 지향점으로서 돕게 됩니다.

형성

1. 죽음의 관점에서 희망하기

사망은 기독교적 시각에서 개별적인 생명의 확정적인 끝이 아니었으며 아닙니다. 이러한 생명에 따라, 하나님에 대한 관계는 우리가 그 관계를 바르게 유지하기 때문이 아니라, 하나님이 그것을 바르게 유지하실 것을 우리가 믿기 때문입니다. 우리 인간들은 죽어서 하나님에게서 멀어지는 것이 아니라 그에게로 향하여 가는 것입니다. 어떤 형태로 이것이 이루어지는지, 우리에게 알려지지 않은 차원 안에서의 존재로서 인지, 모든 시대와 모든 공간의 저편에서 공중에 둥실둥실 떠다니는 것인지, 온전히 다른 방식 안에서인지, 이것은 미결상태로 머물러 있어야 합니다. 그 이유는 하나님의 영원성이 중요하기 때문이며, 우리의 인간적인 생각의 연장이 거기서부터 중요하지 않기 때문입니다. 그러나 동시에 우리는 모든 상과 상징들과 전통의 비유들을 취할 수 있으며, 그래도 좋은 것입니다. 그리고 우리가 잃어버리지 않는 이러한 하나님의 영원성을 위해 미해결의 창문으로서 진가를 인정해야 합니다.

우리는 우리의 역사와 우리의 길과 우회로와 우리의 신수와 행운과 하나님이 우리의 이면에 머무시기 때문에, 하나님에 대한 그 이면에서 우선 인품에 속한 모든 것들과 함께 머물러 있습니다.

신약의 부활 소식은 시대의 마지막에 믿는 자들의 개인적인 부활과 함께 온전히 밀접하게 예수 그리스도의 부활을 연결합니다. 죽은 자들의 예수 그리스도의 부활 역시 우리 안에 희망의 원천을 노출 시킵니다. 그리고 이러한 원천은 개인을 잃어버리게 하는 것이 아니라, 보존하여 머무는, 즉 그의 이름과 함께 기억되며, 하나님으로부터 미래를 선물하여 얻게 되는 확고한 기대를 제공합니다.

죽음의 관점에서 믿는 자들의 개별적인 미래에 대한 물음의 죽음에 관하여 죽음을 넘어 나와 저항하기는 어렵습니다. 사망은 그것을 뛰어넘어 그렇지만, 우리의 유한성을 의심하지 않기 위해, 생각하고, 믿으며, 희망해야만 하는 우리를 위해 뛰어 넘을 수 없는 하나의 경계를 설명합니다.

기독교의 전통은 죽음을 넘어 나아와 믿는 자들의 개별적인 미래에 대한 질문에 대략, 다음과 같은 형태를 대답해 줍니다.

- 사람들은 가톨릭의 전통 안에서 영혼의 신체적인 상황에 관하여 말합니다. 사망 이후에 죄들("시간적인 죄의 벌")의 결과로부터 정결하게 되기 위하여, 더욱이 구원받은 상태이며, 그러나 정화(라틴어, pugratorium, 대중적인 말로는 연옥으로 불림)의 상태 안에서 아직 완전해진 고인들이 아닌 상태에 있습니다. 종교개혁은 모든 속죄의 행위가 인간 편에서, 하나님의 영원으로 가는 과도기로서 닫혀진 것을 분명하게 하도록 연옥(煉獄, Fegefeuer)에 관한 가르침을 거절합니다.

- 종교개혁의 전통에서 루터가 종종 사용했던, 영혼들의 잠에 관한 상이 이따금

사용되었습니다. 그 외에도 영혼이 사망 이후에는 그리스도에게로 오게 되며, 마지막 날에 부활의 몸과 함께 하나가 된다는 생각이 존재합니다. 예를 들면 바흐의 요한 수난 곡에서 나온 노래에서입니다.

"아 주여, 당신의 사랑하는 천사가
마지막에 나의 영혼을 아브라함의 품으로 옮기게 하소서
그의 작은 침실 안에 놓인 몸은
모든 고통과 고뇌 없이 온전히 부드럽게
최후의 날까지 쉬게 하소서.
그리고서 사망에서 나의 눈이 당신을 바라보게 되도록
나를 깨어나게 하시며
모든 기쁨 가운데서, 오 하나님의 아들
나의 구세주, 나의 은혜의 보좌.
주 예수 그리스도여, 나의 기도를 들으소서
나는 당신을 영원히 찬양하기를 원하나이다.

- 사망 안에서 부활에 관한 확신은 가톨릭과 프로테스탄트의 신학 안에 널리 퍼졌습니다. 우리가 죽음과 함께 그리고 죽음 안에서 하나님의 영원에 담긴다는 것을 생각하였습니다. 그의 영원은 인간들의 모든 시대에 동시에 일어나며, 가까이 있는 것입니다.

모든 거론된 사상들 안에서 플라톤과 스콜라적인 인간학의 동인이 인식됩니다. 종말론을 개인화하는 것과 이와 같이 아직 구해내지 않은 세계에도 불구하고 이미 구해낸 영혼의 관념을 설명하려는 경향이 문제가 되는 것으로 보입니다.

죽은 자들이 잠자는 것이 아니라, 깨어있다는 생각은 위안이 될 수 있습니다. 그들은 이처럼 이미 사망 가운데서 부활한 것이 아니라, 우리와 함께 그리스도를 통하여 희망공동체와 도상(途上)공동체 안에 결합 되었습니다. 그 안에서 그들은 우리와 함께 하나님의 나라와 그의 의의 미래에 활동적으로 기다리며, 우리와 함께, 그래요, 우리를 위해 희망하고 있는 것입니다. 그 이유는 누구도 그리스도 안에서 그의 사적인 삶을 살지 않으며, 누구도 그리스도 안에서 홀로 그의 사적인 사망을 죽지 않기 때문입니다(롬14:7이하). 이러한 관념은 또한 격려가 될 수 있을 것입니다. 그 이유는 희망의 의미와 능력은 거기서 분명하게 되기 때문입니다. 믿음과 희망은 같은 방식으로 우리를 그리스도와의 교제 가운데서 붙드는 것입니다. 그 교제는 여로의 교제로서, 도상 공동체로서 도래하는 하나님의 나라를 향하여 이해될 수 있는 것입니다.

삶과 죽음은 이러한 생각의 관점에서 두 개의 분리된 공간에서 이편에서, 그리고 저편에서 개최되는 것이 아니라, 우리를 그의 미래 가운데서 함께 취하기 위하여 그리스도가 그의 부활을 통하여 열어놓으신 희망의 공간 안에서 이루어지는 것입니다. 이러한 생각은 아마도 그가 빌1:23에 기록했던 것처럼, 바울을 움직였습니다. "내가 그 두 사이에 끼었으니, 떠나서 그리스도와 함께 있을 욕망을 가진 것이 더욱 좋으나". 그는 그리스도와 함께 있기 위하여, 천막 노동의 중단에 관하여 말하며, 그리스도의 미래를 향한 희망을 수행했었던 시작에 관하여 말합니다. "나는 그리스도와 함께 그의 길을 가기 위하여, 소망을 열기 위해 애쓰려 한다." 사람들은 그렇게 공식화할 수 있을 것입니다. 즉 우리는 죽음 안에서 희망의 다른 열려있는 시공간으로 넘어서 바꾸고 있는 것입니다. 우리는 시작하며, 그리고 그리스도와 함께 살 뿐만 아니라, 하나님의 나라와 그의 의(義)의 미래로 나아가며, 바라며, 그래서 "그들이 우리 없이 완성에 이르지 않도록"(히 11:40), 죽은 자들의 열려있는 지평으로 이사하는 것입니다.

2. 창조와 함께 희망하기

희망을 단지 개인의 내면에다만 옮겨놓는 자는 우주와 창조와 역사를 순간적으로 잃어버릴 것입니다. 성서는 신구약 안에서 아주 많은 것에 관하여 말씀하고 있는데, 그것은 하나님이 그의 나라를 세우게 될 때, 다만 사람들과의 공동체를 형성하며, 완성하기를 원하실 뿐만 아니라, 모든 피조물과 총체적인 지구 전체를 형성하고 완성하기를 원하시는 일입니다. 바울에 따르면, 총체적인 창조는 "썩어짐의 종노릇 한데서 해방되어 하나님의 자녀들의 영광의 자유에 이르는 것이니라."(롬8:21)고 말했습니다.

기독교의 신앙은 본질적으로 그리스도에 관계되었으며, 기독교의 희망은 그리스도 안에 이루어진 구원이 어떻게 총체적인 창조에 관계되었는지를 보이는 방식입니다. 예수 그리스도의 십자가와 부활 안에서 비밀리에 이루어진 것은, 단지 저편의 기초를 놓으려는 것이 아니라, 여기서 뒤로 되돌리려는 것입니다. 종말론은 이 세계가 여기서, 이러한 존재가 여기서, 완전히 변화되게 하며, 그리스도로부터 온전히 사로잡혀 있게 되는 약속입니다.

이사야 6장의 예언의 약속에 따라, 도래하는 하나님의 영광은 더 이상 이스라엘 안에만 거하지 않고, 세계 역사적으로 올바른 세계질서의 백성들 가운데서 거주할 집을 취할 뿐만 아니라(계21:3), 오히려 하늘과 땅의 새 질서 가운데서 하늘에서처럼 하나님의 영광의 충만이 그렇게 온 땅 위에 거주하게 되리라는 것입니다(계21:23, 22:5).

이미 그리스도 안에서 시작된 미래가 현재에 작용하며, 여기에 우리의 희망을 일깨우며, 강화하는 것처럼, 미래를 가진 경험들에 주어질 수 있는 것이 아니라, 그러나 잘 그것을 가지고 경험들을 하는 것입니다. 이것은 매일의 삶에서와 마찬가지로 찬송과 기도와 예술의 활동 가운데서도 표현됩니다. 그것에 대한 보기들은 다음과 같습니다.

> 하나님의 심판대 앞에서 매우 두려워했던
> 사람은 영원에서도
> 그가 주님에게서 더 많은 은혜를
> 기대하지 않았던 것에 대해서도
> 적지 않게 부끄러워해야만 할 것이다.
>
> 벵겔(J.A.Bengel)

> 만일 하늘과 땅이 한때 사라지게 된다면
> 있는 하늘은
> 도래하는 하늘이 아닙니다.

> 만일 주인들이 땅에 내려갔다면
> 도래하는 그 하늘, 그것은
> 도래하는 주님입니다.

> 도래하는 하늘 그것은
> 기쁨의 도시입니다.
> 그리고 사람의 용모를 가진 그 하나님이십니다.

> 만일 사랑이 생명을 바꾼다면,
> 도래하는 그 하늘은 벌써 거기 있는 땅이
> 환영할 것입니다.
>
> (쿠르트 마티(Kurt Marti), 독일 개신교 찬송집 153, 1-5)

"또 내가 새 하늘과 새 땅을 보니

처음 하늘과 처음 땅이 없어졌고, 바다도 다시 있지 아니하더라

또 내가 보매 거룩한 성,새 예루살렘이

하나님께로부터 하늘에서 내려오니

그 예비한 것이 신부가 남편을 위하여 단장한 것 같더라

내가 들으니 보좌에서 큰 음성이 나서 가로되

보라 하나님의 장막이 사람들과 함께 있으매

하나님이 저희와 함께 거하시리니

저희는 하나님의 백성이 되고 하나님은 친히 저희와 함께 계셔서

모든 눈물을 그 눈에서 씻기시매 다시 사망이 없고

애통하는 것이나 곡하는 것이나 아픈 것이 다시 있지 아니하리니

처음 것들이 다 지나갔음이러라.

보좌에 앉으신 이가 가라사대

보라 내가 만물을 새롭게 하노라 하시고".

(계21:1-5).

[참고도서]

바이네르트(Beinert,W): 사망과 사망의 저편(Tod und jenseits des Todes), 2000.
베르그(Berger K.): 사망과 함께 모든 것이 끝인가?(Ist mit dem Tod alles aus? 1997.
베르그의 것(Ders.): 세계의 종말은 어떻게 오는가?(Wie kommt das Ende der Welt?) 1999
횔셔(Hoelscher, L.): 저편의 세계(Das Jenseits), 2007.
케르트너(Koertner,U.): 세계의 불안과 세계의 종말(Weltangst und Weltende)1988.
마르틴(Martin G.M.): 세계의 몰락(Weltuntergang), 1988.
몰트만(Motmann,J.): 하나님의 오심(Das Kommen Gottes).
기독교의 종말론(Christliche Eschatologie). 1995.
슈바르츠(Schwarz,H.): 기독교의 희망(Die Christliche Hoffnung), 2002.
스톡(Stock, K.): 하나님은 최후의 말씀을 가진다(Das letzte Wort hat Gott), 1992.
차이일거(Zeillinger, F.): 성서의 부활 신앙(Der biblische Auferstehungsglaube).
종교 역사적인 생성-구원역사적인 전개(Religionsgeschtliche Entstehung – heilsgeschichtliche Entfaltung), 2008.

기독교신앙시리즈 5

현대 기독교 신앙과 삶
교회의 삶과 영생

지은이 독일루터교회연합회
옮긴이 정일웅
판권 한국코메니우스연구소 / © 범지혜(凡知慧)출판사 2018
펴낸곳 범지혜(凡知慧)출판사

초판 발행일 2022년 6월 30일

신고 제2018-000008호.(2015년 7월 20일)
주소 경기도 성남시 분당구 구미로9번길 16 체리빌오피스텔 617호
전화 031-715-1066(팩스겸용)
이메일 kcidesk@gmail.com

ISBN
979-11-964571-0-5 04230 - 세트
979-11-964571-2-9 04230